汶川特大地震
中央企业抗震救灾志

《汶川特大地震中央企业抗震救灾志》编纂委员会 编

石油工业出版社

图书在版编目（CIP）数据

汶川特大地震中央企业抗震救灾志 /《汶川特大地震中央企业抗震救灾志》编纂委员会编 . —北京：石油工业出版社，2013.12
ISBN 978-7-5021-9516-8

Ⅰ. 汶…

Ⅱ. 汶…

Ⅲ. 国有企业－抗震－救灾－概况－中国－2008

Ⅳ. D632.5

中国版本图书馆 CIP 数据核字（2013）第 039976 号

出版发行：石油工业出版社
（北京安定门外安华里2区1号　100011）
网　　址：www.petropub.com.cn
编辑部：（010）64523561　发行部：（010）64523620
经　　销：全国新华书店
印　　刷：北京中石油彩色印刷有限责任公司

2013年12月第1版　2013年12月第1次印刷
787×1092毫米　开本：1/16　印张：32.25　插页：6
字数：520千字

定价：200.00元
（如出现印装质量问题，我社发行部负责调换）
版权所有，翻印必究

《汶川特大地震中央企业抗震救灾志》编纂委员会

主　　　任：黄淑和
副　主　任：黄丹华　孟建民
学 术 顾 问：赵庚奇
委　　　员：刘南昌　隆小培　袁晓德　刘汉滨　毛一翔
　　　　　　郭保民　李华民　王志刚
主　　　编：刘南昌
副 主 编：刘　源　曲　浩
执 行 主 编：柳长森
执行副主编：万质贵　张　昕　彭　力　尚　真　王志明
总　　　纂：王国庆
编 纂 人 员：薛　强　宋　岩　韩兆明　郭　宏　谢　可
　　　　　　庄　永　牛振华　陈利飞　孔祥意　薛　波
　　　　　　颜志华　王清海　刘德平　常宇清　马伯蕴
　　　　　　李　涛　巩　凯　姚宇飞　赵　军　张　毓
　　　　　　王亚娜　潘艳敏　白　勇　吴　敏

序

在汶川特大地震艰苦卓绝的抗震救灾斗争中，作为"共和国长子"的中央企业，坚决贯彻党中央、国务院战略决策，按照国务院国有资产监督管理委员会的统一部署，不惜代价，不讲条件，迅速展开了救援速度最快、动员范围最广、投入力量最大的抢险救灾斗争。中央企业在祖国和人民最需要的紧要关头所表现出来的讲政治、顾大局、负责任的企业形象，展现出来的敢于担当、不怕牺牲、无私奉献的精神风貌，涌现出来的无数可歌可泣的英雄事迹，充分体现了中国工人阶级的崇高思想、优秀品质和优良作风，充分体现了"万众一心、众志成城，不畏艰难、百折不挠，以人为本、尊重科学"的抗震救灾精神，是中央企业忠实履行党和国家赋予的经济、政治、社会三大责任的集中概括和生动再现。

中央企业始终把国家和人民的利益放在首位。汶川特大地震给灾区人民生命财产造成了巨大损失，中央企业受灾情况也十分严重。3家总部在四川省境内的中央企业和80余家中央企业驻四川、甘肃、陕西灾区的下属企业，都不同程度受到了地震灾害影响。电网、通信等基础设施损毁严重，房屋建筑、机器设备、生产物资、职工生活设施等遭受了不同程度的损坏，有的企业还出现了重大人员伤亡。中央企业在实施自救的同时，集中一切资源，全力投入抗震救灾。紧急调配应急救援队伍和大型救援设备，发挥专业优势，利用高科技手段，竭尽全力抢救灾区的每一个受困职工和群众；迅速抢修电网、通信等基础设施，为抗震救灾的顺利开展提供电力和通信保障；全力开展铁路公路抢修恢复工作，力保抗震救灾生命线的畅通；加班加点组织生产，保障灾区食品、药品、成品油、衣被、帐篷、活动板房等生产生活物资供应；紧急调拨运力，确保伤员、救援队伍和救援物资的运输；积极配合地方政府，开展多种形式的群众生活救助，妥善解决灾区群众的过渡安置问题；充分发扬一方有难、八方支援的优良传统，踊跃向灾区捐款捐物奉献爱心。抢险救灾完成后，中央企业又迅速开展灾后重建，不但帮助灾区迅速恢复了生产，而且为今后可持续发展奠定了坚实基础。

国务院国有资产监督管理委员会组织编纂的《汶川特大地震中央企业抗震救灾志》系统、全面、客观地记述了中央企业汶川特大地震抗震救灾历程。相信这部志书对传承优良传统、弘扬时代精神、提高中央企业应急管理和文化建设水平，将会起到有力的促进作用；相信这部志书所展示的伟大抗震救灾精神可以成为中央企业宝贵精神财富的一部分，代代传承，发扬光大，精神光芒彪炳史册。

李荣融
2013.3.28

前　言

在汶川特大地震抢险救灾和灾后重建过程中，中央企业积极响应中共中央、国务院的号召，在国务院国有资产监督管理委员会的统一组织部署下，用实际行动再次有力地证明，在关键时刻中央企业是党和国家靠得住、信得过、拉得动、打得赢的队伍。

在抗震救灾的紧急关头，灾区中央企业直面灾情、指挥得当、措施得力、处置及时，竭尽全力抢救被困职工、家属和群众，开展生产生活自救互救，用实际行动展现出中央企业平凡而伟大的"为国分忧、勇挑重担"的精神，与各路抢险队伍一道戮力同心、同舟共济，迅速投入抗震救灾的滚滚洪流。

在抗震救灾的关键时刻，中央企业快速应对、心系灾区，不畏艰难、共克时艰，组织大批救援队伍奔赴灾区，迅速抢修灾区电力、通信、道路等基础设施，筹集调运各种救援设备和物资，用行动展现出中央企业新时期的良好精神风貌。中央企业与全国人民一道义无反顾、不惜代价，全力投入抗震救灾的伟大工程，成为共和国压不弯的脊梁。

在灾后重建的日日夜夜，中央企业勇于担当、奋发有为，统筹安排、有序推进，供电、通信等企业把前期恢复与技术升级相结合；生产性企业把完善发展规划与优化布局相结合；建筑施工企业把基地设施重建与统筹规划相结合，用行动展现出中央企业中流砥柱的作用。中央企业与各对口支援省（市）一道挺身而出、勇挑重担，自觉投入灾后重建的再造工程，承担起"共和国长子"应尽的责任。

本书系统、客观地描绘了汶川特大地震中央企业抗震救灾的工作历程，包括中央企业受损灾情、抢险救援、救助安置、捐助活动、灾后重建以及先进集体和先进个人、大事记等内容，不仅全面展示了中央企业在危难时刻挺身而出，义无反顾地挑起战胜地震灾害和恢复重建的重任，勾画出无数撼人心魄、感人肺腑的场面，构成了社会主义大团结、大协作的动人画卷；更彰显了中央企业大爱无疆、义薄云天的精神，这种精神可以升华为企业的文化软实力，既是文化建设的丰硕成果，也是文化繁荣发展的重要标志。这种弥足珍贵的企业文化软实力，浸透着企业的生产力、竞争力、创造力，发挥着企业文化旗帜的凝聚力、向心力、塑造力，是建设企业文化精神家园的不竭动力。

《汶川特大地震中央企业抗震救灾志》编纂委员会

2012 年 12 月

凡 例

一、本志以邓小平理论、"三个代表"重要思想、科学发展观为指导，本着"尊重历史、求真存实"的精神，系统、客观地记述汶川特大地震中央企业抢险救灾和灾后重建情况。

二、本志使用的地震灾情数据，以国家发展和改革委员会、民政部、财政部、国土资源部和中国地震局有关数据为准，其他数据以相关省（自治区、直辖市）及中央企业提供的数据为准。

三、为行文简略，本志在同一自然段中记述同一省（自治区、直辖市）行政区划名称时，开首记省（自治区、直辖市）名称，段内直书其直属行政区划名称。

四、本志中央企业名称在首次出现和容易引起歧义时一般使用全称，简称主要依据《中央企业名录及规范简称》（附录）。

五、本志记述时间时，段首记年、月，以下直书日；出现其他年、月时予以注明。

六、本志记述币种时，除标明币种外均为人民币。

七、本志对中共中央、国务院、中央军委表彰的中央企业集体和个人，采用文字简介方式记述；对人力资源和社会保障部、国务院国有资产监督管理委员会表彰的中央企业集体和个人，采用单位名称、人名列表方式记述。

八、本志记述时限为 2008 年 5 月 12 日至 2011 年 4 月 30 日。

2008年5月28日,国务院国有资产监督管理委员会主任、党委书记李荣融(前排右三)考察地震受灾严重的中国东方电气集团公司东方汽轮机有限公司

国务院国有资产监督管理委员会 提供

2009年9月9日,国务院国有资产监督管理委员会副主任黄淑和(前排左一)考察中国东方电气集团公司灾后重建现场

国务院国有资产监督管理委员会 提供

汶川县绵虒镇通信塔
被地震滚石砸毁
中国地震局地震应急
现场工作队 提供

国家电网公司四川省电力公司阿坝公司220千伏银杏变电站在地震中严重受损
国家电网公司 提供

2008年5月12日晚,中国石油化工集团公司胜利油建公司川渝项目部人员赶到重庆市梁平县文化镇中心小学营救被埋学生

中国石油化工集团公司 提供

2008年5月12日,中国大唐集团公司碧口水力发电厂抢修突击队连夜抢修因地震受损的电气设备

中国大唐集团公司 提供

2008年6月2日,中国石油天然气集团公司供应的抗震救灾抢险油料用直升机吊运至唐家山堰塞湖抢险现场

中国石油天然气集团公司 提供

2008年5月20日,国家电网公司四川省电力公司抢险队队员抢修安县至北川县供电线路

国家电网公司　提供

2008年5月19日,中国移动通信集团公司四川公司抢险队队员抢修彭州市龙门山镇银厂沟通信光缆

中国移动通信集团公司　提供

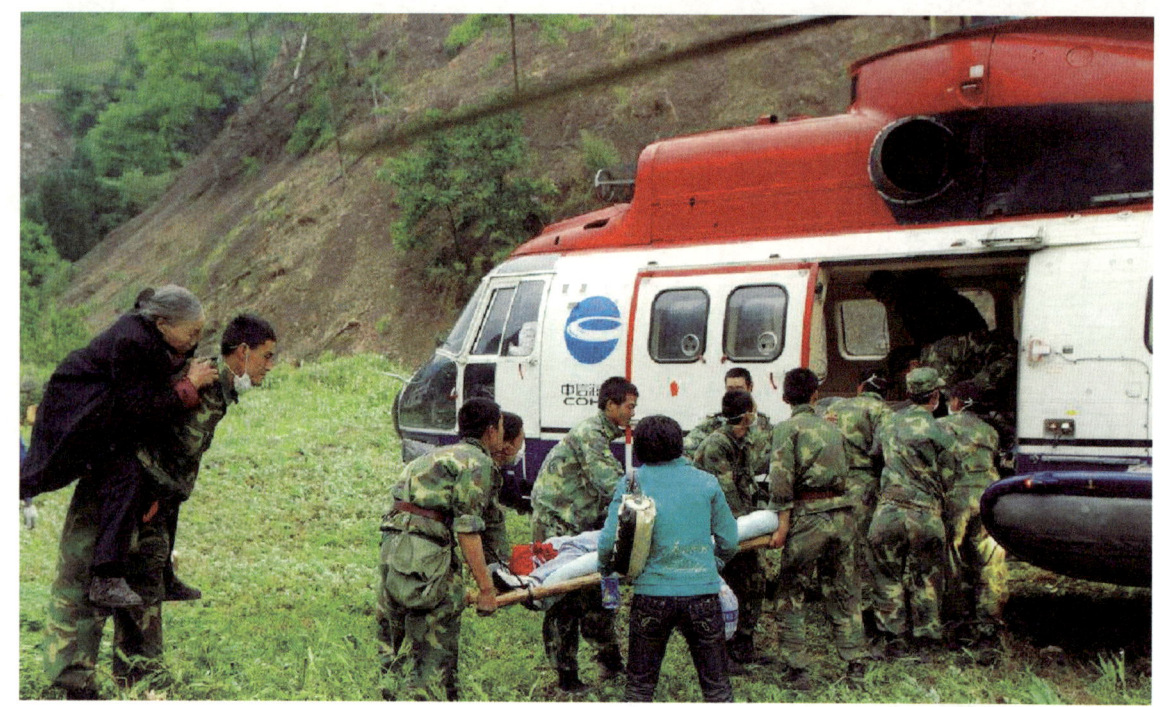

2008年5月15日至7月8日,中国海洋石油总公司抽调14架用于保障海上油气田正常生产、应急、员工倒班的直升机参加抗震救灾

中信海洋直升机股份有限公司　提供

2008年5月17日,中国船舶重工集团公司第七一〇研究所救援队在地震救援现场寻找生命迹象

中国船舶重工集团公司　提供

国家电网公司映秀湾水力发电总厂抢修人员奋战在映秀湾水电站尾水桥抢修现场

国家电网公司　提供

2008年5月13日11时45分，中国国际货运航空有限公司首架运送救灾物资的货包机在气象条件极为恶劣和机场导航等设施严重破坏的情况下成功降落在成都双流国际机场

中国航空集团公司　提供

2008年5月22—24日，中国铁路工程总公司中铁二局集团有限公司抢险人员抢修广岳铁路穿心店大桥

中国铁路工程总公司　提供

2008年5月13日，中国国电集团公司大渡河流域水电开发有限公司为汉源县地震受灾群众搭建临时帐篷

中国国电集团公司　提供

2008年5月20日12时10分,首架直升机到达唐家山堰塞湖坝顶上空。中国水电工程顾问集团公司成都勘测设计研究院地质工程专家施裕兵(右三)等6名同志在恶劣条件下,仅用3个小时绘制完成唐家山堰塞体地质地形图

中国水电工程顾问集团公司　提供

2008年5月21日至6月13日,中国联合通信有限公司上海公司应急通信分队在余震不断的灾区定时开启应急通信车为受灾群众提供服务

中国联合通信有限公司　提供

2008年6月3日，中国石油化工集团公司为四川灾区群众搭建的临时帐篷安置区

中国石油化工集团公司　提供

2008年7月11日，中国五矿集团公司向甘肃省陇南灾区捐献550顶教学保温帐篷

中国五矿集团公司　提供

2008年5月19日，中国石油天然气集团公司大庆油田职工在铁人纪念广场为四川地震灾区捐款

中国石油天然气集团公司　提供

2010年5月10日，中国东方电气集团公司东方汽轮机有限公司灾后重建新基地竣工

国务院国有资产监督管理委员会　提供

2008年6月23日12时50分，攀枝花钢铁（集团）公司炼钢厂四车间成功炼出地震恢复生产后第一炉钢

攀枝花钢铁（集团）公司　提供

2008年11月22日，中国化工集团公司德阳昊华清平磷矿有限公司地震后恢复生产的第一车矿石从燕子岩主平硐井口运出

中国化工集团公司　提供

目　录

概　述 1

大事记 9

第一篇　地震灾害 36

　第一章　灾害总体情况 38

　　第一节　受灾范围 38

　　第二节　灾害损失 41

　第二章　中央企业受损 45

　　第一节　人员伤亡 45

　　第二节　经济损失 46

　　第三节　生活建筑受损 49

　　第四节　生产设施受损 54

第二篇　抢险救援 80

　第一章　指挥部署 83

　　第一节　国资委动员部署 83

　　第二节　中央企业启动应急机制 88

　第二章　实施救援 100

　　第一节　抢险自救 100

　　第二节　驰援东汽 118

　　第三节　应急保障 122

　第三章　基础设施抢修 138

　　第一节　电力设施 138

　　第二节　通信设施 ………………………………………… 145
　　第三节　油气设施 ………………………………………… 151
　　第四节　交通设施 ………………………………………… 154
第四章　次生灾害防治 …………………………………………… 175
　　第一节　排除唐家山堰塞湖险情 ………………………… 175
　　第二节　防止核泄漏 ……………………………………… 184
　　第三节　防治有害废物 …………………………………… 187
　　第四节　转移销毁易燃易爆物品 ………………………… 189
　　第五节　拆除危险物 ……………………………………… 190

第三篇　救助安置 …………………………………………………… 192
第一章　生活救助 ………………………………………………… 194
　　第一节　开展自救互救 …………………………………… 194
　　第二节　开展社会救助 …………………………………… 211
第二章　生活安置 ………………………………………………… 247
　　第一节　企业内部安置 …………………………………… 247
　　第二节　开展社会安置 …………………………………… 266

第四篇　捐助活动 …………………………………………………… 284
第一章　开展捐赠 ………………………………………………… 286
　　第一节　组织捐赠 ………………………………………… 287
　　第二节　社会募集 ………………………………………… 300
第二章　志愿者服务 ……………………………………………… 306
　　第一节　参与抢险救援 …………………………………… 306
　　第二节　参与生活救助 …………………………………… 313
　　第三节　参与医疗救治 …………………………………… 317
　　第四节　参与通信服务 …………………………………… 321

第五篇　恢复重建 ………………………………………… 324

第一章　恢复重建部署 ……………………………………… 327
第一节　组织恢复重建 ……………………………………… 327
第二节　制订重建规划 ……………………………………… 331
第三节　恢复重建保障 ……………………………………… 336

第二章　恢复重建实施 ……………………………………… 344
第一节　重灾企业重建 ……………………………………… 344
第二节　基础设施重建 ……………………………………… 350
第三节　支援社会重建 ……………………………………… 368

第三章　精神家园恢复 ……………………………………… 380
第一节　心理干预 …………………………………………… 380
第二节　心理重建 …………………………………………… 385

先进集体和先进个人 ………………………………………… 393

文献辑存 ……………………………………………………… 469

附　录　中央企业名录及规范简称 ………………………… 484

后　记 ………………………………………………………… 489

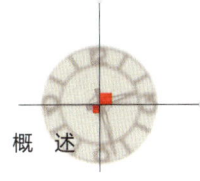

概 述

2008年5月12日14时28分，四川省发生里氏8.0级特大地震，震中位于汶川县映秀镇。

国务院国有资产监督管理委员会（以下简称国资委）在地震发生后迅速落实中共中央、国务院抗震救灾部署，带领中央企业团结一致，投入伟大的抗震救灾斗争中。中央企业不屈不挠、顽强奋战，创建了举世瞩目的抢险救灾、群众救助、社会赈灾、灾后重建等功绩，用实际行动诠释了中央企业全面履行经济、政治、社会责任，是一支党和国家靠得住、打得赢的坚强队伍。

一

汶川特大地震是中华人民共和国成立以来破坏性最强、涉及范围最广、救灾难度最大的一次地震灾害，涉及四川、甘肃、陕西、重庆、云南、宁夏6个省（自治区、直辖市）的237个县（市、区）、4667个乡镇、48810个村庄，受灾总面积达50万平方千米。至2008年10月8日，地震共夺去69227人的生命，造成17923人失踪。地震使灾区大量建筑物倒塌损坏，基础设施大面积损毁，工农业生产遭受重大损失，生态环境受到严重破坏。地震引发的次生灾害举世罕见，造成直接经济损失达8523.09亿元。

地震造成灾区中央企业人员伤亡惨重。至2008年6月10日9时，因地震造成中央企业职工及家属778人遇难，2234人受伤。地震使在灾区的众多中央企业损失严重，职工住宅、学校、医院等建筑物及生活配套设施损坏、损毁；企业厂房、仓库、办公楼大面积倒塌；生产设备、库存材料、产成品、在建工程损毁、报废；电力、通信、石油、化工等基础设施严重损毁。至2008年6月4日，地震造成中央企业直接财产损失371.215亿元；损失超过1亿元的中央企业有26家。其中中国东方电气集团公司、中国水利水电建设集团公司、国家电网公司、中国化工集团公司、中国铁道建筑总公司受损严重。

二

国资委组织和协调各中央企业全力投入抗震救灾。2008年5月12日16时，国资委召开紧急会议，了解灾区中央企业情况，立即启动应急程序；21时30分，召开应急领导小组会议，传达国务院抗震救灾紧急会议精神，落实抢救职工和通电、通信、通路及救灾物资保障等措施。13日上午，国资委再次召开应急领导小组会议，传达中共中央政治局常委会议和国务院会议精神，部署中央企业抗震救灾，并发出《关于中央企业做好抗震救灾工作的紧急通知》。14日下午，国资委召开中央企业抗震救灾工作视频会议，进一步部署抗震救灾，全力加强和协调各方面力量，迅速组织中央企业投入抗震救灾。

受灾中央企业毫不畏惧、奋力救援，始终把救人当作首要任务，千方百计搜救被困职工、家属和群众，想方设法抢救伤员，妥善安置职工、家属和群众生活；抢救企业重要设备、档案资料等财产。中央企业基层党组织、党员干部发挥主力军作用，形成全力以赴抢救生命、避险转移的自救互救局面，在最宝贵的"黄金72小时"后，救援人员不放弃、不抛弃，奋力探寻生命迹象。受灾严重的中国东方电气集团公司东

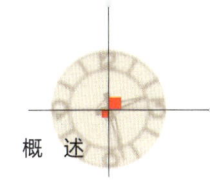

方汽轮机有限公司（以下简称东汽公司）干部职工，迅速派人向上级报告灾情，立即组织抢险队，开展厂区、社区被困人员搜救。中国化工集团公司德阳昊华清平磷矿有限公司（以下简称清平磷矿）在救援队伍被阻山外、无法实施外部救援的危急情况下，矿领导班子组织被困的数千名职工和家属，奋力开展自救互救，使被困井下的900余名矿工成功脱险，并救助周边群众2000余人，为抢救职工和群众的生命财产赢得了极为宝贵的时间。

未受灾中央企业在地震发生后立即调集力量，出动飞机、汽车，携带各种机械、器材设备等救援物资，在通信、道路阻断的严峻情况下，冒着余震、泥石流等危险，通过航线、陆路、铁路紧急突进四川、甘肃、陕西地震灾区实施紧急救援。国资委部署灾区周边20余家中央企业组成救援队伍，紧急调集936台（套）铲车、吊车等工程设备，听从国务院抗震救灾总指挥部统一调遣，积极参与受灾企业职工、群众搜救及伤员救治，竭尽全力支援灾区抗震救灾，发挥了国有骨干企业特有的重要作用。

地震使灾区电力、通信、交通等基础设施遭到损毁，相关中央企业迅速组织专业队伍，调集抢修机械设备，抢修基础设施。电力企业从全国调集电网抢修专业队伍，调集发电机、配电变压器、各类绝缘子等设备物资，迅速抢修并恢复35千伏及以上变电站、10千伏及以上输电线路，保障灾区电力供应。通信企业动员力量，紧急向灾区派出抢险突击队，抢修通信线路，提供卫星电话、应急通信车，并采用卫星方式提高基站覆盖率。石油石化企业组织抢险队伍，对油气设施进行全面检查，开展抢修、维护，及时消除安全隐患。建筑施工企业组织队伍，携带机械设备，对阻塞和损毁的公路、桥梁、隧道进行抢修，先后抢通黑水—茂县公路、马尔康—汶川公路、青川公路、川陕公路国道108线等受损路段；中央企业向宝成、宝天、德天等受损严重的铁路干线和支线派出抢险救援队伍，争分夺秒，全力抢修灾区受损交通干线枢纽，打通数条"生命线"。

地震使抢险救灾和灾区群众生活受到不同程度影响。食品、医药、轻工、化工、建材、石油石化等中央企业加班加点组织生产，全力保障灾区抢险和居民生活急需物资供应。粮食企业紧急加工并调运大米、小麦、食用油和食盐支援灾区，配合有关部门做好储备肉、食糖的应急救灾供应。医药企业迅速组织力量，向灾区紧急提供药品和医疗器械，分批向灾区调拨呼吸机、心电监护仪、手术器械、输液器、碘酒等急需物资。轻工、化工、建材生产企业全力以赴做好灾区应急物资的生产供应，昼夜加班加点生产帐篷、急救包、口罩、炊事车、棉被等急需物资及过氧乙酸、次氯酸钠等消毒用品。石油石化企业采取多种措施，满负荷生产成品油支援灾区抗震救灾，抽调小额配送流动油罐车，投入抢险一线供油；在四川省成都市区通往都江堰市和汶川县的沿途加油站，启动救灾保供加油"绿色通道"，确保灾区油气供应。交通运输企业调整计划，抽调客机、运输机，承担运送救援人员和药品、食品等救灾急需物资，保证救灾运输需要。航空、航天、电子、军工企业利用技术优势，提供遥感测绘、空勤与气象等技术服务。

地震造成灾区发生泥石流、堰塞湖、水电大坝开裂、危险化学品泄漏、高危建筑等严重次生灾害，给群众生命财产造成新的威胁，防治次生灾害成为抢险救灾中极其重要而紧迫的任务。中央企业坚持"尊重自然、尊重规律、尊重科学"的原则，排除和整治地质灾害的隐患点。在排除唐家山堰塞湖险情中，相关中央企业发挥技术、设备和人员优势，全力参与抢险。部分中央企业组织职工冒着核辐射、爆炸及中毒危险，舍生忘死，及时抢修，科学排查放射源，防治有害废物，转移易燃易爆物品。建筑施工企业拆除各类高危建筑，消除各种次生灾情隐患，保护灾区群众生命财产安全，维护灾区生产、生活秩序。

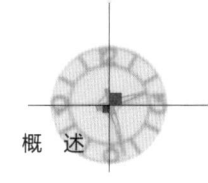

三

按照国资委要求,中央企业自筹资金,上下联动,互帮互助,妥善安置职工及家属。中央企业拨付发放救济金,购置大量生活用品,扩办食堂,利用餐馆解决受灾职工、群众就餐问题,购置防震棚、帐篷,搭建活动板房及异地转移安置,开展心理救助和抚慰等,保证职工、群众有饭吃、有干净水喝、有衣穿、有病能医、有临时住所,妥善解决职工及家属的生活困难。

中央企业配合各级政府,积极参与对灾区群众的生活救助与安置。中央企业为灾区群众购买食品、饮用水、医药、帐篷、衣被等生活用品。在国家下达生产、援建100万套(后调整为69.32万套)群众安置活动板房任务后,相关中央企业根据行业特点和专业优势,分别承担原材料生产、板房设计、场地平整、板房搭建及配套设施建设等工作。钢铁、化工、建材等中央企业按期完成涂彩板、热轧板壳、钢带、聚乙烯等活动板房原材料及配套产品生产。招商局集团有限公司各基地扩大生产能力,按时完成142万平方米的活动板房生产任务,是全国活动板房板材生产最多的企业。建筑施工企业投入数万人、动用上千台(套)设备,为活动板房建设平整地基、安装搭建。电力企业出动上千人(次)进行灾区活动板房安置点供电设施设计、安装以及供电和用电服务管理。通信企业在活动板房安置点扩容基站,增设营业服务,满足安置点群众的通信需要。

国资委组织中央企业积极向灾区捐款捐物。至2008年6月30日,150家中央企业捐款捐物折合60.50亿元。其中捐款40.40亿元,包括集团总部捐款9.50亿元,下属单位捐款8.60亿元,个人捐款13.60亿元,260万余名共产党员交纳"特殊党费"8.70亿元;捐物价值20.10亿元。

捐款捐物1000万元以上的中央企业有80家，1亿元以上的有7家，为支援灾区抗震救灾做出了突出贡献。2008年5月27日，86家中央企业委托国资委向中国红十字基金会转交捐款3.5336亿元。国资委与中国红十字基金会建立"5·12灾后重建中央企业援助基金"，用于地震灾区建设学校、医院，搭建活动板房小区等。

来自中央企业的志愿者队伍，成立多种形式的抗震救灾援助服务队，深入地震灾区一线，参与抗震救灾现场搜救、就地救援、医疗救护、卫生防疫、心理抚慰、物资配送等志愿服务。志愿者不计报酬、不怕困难，以"奉献、友爱、互助、进步"的志愿义举，播撒着无疆大爱，弘扬人道主义精神，奋战在抗震救灾第一线，成为政府救灾的有力补充，发挥了中央企业志愿服务的重要作用。

中共中央、国务院始终关心、支持中央企业的抢险救灾、职工安置、恢复生产和灾后重建，党和国家领导人先后多次到受灾严重的东汽公司考察，指挥抗震救灾和灾后重建，对"不怕牺牲、敢于胜利，坚韧不拔、艰苦创业，自主创新、勇攀高峰"的"东汽精神"给予高度评价。

在抗震救灾总结表彰中，中共中央、国务院、中央军委授予国资委业绩考核局和中央企业10个单位"全国抗震救灾英雄集体"荣誉称号，授予中央企业12名同志"全国抗震救灾模范"荣誉称号。人力资源和社会保障部、国资委授予国家电网公司四川省电力公司映秀湾水力发电总厂等4个单位"中央企业抗震救灾英雄集体"荣誉称号；追授刘建秋、黄军科两名同志"中央企业抗震救灾英雄"荣誉称号；授予程洪等4名同志"中央企业抗震救灾英雄"荣誉称号，享受省部级劳动模范和先进工作者待遇。国资委、国资委党委授予国家电网公司四川省电力公司等199个单位"2008年抗震救灾先进集体"荣誉称号，授予东汽公司主机一分厂厂长喻刚等271名同志"2008年抗震救灾先进个人"荣誉称号，授予中国水利水电建设集团公司水电十局医院党委等136个基层党组织

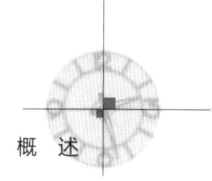

"2008年抗震救灾先进基层党组织"荣誉称号,授予清平磷矿党委书记、董事长、总经理向平等178名同志"2008年抗震救灾优秀共产党员"荣誉称号。

四

地震造成灾区损毁惨重,恢复重建任务严峻而又紧迫。国资委要求中央企业摸清损失、科学评估、完善方案,"立足自救、先后有序、优化结构、统筹安排",坚持"以人为本、尊重自然、统筹兼顾、科学重建"的指导思想和方针。中央企业面对世界金融危机和汶川特大地震的考验,在完成既定生产经营目标的基础上,承担起"恢复重建、职工安置"的艰巨任务。

国资委按照国务院第35次常务会决定,发挥中央企业国有资本经营预算的重大推动作用,在中央企业自救为主的基础上,通过国有资本经营预算3年安排地震灾后恢复资金200亿元,支持遭受严重损失的中央企业积极开展灾后恢复重建。国有资本经营预算3年实际拨付195.62亿元,支持22家遭受地震灾害严重的中央企业恢复重建,共实施1742个重点重建项目,总投资708.4862亿元,国有资本经营预算资金占项目建设投资总额的27.61%。至2010年底,中央企业灾后重点项目中有1517个项目竣工,项目完工率为87.08%,生产恢复甚至超过震前水平。通过支持电网、电信等基础设施恢复重建项目,为受灾地区的整体恢复重建创造了良好条件,缓解了中央企业的资金压力,鼓舞了中央企业职工战胜自然灾害的信心和士气,有力地推动了灾后恢复重建项目的实施。

各受灾中央企业积极应对新形势、新情况的挑战,努力克服困难,全力投入生产恢复和灾后恢复重建。东汽公司在遭遇罕见地震灾害的情况下,震后不到1个月就迅速恢复生产,并完成全年创纪录的108亿元产值，诠释了在平常中历练、在危难中迸发的"东汽精神"，成功实践了社会主义核心价值体系。各受灾中央企业在"东汽精神"感召下，完成了2008年各项生产任务和考核指标，全力做好抗震救灾及恢复重建，推动恢复重建、生产经营、职工安置任务的全面开展。供电、通信等关系国计民生的重点企业，把前期基础设施简单恢复与灾后加固、技术升级结合起来，提高电网和通信设施的抗灾能力；生产性企业根据外部生产条件和市场变化，与调整结构、优化布局结合起来完善企业发展规划；建筑施工企业基地设施重建纳入当地政府灾后重建规划，统筹考虑，统一安排；承担国家重点工程项目的军工企业加强隐患排查，研究制订综合治理规划方案，尽早实施，确保设施安全。中央企业参与建设的灾区公共服务设施在灾后恢复重建中全面上档升级，建设标准更高，功能配套更全，服务能力更强，充分体现城乡统筹和区域统筹的理念，城镇公共服务向农村延伸和覆盖，实现公共服务均衡化。至2008年5月31日，大部分受灾中央企业开始进行生产恢复。

在灾后重建的艰辛历程中，中央企业无私奉献、倾情援建，使伟大的抗震救灾精神转化为促进灾区又好又快发展的崇高精神力量，成为推动中国特色社会主义事业迅猛向前发展的强大震撼力量。

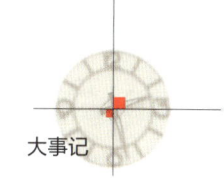

大事记

2008 年

5月12日

14时28分，四川省发生里氏8.0级特大地震，震中位于汶川县映秀镇。

14时28分，中国核工业集团公司中国核动力研究设计院高通量工程试验堆主控室值班长易逸果断按下停堆按钮，紧急停堆。三天后，堆内余热导出，未发生放射性外溢事故。

15时左右，中国电信集团公司四川公司派出近1000人，沿松潘—茂县、马尔康—理县—汶川、都江堰—汶川，抢修光纤通信；中国电信甘肃公司利用震后仍保持通信的小灵通网络，向甘肃省群众发送地震短信息；中国电信四川机动通信局派人携带卫星电话、卫星车等赴绵阳灾区。

15时，中国航天科技集团公司所属中国资源卫星应用中心启动灾情遥感监测，查询并下载受灾区域存档资源卫星CCD相机数据70景、HR相机数据430景、WFI数据4景，并将资料及时提供给有关部门。

15时，中国冶金科工集团公司从地处灾区企业调集42台吊车、挖掘机、装卸机等，组织4台生活保障车，抽调242人，从四川省成都市分赴都江堰市、绵竹市、彭州市、什邡市救援。

15时30分，中国航空集团公司所属中国国际航空股份有限公司飞行总队接上级执行赴灾区包机任务。20时51分，CA071航班（A330机型、6091号飞机）从北京首都国际机场起飞，运送救援人员及物资赴四川灾区。23时03分，安全降落在成都双流国际机场，是灾后成都降落的第一架飞机。

16时，国资委启动应急程序，成立由主任、党委书记李荣融任组长的国资委抗震救灾应急领导小组。国资委副主任黄淑和主持召开紧急会议，研究部署中央企业抗震救灾工作，指示业绩考核局发出紧急通知，要求电力、电信等中央企业尽快了解和报告企业灾情，确保抢险救灾通信畅通，确保灾区救灾用电，确保灾区抗震救灾运输需要；要求中核集团密切关注八二一厂灾情，研究应对措施，确保核废料存储安全。

16时，国资委接到中国东方电气集团公司紧急求助报告后，立即向国务院应急办报告灾情，并与国家发展和改革委员会（以下简称发展改革委）运行局沟通，商讨组织人员、物资救援东汽公司事宜。国资委副主任李伟、黄淑和要求业绩考核局迅速与有关中央企业联系，协调救援力量。

17时，国资委业绩考核局向有关中央企业发出紧急通知，要求尽快了解情况，报告企业灾情，启动应急预案。

17时30分，中国石油天然气集团公司地震重灾区351座加油站全部恢复供油。

下午，中国电信四川公司汶川分公司员工刘道彬背负海事卫星电话到汶川县城附近山顶，与阿坝分公司取得联系并报告灾情，是地震发生后汶川县与外界的第一次通话。

21时30分，国资委副主任李伟主持召开国资委抗震救灾应急领导小组会议，传达当日19时30分国务院抗震救灾紧急会议精神，听取中国电信集团公司、中国移动通信集团公司、国家电网公司三家中央企业抗震救灾情况汇报，部署中央企业抗震救灾工作。

22时，中国铁路工程总公司中铁二局集团有限公司①接国资委支援

---

① 中国铁路工程总公司中铁一局至十局集团有限公司分别简称中铁一局至十局。

东汽公司指令，组成救援队到达汉旺镇东汽公司。这是支援东汽公司抗震救灾的首批外部力量。

23时，国资委副主任黄淑和与业绩考核局有关负责同志参加发展改革委组织的会议，专题研究灾后基础设施恢复建设问题。按照会议要求，业绩考核局进一步完善中央企业抗震救灾工作部署。

23时，电信科学技术研究院信威公司派技术人员，驾驶多载波无线信息本地环路（McWiLL）无线宽带接入系统应急通信车（可通过语音、视频、数据等方式提升现场应急通信支撑能力），随中国地震局（以下简称地震局）现场救援队赶赴救灾现场。

24时，中国兵器装备集团公司所属建安公司19名预备役人员接到集结命令，13日3时40分出发，8时30分到达四川省绵竹市，参加妇幼保健院、体育场、武都中心校救援。

5月13日

1时30分，中国铁道建筑总公司第一勘察设计院集团公司组成宝成铁路109隧道抢险队，赴现场抢险，并提出"一桥两隧双跨嘉陵江"新线改建方案。

2时，中国煤炭地质总局所属航测遥感局接中国地质环境监测院电话，要求整理汇总曾负责编制的《中国700县地质灾害调查图集》电子数据，对四川、重庆地震灾区各县地质灾害易发图、分区图进行图文汇总。8时，航测遥感局提交83幅震区分布图件。

3时50分，中国东方航空集团公司接民用航空局派1架飞机从山东省济南市运送150名救援人员、19吨物资，从河南省郑州市运送20名救援人员赴四川省成都市的通知。东航集团从上海市调1架A300宽体客机到济南市，执行济南—郑州—成都飞行任务。7时33分飞机从上海虹桥国际机场起飞，15时44分抵达成都市。

5时，中国铁道建筑总公司中铁十一局集团有限公司①第五工程公司广陕公路项目部抢通川陕公路国道108线（明月峡至广元市瓷窑铺22千米）塌方路段。

5时56分，东航集团宁波分公司接浙江省宁波市政府调配1架飞机运送103名武警官兵以及救援设备和物资到成都市的通知。11时33分飞机起飞，14时17分抵达成都市。

6时30分，中国国电集团公司大渡河流域水电开发有限公司双江口公司抗震救灾第一分队赴四川省小金县清理卧龙至映秀镇堵塞路段。5天时间疏通省道210线夹金山段，解救群众300余人。13时，双江口公司和建设单位20人组成抢险救灾第二分队，携3台大型装载机、两辆指挥车和4辆后勤补给车，与武警水电三总队抢修四川省阿坝藏族羌族自治州（以下简称阿坝州）马尔康至汶川线路段。

7时55分，中国电信用海事卫星电话发回四川省广元市青川县灾情，是地震发生后青川县与外界的首个联系电话。21时50分，中国电信抢通青川县全部通信线路。

8时30分，国资委召开抗震救灾应急领导小组会议，传达中共中央政治局常委会议和国务院会议精神，部署国资委和中央企业抗震救灾工作。国资委向中央企业下发《关于中央企业做好抗震救灾工作的紧急通知》，要求受灾中央企业迅速启动应急预案，积极做好抢险自救，尽力减少灾害损失，全力抢修重要基础设施。

9时50分，东航集团应急指挥部接民用航空局调配3架A320或B737飞机，前往洛阳与国航、南航运送5000名救援部队官兵赴成都市的通知。东航集团从武汉公司调1架B737飞机、从西北分公司和总部各调1架A320飞机，分别于14时前后抵达洛阳机场，执行两趟往返洛阳—成都飞行任务。

---

① 中国铁道建筑总公司中铁十一局至二十五局集团有限公司分别简称中铁十一局至二十五局。

11时,东航集团江苏有限公司两次接江苏省政府通知,调配两架A320飞机分别于12时07分、17时04分起飞执行运送救援人员包机任务,于14时45分、18时50分先后飞抵成都市。

12时,中国石油兰成渝成品油管道全线重新启输。该管线承载川渝地区70%以上成品油输送任务。

上午,中国航天科工集团公司第二研究院二〇七所利用高分辨率机载成像雷达(SAR)对灾区航拍观测。

13时,中国电信西安机动通信局派出的15人应急通信保障分队抵达四川省北川羌族自治县(以下简称北川县)。在北川抢险救灾指挥部现场用海事卫星电话拨通与外界的第一次通话。18时30分,应急通信保障分队开通30路通信电路、8兆视频通信,恢复北川县对外联系。

15时,东航集团接上海市政府应急办组织1500顶帐篷运往四川灾区的通知。东航集团与中国货运航空公司协调,从远程航线中调配1架远程宽体货机MD11用于运输重达67吨的帐篷。

下午,国资委向有关中央企业下发紧急通知,要求在四川省及周边省有关分(子)公司或施工项目的中央企业,将可用于救灾的铲车、吊车等施工机械情况报业绩考核局,以便在必要时统一调配。

18时50分,国家电网公司重庆市电力公司组织的70余人抗震救灾突击队抵达四川省成都市,执行应急供电任务。

20时30分,国资委主任、党委书记李荣融从出差地赶回北京,立即听取有关抗震救灾情况汇报,要求中央企业把抗震救灾作为最重要、最紧迫的任务,迅速投入自救互救,全力参与抗震救灾。

21时06分,中国卫星通信集团公司两名技术员接通卫星电话,向四川省抗震救灾指挥中心汇报汶川县映秀镇灾情。这是地震发生后从映秀镇打出的第一个卫星电话。

晚上,国资委接到清平磷矿山体滑坡导致公路堵塞,与大量职工失去联系,职工生命安全受到威胁的报告后,立即向国务院应急办上报灾情，请示空投物资，并协调其他中央企业展开救援。

是日，中共中央政治局常委、国务院总理、国务院抗震救灾总指挥部总指挥温家宝赴四川省绵竹市汉旺镇东汽公司看望企业职工及受灾群众。

是日，中国兵器工业集团公司五三〇八厂应有关方面要求，提供4台K/LLX502B型手持式激光测云雷达（对空测量仪器）。

是日，中国石油西南油气田公司解救因地震被困四川省都江堰市灵岩索道高空缆车的13名游客，其中11名为台湾游客。

是日，国家电网公司重庆市电力公司受地震影响的停电用户全部恢复供电；经四川省电力公司全力抢修，宝成铁路四川段因地震停电的5座电铁牵引站恢复临时供电；成都电业局抢搭都江堰紫坪铺水库映秀镇水上生命线，抢运物资及人员。

是日，中铁二十三局主动向四川省委、省政府请缨，受领省国资委参加东汽公司抢险救灾任务，历经30多个小时，搜救出两名幸存者和12名遇难者；中铁二十一局电务电化公司向中国移动甘肃公司请缨，受领陇南地区移动通信线路及通信基站抢险救援任务，并于5月22日完成通信抢险救援。

是日，中国电信甘肃公司启动抗震救灾紧急公益方案，联合新华社开通"10629999"短信每日灾情播报，每天免费向甘肃省短信客户发送一条最新灾情和电信救灾信息。抗震救灾期间发送公益短信1200万余条。

5月14日

5时，兵器装备集团救援队携救援设备到达东汽公司救援现场。

9时，国资委主任、党委书记李荣融主持召开党委会，进一步研究中央企业抗震救灾工作。

15时，国资委主任、党委书记李荣融主持召开由151家中央企业参加的国资委抗震救灾工作视频会议，落实中共中央、国务院抗震救灾部署，并呼吁中央企业捐款捐物。

16时20分，东航集团接民用航空局将武汉750名空降兵15日8时前运送至成都市的通知，立即从上海总部派两架远程重型宽体A340客机从浦东机场前往武汉，并从昆明、武汉各派出1架B737飞机执行飞行任务。

18时，国家电网110千伏文县变电站恢复供电，陇南市八县一区基本恢复供电，文县电网与甘肃电网相连。陕西地方电力（集团）有限公司因地震受损输配电设施全部恢复正常。

是日，国资委接到中国国旅集团有限公司所属中国国际旅行总社有限公司一英国入境团（19人）失去联系的报告后，立即向国务院应急办报告并请求救援。19日，中国国际旅行总社有限公司在四川省的118名中外游客安全撤离。

是日，中国诚通控股集团有限公司所属中国唱片总公司广州分公司与香港、澳门、北京、广州等地的文艺工作者合作，完成震后国内第一首抗震救灾歌曲MTV——《心心相连》的制作。从5月14日晚起，在中央电视台、香港凤凰卫视、广州南方电视台、四川电视台、重庆电视台、湖南电视台等近20家电视台播出。

5月15日

2—3时，经国资委协调，空军出动飞机向清平磷矿被困人员空投两架（次）共8吨紧急救援物资。

3时，国家电网公司四川省电力公司18名船工组成抢险队，携14艘冲锋舟，赴都江堰紫坪铺水库大坝约两千米处的渡口码头。7时35分，运载50名抢险人员起航。

9时55分起，中国海洋石油总公司租用的"超美洲豹"型、"海豚"型、EC-155型和EC-135型直升机从深圳、天津、厦门、舟山、湛江、三亚等地机场起飞赴四川灾区。当晚，中国海油签约的14架直升机集结在广汉机场。在抗震救灾中，中国海油支付直升机租金1936万元。

13时，中国卫星通信集团公司员工携带卫星宽带视频语音系统设备，空降汶川县映秀镇。16时，完成两个视频语音系统安装调测。19时，两个视频语音传输站点将映秀镇灾情视频、语音实时传回四川省抗震救灾指挥中心，建立映秀镇灾后第一个实时视频传送平台。

13时55分，中国电信恢复汶川县固定电话、小灵通和宽带通信。

14时25分，中国铁通集团有限公司陕西分公司抢险队员恢复所辖宝鸡—阳平关16芯、36芯、48芯光缆和1条14×4电缆，为宝成线109隧道抢修提供保障。

18时，中国网络通信集团公司抢险队员在成都军区帮助下，空降地震极重灾区四川省汶川县映秀镇，通过甚小口径终端（VSAT）系统地面站抢通映秀镇通信线路。

20时，中铁一局、中铁二局抢险队打通紫坪铺大坝通往映秀镇连接国道213线1000米便道。

是日，国资委业绩考核局按照国资委主任、党委书记李荣融的指示，协调中国石油向中国电信四川公司汶川分公司运送应急发电油品。

是日，中国网通重庆公司在北川县城开通地震后第一个GSM网络基站。

是日，中铁二十三局接受四川省国资委公路应急抢险任务，组建第二抢险队，赴什邡市蓥华镇清除路障。至5月20日，清理塌方32处，打通什邡市蓥华镇蓥石公路毛拱桥—石门村等损毁干道14.10千米，协助救援部队解救出被困群众6000余名。

是日，中国航空工业第二集团公司哈尔滨飞机公司所属飞龙通用航空公司第一批2架直-9直升机、1架"小松鼠"直升机和1架米-26重型直升机先后飞赴灾区，担负物资和人员运输任务。

5月16日

4时30分，中国卫星通信集团公司配合中国移动，开通建起卫星链路。8时22分，地震后中国移动第一个基站开通。

上午，国资委主任、党委书记李荣融主持召开抗震救灾工作会议，要求加强中央企业抗震救灾组织协调，高度重视职工安置，严防次生灾害发生。

上午，国资委副主任黄淑和代表国资委及国资委主任、党委书记李荣融，致电四川省国资委，对四川省国资委、中央在四川企业及四川省国有企业干部、职工表示亲切问候。

11时，经国资委协调，成都军区空军向四川太平驿水电站100余名受困人员空投通信工具及生活物资。

18时20分，中国电信抢险队员修复平武灾区光缆通信。四川省极重灾区和重灾县（市）恢复与外界公众通信。甘肃省陇南市因地震中断的94个乡镇恢复通信。

23时34分，国家电网公司四川省电力公司恢复汶川县水厂、医院等重要单位供电。

是日，国资委下发《关于抗震救灾捐赠有关工作的通知》，要求中央企业根据实际情况，加强捐款捐物工作组织领导，优先保证受灾严重地区，严格落实捐赠报告制度。

是日，中国电信两名抢险队员携带VSAT等设备，乘军用直升机空降四川省茂县。18时40分，中国电信与四川公司茂县分公司取得联系。20时12分，开通VSAT设备多功能平台，从眉山异地延伸至茂县16部电话，供当地政府对外联系及抢险救灾指挥使用。

是日，中铁十二局参加成都铁路局广汉—岳家山铁路什邡区间13千米线路抢险，当晚进入现场。

5月17日

上午,中国机械工业集团有限公司所属中国一拖集团有限公司志愿者队伍赴四川省广元市青川县木鱼镇疏通省道105线。至5月20日,疏通堵塞路段28处,修复公路13千米,提前两天打通通往木鱼镇的道路。

下午,国资委主任、党委书记李荣融主持召开会议,研究部署中央企业抗震救灾工作。

21时,国资委主任、党委书记李荣融就中央企业抗震救灾情况接受中央电视台专访。

是日,灾区唯一生产成品油的中国石油南充炼油化工总厂恢复生产。中国石油在灾区天然气产量恢复至震前的99%。中国石油在地震中失去联系的374名人员和12辆车全部找到。

是日,中铁十五局达成铁路工程指挥部组建36人抢险救援队。至5月20日,协助转移四川省茂县色尔古镇受困群众400余人。

5月18日

上午,中共中央政治局委员、国务院副总理张德江赴中国移动网管中心考察,了解抗震救灾通信保障情况。

14时,中国网通300人组成16支通信应急抢险队,采取原址修复、易地新建等方式,140余小时开通35个SCDMA基站,覆盖都江堰城区绝大部分区域,恢复语音、数据业务。

20时48分,中国电信完成黑水县通信光缆抢通,使四川受灾县级城市通信能力基本达到震前正常水平。

5月19日

上午,国资委主任、党委书记李荣融主持召开国资委抗震救灾领导小组会议，研究做好抗震救灾和灾后重建等工作。

14时28分，国资委组织全体人员参加全国哀悼日默哀活动。

是日，国资委下发《关于报送抗震救灾及灾后重建有关情况的通知》，要求中央企业做好信息报送工作。

是日，中国电信陕西公司抢险队布放光缆150千米，恢复灾区16个乡村通信，抢通四川省青川县至广元市通信线路。

5月20日

19时，中铁十六局抢险突击队与武警部队水电九支队、中铁十四局分南、北抢险，联合抢通茂县通往汶川县的国道312线和317线。九天九夜修复受损公路249千米。

20时20分，国家电网公司四川省电力公司恢复汶川县映秀镇供电。

是日，国资委下发《关于进一步做好中央企业抗震救灾和灾后恢复重建工作的紧急通知》，要求中央企业做好受灾人员救助、职工及家属安抚工作，加强卫生防疫，保障灾区物资运输和供应。

是日，国资委协调中国建筑材料集团公司支援东方电气集团的600套活动板房（其中中国建材捐赠100套，国资委订购500套）运输到位。

是日，中铁十二局组织819名抢险队员携带206台（套）机械设备赴宝成铁路109隧道抢险，承担隧道出口段220米抢修加固任务。至5月24日8时完成任务。

5月21日

9时50分，中共中央政治局常委、国务院副总理、国务院抗震救灾总指挥部副总指挥李克强赴东汽公司考察灾情，指导灾后重建。

11时55分，国航改装的第一班向非灾区省（市）转移伤员急救包机CA4391航班，搭载35名担架病人及家属、医护人员抵达广州市。

上午，国资委协调中国地震局救援队 160 人赴绵阳市休整事宜，要求兵器装备集团做好途中接待。11 时和 14 时，救援队分两批共 210 人到达兵器装备集团西南电子技术研究所并得到妥善安置。

16—17 时，国务院新闻办公室举行新闻发布会，国资委主任、党委书记李荣融介绍中央企业抗震救灾情况并回答记者提问。中央电视台一套、四套、九套、新闻频道现场直播，中国网等在线直播。

16 时，中铁二局抢险队 40 人抢通四川省成都市彭州市银厂沟老彭白公路。3 天时间共清理土石方 5 万立方米、路面 3 千米。

晚上，国资委就渔滩水电站渗水情况发函中国节能投资公司，要求中国节能投资公司尽快组织专家排查渔滩水电站险情，制定措施，及时排除隐患，并将实施情况上报国务院和国家防汛抗旱总指挥部总办公室。

是日，国家电网公司甘肃省电力公司停电用户全部恢复供电。

是日，中国水利水电建设集团公司第十二工程局①巴山施工局组织 180 余人的抢险队，修复岷江都江堰紫坪铺水库被地震损坏的两个泄洪排沙洞事故门（2×3600 千牛）启闭机，将 1 号、2 号泄洪排沙洞事故门提起，使泄洪排沙洞发挥泄洪功能。

5 月 22 日

中共中央政治局委员、国务院副总理张德江到国资委考察，指导抗震救灾工作。

是日，国资委主任、党委书记李荣融主持召开国资委第 111 次党委会议，决定从国资委党委管理的党费中拨 100 万元给东方电气集团和中国第二重型机械集团公司党组织，帮助受灾党员解决生活困难和修缮受损党员活动设施。

---

① 中国水利水电建设集团公司第一至第十六工程局分别简称水电一局至十六局。

5月23日

10时22分,中共中央政治局常委、国务院总理、国务院抗震救灾总指挥部总指挥温家宝赴东汽公司考察。

上午,国资委接东方电气集团请求调集2台50吨汽车吊请示后,迅速协调中国葛洲坝集团公司、中国铝业公司,抽调人员、设备赶赴东汽公司救援。

5月24日

10时,国家电网公司陕西省电力公司109隧道抢险小分队完成宝成铁路109隧道抗震抢险保供电任务。抢险小分队连续11天发电约2.50万千瓦·时。

上午,国资委召开中央企业抗震救灾和恢复重建工作视频会议,通报中央企业抗震救灾情况,部署抗震救灾和恢复重建工作。国资委主任、党委书记李荣融主持会议。

是日,国资委接中国水电集团都江堰地区所属受灾单位急需活动板房的报告后,立即与宝钢集团有限公司、中国建材、中国建筑工程总公司等联系,协调解决急需活动板房问题。

5月25日

11时24分,国家电网供电区内四川省绵阳市北川县各乡镇通电。

15时,国家电网公司绵阳电业局输电线路工区13名员工组成作业组前往唐家山堰塞湖坝顶,将横于湖面上方影响直升机降落的一条10千伏和一条35千伏线路切断,将电线杆放平,保证堰塞湖坝上直升机抢险作业安全。

5月26日

上午，国资委主任、党委书记李荣融主持国资委应急办领导小组会议，研究部署下一步抗震救灾工作。国资委副主任李伟、金阳分别介绍对口支援和宝成铁路109隧道抢修情况。

17时28分，中国石油四川销售公司接四川省抗震救灾指挥部"每日向唐家山堰塞湖抢险现场调运30～40吨柴油"的通知后，提出四套供油方案。

是日，中国华能集团公司四川公司、水电七局抽调技术骨干组成青年突击队，与救援部队官兵抢修4天，打开四川省汶川县映秀镇太平驿水电站泄洪闸，排除险情。

5月27日

国资委受86家中央企业委托向中国红十字基金会转交3.5336亿元捐款，与中国红十字基金会共同设立"5·12灾后重建中央企业援助基金"。中国红十字会会长彭珮云、国资委副主任王瑞祥为"5·12灾后重建中央企业援助基金"揭牌。

是日，经中铁二十局第四工程公司抢险救援队7天抢修，国道317线马尔康—汶川段202千米公路恢复双车道通行。

5月28日

9时20分，中共中央政治局常委、全国人大委员会委员长吴邦国，中共中央政治局委员、全国人大委员会副委员长、中华全国总工会主席王兆国赴四川省德阳市绵竹市汉旺镇东汽公司考察。

是日，国资委主任、党委书记李荣融赴四川灾区考察，慰问部分驻川受灾中央企业，指导抗震救灾和恢复重建。

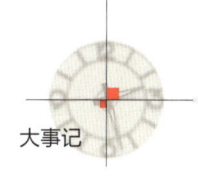

5月29日

国资委召开中国石油、中国石化、中国化工三家企业协调会,协调灾区临时安置房所需5万吨聚苯乙烯生产问题,要求担负生产任务的中央企业执行国家规定,按震前价格向有关生产厂家提供聚苯乙烯。

5月30日

5时,水电八局抢险人员携1台汤姆洛克液压钻机抵达唐家山堰塞湖投入钻爆施工。三天三夜完成抢险任务。

是日,中共中央政治局常委、全国政协主席贾庆林赴四川省成都市都江堰市紫坪铺大坝考察大坝修复情况,慰问中央企业等抢险队员。

至5月30日,中国医药集团总公司接发展改革委4批调拨指令,采购调拨物资价值3亿元,启用包机6架、火车车皮50余节、大型货车近80辆将医药物资送抵灾区。

5月31日

中铁二局第四工程公司抢通通往四川省汶川县地震极重灾区的国道213线。

6月1日

中共中央政治局委员、国务院副总理张德江,国资委主任、党委书记李荣融赴驻四川中央企业考察、慰问。

是日,国资委与住房和城乡建设部印发《关于紧急组织生产5万吨聚苯乙烯的通知》。通知要求宝钢、鞍山钢铁集团公司、武汉钢铁(集团)公司、攀枝花钢铁(集团)公司提高彩涂板生产能力,由每月8.20吨提升到9.50吨,并确保价格稳定。

6月2日

中共中央政治局委员、国务院副总理张德江赴中核集团八二一厂考察。

是日，因地震受损的四川主网电力设施基本恢复。四川电网辖区除北川县少数用户未恢复供电外，其他地区恢复供电。

是日，中国石油四川销售公司用米-26直升机调运油料至唐家山堰塞湖抢险现场。

6月3日

下午，中共中央政治局委员、国务院副总理张德江赴中国移动抗震救灾前线指挥中心考察。

6月4日

国资委向国务院呈报《关于抗震救灾和生产恢复有关情况的报告》，中共中央政治局常委、国务院总理、国务院抗震救灾总指挥部总指挥温家宝，中共中央政治局委员、国务院副总理张德江分别作出批示。

是日，国资委组织东方电气集团、国家电网公司等企业，为四川巴蜀江油发电厂恢复生产提供技术支持。

6月5日

全国总工会授予国家电网公司重庆市电力公司"抗震救灾重建家园'工人先锋号'"荣誉称号。

是日，四川电网逐步恢复，日发电量2.72亿千瓦·时，相当于震前的102.11%；日用电量2.59亿千瓦·时，达到震前的104%。全省用电负荷迅速回升。

是日，国家电网公司河南省电力公司完成四川省广元220千伏袁家坝变电站抢修恢复任务。至此，湖北、湖南、江西、重庆、河南等省（市）电力公司抢修恢复变电站45座，其中220千伏变电站12座，110千伏变电站33座。国家电网系统229座可恢复35千伏及以上变电站全部恢复。

6月8日

水电八局派4名爆破作业人员，乘直升机赴唐家山堰塞湖参加爆破排险。

是日，中国石油川庆钻探工程公司组织60名抢险人员、24台设备及30辆大小车辆，抵达唐家山堰塞湖参加抢险。

6月10日

截至9时，灾区中央企业职工及家属778人遇难，2234人受伤。

上午，国资委主任、党委书记李荣融主持中央企业抗震救灾和灾后恢复重建工作会议，要求有关部门做好中央企业灾后恢复重建规划等工作。

18时48分，国家电网公司四川省电力公司因灾停运需恢复的最后一条线路——绵阳35千伏永播线送电。四川省电力公司10千伏及以上3160条可恢复电力线路全部恢复，公司经营区域需要恢复的1875个乡（镇）、17937个行政村、461.34万停电用户（包括123个重要用户）恢复供电，提前5天完成抗震救灾抢修恢复任务。

是日，中国交通建设集团有限公司安排777人投入抢险救灾，投入挖掘机、装载机、吊车等各类设备219台（套）。

6月13日

国资委召开第64次主任办公会和第113次党委会议，审议通过《关于抗震救灾和生产恢复有关情况的汇报》、《关于"中央企业抗震救灾英雄"和"中央企业抗震救灾英雄集体"的评选工作情况报告》，会议总结了国资委和中央企业抗震救灾工作，研究做好中央企业生产恢复和灾后重建有关事宜。

6月14日

"5·12灾后重建中央企业援助基金"首个援建项目，东方电气集团德阳安置点1万平方米活动板房在德阳天元开发区落成并交付使用。

6月20日

人力资源和社会保障部、国资委印发《关于表彰中央企业抗震救灾英雄集体和抗震救灾英雄的决定》。

6月26日

中国国电与东方电气集团在北京签订价值82亿元的发电主机设备合同。

6月28日

中共中央政治局常委、国家副主席、中央军委副主席习近平赴四川省成都市都江堰市紫坪铺大坝考察。

是日，中共中央政治局常委、国务院副总理、国务院抗震救灾总指挥部副总指挥李克强赴国家电网公司总部考察抗震救灾和电网迎峰度夏等工作。

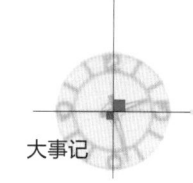

是日，中共中央政治局委员、国务院副总理张德江赴中核集团八二一厂考察。

6月30日

中国移动累计出动抢修人员32万余人（次），调度28辆应急通信车、3349台发电机、317部卫星电话，投入救灾物资、设备价值超过11.50亿元。

是日，中国航油西南公司所辖机场累计为20804架（次）航班加注航油约10.32万吨；保障民航救灾飞机563架（次），加注燃油3970.10吨；保障解放军救灾航班1177架（次），加注燃油4046.80吨。

是日，东航集团累计派出飞机104架，执行救灾运输飞行454班，另有359班正班参与运送救灾物资或人员。运送救灾人员12888人，运输救灾物资3564.50吨（含正班航班运货765.15余吨）。

7月1日

由国家电网公司成都电业局承建的映秀镇恢复重建第一个电力项目——35千伏春天坪小型化变电站完工，命名为"春天坪"变电站。映秀镇结束靠发电机临时供电。

7月4日

国资委业绩考核局局长刘南昌接受新华网专访，介绍中央企业抗震救灾及灾后恢复重建情况，并与网友在线交流。

7月9日

由国家电网公司重庆市电力公司承担的220千伏安县变电站重建工

程投入运行，比计划工期提前50余天。华中电网五省一市公司援建队伍完成46座变电站抢修恢复，其中220千伏变电站13座，110千伏变电站33座。

7月18日

上午，国资委在北京召开中央企业抗震救灾总结表彰大会。中共中央政治局委员、国务院副总理张德江，国资委主任、党委书记李荣融出席会议并讲话。授予国家电网公司四川省电力公司等199个单位"2008年抗震救灾先进集体"荣誉称号，授予东汽公司主机一分厂厂长喻刚等271名同志"2008年抗震救灾先进个人"荣誉称号，授予中国水利水电建设集团公司水电十局医院党委等136个基层党组织"2008年抗震救灾先进基层党组织"荣誉称号，授予清平磷矿党委书记、董事长、总经理向平等178名同志"2008年抗震救灾优秀共产党员"荣誉称号。

7月21日

攀钢成都钢铁有限责任公司（以下简称攀成钢）、中国节能等6家中央企业与成都市签订投资总额超过100亿元合作项目，支持成都市灾后重建和经济发展。

8月8日

国家电网公司完成四川地方电网抢修恢复工作。

8月27日

13时24分，四川电网因灾停运需原地恢复重建的最后一座变电站——绵阳110千伏晓坝变电站送电。四川省电力公司电力震损设施原地恢复重建完成。

8月31日

国资委召开中央企业宣传思想工作会议,在中央企业开展学习"东汽精神"活动。

10月29日

国务院审查批准2008年中央国有资本经营预算,中央企业灾后恢复重建支出40亿元。

11月12日

由"5·12灾后重建中央企业援助基金"援建的水电十局医院,在都江堰举行竣工暨恢复营运仪式。

11月19日

国家电网公司在成都市召开四川、湖北、湖南、河南、江西、重庆6省(市)电力公司对口支援汶川县、茂县、理县、北川县、小金县、松潘县6个极重灾区和重灾县地方电网恢复重建工作启动会议。重建投资1.39亿元。

12月12日

11时,四川电网震后首批灾后重建项目南充高坪220千伏、110千伏航空港输变电工程开工。

15时46分,地震受损严重的映秀湾水力发电总厂映秀湾电站3号发电机组并网发电。年底前恢复一台机组发电任务完成。

12 月 28 日

上午,中共中央总书记、国家主席、中央军委主席胡锦涛赴东汽公司绵竹市汉旺基地主机一分厂、在原址恢复生产的主机四分厂、汉旺新镇卫生院工程施工现场考察。

2009 年

1 月 25 日

上午,中共中央政治局常委、国务院总理、国务院抗震救灾总指挥部总指挥温家宝赴东汽公司德阳市八角新基地考察,看望慰问节日期间坚守岗位的干部职工,共度大年三十。

2 月 6 日

东汽公司新基地首批设备搬迁工作开始,新基地设备搬迁、安装、厂房建设同步进行。

2 月 12 日

上午,中共中央政治局常委李长春赴东汽公司德阳市八角新基地考察。

2 月 26 日

新华社播发长篇通讯《"东汽精神"启示录——记在特大地震中"泰山压顶不弯腰"的东汽公司》,并配发评论员文章《不畏艰难 迎难而上——赞"东汽精神"》、《东汽精神:民族精神的传承 时代精神的体现》。

是日，中央电视台《新闻联播》播出《震不倒，压不垮，废墟上崛起新东汽》。

2月27日

《人民日报》头版头条刊发新华社通讯《"东汽精神"启示录》，并配发评论员文章《"东汽精神"催人奋进》。《经济日报》发表报道《震不垮的东汽精神》。《光明日报》发表评论《东汽精神赞》。

5月12日

国家电网公司映秀湾水电总厂映秀湾电站最后一台机组（1号发电机组）投入运行。在汶川特大地震一周年之际，映秀湾电站全部恢复发电。

5月18日

中国电信、中国移动、中国联通分别与四川省签署战略合作框架协议，5年内投入1000亿元，支持四川省灾后恢复重建和信息服务业发展。

6月16日

中国化工集团公司四川蓝星机械有限公司（以下简称蓝星机械）灾后异地重建项目在德阳高新技术产业园区动工。2010年6月，项目建成投产，总投资15亿元。

9月7日

7—12日，中国红十字基金会与国资委举办"5·12灾后重建中央企业援助基金"项目巡视活动，国资委副主任黄淑和，中国红十字会秘书长、中国红十字基金会常务副理事长兼秘书长王汝鹏，中国航空工业集团公司、中国移动等参与捐赠的中央企业负责人及《人民日报》、新华社等媒体记者赴四川灾区参与项目巡视活动。

9月8日

上午，"5·12灾后重建中央企业援助基金"捐资1000万元援建的新桥博爱中学竣工仪式在四川省绵阳市游仙区举行。

9月9日

上午，中国建筑工程总公司通过"5·12灾后重建中央企业援助基金"捐资500万元援建的中国建筑博爱小学竣工仪式在四川省绵阳市北川县香泉乡举行。

9月10日

下午，武钢通过"5·12灾后重建中央企业援助基金"捐资1000万元援建的武汉钢铁博爱教学楼竣工仪式在四川省绵竹市汉旺镇中心小学举行。

9月11日

上午，四川省彭州市丹景山镇九年制博爱学校举行竣工典礼。国资委综合局、中国红十字基金会、四川省红十字会和鞍钢有关领导为"丹景山镇九年制博爱学校"揭牌。鞍钢通过"5·12灾后重建中央企业援助基金"捐资900万元，在彭州市援建丹景山博爱九年制学校和升平镇博爱小学。

下午，国资委、中国红十字基金会有关领导赴四川省都江堰市水电

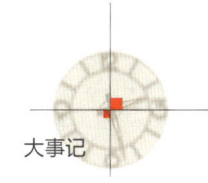

十局医院调研。水电十局医院由"5·12灾后重建中央企业援助基金"捐赠1100万元重建。

9月25日

中共中央政治局常委、国务院总理、国务院抗震救灾总指挥部总指挥温家宝赴东汽公司德阳市八角新基地考察。

9月26日

中国华能太平驿水电站第4号机组恢复并网发电。

11月3日

国务院审查批准2009年中央国有资本经营预算,中央企业灾后恢复重建支出1396226万元。

11月22日

中国铁建电气化局集团公司出资捐建的四川省威州民族师范学校及附属小学工程在四川省汶川县举行奠基仪式。

12月15日

东汽公司汉旺基地重型一分厂最后一台重型关键设备——15米数控龙门铣床搬迁,标志着汉旺基地震后搬迁工作结束。

12月30日

东汽公司累计完成2300台设备安装,其中新购设备1200台,搬迁设备1100台。东汽公司新基地19个生产厂房移交使用,厂区道路开通,厂区内专用铁路工程开始建设。

2010 年

4 月 9 日

2010 年中央国有资本经营预算，经十一届全国人民代表大会三次会议审查批准。批复 2010 年中央国有资本经营预算，中央企业灾后恢复重建支出 20 亿元。

5 月 10 日

东汽公司新基地灾后重建工程竣工，投产大会在四川省德阳市召开。中共中央政治局常委、国务院总理、国务院抗震救灾总指挥部总指挥温家宝，中共中央政治局委员、国务院副总理张德江对新基地竣工投产表示祝贺。

5 月 11 日

上午，由中国第一汽车集团公司捐赠，"5·12 灾后重建中央企业援助基金"立项援建的"一汽红旗博爱小学"和"一汽解放博爱中学"落成典礼在四川省都江堰市举行。国资委副主任黄丹华，中国红十字会秘书长、中国红十字基金会常务副理事长兼秘书长王汝鹏以及一汽集团、成都市、都江堰市有关领导出席典礼。

5 月 27 日

国资委副主任邵宁赴东汽公司东汽馨苑、新基地重型一分厂、叶片分厂、风电总装车间调研。

9月29日

国家电网公司四川省电力公司建设的北川（永昌）110千伏智能变电站投入运行，总投资3900万元。

2011年

1月19日

四川省灾后恢复重建通信设施类重点工程项目——中国西部信息中心投入运行。这是中国电信在西部的最大数据灾备中心，也是中国第一家国家级数据安全中心。

第一篇 地震灾害

2008年5月12日14时28分，四川省汶川县发生里氏8.0级特大地震，震中位于汶川县映秀镇（北纬31.0度、东经103.4度）。地震灾区在青藏高原东缘和四川盆地之间，为中国西南川滇、川甘和川陕交界部位。遭受严重灾害的县（市、区）分别处于平原、丘陵和山区等不同地形地貌环境，灾害特点各有不同。地震造成人员伤亡惨重，建筑物、道路交通设施大量损毁。地震引发山崩、滑坡、泥石流、堰塞湖等，加重灾害破坏程度，给抢险救灾造成极大困难。

发展改革委、民政部、财政部、国土资源部、地震局、统计局、国家汶川地震专家委员会会同四川、甘肃、陕西三省人民政府对汶川地震灾害范围进行了全面评估，确定地震极重灾区10个县（市）、重灾区41个县（市、区）、一般灾区186个县（市、区）。截至2008年10月8日，地震造成69227人遇难，17923人失踪，受灾人数4625.60万余人。灾区水利、电力、交通、通信等基础设施遭到不同程度的破坏，教育、卫生、文化、体育等设施受损严重，工农业经济损失严重。

地震对灾区中央企业影响巨大。至2008年6月10日9时，地震造成中央企业职工及家属778人遇难，2234人受伤；房屋建筑、机器设备、基础设施、生产物资、在建工程及职工生活设施遭到损毁或损坏。至2008年6月4日，地震造成中央企业直接财产损失371.215亿元。

第一章 灾害总体情况

汶川特大地震是由于青藏高原长期挤压，使巴颜喀拉块体向东运动，遭到四川盆地强硬地壳阻挡，产生大量应力积累，即龙门山构造带的断裂活动来释放积累能量，形成地壳缩短和龙门山区隆升而引发的。地震产生北川—映秀地表破裂带、汉旺—白鹿地表破裂带、小鱼洞地表破裂带，造成山体滑坡、崩塌、河道堰塞等次生灾害，对自然环境造成巨大破坏，大量建筑物和工程结构物倒塌损毁。

震中四川省汶川县映秀镇及绵阳市北川羌族自治县等极重灾区部分城镇和村庄在地震中被夷为平地，灾区总面积约为 500271 平方千米，大量群众被废墟或泥土压埋，伤亡惨重。灾区各种基础设施受损，城乡居民住房倒塌损坏严重，造成 1000 万余人无家可归，工农业生产损失惨重，灾区植被、生态环境等遭到损毁。

第一节 受灾范围

地震发生在地质构造比较复杂的地区，又处于中国重要的地震带——南北地震带，震中及余震位于川西龙门山逆冲推覆构造带中段。地震发生及龙门山向东南方向的推覆动力，来源于印度板块与欧亚大陆碰撞及向北的推挤，板块间相对运动，导致亚洲大陆内部大规模结构变形，造成青藏高原地壳缩短、地貌隆升和向东挤出，使构造应力在龙门山推覆构造带上高度积累，以致沿北川—映秀断裂突发错动，引发里氏8.0 级特大地震。

国家地震、测绘、科技等部门在地震发生后，迅速调集航空摄影飞机，赴地震灾区实施航空摄影，协调国内外高分辨率遥感卫星获取灾后影像。汶川特大地震灾区涉及四川、甘肃、陕西、重庆、云南、宁夏6个省（自治区、直辖市）的237个县（市、区）、4667个乡镇、48810个村庄。发展改革委、民政部、财政部、国土资源部、地震局、统计局、国家汶川地震专家委员会与四川省、甘肃省、陕西省政府，在实地调查核定和综合分析评估致灾强度、灾情严重程度和地质灾害影响等因素的基础上，根据汶川特大地震及地质灾害造成遇难和失踪人员、倒塌房屋、转移安置人员数量和比例、地震烈度、地质灾害危险度等，确定地震造成灾害类别及灾害范围划定原则，将地震灾区分为极重灾区、重灾区、一般灾区，并建立划分灾区和影响区综合灾情指数体系。

2008年7月22日，民政部、发展改革委、财政部、国土资源部、地震局关于印发汶川地震灾害范围评估结果的通知（民发〔2008〕105号），确定四川省汶川县、北川县、绵竹市等10个县（市）为极重灾区；四川省理县、江油市等29个，甘肃省文县、舟曲县等8个，陕西省宁强县、略阳县等4个共计41个县（市、区）为重灾区；186个县（市、区）为一般灾区，其中四川省100个、甘肃省32个、陕西省36个、重庆市10个、云南省3个及宁夏回族自治区5个。

汶川特大地震极重灾区和重灾区分布见表1-1-1。

表1-1-1　汶川特大地震极重灾区和重灾区一览表

省别	市(州)名	极重灾区	重灾区	占市（州）面积比例（%）
四川省	阿坝州	汶川县、茂县	小金县、黑水县、松潘县、理县、九寨沟县	53.8
	德阳市	绵竹市、什邡市	旌阳区、罗江县、中江县、广汉市	100
	绵阳市	北川县、平武县、安县	江油市、梓潼县、游仙区、涪城区、三台县、盐亭县	100
	成都市	都江堰市、彭州市	崇州市、大邑县	21.1
	广元市	青川县	利州区、朝天区、旺苍县、剑阁县、苍溪县、元坝区	100
	雅安市	—	芦山县、宝兴县、汉源县、石棉县	50

续表

省别	市（州）名	极重灾区	重灾区	占市（州）面积比例（%）
四川省	南充市	—	阆中市	11.1
四川省	巴中市	—	南江县	25.0
甘肃省	陇南市	—	西和县、两当县、武都区、康县、徽县、文县、成县	66.7
甘肃省	甘南藏族自治州	—	舟曲县	12.5
陕西省	汉中市	—	宁强县、略阳县、勉县	27.3
陕西省	宝鸡市	—	陈仓区	9.1

资料来源：(1)《民政部、发展改革委、财政部、国土资源部、地震局关于印发汶川地震灾害范围评估结果的通知》（民发〔2008〕105号，2008年7月22日）。

(2) 发展改革委、民政部、财政部、国土资源部、地震局、统计局、国家汶川地震专家委员会《汶川地震灾害范围评估报告》。

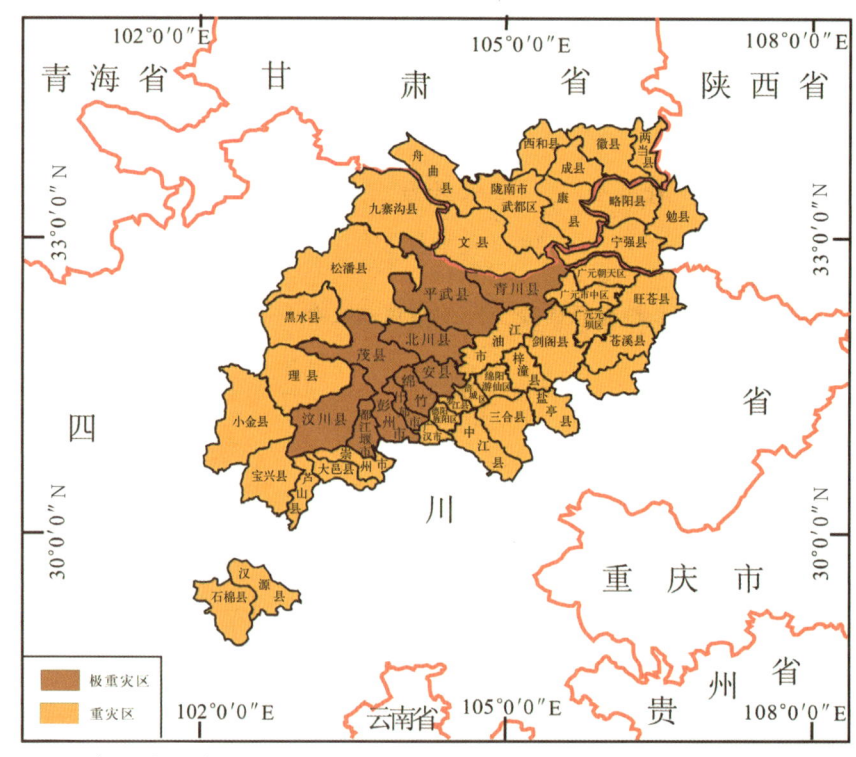

汶川特大地震极重灾区和重灾区分布示意图　　　　（民政部　提供）

地震极重灾区均分布在四川省境内,面积约 26410 平方千米;重灾区分布在四川省、甘肃省、陕西省境内,面积约 90246 平方千米;一般灾区面积约 383615 平方千米,灾区总面积约 500271 平方千米。

第二节 灾害损失

地震使灾区大量人员伤亡,1000 万余人无家可归。灾区基础设施、工业、农业严重受损,生态环境遭到破坏,造成直接经济损失 8523.09 亿元,给灾区社会、经济、文化、生态等各个方面带来长期负面影响。

四川省阿坝州汶川县地震前图像 （崔 鹏 摄影）

一、人员伤亡

汶川地震造成灾区人员伤亡惨重。发展改革委、民政部、财政部、国土资源部、地震局、统计局、国家汶川地震专家委员会的《汶川地震灾害范围评估报告》指出,截至 2008 年 10 月 8 日,地震造成 69227 人遇难,17923 人失踪,374643 人受伤,需要转移安置群众 1510.60 万余人,受灾人数 4625.60 万余人。

四川省阿坝州汶川县
地震发生后图像

（崔 鹏 摄影）

各受灾省（市）遇难人数分别为四川省68708人，甘肃省370人，陕西省125人，重庆市19人，河南省2人，湖北省、云南省、湖南省各1人。人员伤亡主要分布在北川—映秀、汉旺—白鹿及小鱼洞破裂带附近。其中四川省汶川县映秀镇、北川县等地在地震发生瞬间，大量人员被废墟、泥土压埋，伤亡人数众多。

二、经济损失

汶川地震造成直接经济损失8523.09亿元，其中四川省7717.70亿元，甘肃省505.35亿元，陕西省228.30亿元，重庆市54.07亿元，云南省16.83亿元，宁夏回族自治区0.83亿元。

三、基础设施受损

地震使灾区水利、电力、交通、通信、广电等设施损毁严重,给群众生产生活及抗震救灾带来巨大影响。

水利设施受损 地震使四川省、甘肃省、陕西省、重庆市、云南省等地水利工程与设施遭到严重破坏。灾区2566座水库遭到不同程度损坏,包括库容超过1亿立方米大型水库5座、库容0.10亿~1亿立方米中型水库76座、库容小于0.10亿立方米小型水库2485座。大量堤防、水闸、农田水利设施和水文监测设施严重损毁,造成防洪、灌溉系统等大面积瘫痪和极重灾区、重灾区群众饮水困难。

电力设施受损 地震对四川省、甘肃省、陕西省、重庆市火力发电厂、水力发电站、各级电压变电站、输电线路、配用电系统和通信营销等电力系统运行和电力设施造成破坏。大批输电线路和变电站损毁、停运,一批水电、火电机组跳闸、停运或与系统解列,部分电厂和机组遭到损坏,发电负荷大幅下降,造成灾区大面积停电。

交通受损 地震及余震对灾区公路设施造成严重影响。四川省、甘肃省、陕西省公路设施损毁最为严重,云南省、重庆市、湖北省、河南省公路不同程度受损。地震造成全国24条高速公路、161条国道和省道干线、8618条农村公路受损,损毁公路里程53295千米、桥梁6140座、隧道156条。地震使通往极重灾区的国道108线、213线、317线和省道302线完全中断,多座公路桥梁受损,造成公路沿线大型岩崩、滑坡、泥石流、堰塞湖等次生灾害。

地震造成宝成线、成昆线、阳安线、西康线等铁路主要干线及成汶、德天、广岳3条铁路支线运输中断。受灾地区铁路50处严重落石塌方,1281千米线路受损,281座桥梁受损、151座隧道受损、61千米电气化接触网损坏、66处通信信号设备受损、60辆机车车辆报废。受地震影响,宝成线109隧道南口山体坍塌,运行至此段的21043次货物列车撞上巨石,机车和17节车辆脱线,12节油罐车在隧道内起火,导致宝成线运输中断。

四川成都双流国际机场，达州、九寨黄龙、南充、绵阳及重庆万州机场等 21 个机场及空管运行指挥设施受损。中国航空集团公司西南分公司、重庆分公司，四川航空公司，中国东方航空集团公司西北公司等受损。

通信、广电设施受损 地震造成四川省、甘肃省、陕西省、重庆市、云南省通信基础设施不同程度破坏，其中四川省、甘肃省、陕西省最为严重，直接经济损失 67.94 亿元。地震使广播电台、监测台、有线网络、无线发射转播台站、微波站、卫星接收设备等通信、广电设施不同程度受损。

教卫文体设施受损 灾区教育、卫生、文化、体育设施受损严重。特别是学校、医院损毁惨重。四川灾区 70 个县（市、区）文化馆、图书馆和大部分乡镇综合文化站垮塌或严重受损，文化服务体系遭到破坏。

四、工业企业受损

灾区 3.80 万余家工业企业受灾，经济损失超过 2100 亿元，其中原材料工业 268.31 亿元，轻工业 484.15 亿元，制造业 166.82 亿元，国防工业 75.16 亿元。

五、其他受损

灾区商业、金融等服务设施不同程度损毁；物质文化遗产和非物质文化遗产受到损坏，羌族文化核心区的非物质文化遗产实物和资料大部分被掩埋，造成难以挽回的损失；灾区生态系统丧失，森林、草地和河流湿地受损，植被大量破坏，地貌分割，严重破坏生态环境多样性，旅游景区、景点遭到破坏，生态景观受损严重。

第二章　中央企业受损

汶川特大地震使灾区中央企业损失惨重。至2008年6月10日9时，地震造成中央企业职工及家属778人遇难，2234人受伤。

至2008年6月4日，地震造成中央企业直接财产损失371.215亿元。其中基础设施类企业损失近200亿元，生产类企业损失近百亿元，施工类企业损失超过40亿元，军工企业损失超过20亿元。

第一节　人员伤亡

汶川特大地震造成灾区中央企业职工及家属重大伤亡。至2008年6月10日9时，汶川特大地震造成中央企业职工及家属778人遇难，2234人受伤。其中遇难人数在30人以上的中央企业分别为中国东方电气集团公司244人、国家电网公司147人、中国化工集团公司122人、中国水利水电建设集团公司113人、中国铁道建筑总公司32人。这5家中央企业遇难人数总数为658人，占中央企业遇难总人数的84.6%。至2008年6月10日9时，汶川特大地震造成中央企业职工及家属2234人受伤。其中受伤人数在10人以上的中央企业分别为中国化工集团公司461人、国家电网公司390人、中国水利水电建设集团公司148人、中国东方电气集团公司85人（重伤）、中国电信集团公司85人、中国石油天然气集团公司43人、中国核工业集团公司23人、中国核工业建设集团公司19人、中国兵器装备集团公司18人、中国移动通信集团公司15人。

第二节　经济损失

地震造成中国东方电气集团公司、中国第二重型机械集团公司、攀枝花钢铁（集团）公司及80余家下属单位在灾区的中央企业损失严重。至2008年6月4日，中央企业直接财产损失371.215亿元（表1-2-1）。

表1-2-1　中央企业地震经济损失统计表

企业名称	直接损失（万元）	间接损失（万元）	总经济损失（万元）
国家电网公司	1125040	74774	1199814
中国电信集团公司	408500	400000	808500
中国石油天然气集团公司	271904	47085	318989
中国东方电气集团公司	500000	100000	600000
中国水利水电建设集团公司	198280	202630	400910
中国移动通信集团公司	155880	129638	285518
攀枝花钢铁（集团）公司	124642	99850	224492
中国铁路工程总公司	31293	163500	194793
中国航天科技集团公司	79736	78973	158709
中国电子科技集团公司	76567	70270	146837
中国化工集团公司	74865	60203	135068
中国联合通信有限公司	96469	10136	106605
中国网络通信集团公司	27438	73769	101207
中国船舶重工集团公司	5993	90500	96493
中国冶金科工集团公司	14428	74316	88744
中国铁道建筑总公司	60223	35428	95651
中国华能集团公司	70614	11009	81623
中国第二重型机械集团公司	23250	55000	78250
中国大唐集团公司	25145	45119	70264

续表

企业名称	直接损失（万元）	间接损失（万元）	总经济损失（万元）
中国核工业集团公司	70000	—	70000
中国石油化工集团公司	41812	27855	69667
中国华电集团公司	15748	50026	65774
中国兵器装备集团公司	37692	—	37692
中国核工业建设集团公司	28704	6733	35437
中国葛洲坝集团公司	6110	27460	33570
华润（集团）有限公司	12928	18769	31697
中国航空工业第二集团公司	31023	—	31023
华侨城集团公司	153	28817	28970
中国第一汽车集团公司	453	27145	27598
中国医药集团总公司	5388	19465	24853
中国航空集团公司	1183	19025	20208
中国铁通集团有限公司	13177	5679	18856
中国邮电器材集团公司	121	15729	15850
中国南方机车车辆工业集团公司	6961	8135	15096
中国铝业公司	655	13154	13809
中国水电工程顾问集团公司	7351	5687	13038
中国航空油料集团公司	665	11828	12493
中国诚通控股集团有限公司	9588	2376	11964
中国兵器工业集团公司	7246	4569	11815
新兴铸管集团有限公司	6000	5030	11030
中国五矿集团公司	88	9009	9097
中国普天信息产业集团公司	4150	4725	8875
中国中钢集团公司	1000	7500	8500

续表

企业名称	直接损失（万元）	间接损失（万元）	总经济损失（万元）
中国中材集团公司	2944	5215	8159
中粮集团有限公司	168	7847	8015
中国生物技术集团公司	2243	4988	7231
中国建筑材料集团公司	4100	2600	6700
西安电力机械制造公司	2520	4139	6659
中国国电集团公司	2191	3655	5846
中国对外贸易运输（集团）总公司	440	4880	5320
中国电子信息产业集团公司	1900	3250	5150
华诚投资管理有限公司	856	4198	5054
中国卫星通信集团公司	880	4120	5000
中国机械工业集团公司	3232	815	4047
中国交通建设集团有限公司	1776	1596	3372
中国房地产开发集团公司	1008	2000	3008
中国煤炭地质总局	16	2659	2675
中国电力工程顾问集团公司	73	2465	2538
武汉邮电科学研究院	304	2100	2404
中国航天科工集团公司	2110	—	2110
电信科学技术研究院	90	1933	2023
中国远洋运输（集团）总公司	235	1770	2005
中国长江航运（集团）总公司	142	1843	1985
东风汽车公司	426	1500	1926
中国盐业总公司	1165	632	1797
中国铁路物资总公司	666	1032	1698
中国铁路通信信号集团公司	593	1043	1636

续表

企业名称	直接损失（万元）	间接损失（万元）	总经济损失（万元）
中国黄金集团公司	393	1111	1504
中国储备粮管理总公司	420	707	1127
中国有色矿业集团有限公司	16	1110	1126
中国冶金地质总局	316	778	1094
中国长江三峡工程开发总公司	300	623	923
中国化学工程集团公司	828	85	913
中国华孚贸易发展集团公司	520	300	820
国家开发投资公司	23	576	599
中国中化集团公司	200	80	280
中国乐凯胶片集团公司	1	239	240
中国南方电网有限责任公司	190	—	190
中国水利投资集团公司	150	30	180
国家核电技术有限公司	168	—	168
中国储备棉管理总公司	24	84	108
中国新时代控股（集团）公司	32	35	67
中国海诚国际工程投资总院	25	—	25
中国航空器材进出口集团公司	5	15	20
合 计	3712150	2293677	6005827

资料来源：《国资委关于抗震救灾和生产恢复有关情况的报告》（国资发考核〔2008〕108号，2008年6月4日）。

第三节 生活建筑受损

灾区中央企业职工住宅、学校、医院等建筑物及生活配套设施损毁、损坏情况见表1-2-2。

表1-2-2 灾区部分中央企业生活建筑受损情况一览表

企业名称	受灾单位（个）	生活建筑损失
中国核工业集团公司	14	职工住房损毁严重
中国核工业建设集团公司	2	职工住房受损面积328120平方米。四川绵阳、广元、乐山、双福和陕西汉中等基地受损严重
中国航天科技集团公司	44	受损建筑物279栋，面积56万平方米。成都、西安、宝鸡、兰州地区有关单位受损严重
中国航天科工集团公司	7	职工住房受损，成都航天通信设备有限责任公司受损严重
中国航空工业第一集团公司	24	职工住房及生活设施受损面积57548平方米
中国航空工业第二集团公司	11	生活设施受损
中国船舶重工集团公司	13	职工住房受损面积24.80万平方米
中国兵器工业集团公司	18	职工住房受损
中国兵器装备集团公司	—	职工住房受损
中国电子科技集团公司	10	职工住房受损面积605714平方米。第二十九研究所试验场9栋职工住宅楼倒塌
中国石油天然气集团公司	12	多处住房倒塌，大部分墙体、预制板出现裂缝，涉及2.30万户住宅，受损面积157.90万平方米
中国石油化工集团公司	24	职工住房受损面积56.22万平方米
国家电网公司	4	职工住房受损面积153.30万平方米，生活设施受损
中国华能集团公司	5	太平驿水电站、宝兴河公司、涪江公司、嘉陵江公司职工住房受损
中国大唐集团公司	3	职工住房受损，其中甘肃发电有限公司直接财产损失18370万元
中国华电集团公司	6	四川宝珠寺水力发电厂南院临街平房严重受损；南院住宅楼中等破坏，小区内局部给水管道损毁，公共设施损毁；北院单位住宅楼轻微损坏

续表

企业名称	受灾单位（个）	生活建筑损失
中国国电集团公司	11	金堂发电有限公司、华蓥山发电有限公司、岷江发电有限公司、大渡河流域水电开发有限公司、四川电力股份有限公司、达州发电有限公司、南桠河流域水电开发有限公司等部分员工住宅受损
中国电信集团公司	—	员工房屋及生活设施损失严重
东风汽车公司	—	10 余间职工住房受损
中国第二重型机械集团公司	—	建筑物受损面积 163280 平方米
中国东方电气集团公司	—	东汽公司汉旺基地失去生活能力
中国铝业公司	—	房屋等生活设施受损
华润（集团）有限公司	28	绵竹啤酒公司生活设施受损严重
中国机械工业集团公司	5	住宅受损 2823 间
中国冶金科工集团公司	16	倒塌房屋 560 间，其中实久建设有限公司损失严重
中国化工集团公司	—	职工住房受损，其中清平磷矿受损严重
中国中材集团公司	2	职工住房受损
中国南方机车车辆工业集团公司	—	211 栋住房损坏，其中成都机车车辆有限公司、成都机车车辆厂、眉山厂、成都厂、资阳厂受损严重
中国铁路工程总公司	—	4118 户（其中中铁八局 1345 户）职工家庭住房倒塌或成危房。中铁电气化局、中铁隧道集团、中铁大桥局、中铁宝工有限责任公司、中铁一局、中铁二局、中铁三局、中铁四局、中铁五局、中铁六局受损严重
中国铁道建筑总公司	—	731 间房屋倒塌，2688 间损坏，其中中铁十三局第三工程公司、中铁十二局第四工程公司、中铁十四至二十三局受损严重
电信科学技术研究院	—	电信五所、电信十所以及线缆公司北川、什邡等地职工住房受损严重
中国生物技术集团公司	2	职工住房受损

续表

企业名称	受灾单位（个）	生活建筑损失
新兴铸管集团有限公司	—	际华三五三六职业装有限公司职工住宅受损4010间，其中504间成为危房。川建管道公司损失严重
中国电力工程顾问集团公司	—	职工住房受损，其中西南电力设计院受损严重
中国水电工程顾问集团公司	—	都江堰市区职工住宅受损严重
中国水利水电建设集团公司	—	职工房屋倒塌2028间。水电五局、七局受损严重
攀枝花钢铁（集团）公司	7	职工住房受损，其中四川长城特殊钢有限责任公司655幢、21025户受损，金山耐火材料有限公司受损严重
西安电力机械制造公司	11	职工住房受损
中国葛洲坝集团公司	21	职工住房受损，其中建筑施工承包业受损严重
中国铁通集团有限公司	—	职工房屋受损严重
中国铁路物资总公司	—	职工住房309户、986间受损

资料来源：根据2009年7月中央企业报送国资委资料整理。

地震发生后，中国石化四川灾区企业职工住房倒塌
（中国石化 提供）

第一篇 地震灾害

中国大唐碧口水力发电厂职工住房在地震中严重受损

（沈茂晓 摄影）

地震发生后，中国水电集团四川基地商品楼垮塌

（中国水电集团 提供）

第四节　生产设施受损

一、生产及办公建筑受损

灾区中央企业厂房、仓库、办公楼等建筑在地震中大面积倒塌、受损,损毁面积7724981.82平方米,直接经济损失288163.68万元。见表1-2-3。

表1-2-3　灾区中央企业生产及办公建筑受损统计表

企业名称	受损面积（平方米）	直接经济损失（万元）	备注
中国核工业集团公司	113765	62635	
中国核工业建设集团公司	45592.50	2692	
中国航天科技集团公司	546661	13033	
中国航天科工集团公司	75406	142	
中国船舶工业集团公司	252800	—	
中国兵器工业集团公司	207788	4456	
中国兵器装备集团公司	160891	6090	
中国电子科技集团公司	500822	—	
中国石油天然气集团公司	1147002	81073.70	
中国石油化工集团公司	209984	6182	
国家电网公司	1632000		
中国华能集团公司	34693.90		
中国电信集团公司	823400		
中国网络通信集团公司	—	22521	四川分公司
中国联合通信有限公司		9245.56	
中国移动通信集团公司	600000		
东风汽车公司	—	200	南充市东风汽车有限公司

续表

企业名称	受损面积（平方米）	直接经济损失（万元）	备注
中国第二重型机械集团公司	90000	—	
中国东方电气集团公司	—	26000	
中国储备粮管理总公司	207004	400	
中国机械工业集团公司	30932	5270	
中国冶金科工集团公司	17200		
中国化工集团公司	88158.42		
中国建筑材料集团公司	1500		
中国铁路通信信号集团公司	—	190.60	
中国铁路工程总公司	—	3253.73	
中国铁道建筑总公司	—	5748	
电信科学技术研究院	2127	—	
中国生物技术集团公司		640	
新兴铸管集团有限公司	7000	—	
中国民航信息集团公司	8	—	
中国电力工程顾问集团公司	—	24528.44	
中国水电工程顾问集团公司	24743	746	
攀枝花钢铁（集团）公司	874000	—	
西安电力机械制造公司	—	300	
中国葛洲坝集团公司	—	4680.65	
中国铁通集团有限公司	31504	8000	
中国铁路物资总公司	—	136	
合计	7724981.82	288163.68	

资料来源：根据 2009 年 7 月中央企业报送国资委资料整理。

国家电网公司都江堰供电局办公楼因地震损毁

（国家电网 提供）

中国移动四川阿坝映秀片区营销中心因地震垮塌

（中国移动 提供）

二、生产设备及基础设施受损

电力企业受损　地震使国家电网、中国华能、中国大唐、中国华电、中国国电等电力企业生产设备和基础设施严重受损，使灾区的在建工程项目报废、损坏、停建。

国家电网公司下属 11 个发电厂位于震中区域，造成电站（厂）和大坝严重损毁、损坏，发电生产受阻。映秀湾电站厂房门口段山体垮塌严重，电站大尾水岷江出口处被土石掩埋，发电机组全部停机。渔子溪电站地下室厂房开关楼垮塌，被泥石掩埋，发电机组全部停止运行，泄洪闸堵塞，闸门启闭机毁坏。耿达电站距厂房门口及一次二次副厂房垮塌且全部被埋，1 号、2 号主变压器被埋，开关站设备损坏，大坝监测系统、启闭机毁坏。铜钟电站厂房内机电设备及配套辅助设备被水淹，配套的 110 千伏设备严重损毁，3 台机组全部停机。下庄电站机器及设备

国家电网公司映秀湾电站尾水出口在地震中被震毁

（国家电网　提供）

国家电网公司四川草坡电站空压机室被地震造成的后山山体滑坡石块撞击受损
（国家电网　提供）

国家电网公司四川草坡电站球阀室被因地震引起的山体滑落石块掩埋
（国家电网　提供）

覆灰严重，35千伏升压站受损停运，6台发电机组全部停运。草坡电站球阀室被山体滑落巨石掩埋，厂内通信系统损毁，机组全部停机。福堂电站左坝肩岩石滚落约1万立方米，220千伏变电站设备严重损毁，电气夹层以下被淹，1~4号发电机组全部被淹停运。沙牌电站主厂房内桥机被飞石砸落，电厂被迫停机，发、输电设备设施损坏严重。小金县电力公司水电站、理县电力公司水电站、剑阁供电有限公司水电站各电站机组设施不同程度受损。国家电网因地震停运245座35千伏及以上变电站，其中四川电网171座、甘肃电网69座、陕西电网4座、重庆电网1座。四川电网停运变电站中17座完全损毁，无法恢复。110千伏汉旺变电站完全损毁，两台主变压器全部移位，套管渗油，附属设备损毁严重。110千伏穿心店变电站完全损毁，主变压器移位，套管渗油，附属设备不同程度受损。35千伏遵道变电站损毁，两台主变压器及附属设施均不同程度受损。500千伏茂县变电站完全损毁，两台主变压器全部严重损毁，附属设备多处倾斜，底座断裂。220千伏安县变电站35千伏

国家电网公司四川沙牌
电站主厂房因地震被水淹没
（国家电网　提供）

高压室被夷为平地，两台主变压器移位、漏油，附属设备损毁，全站二次设备、通信、直流设备、站用系统损毁殆尽，给排水系统损坏严重。220千伏大康变电站损毁，1号两台主变压器及附属设备严重损毁。110千伏辕门坝变电站损毁，全站除设备构架、支架可利用外，室外设备基本上损毁殆尽。110千伏晓坝变电站损毁，主变压器及附属设备严重损毁。110千伏擂鼓变电站大部分变配电设施损毁。110千伏通口升压站损毁，110千伏输电线路多处铁塔塔倒线断。35千伏龙尾变电站、禹里变电站、通口变电站、小坝变电站、墩上变电站等5座变电站建筑物、设备损毁。35千伏苟家垭站主变压器移位7厘米，附属设备不同程度受到损坏。220千伏银杏变电站因山体滑坡被整体掩埋。二台山联合开关站建筑物（控制室）全部倒塌，构架、所有电气设备全部毁坏。地震造成

国家电网公司四川省电力公司阿坝公司办公综合楼在地震中倒塌

（国家电网　提供）

四川电网 10 千伏配网线路损毁 46 条，其中绵阳 30 条、德阳 16 条；损毁供电所 118 个，主要分布于阿坝、成都、绵阳、德阳、广元、内江等地区。其中成都电业局损毁环网柜 3 台、分支箱 8 台、箱变 1 台、配电线路 605.068 千米、配电变压器 7 台。地震造成 3320 条 10 千伏及以上输电线路停运，其中四川电网 2767 条、甘肃电网 421 条、陕西电网 109 条、重庆电网 23 条。在停运的输电线路中，162 条线路完全损毁，无法恢复。国家电网 10 千伏及以上输电线路受损停运情况见表 1-2-4。

表 1-2-4　国家电网 10 千伏及以上输电线路受损停运数量统计表

电网分布	500（330）千伏输电线路（条）	220 千伏输电线路（条）	110 千伏输电线路（条）	35 千伏输电线路（条）	10 千伏输电线路（条）	总计（条）
四川省	4	46	118	106	2495	2769
重庆市	—	—	1	1	21	23
陕西省	1	2	4	3	99	109
甘肃省	—	2	9	73	337	421
合　计	5	50	132	183	2952	3322

中国华能集团公司四川公司下属 7 个流域公司、13 座发电厂、41 台机组（188.1 万千瓦），均遭受不同程度破坏，4 台机组（26 万千瓦）受损，6 台机组（30 万千瓦）因送出线路受损无法正常供电。太平驿电站大坝和引水系统、厂房建（构）筑物和机电设备、厂区控制楼及厂内交通道路等受损严重。送出线路两基铁塔及线路在地震中损毁并全部倒塌，坝区外接 35 千伏线路约 2 千米也遭损毁，厂内三回路 10 千伏线路约 35 千米全部损毁。水电站大坝两岸边坡出现山体滑坡，坝体排水廊道沉降缝部位多处漏水，右岸连接坝段与储门槽坝间发生约 5 厘米不均匀沉陷，部分设施被山体掩埋，大坝左岸被洪水淘刷宽 30 米、深 6

中国华能四川灾区生产厂房因地震损毁

(中国华能 提供)

米,5号泄洪闸门被洪水冲走。宝兴河公司所属铜头、雨城、小关子、硗碛4座投产电站10千伏厂用线路和35千伏施工用电线路破坏严重,多处杆(塔)倾斜变形。嘉陵江公司所属东西关、青居电站引水系统和船闸局部受损;引水明渠、船闸边坡及库岸部分垮塌,厂房及闸坝渗水。康定公司所属冷竹关、小天都电站厂区枢纽、首部枢纽及线路周边山坡防护网破损、护坡垮塌和送出线路及通信光缆部分损坏。涪江公司阴坪电站大量施工设备损坏,引水隧洞标段和厂区枢纽标段损失特别严重。多处铁塔倾斜,塔基、护坡受损,2条220千伏送出线路(里天线122.56千米、木坪天线110千米)、1条35千伏站间厂用联络线路、1条10千伏施工供电线路受损。明台电站防护堤受损,堤外部分排水沟拉裂和垮塌;基建项目红岩电站主厂房屋顶面雁形板因地震引发翻身断裂报废。

中国大唐集团公司陕西略阳发电公司运行中的3号和6号机组,分别于2008年5月12日14时30分和14时32分与电网解列。6号机组发电机 GIS 出口 C 相出线从Π型架阻波器下部拉断掉落，套管损坏，接头断裂 3 处，凝汽器 B 侧入口门后伸缩节拉裂，3 台空气压缩机微热机疏水器全部震裂损坏，煤仓间落水管拉裂漏水，碎煤机室输煤 PCⅠ段进线开关震断，3 号机组锅炉乙侧主蒸汽管取样管座拉裂，主蒸汽疏水管、循环水母管乙拉裂，110 千伏变电站 72 只支持瓷瓶断裂损坏，母线垮落，东母避雷器从根部折断。中国大唐户县第二发电厂两台 30 万千瓦机组受震跳闸停机，对外送电全部中断。中国大唐碧口水力发电厂部分水工建筑物开裂、基础下沉。4 号主变压器 220 千伏侧一组避雷器断裂，110 千伏 12 号变压器高压侧套管爆裂；左、右泄进水口闸门启闭机室墙体破裂，主体结构破坏；启闭机室墙体出现裂缝，大门变形；主厂房与副厂房结合部错位，中控室侧出现贯穿性裂纹；水轮机出现裂纹，尾水平台与大油库前面下游侧出现纵向贯穿性裂缝；进水口供电线路 634 线路电杆倒塌，电源线路等多处电杆断裂。桂冠天龙湖水电站、金龙潭水电站两电站损毁（报废）机器设备 24 台（套），水电站大坝受损。碧口水力发电厂水库大坝坝肩、坝面多处开裂，大坝观测系统基点、测点被破坏。大坝垂直沉降最大处为 24 厘米，向上游移位最大处 15.90 厘米。上游 10 米双向引张线及电缆沟破坏，引张线基础局部垮塌，坝脚排水沟边墙变形，坝顶下游侧砖防护墙倒塌、变形，迎水面右侧与溢洪道边墙下沉，左侧砼护面层出现裂缝，防浪门与坝体的接缝、与下游砼面层的接缝都出现开裂，大坝下游左岸观测房屋顶错位。电缆沟基础下沉、破裂，上坝公路围墙倒塌。

中国华电集团公司高坝发电厂 11 号（10 万千瓦）机组振动超标，部分混凝土分缝处震开并出现渗漏，部分水情自动测报系统遥测站房屋倒塌，设备损毁。四川华电红叶二级电厂 2 号机组损坏，渗漏水淹至水车室，升压站两台主变压器喷油损毁，附属设施部分倒塌、变形、倾斜。四川紫兰坝水电开发有限责任公司 GIS 楼倾斜，电缆夹层廊道开裂渗水，尾水平台结构缝上下错动，2 号、3 号机组分缝拉开，渗漏增加，

GIS 组合电气设备部分管道沉降、移位。四川宝珠寺水力发电厂杆塔塔基所在山体出现开裂，办公区 10 千伏配电及 400 伏配置设备及配电室受损严重。

中国国电集团公司发电设施受损。金堂发电有限公司部分管线拉裂损伤，局部管道轻微泄漏。达州发电有限公司 31 号、32 号锅炉电梯机座受损停运。大渡河大岗山工程 8 台工程车辆被砸坏，变压器和计量装置等受损。大渡河瀑布沟工程一处变压器被滚石砸坏。白马电厂 23 号炉受损，水泥烟道旁路挡板门至门前烟道耐火砖爆裂垮塌，面积约 90 平方米高温空预器外部保温及转弯烟道保温开裂脱落。金堂发电有限公司山间水池至水泵房道路塌方；白马电厂铁路专用线 2 号线路基翻浆，砼轨枕开裂；南桠河发电厂调压井公路多处垮塌，土石方量约 300 立方米；栗子坪电站场内施工公路沿线边坡发生不同程度垮塌，调压室和蝶阀室交通中断；华蓥山发电有限公司灰场公路部分塌方；大渡河瀑布沟工程工区部分道路出现大面积塌方，对外公路中断；大渡河深溪沟工程工区至金口河公路大面积塌方，道路中断。

中国电力投资集团公司薛城水电站 1 号机组水泵软启动装置损坏；2 号机组锁锭和两段关闭阀渗油，部分附属设施受损。电站公路副坝出现裂纹，闸首配电室基础下沉，拦污栅墙体出现裂纹，电气设备全部失电，220 千伏州茂线、薛州线出线杆塔倾斜，基础塌陷。

通信企业受损 地震造成四川、甘肃、陕西、重庆、云南等省（直辖市）通信基础设施不同程度破坏。其中四川省、甘肃省、陕西省最为严重。

中国电信集团公司四川境内 11 个县、甘肃境内 5 个县通信光缆大面积中断，与外界通信全部阻断；县城内通信多数正常，乡镇通信几乎阻断。兰州—西宁—拉萨骨干光缆中断，导致乌鲁木齐、广州、拉萨等部分长途线路中断，受影响用户约 1000 万户，为四川省、甘肃省、陕西省、云南省和重庆市电信总用户的 19%。中国电信四川公司无线传输设备（基站设备）损毁 10228 套，移动通信设备（基站铁塔）损毁 198 座。无线基站损毁 771 个，291 个天网点位中有 222 处遭到破坏，剩余 69 处不能正常工作，8 个营业网点不能使用。中国电信陕西公司 489 个通信基站受到不同程度损坏。中国电信甘肃公司 48 个村通基站和 865 个小灵通基站受到严重影响，其中 829 个小灵通基站和 37 个村通基站退出服务，无线通信设施受损 1800 万元。中国电信重庆公司潼南等 4 个公司部分杆路发生偏杆、倒杆，主要生产经营未受影响。地震对中国电信通信局所及线路也造成不同程度损坏，受损线路 1776 皮长千米[①]，经济损失达 5200 万元；通信管道受损 29.73 千米，经济损失达 600 万元；倒杆、断杆 2.168 万根，经济损失达 700 万元；传输线路累计受损 6500 万元。

中国网络通信集团公司 800 余个基站和局房受损，部分机房严重损毁。传输、交换等设施严重受损，损毁光缆 1040.20 皮长千米，倒杆 2000 余处，损毁（报废）设备 2438 台（套）。

中国联合通信有限公司四川公司 508 个 G 网基站受损或损坏（包括 80 个直放站），98 个 C 网基站受损或损坏，受损光缆 4533.76 皮长千米、传输设备 386 台（套），光缆中断 2916 皮长千米，传输节点中断 905 个，电源受损 19 套，55 个站房出现断裂等。都江堰市至汶川县、北川县至平武县光缆线路中断。中国联通甘肃公司连接兰州市、平凉市、甘南藏族自治州等地的通信管道受损；陇南市公司气象局基站增高架倒塌，杆路损坏；平凉市公司河西基站铁塔塔基出现裂缝；甘肃省 4 个拉线塔光缆受损。中国联通陕西公司受损通信基站 2230 个，倒杆、断杆 210 根，杆路受损 1574.50 千米。中国联通重庆公司受损铁塔 40 座，其中重庆主城区和近郊（巴南、大足、荣昌）8 座、万州地区 12 座、涪陵地区 9 座、黔江地区 11 座。

---

① 皮长千米：指光缆的长度（不论这些光缆有多少种类，多少芯），是光缆的长度计量方式之一。

中国移动通信集团公司四川、甘肃、陕西、重庆公司的96个市、县和1263个乡镇移动通信受到较大影响，损毁传输设备3351台（套），直接经济损失11862万元。各省（市）公司通信基础设施及营业、办公用房、传输网络均有不同程度损坏，移动通信基站（含铁塔）和光缆传输网损毁严重，4457个移动通信基站在地震发生后退出服务，四川省汶川县、茂县、理县、北川县、平武县、青川县通信中断，造成巨大经济损失。中国移动四川公司传输设备损毁情况见表1-2-5。

表1-2-5 中国移动四川公司传输设备损毁情况统计表

受灾公司	设备数（台/套）	金额（万元）	受灾公司	设备数（台/套）	金额（万元）
成都市	46	710	北川县	19	87
都江堰市	23	348	安县	30	187
彭州市	8	124	平武县	11	45
德阳市	295	670	广元市	130	1950
绵竹市	144	322	青川县	60	900
什邡市	96	182	阿坝州	28	137
绵阳市	126	724	汶川县	10	49
合计				1026	6435

石油化工企业受损 地震使石油化工企业油气田设施、油气场站、油气管道、天然气净化、炼油、油库和加油（气）站等主要生产设施遭受严重破坏，部分油气田企业的油气井场（站）因山体滑坡受损，10291.32米围墙出现垮塌、裂缝，部分注水站、输油泵房地板破裂、地基下陷，552座油气场（站）受损。

中国石油天然气集团公司50座油库受损，其中严重受损5座，加油（气）站直接经济损失5.49亿元。中国石油四川、陕西、甘肃、重庆、青海、西藏等销售公司1134座加油站、10座加气站受损，其中彻底损坏39座。中国石油11家企业厂房、办公用房、库房等倒塌,屋顶及墙体开裂、破损,地基下陷。地震使西南油气田公司218座、长庆油田公司107座油气集输场站严重受损,场站围墙、水塔倒塌,部分输气管道破裂、阀门损坏、底座下沉、管汇管线变形。地震造成长庆油田公

中国石油四川销售公司汶川县国旅加油站因地震损毁
（常　宁　摄影）

中国石油四川销售公司德阳市红白加油站因地震损毁
（常　宁　摄影）

司虎狼崌塞360#开发井地基下陷、井筒变形，部分跨越基础裂缝、塌陷、滑坡，输气管道出现裸露、悬空或断裂；兰成渝输油公司管道跨越发生移位20厘米，垫片破碎，输油管道损毁28处430米。西南油气田公司除苍龙输气管道拉裂外，输气管道的堡坎、护坡出现不同程度的沉降、坍塌，部分管道出现露管和管道变形，集输管道损毁60条；两座天然气净化厂受损，损毁天然气净化设施1套，70台（套）炼化设施受损；多座油库配电系统受损、栈桥错位、墙体倒塌或出现断裂，加油站出现油管下沉、管线错位、油管变形、罩棚损坏、围墙坍塌等不同程度损坏。中国石油地震灾区厂房受损情况见表1-2-6。

表1-2-6　中国石油地震灾区厂房受损统计表

企业名称	损毁数量（平方米）	损伤程度（平方米）		直接经济损失（万元）
		彻底损毁	可修复	
西南油气田公司*	480000	42（幢）	92（幢）	26300
川庆钻探工程公司	266315	149262	117053	5925
四川销售公司	86593	42653	43940	38171
兰成渝输油公司	1680	—	1680	161.25
运输公司	13090	—	—	3129.36
陕西销售公司	20637	3324	17313	766
甘肃销售公司	5648	3158	2490	511.85
重庆销售公司	1529			43
长庆油田公司	234241	4600	229641	5181
化工与销售西南分公司	2400	—	2400	180
四川石化公司	34869	—	—	705.24
合计	1147002	—	—	81073.70

*西南油气田公司厂房损伤程度以幢计。

中国石油化工集团公司川西采气厂209个站场水塔损坏；西南油气分公司、西南石油局11条油气集输管线受损，受损管线总长度165.90千米。其中袁东线、黄金线、德绵线、袁塔线、金大线、新青线、新彭线出现较大程度垮塌，天然气泄漏管线长度20.80千米；河巴线输气管线堡坎、护坡、护坎垮塌、开裂700余处；花巴线堡坎、护坡、护坎垮塌、开裂1200余处。中国石化位于安县、什邡市、绵虒镇等重灾区的10座加油站报废，43座加油站及3座油库受损；四川省眉山、乐山、资阳等地的22座加油站损坏；陕西省境内西安油库及汉中、宝鸡地区37座加油站受损。

中国石化南坝加油站因地震损毁

（王 景 摄影）

中国化工集团公司位于四川省什邡市的西南化机公司，都江堰市的蓝星成都6914电子设备厂（以下简称6914厂），丹棱县的丹齿公司，德阳市的昊华清平磷矿有限公司，成都市的西南化工研究院、中蓝晨光院，自贡市昊华西南公司、炭黑院；位于甘肃省天水市的7452厂、6913厂等企业不同程度受损。其中清平磷矿受灾情况最为严重，80%矿井井口被埋、900余名井下作业人员被困，3000余名职工及家属被困山中，十里矿区成为"孤岛"。突如其来的地震将在公路上进行运输作业的4辆货运车、3辆拖拉机、8辆小车掩埋和砸损。地震损毁和损坏了电机车、空气压缩机、凿岩机、绞车、电扒、钻机等矿山专用设备以及锅炉、水泵、电焊机等矿山通用设备。清平磷矿矿区公路20处垮塌，其中最高塌方高度120米，汉清公路从山外汉旺镇到清平乡16千米道路全部瘫痪，被垮崩山体掩埋。汉旺镇至清平磷矿4座公路桥梁被损毁，天池大桥和绝缘大桥垮塌，清平磷矿团结大桥和汉旺镇绵远河大桥严重受损。损毁运矿矿仓、堡坎、水池、运矿索道、护坡等运矿系统，损失3000万元。地震震毁（汉龙线）高压输电线路、供电线路、变电站、配电房、坑内供电线路和生活照明线路、发电房、引水渠道等，造成3条总长80千米通信光缆线路被毁，3个交换机站倒塌，有线电视20个卫星接转设备和5千米电视光缆被毁。汉旺销售中心火车货运专用铁路线300米路基塌陷，300米钢轨扭曲变形，机车头被严重砸坏。四川蓝星机械有限公司基础设施遭到破坏，损失5100万元。

装备制造企业受损 地震使机械、汽车等装备企业遭受巨大损失。中国东方电气集团公司东汽公司基础设施损毁严重，80%生产设备和机器设备严重受损，生产经营陷于瘫痪。其中投资100余万元新建的程控交换机系统因地震受损；5000余台用户的通信业务、宽带上网业务及传真等通信全部中断；电力设施、三条受电回路110千伏香山变电站、110千伏龙桥变电站受损严重，供电全部中断。东汽公司厂区内4个10千伏高压配电室均遭到重创。最为严重的是第二配电室，墙体开裂，柱头倾斜，地面下沉近30厘米。主要高压电缆被山体下滑所撕裂，变压器绝大多数损坏，许多低压屏被深埋、毁坏，东汽公司电力系统严重瘫痪。东汽公司电气大楼和办公大楼倒塌，化学楼和锅炉房严重损毁，WGZ/35/39煤粉炉和SHL10/13A燃气锅炉完全报废，FBC-650炉的辅助设备损毁，锅炉控制系统被砸坏，新建水处理设备损毁。东汽公司4台给水泵、4台引送风机报废，8面配电柜损毁，75米高的烟囱倒塌。东汽公司管道工段动力网管绝大多数支架脱落变形，水泵井管多数被震得倾斜，气体工段氧气站、两个空压站房被震垮，整个空分设备损毁，无法生产。东汽公司叶片分厂、一分厂、三分厂、焊接分厂、船机分厂等受损严重。

中国第二重型机械集团公司下属10余个单位房屋出现危险点。位于地震极重灾区绵竹市的中国二重清平靶场遭受毁灭性破坏。设备损毁（报废）46台，炼钢40吨电炉本体、龙门架、倾斜机构、行走机构严重受损，高压隔离开关、精密天平等被毁，部分计量仪器损坏，315吨重的行车轨道严重变形，损坏各类设备424台。

中国南方机车车辆工业集团公司所属单位在地震中受到不同程度破坏，134座厂房及生产设施、109台（套）设备、39项公共设施因地震受损。眉山车辆有限公司48条1300余米天车轨道变形，6台数控设备损毁；成都机车车辆有限公司411-22双梁行车、015-016数控立式车床、331-47箱式变电站、533-10井式气体氯化炉、741-6试验控制设备、741-12玻璃钢冷却塔等33台（套）设备设施受损；资阳机车有限公司22台（套）各型设备因基础变形，设备精度受到影响。

国防军工企业受损 中国核工业集团公司14个单位遭到地震破坏，设备、设施损毁严重，其中，八二一厂灾情最为严重。

中国核工业建设集团公司第二三建设公司、第二四建设公司在四川省绵阳市、广元市、乐山市和陕西省汉中市等地的基地遭到较大破坏。

中国兵器工业集团公司在四川、重庆、陕西、甘肃等地18个企事业

中核集团八二一厂厂房因地震受损
（中核集团 提供）

单位遭受不同程度破坏，供水、电力、道路、通信等基础设施受损，其中军工设备设施281台（套），库房设备受损严重。

中国兵器装备集团公司地处四川省成都市都江堰市、绵阳市等地企事业单位受灾，1385套机器设备损毁，价值3150万元，水电气、交通、通信等设施损失588万元。

建筑施工企业受损 中国铁道建筑总公司24项在建铁路工程连同生产设备遭受地震严重破坏。达成铁路扩能改造工程ZQSG-2标段和郑西

兵器装备集团都江堰光明光电公司生产车间在地震中损毁
（陈 浩 摄影）

铁路客运专线KHZQ11标段受损严重,直接经济损失2258.21万元。30项在建公路工程连同生产设施在地震中受损,中铁十二局、中铁十三局和中铁二十一局承建的都汶高速公路F、G、H合同段损失惨重,龙洞子隧道左右线进口段200米二次衬砌及多处边墙出现裂缝,隧道中多处拱顶局部移位、掉块,隧道路面开裂、底鼓、移位,隧道右线出口洞门被塌方掩埋,左线出口抗滑桩外侧挡墙严重变形,框架梁整体出现滑坡。新房子大桥右线墩柱损伤导致横向弯曲,连续梁和T梁整体移位,大桥基础随地层移动导致桥梁结构发生整体偏移。岷江大桥横向侧移70厘米,桥梁全部损毁。烧火坪隧道进口被山体滑坡封闭。龙溪隧道受损极为严重,进口端二次衬砌开裂、坍塌,左右线拱墙受损1679米,占进口端总长的45.9%,仰拱隆起2473米,占进口端总长的67.6%,洞内衬砌边墙、拱顶破损开裂2000米以上,串珠式塌方230余米,下挡墙开裂、错位,整座隧道损毁达80%以上。28项在建电力工程遭受损失,柳坪

中铁十二局都汶高速公路项目部位于四川省都江堰市龙池镇的两层办公楼在地震中毁坏

(中国铁建 提供)

中铁十二局宁棋高速公路项目部回水河4号隧道因地震塌方

（中国铁建 提供）

电站、阴坪电站、古城电站、毛尔盖电站、五一桥电站和汶川电力工程不同程度受损。中铁十二局电气化工程公司承建的回龙桥—汶川—茂县220千伏输电线路工程，已完工的电力基础工程在地震中被全部摧毁；中铁十三局、中铁十四局、中铁十九局和中铁二十三局承建的柳坪、阴坪、古城、毛尔盖、五一桥电站工程，地震中多数隧洞工程出现衬砌、支撑变形，山体开裂致使隧洞顶部及边墙裂缝、掉块、大面积塌方，施工机械被塌方掩埋，导流明渠在塌方及滑坡中断裂、损毁，施工道路中断。地震造成一批在建工程项目停工停产，产生大量施工人员误工、机械设备停工费用，增加了工程成本。

中国水利水电建设集团公司在岷江、涪江流域设计建设的水力发电设施损毁。岷江干流姜射坝水电站、福堂水电站震后泄水闸门处于关闭状态，库水一度漫顶。紫坪铺水利枢纽大坝局部受损较重，泄洪冲沙洞、溢洪道、坝后式厂房等主体建筑物轻微震损，泄洪洞卷扬机、液压启闭机控制系统、开关站出线、控制设备等不同程度受损。映秀湾水电站闸坝、闸墩结构出现裂缝，闸门孔口仅1孔局部开启，库水一度漫顶。闸坝下游约2千米处，岷江左岸山体滑坡，形成河道堰塞。支流草坡河沙牌水电站引水钢管震裂，厂房被淹，地面厂房及相关建筑物震损较重。沙牌水电站总体震损轻微。渔子溪水电站泄洪闸门被冲开，河水过闸畅通，水库处于空库运行。耿达水电站冲沙闸和一孔泄洪闸过流，库水未发生漫顶。红叶二级水电站、甘堡水电站、薛城水电站和桑坪水电站运行中断，闸坝、闸门均全部开启，水库放空。涪江流域的水牛家水电站、自一里水电站和木座水电站瞬时甩负荷，机组停运。通口水电站瞬时甩负荷，机组停运，震损轻微，震后短期内恢复发电。

部分中央企业生产设备及基础设施损失情况见表1-2-7。

表1-2-7 部分中央企业生产设备及基础设施损失一览表

企业名称	损失情况
中国核工业集团公司	损毁设备321台（套），损坏设备338台（套），设备设施损毁、损坏造成经济损失11281万元
中国核工业建设集团公司	基础设施、设备损毁，经济损失约1258.30万元
中国航天科技集团公司	设备受损3320余套。四川航天技术研究院主干道电缆严重受损，受损用户2000余户。接近10%的用户电话出现串音现象，互联网无法登录
中国航天科工集团公司	122台（套）设备受损
中国航空工业第一集团公司	设备受损778台（套）。在四川的单位科研生产设备、基础设施等损失严重，燃气涡轮研究院大部分科研生产设施严重受损

续表

企业名称	损失情况
中国航空工业第二集团公司	科研生产设施受损，其中汉中航空工业（集团）有限公司385台（套）设备受损，泛华航空仪表电器厂50台（套）设备受损
中国船舶重工集团公司	275台套设备受损，经济损失2013万元
中国兵器工业集团公司	基础设施损毁，经济损失约613万元。受损军工设备设施281台（套），经济损失约1480万元
中国兵器装备集团公司	1385套机器设备损毁，价值3150万元。水电气、交通、通信等设施损毁
中国电子科技集团公司	水电气、通信等基础设施全部损坏。受损设备2282台（套），其中损毁2013台（套），损坏269台（套）
中国石油天然气集团公司	8个气田停产；受损油气井站及输气站561座、加气站10座、油气管道100条、天然气净化厂2座；受损加油站1134座、油库50座；损毁机械设备407台（套）
中国石油化工集团公司	设备受损，直接财产损失4192万元；68口施工井受损，直接财产损失1.33亿元。紧急关停油气生产井830余口，其中778口油气井重开时不能正常恢复生产
国家电网公司	245座35千伏及以上变电站、3320条10千伏及以上输电线路停运，58611台（套）机器设备损毁，9座水电站及4座农网水电站大坝不同程度损坏。经营区域内23个地市、110个县、1875个乡镇及18046个行政村供电受影响，停电用户525.36万户。供电服务设备大量损毁，各地市95598负荷管理系统、营销管理系统受损，其中四川省电力公司损失约7.42亿元
中国华能集团公司	四川公司下属7个流域公司的13座发电厂，41台机组（188.10万千瓦）受到不同程度破坏，4台机组（26万千瓦）受损，6台机组（30万千瓦）因送出线路受损，无法正常供电
中国大唐集团公司	火力与水力发电设施、水电站大坝损毁，中断对外送电。桂冠天龙湖水电站、金龙潭水电站两电站损毁（报废）机器设备24台（套）

续表

企业名称	损失情况
中国华电集团公司	发电设施损毁,四川华电红叶二级电厂升压站两台主变压器损毁,四川宝珠寺水力发电厂办公区10千伏配电、400伏配置设备及配电室受损严重
中国国电集团公司	发电设施、道路损毁,8台工程车辆被砸坏,变压器和计量装置等受损,电气设备全部失电
中国电力投资集团公司	薛城水电站1号、2号、3号机组装置设施受损,技术供水泵软启动装置损坏,关闭阀渗油,2105阀芯渗油,机组蝶阀压油泵绝缘存在隐患。机组技术供水泵柜内自动化元器件被水浸泡,漏油泵电动机绝缘为零,无法启动
中国电信集团公司	有线传输设备损毁2035套,交换设备损毁1578套,数据通信设备损毁1823套,应急通信设备损毁4768组。通信局房、基站、杆线、油机等生产设施损毁,经济损失31.20亿元;备品备件、终端设备等其他资产损失折合4.20亿元
中国网络通信集团公司	传输、交换等设施严重受损,部分机房严重损毁。损毁光缆1040.20皮长千米,倒杆2000余处,损毁(报废)设备2438台(套),受损基站487个,受损局房394个
中国联合通信有限公司	电信设施严重受损,经济损失约4.80亿元。损坏传输设备245个、蓄电池369组、基站557个及杆路2048.50千米,受损基站2836个,光缆5746.26皮长千米,铁塔、空调等232处
中国移动通信集团公司	通信建筑物、设备设施破坏严重,传输干线损毁总长度1644千米、基站损毁901座、光缆损毁4855皮长千米。传输设备损毁3351台(套),直接经济损失11862万元
东风汽车公司	生产设备、车辆、设施部分损坏,配件物资损毁
中国第二重型机械集团公司	报废设备46台,损坏设备424台;厂区内3条铁路钢轨、道岔、电力总降压站、701变压器室等受损;清平靶场变电站被毁

续表

企业名称	损失情况
中国东方电气集团公司	2200余台设备受损,经济损失近4亿元。道路、通信、电力等基础设施损毁严重,生产经营陷于瘫痪
中国铝业公司	机器、设备等生产设施损毁,造成经济损失586.83万元
中国储备粮管理总公司	50个中央储备粮和托市粮承储库不同程度受损,损坏仓房601间,直属库围墙倒塌、油罐变形
招商局集团有限公司	检测设备损毁
华润（集团）有限公司	设备损毁1632台（套）
中国中钢集团公司	3座石墨化炉炉头或炉尾坍塌,3座炉底断裂
中国冶金科工集团公司	四川省内43个项目部和钢构、钢瓶、混凝土分公司行车滑触线断裂、脱落,电控系统受损停工停产。损毁机器设备90台（套）
中国化工集团公司	机器设备、井巷、公路、运矿系统等基础设施严重损毁
中国中材集团公司	大型水泥制造设备开裂
中国建筑材料集团公司	一座烘干窑倒塌,直接经济损失近300万元
中国南方机车车辆工业集团公司	134处厂房及生产设施、109台（套）设备、39项公共设施受损,厂房、办公楼出现地基变形,承重梁、承重墙及墙体出现裂纹,部分房屋成危房
中国铁路工程总公司	设备、设施损毁,折合经济损失1736.56万元
中国铁道建筑总公司	1931台（套）施工设备及大批工程物资器材损毁
中国卫星通信集团公司	1台NGN网络TMG8010网关、2组电池损坏,241套卫星移动终端受损,337套VSAT、38套村通工程用卫星移动通信终端中断通信

续表

企业名称	损失情况
电信科学技术研究院	仪器仪表损坏，损失 67.80 万元；光缆、电缆等报废，损失 14.40 万元
中国生物技术集团公司	生产设备移位或损坏
中国煤炭地质总局	钻探设备损坏
新兴铸管集团有限公司	地下电路、气路、冷却管道、液压系统严重损坏，机器设备损毁 84 台（套）
中国民航信息集团公司	设备损毁 13 台，损坏 1 台
中国电力工程顾问集团公司	发电设施、输电线路、变电站损毁，试验分析楼严重损坏
中国水电工程顾问集团公司	在建水电站和正常使用水电站损毁比较严重
中国水利水电建设集团公司	机器设备损毁 2246 台（套）。在建项目工程施工设备与机具、材料折合经济损失 8141.75 万元
攀枝花钢铁（集团）公司	运输、能源、机器设备等生产设施严重受损，生产单位全部停工停产，生产及科研辅助设备报废 1014 台（套）
西安电力机械制造公司	工装、产成品、半成品、原材料零部件受损。12 个铁芯饼报废，造成经济损失 720 万元
中国葛洲坝集团公司	建筑施工承包业受灾最严重，设备损毁，造成经济损失 1.44 亿元
中国铁通集团有限公司	光缆、电缆线、各类设备等损失 7000 万元，165 处通信机房、28 个营业厅无法正常营业
中国铁路物资总公司	泵房、自用库房等受损

资料来源：根据 2009 年 7 月中央企业报送国资委资料整理。

第二篇 抢险救援

汶川特大地震发生后，国资委迅速落实中共中央、国务院抗震救灾部署，及时成立抗震救灾应急领导小组，下发紧急通知，多次召开会议，要求中央企业把抢救人的生命放在首位，确保通电、通信、通路，保障灾区急需救灾物资供应。国资委紧急调集人员、机械设备，组成救援队伍，支援东汽公司等受灾企业。各中央企业立即行动，迅速启动应急机制，组建抗震救灾组织机构，采取抢险救灾保障措施，动员干部职工全力投入抗震救灾，减少地震灾害造成的损失。

受灾中央企业迅速展开自救，搜救被困职工、群众，紧急抢救伤员，妥善安置职工、家属和群众生活，抢救企业重要设备、档案资料等，维护职工队伍稳定。东汽公司组成38支自救队，全力抢救职工及家属；清平磷矿、蓝星机械紧急搜救被压埋职工。未受灾中央企业发挥自身优势，积极参与人员搜救及伤员救治，抢修生产设备和基础设施，提供电力、通信、遥感测绘、空勤、气象、油气等保障，全力支援抗震救灾。

地震对灾区基础设施造成严重破坏，四川、甘肃、陕西等灾区电力、通信、油气、交通等基础设施陷于瘫痪。中央企业组成各类专业抢修队，调集抢修机械，冒着余震、塌方、滚石危险，抢修基础设施。电力企业迅速组织抢修电力、输电设备及发电站，及时恢复灾区供电；电信企业组织人员抢修通信线路（光缆）、开通通信台（站），开设卫星地面站和移动站，保障灾区群众基本通信需求；石油石化企业对油气设施全面检查，开展抢修、维护，消除安全隐患；建筑施工企业发挥装备及人员优势，对损毁公路、铁路、桥梁、隧道进行抢修，全力打通通往震中及其他极重灾区和重灾县（市、区）的道路，保证抗震救灾顺利进行。

地震导致灾区山体崩塌滑坡，形成泥石流、堰塞湖等次生灾害；导致核材料、化学危险品和易燃易爆物品生产与储存设施不同程度受损，造成建筑物受损，形成危险建筑，给灾区群众生命财产造成新的巨大威胁。各中央企业坚持"尊重自然、尊重规律、尊重科学"的原则，全力参与排除唐家山堰塞湖险情；组织职工冒着核辐射、爆炸及中毒等风险，舍生忘死、及时抢修，科学排查放射源；检查清理有害废物，控制危险化学品泄漏，迅速转移销毁易燃易爆物品；拆除各类高危建筑，千方百计排除和整治地质灾害隐患点，保护灾区群众生命财产安全，维护灾区生产生活秩序。

第一章　指挥部署

地震发生后，国资委立即启动应急程序，成立抗震救灾应急领导小组，及时传达国务院抗震救灾总指挥部的会议精神，多次下发通知，要求中央企业调集救援力量及设备，组织抢救被困职工及家属，开展自救互救，抢修灾区基础设施，抢救企业财产。国资委组织救援队伍和多种设备投入抗震救灾，确保灾区急需物资的生产、运输，支援灾区抗震救灾。

各中央企业迅速落实国务院和国资委抗震救灾部署，紧急启动应急机制，成立各级抗震救灾组织机构，实行24小时值班，迅速收集灾情，采取措施展开自救互救和应急抢险救援。

第一节　国资委动员部署

一、抗震救灾紧急部署

2008年5月12日16时，国资委启动应急程序，迅速成立以国资委主任、党委书记李荣融为组长的国资委抗震救灾应急领导小组，应急办公室设在业绩考核局。国资委副主任黄淑和主持召开紧急会议，研究部署中央企业抗震救灾工作，指示业绩考核局发出紧急通知，要求电力、电信等中央企业尽快了解和报告企业灾情，确保抢险救灾通信畅通，确保灾区救灾用电，确保灾区抗震救灾运输需要；要求中核集团密切关注八二一厂灾情，研究应对措施，确保核废料存储安全。

16时，国资委接到中国东方电气集团公司紧急求助报告后，立即向国务院应急办报告灾情，并与发展改革委运行局沟通，商讨组织人员、物资救援东汽公司事宜。国资委副主任李伟、黄淑和要求业绩考核局迅速与部分中央企业联系，协调救援力量。

17时，国资委业绩考核局向有关中央企业发出紧急通知，要求尽快了解情况，报告企业灾情，启动应急预案。

21时30分，国资委副主任李伟主持召开国资委抗震救灾应急领导小组会议，传达当晚19时30分中共中央政治局常委、国务院副总理李克强主持召开的国务院抗震救灾紧急会议精神，听取受灾较为严重的中国电信集团公司、中国移动通信集团公司、国家电网公司三家企业受灾情况及抗震救灾情况汇报，部署中央企业抗震救灾工作。

23时，国资委副主任黄淑和与业绩考核局有关负责同志参加发展改革委组织的会议，专题研究地震灾后重建基础设施恢复建设问题。按照会议要求，业绩考核局进一步完善中央企业抗震救灾工作部署。

5月13日8时30分，国资委召开抗震救灾应急领导小组会议，传达中共中央政治局常委会议和国务院会议精神，部署国资委和中央企业抗震救灾工作。国资委向中央企业下发《关于中央企业做好抗震救灾工作的紧急通知》，要求受灾中央企业迅速启动应急预案，积极做好抢险自救，尽力减少灾害损失，全力抢修重要基础设施，履行中央企业社会责任。

20时30分，国资委主任、党委书记李荣融从出差地赶回北京，立即听取有关抗震救灾情况汇报，要求中央企业把抗震救灾作为最重要、最紧迫的任务，迅速投入自救互救，全力参与抗震救灾。

5月14日9时，国资委主任、党委书记李荣融主持召开党委会，进一步研究中央企业抗震救灾工作。

15时，国资委主任、党委书记李荣融主持召开由151家中央企业参加的国资委抗震救灾工作视频会议，落实中共中央、国务院部署，全力做好中央企业抗震救灾，要求中央企业全力开展自救互救，积极组织救援队伍和多种设备投入抗震救灾抢修，恢复灾区基础设施，确保灾区急需物资的生产和运输，支援地震灾区抗震救灾，并呼吁中央企业捐款捐物。

5月16日上午，国资委主任、党委书记李荣融主持会议，研究抗震救灾工作。要求加强中央企业抗震救灾组织协调，高度重视职工安置，严防次生灾害发生。国资委副主任黄淑和代表国资委及国资委主任、党委书记李荣融，致电四川省国资委，对四川省国资委、在四川省的中央企业及四川省国有企业干部、职工表示亲切问候。

国资委下发《关于抗震救灾捐赠有关工作的通知》，要求中央企业根据企业实际情况，加强捐款捐物工作组织领导，优先保证受灾严重地区，严格落实捐赠报告制度。

5月17日下午，国资委主任、党委书记李荣融主持召开会议，研究部署中央企业抗震救灾工作。21时，国资委主任、党委书记李荣融就中央企业抗震救灾情况接受中央电视台专访。

5月19日上午，国资委主任、党委书记李荣融主持召开国资委抗震救灾领导小组会议，研究进一步做好抗震救灾、灾后重建等工作。同日，国资委印发《关于报送抗震救灾及灾后重建有关情况的通知》，要求中央企业做好信息报送工作。

5月20日，国资委下发《关于进一步做好中央企业抗震救灾和灾后恢复重建工作的紧急通知》，要求中央企业继续全力组织好受灾人员救助和受灾职工及家属安置、安抚工作，妥善组织遇难职工、遇难家属善后处理；组织伤残职工、伤残家属医疗救治及生活安置；做好临时居住区人员吃饭、饮水、穿衣、被褥、卫生等后勤补给。加强卫生防疫，组织急需药品、疫苗生产，制订和完善应对重大疫情预案，防止突发疫情发生。保障灾区物资运输及供应，做好信息报送，做好值班值勤，确保信息畅通。

5月21日，国务院新闻办公室举行新闻发布会，国资委主任、党委书记李荣融介绍中央企业抗震救灾情况并回答记者提问。

5月24日上午，国资委召开中央企业抗震救灾和恢复重建工作视频会议，通报中央企业抗震救灾情况，部署抗震救灾和恢复重建工作。国资委主任、党委书记李荣融主持会议并要求，中央企业要在抢救人的生命，力保电力、通信、道路抗震救灾"生命线"畅通，保障灾区急需救灾物资供应，捐款捐物等方面发挥骨干带头作用，为抗震救灾做出贡献。李荣融强调，抗震救灾仍处在刻不容缓的紧要关头，灾区生产恢复和灾后重建任务十分艰巨，中央企业要做好抢险救援，千方百计安置受灾职工、群众生活；全力做好通电、通信、通路工作，保障救灾物资供应；做好受灾企业恢复生产和灾后重建；做好当前生产经营工作；加强党组织对抗震救灾工作的组织领导。

5月26日上午，国资委主任、党委书记李荣融主持国资委应急办领导小组会议，研究部署下一步抗震救灾工作。国资委副主任李伟、金阳分别介绍对口支援和宝成铁路109隧道抢修情况。

至2008年5月底，国资委先后17次参加国务院抗震救灾总指挥部基础设施保障组会商会，汇报中央企业抗震救灾情况，落实国务院抗震救灾总指挥部部署，组织协调中央企业抗震救灾。

二、调集救援力量

按照国务院"科学决策、民主决策、依法决策"，"自救互救、重点抢救、入户搜救、现场急救"等要求，国资委组织中央企业突进地震灾区，实施紧急救援，全力抢救职工和人民生命财产。

2008年5月12日16时，国资委接到东汽公司受灾严重、需要紧急支援的报告后，立即向国务院应急办报告东汽公司受灾情况。同时，国资委应急办迅速与中国铁路工程总公司、中国第二重型机械集团公司、中国航空工业第一集团公司、中国兵器工业集团公司、中国兵器装备集团公司等东汽公司周边中央企业所属单位联系，协调组织人员和设备展开驰援。22时,中铁二局50余人紧急救援队携带12台设备,到达汉旺镇东汽公司开展救援,成为支援东汽公司抗震救灾的首批外部力量。13日5时,中国二重调派人员、设备,投入东汽公司紧急救援。13日晚,国资委为加强东汽公司救援力量,协调兵器装备集团紧急从重庆市抽调救援急需的重装设备,14日5时救援人员及设备到达救灾现场。14日上午,中国冶金科工集团公司调集3台吊车、3台挖土机、3台装载机等机械设备展开救援。

5月13日晚,国资委接到清平磷矿山体滑坡导致公路堵塞、与大量职工失去联系、职工生命安全受到威胁的报告后,立即向国务院应急办上报情况,请示空投物资,并协调其他中央企业展开救援。

国资委在紧急部署和迅速组织中央企业自身抗震救灾及自救的同时,协调中央企业各类抢险救援力量,全力支援灾区抗震救灾。5月12日24时,中国兵器装备集团公司建安公司预备役19人接到集结命令。13日3时40分出发,8时30分到达四川省绵竹市,参加妇幼保健院、体育场、武都中心校救援。至2008年5月16日,国资委先后动员东汽公司周边的国家电网公司、中国交通建设集团有限公司、中国建筑工程总公司、中国电信集团公司等20余家中央企业所属单位,紧急向四川灾区调集936台(套)工程设备,参与抢险救援;组织轻工、建材、医药、食品、成品油等企业,加班加点做好救援物资保障;组成有关专家和技术人员队伍,为地方企业抢险救灾和恢复重建提供技术支持。

5月16日,国资委接到中国华能集团公司四川太平驿水电站100余人急需救援的报告后,立即指示有关中央企业与受困人员联系,并紧急向国务院应急办报告,请求救援。11时,成都军区空军向太平驿水电站空投通信工具及生活物资。

第二节　中央企业启动应急机制

　　国家电网公司、中国华能集团公司、中国华电集团公司、中国国电集团公司、中国电力投资集团公司等电力企业按照"生命高于一切、力量服从任务"的原则和"周密部署、明确任务、科学组织、落实责任"的方针，发挥集团作战优势，明确工作任务，落实救灾责任，建立抢险前线与后方力量协同作战的工作机制，调配专业抢修队伍、医疗救援队伍以及应急发电设备和大批救灾物资设备，支援受灾地区抢修恢复，以"保人身、保财产、保设备"为重点，做好余震应急防范，确保安全供电。

2008年5月12日地震发生后，中国华电宜宾发电总厂组织抗震保电，未发生因地震造成停机事件

（中国华电　提供）

第二篇 抢险救援

2008年5月15日，中国国电听取岷江发电有限公司抗震救灾情况汇报
（中国国电 提供）

2008年5月18日，中电投集团救援队赴青海黄河发电运营有限公司薛城项目部商议抢修电力设施事宜
（中电投集团 提供）

89

中国电信集团公司、中国网络通信集团公司、中国联合通信有限公司、中国移动通信集团公司等通信企业在地震发生后，迅速成立抗震救灾保通信领导小组，紧急派出人员乘机携带卫星电话支援四川灾区，并立即调度四川省周边机动通信局，急赴四川灾区支援，协调相关省开通应急指挥通信系统，紧急调度海事卫星电话，确保抢险部队通信指挥畅通。各通信企业优化资源，将有限的通信资源用于保障灾区通信畅通；合理调整业务，尽可能错开业务高峰时段，减少点对点短信业务压力；紧急调整全网进入四川省的长途路由，确保救灾通信需求。

2008年5月13日上午，中国电信召开部分受灾省（市）电视电话会议，部署抗震救灾

（中国电信 提供）

2008年5月12日地震发生后，中国铁通陕西分公司立即成立抗震抢险救灾工作领导小组，部署抗震救灾

（中国铁通 提供）

中国东方电气集团公司在地震发生后立即启动应急预案，组建抗震救灾指挥部，迅速采取措施，组织职工进行自救互救。2008年5月12日晚，灾区普降大雨，气温骤降，东方电气集团领导班子成员坚守一线、冒雨指挥，带领干部职工迅速投入抢险自救。14日上午，东方电气集团抗震救灾领导小组再次召开紧急专题会议，进一步部署抗震救灾工作，明确领导班子成员分工和各职能部门的主要任务。东方电气集团党组发出"行动起来，不断夺取抗震救灾新胜利"的号召，动员干部职工同舟共济、众志成城，战胜地震灾害。15日，东方电气集团组织人员编印出第一期《抗震救灾专刊》报纸，下发所属各单位。在地震发生初期，东方电气集团总部及所属东方电机有限公司、东汽公司、东方锅炉股份有限公司、东风电机有限公司等企业相继启动应急预案，并迅速对受灾最为严重的东汽公司汉旺基地展开紧急救援。

2008年5月12日15时30分左右，中国第二重型机械集团公司抓住移动通信偶然接通的机会，通过国企监事会16办，向国资委报告中国二重地震灾情。同时，各级领导立即赶赴生产现场、重点危险部位、生活区等地，查看受灾情况，组织人员疏散，并与四川省德阳市政府联系，争取当地政府的支援。17时15分，中国二重启动重大灾害事故应急预案，召开会议通报初步灾情，宣布全面进入紧急状态，暂停所有生产活动，所有职工全部撤离到安全地方；对损坏严重的生产和生活区建筑物，采取紧急隔离措施，疏散人员；在德阳市宣布解除紧急状态前，做好保卫值班和应急抢险准备工作；做好职工安抚工作，立足自救互救；对职工生活区房屋损坏严重、无法入住的提供援助；帮助和配合本地医院做好灾区伤员救治；集团公司领导班子成员及二级单位领导实行24小时轮流值班制度。21时，中国二重通过传真向国资委办公厅等部门报告灾情，并及时邀请外部专家对生产作业区建（构）筑物损坏程度、职工生活区房屋损坏程度进行评估，对生产作业区有可能造成新损害的隐患进行紧急隔离或排除，对生活区房屋受损严重不能居住的，搭建防震棚等临时救助设施，使职工及家属得到妥善安置，组织力量保证生产区和生活区用水用电，加强厂区安全保卫，确保国有资产安全。

2008年5月13日16时，中国二重抗震救灾指挥部召开第二次会议，部署抗震救灾
（中国二重　提供）

中国冶金科工集团公司于2008年5月12日15时从地处灾区的企业抽调242人，抽调42台吊车、挖掘机、装卸机等，组织4台生活保障车，从四川省成都市分赴都江堰市、绵竹市、彭州市、什邡市救援。

中国化工集团公司于2008年5月12日18时召开第一次专题会议，听取生产经营办关于下属企业地震受灾情况，研究部署抢险救灾。会议决定，立即启动中国化工破坏性地震Ⅱ级应急预案，成立抗震救灾应急指挥部，统一领导抗震救灾。13日8时30分，中国化工起草《关于"5·12"地震灾害对中国化工集团公司所属企业的影响及受灾情况报告》，并于9时传真上报国资委。10时，中国化工召开应对"5·12"地震灾害紧急电话会议，通报灾情并就应急救援提出要求。12时10分，中国化工向各专业公司下发《关于做好四川汶川"5·12"破坏性地震灾害应急处理工作的通知》，要求受灾企业本着积极自救的原则，以抢救人的生命为最高原则,全力以赴搜寻、抢救伤员,特别是重伤员。依靠救灾指挥部门和当地党委、政府,按照应急预案的要求,沉着

2008年5月12日,中国化工6914厂党委在地震发生后迅速成立抗震救灾指挥部,组织开展抗震救灾工作
(中国化工 提供)

冷静对待发生的地震灾害,做好应急工作。受灾企业科学、正确进行现场处置,组织职工撤离危险区域和建筑,稳定职工情绪,妥善安排职工生活,开展卫生防疫,做好地震灾害的善后处理工作。有关企业创造条件清查损失,及时向当地政府、专业公司和集团公司报告灾情及需要应急救援帮助等信息,清理灾害现场,监控处置易燃易爆等危险化学品,防止次生灾害造成的损失。中国化工及所属专业公司实行领导带班、值班制度,随时收集、汇总信息,向国家有关部门报送受灾情况,争取外部及时救援。同时,研究受灾企业需要救助的情况,统一协调系统内救助。中国化工向受灾严重的清平磷矿、蓝星机械、6914厂分别提供10万元以上紧急救援款。

中国铁道建筑总公司、中国铁路工程总公司在地震发生后立即启动应急预案。2008年5月12日17时、13日8时30分,中国铁建两次

召开紧急会议，部署抗震救灾，迅速成立中国铁建抗震救灾工作领导小组，并成立前方抢险救灾工作组，统一组织指挥本系统抗震救灾。中国铁建总公司领导、部门负责人实行24小时应急值班，随时了解、处置抗震救灾中的问题；中国铁建总部机关每天召开一次抗震救灾领导小组会议，及时分析情况、调配资源，决策抗震救灾重大问题。中国铁建所属各单位也立即启动应急预案，成立抗震救灾工作领导小组。在地震灾区有工程项目的单位，派出一名主管领导立即赶赴现场，组织指挥抗震救灾。中国中铁所属单位迅速组成53个抗震救灾领导小组，组织指挥抗震抢险。

攀枝花钢铁（集团）公司在地震发生后迅速摸清企业受损情况，成立地震灾害应急指挥领导小组并召开紧急会议，研究制订并下发《关于切实加强地震灾情应对工作的紧急通知》，启动应急预案，全面进入应急状态，迅即将情况报告国资委值班室。攀钢立即成立抗震救灾指挥

2008年5月12日地震发生后，攀钢成立抗震救灾指挥部，研究部署抗震救灾工作

（攀　钢　提供）

部，采取"统一指挥和分区域包干相结合"的方式，各职能部门全面进入应急状态，实施24小时值班。各受灾单位成立抗震救灾分指挥部，班子成员分片包干，靠前指挥，做好必要的物资和应急准备，受灾区域单位把职工生命安全放在第一位，帮助困难职工，稳定职工队伍；各单位加强与当地政府的沟通联系，配合当地政府做好抗灾救灾。

中国核工业集团公司、中国核工业建设集团公司等企业，在地震发生后迅速启动核应急技术支持体系，主要领导深入灾区，靠前指挥。2008年5月12日14时28分，中核集团中国核动力研究设计院高通量工程试验堆主控室值班长易逸果断按下停堆按钮，紧急停堆。三天后，堆内余热导出，未发生放射性外溢事故。核工业企业受灾单位每日报告灾情动态和保卫保密情况，建立24小时领导带班值班制度和每日情况汇报统计制度，随时了解并掌握灾区单位情况。

中国航天科技集团公司、中国航天科工集团公司于2008年5月12

2008年5月12日地震发生后，航天科技四川航天技术研究院召开抗震救灾现场会

（航天科技　提供）

日晚迅速启动应急管理预案，成立抗震救灾指挥部，实施统一领导、统一指挥，向所属单位下发做好抗震救灾的紧急通知，要求各单位加强领导，疏散安置职工群众，确保人员安全，利用信息网络系统及时了解、准确掌握直属单位特别是灾区单位的受灾情况，确保对上对下信息渠道畅通。15时，中国航天科技集团公司所属中国资源卫星应用中心启动灾情遥感监测，查询并下载受灾区域存档资源卫星数据资料，并将资料及时提供给有关部门。

中国船舶重工集团公司应急管理领导小组办公室于2008年5月12日晚组织召开专题会议，部署抗震救灾工作。5月13日上午，中国船舶工业集团公司发出《关于全力做好抗震救灾工作的紧急通知》，要求各单位积极应对、维护稳定，全力以赴做好抗震救灾。重庆、西安、武汉、昆明等地区成员单位紧急启动应急预案，及时向集团公司报告灾情，采取有力措施稳定职工情绪，树立战胜灾难的信心，全力确保职工生命和财产安全。

中国兵器工业集团公司、中国兵器装备集团公司等企业在地震发生后立即召开部署工作会议，成立抗震救灾指挥部，启动应急预案，紧急组织人员撤离、疏散，及时对受损情况进行排查、记录和统计，加强重点部位的保卫巡查，确保库房、枪支弹药、军工装备的安全。兵器工业集团六一五厂、二五五厂、八四五厂，第二〇九、二一三、二〇五研究所及兵器装备集团西南自动化研究所、二二六厂等单位迅速启动各种预案，立即部署抗震救灾，组织职工进行抢险。

中国电子科技集团公司在地震发生后，立即启动应急机制，成立抗震救灾领导小组，要求迅速组织抢险，确保人员安全，并做好安抚工作，稳定人心；要求各单位在自救的基础上，配合当地政府为抢险救灾提供支持。2008年5月14日，中电科技集团领导赶赴四川省成都市，听取3个研究所的损失情况及应急措施汇报。

中国石油天然气集团公司、中国石油化工集团公司等企业在地震发生后，紧急启动自然灾害突发事件等应急预案及相关应急机制，调整应急措施，确保灾区成品油供应，尽最大努力安置受灾职工及家属生活。中国石化在四川省成都市建立川渝地区抗震救灾前线指挥部，指挥抗震救灾。

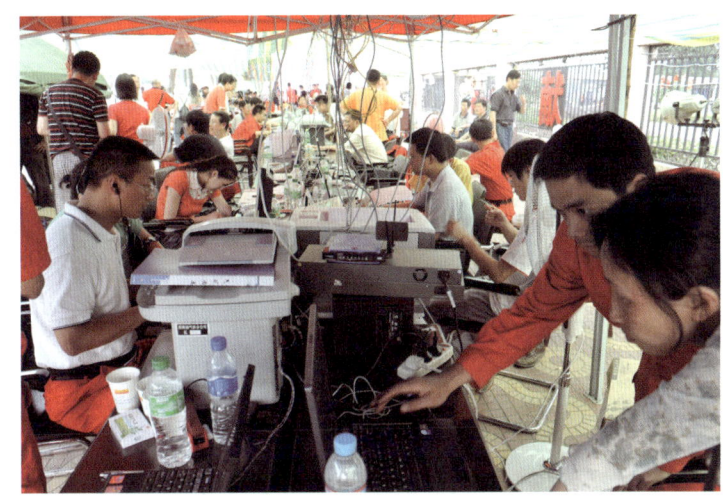

2008年5月18日，中国石油西南油气田公司成立现场指挥部
（余 海 摄影）

2008年5月16日17时21分，中国石化组织川东北应急救援机动队开展抢险救援
（中国石化 提供）

中国电子信息产业集团公司在地震发生后立即召开紧急会议，对抗震救灾做出部署。2008年5月13日，中国电子向所属企业印发《关于做好当前抗震救灾工作的紧急通知》，要求认真组织，周密安排，投入

抗震救灾。

中国航空集团公司、中国东方航空集团公司、中国南方航空集团公司等航空公司在地震发生后进入紧急状态，调整航班计划，组织运力调整，协调相关部门安置灾区旅客，安抚备降地旅客和滞留成都航班旅客，并做好救援人员、物资运输准备，调配救援飞机，配备好机组实施

2008年5月12日地震发生后，中航集团启动抗震救灾应急程序，并对抗震救灾进行部署

（中航集团 提供）

2008年5月12日地震发生后，东航集团成立救灾应急工作领导小组，统一指挥应急状态下的航班运行和突发情况处置

（东航集团 提供）

备份，随时服从国家抗震救灾运输调动的需要。对抗震救灾期间航班飞行、救灾包机、延误航班及运力和人力资源，实行统一调度指挥。

中国储备粮管理总公司有关分公司和中央储备粮库点在地震发生后迅速启动应急预案，积极组织抢险，成立指挥小组，对受损仓房粮面和屋面加盖薄膜、翻盖屋面、抢修屋脊，组织抢险队伍检查中央储备粮粮情、化学药剂存放点、供电线缆、供水管道，及时排查处理险情，消除储备粮安全隐患，迅速做好紧急调用中央储备粮准备工作。

地震发生后，其他中央企业也立即行动，积极投入抗震救灾工作，启动突发事件应急机制，广泛开展灾区企业职工搜救、隐患排除与灾情统计等，全面落实国资委抗震救灾部署，深入开展抗震救灾。

第二章 实施救援

灾区中央企业组织人力、物力和财力投入抢险救灾，开展自救，想方设法搜救被困人员及伤员，妥善安置受灾职工及家属，全面抢修生产生活设施，防止疫情发生，维护职工队伍稳定。地震发生后，东汽公司立即组织自救，派人向上级报告灾情，组织抢险队，开展厂区、社区被困人员搜救，组织转移职工家属，妥善安排生活，抢救生产设备、档案资料等。清平磷矿在与外界隔离的情况下，全力组织自救，减少人员伤亡，抢救出矿工900余人。各中央企业及时组织救援队伍，携带机械设备，提供食品、药品等物资，紧急驰援东汽公司，从废墟中抢救出职工、群众，为东汽公司恢复生产及灾后重建做出了贡献。

中央企业集中优势力量，组成应急抢险队伍，发挥专业特长，克服困难，承担地震灾区电力、通信、遥感测绘、空勤、气象、油气等应急保障及救援物资供应与运输等任务，确保抗震救灾顺利进行。

第一节 抢险自救

一、重灾企业

中国东方电气集团公司抢险自救 地震发生后，东方电气集团立即调集东方电机有限公司180人组成应急突击队，赶赴汉旺镇东汽公司基地参加抢险救援；东方锅炉股份有限公司于2008年5月13日调集大型吊车、货车、救护车等救援机械车辆，派出医疗救护人员支援东汽公司抢险救灾；东风电机有限公司、中州汽轮机厂、东方电气（广州）重型机器有限公司和东方电气集团总部等各部门、分公司志愿人员，携带各种救援物资赶赴东汽公司,全力投入抢险救援。

东方电气集团领导干部迅速从成都市赶赴东汽公司汉旺基地,深入一线,靠前指挥抗震救灾。在东汽公司抢险救灾指挥部简易棚里,东方电气集团及东汽公司领导关注各救援点情况,快速落实救援措施。东汽公司一分厂提出急需救援挖掘机,指挥部立即组织运送;东汽公司厂区供电出现问题,影响抢救人员速度,指挥部迅速派出人员支援电站抢修。

东汽公司抢险自救。东汽公司汉旺基地位于四川省绵竹市西北10余千米处。地震造成房屋和基础设施严重被毁,厂房、学校、生活区楼房大面积垮塌,厂区、生活区停电,通信中断,职工、家属和学生遇难人数较多,地震造成1万余人无家可归。

东汽公司在参与东方电气集团组织抢险的同时,立即成立抢险救灾指挥部和工作领导小组,派出专人向上级汇报受灾情况,并召集4000余名青壮年职工组成38支自救队,分赴主机一分厂、叶片分厂、工具分厂、机修分厂、焊接分厂、铸造公司、东汽中学、东汽技校等灾情严重地区,抢救被困人员,进行抢险自救。自救队员没有专业救援工具,用手一点点刨挖,抢救职工及家属和群众生命;自救队员未受过专业心理培训,就用简单、朴实的喊话,宽慰废墟内被困人员。在地震发生后第一天的自救中,自救队员们从废墟中刨、挖出四五百人,其中学生近200人。这一天是救出人员最多的一天。

位于汉旺镇的东汽主机一分厂70%的厂房和办公楼在地震中倒塌,几十名职工被埋。主机一分厂党政领导临危不惧、迅速行动,立即成立以共产党员和领导干部为主要成员的两支抢险突击队。负责抢救任务的主机一分厂厂长喻刚在职工们情绪未稳时,快速反应,大喊一声"40岁以上的党员和干部留下,是男人就跟我冲"。20余名党员、干部冒着余震危险,迅速返回废墟中抢救被压埋人员。大家来不及寻找工具,用肩扛,用手刨;没有救护器械,脱下衣服给受伤的职工包扎,自己光着膀子冒着瓦砾、碎石的砸击,抢救职工。震后15分钟,青年职工杨备荣被救出;半小时后,职工周妙玲被救出;紧接着陈艳、管国江、蒲艳青等被压埋人员陆续被救出。东汽公司德阳分部主机二分厂党政领导在地震发生后,冒着大雨,组织150人的抢险队,驾驶大卡车奔赴东汽公司汉旺基地参加救援,用手刨挖,救出数十人。东汽公司培训学校领导冲在抢救生命第一线,用手掰开预制板和砖块,从乱砖中挖出狭小洞口,爬进、爬出进行搜救,使40余名学生、5名教职员工获救。

东汽公司许多被压埋的干部职工从废墟中爬出后,来不及顾及伤痛,就立即投入抢救其他职工的战斗中。东汽公司铸造公司工程师王道刚刚逃离险境,又扭头跑回危房中抢救同事,再也没有出来。两天后,在倒塌的废墟里人们找到遇难的王道时,王道还将一名遇难职工紧紧护在怀里。铸造公司抢险小分队先后三次进入摇摇欲坠的厂房和办公楼,救出33名职工。叶片分厂是东汽公司受地震破坏最为严重的工厂,40余名职工被压埋。正在开会的20余名专家、技术骨干和分厂厂长陈军,地震发生后从三楼倒塌的窗户艰难地爬到二楼,从废墟中逃脱。刚脱离危险的陈军听到废墟中传来哭声、呼救声,来不及擦去脸上的灰尘和泪水,火速组织分厂人员投入抢救生命的战斗中。焊接分厂隔板工段班长杨长明在地震发生时已跑到车间门口,在回头的瞬间,杨长明看见两名工友被压在钢架下,又毅然返回营救。突然,一根钢架砸下来,杨长明的一只手臂、一条腿被当场砸断,鲜血直流。杨长明强忍剧痛拖着断臂、断腿,朝被压职工的方向爬了近5米,终因体力不支、伤势过重不幸遇难。带着师弟好不容易从坍塌废墟中跑出来的焊接分厂共产党员赵强,主动带领搜救小组,进入随时坍塌的隔板工段废墟搜救,抢救生命。

东汽公司许多干部职工强忍失去亲人或亲人下落不明等悲痛和担心,战斗在抗震救灾第一线。地震发生后,东汽公司主机二分厂共产党员王铁兵紧急从德阳市赶往汉旺镇参加救援。在东汽中学救援现场,他

2008年5月13日，东方电气集团东方电机有限公司救援队在绵竹市汉旺镇东汽公司厂区抢救幸存者

（德阳市委宣传部　提供）

和大家用手从废墟中营救出 16 名学生，可王铁兵的女儿和姐姐却在地震中下落不明。东汽公司审计监察处处长关绍友的 3 位亲属在地震中遇难。关绍友强忍悲伤，坚守在抗震救灾第一线。地震发生后，东汽公司领导命令武装部干事胥怀君要想尽一切办法，赶往德阳市向当地部队请求救援。出发时，胥怀君知道刚新婚 12 天的女儿上班的叶片分厂办公楼倒塌，女儿生死未卜。胥怀君无法顾及，含泪上路。2008 年 5 月 12 日 17 时，胥怀君赶到德阳军分区，报告东汽公司及汉旺镇灾情。19 时，胥怀君带着东方电机厂 78 名民兵、驻德阳部队 70 名官兵赶回汉旺镇，分别赴东汽中学和东汽技校救援，为抢救职工和群众生命赢得了极其宝贵的时间。24 时左右，胥怀君才赶到叶片分厂寻找女儿。女儿被冰冷的预制板压埋，看到爸爸赶来，女儿哭着说："爸爸，你怎么才来？快救我！快救我呀！" 13 日 2 时许，奄奄一息的女儿终于被救出来，可留下的最后一句话是："爸爸，抱抱我，我好难受。"女儿在胥怀君的怀里

闭上了眼睛。胥怀君用衣角擦去女儿脸上的尘土和血渍，强忍悲痛又投入抢险救援中去。当得知东汽中学灾情惨重，数百名师生被压埋后，东汽公司抗震救灾指挥部将企业抢险救援的唯一一台大型挖掘机，派到东汽中学救援现场，抢救师生。地震发生后，挖掘机驾驶员、东汽置业公司职工陈元忠得知妻子被压埋在东汽公司叶片分厂办公楼下，开着挖掘机朝叶片分厂方向急驶。快到达叶片分厂厂区时，陈元忠接到东汽公司抗震救灾指挥部调挖掘机赴东汽中学救援的命令，二话没说，立即掉头奔向东汽中学现场救人。陈元忠驾驶挖掘机，与东汽公司自救队共救出师生200余人，但却没能与妻子见上最后一面。

紧急疏散转移。地震发生后，余震不断，随时坍塌的建筑物威胁着职工、群众的生命安全。地震使职工及家属无家可归。东汽公司抗震救灾指挥部发出迅速组织疏散转移指令，在汉旺镇街道上，东汽公司各种运输车辆迅速出动，职工志愿者自发开车加入；准备疏散的老人、妇女和儿童在现场指挥人员组织下，有序排队上车；被救出的中小学校师生，也由东汽公司统一组织疏散转移。2008年5月12日夜，天下起大雨，电力设施被损坏，往返接运人员车辆的车灯成为唯一的照明工具，人们不争吵、不拥挤、不埋怨。经过十多个小时，东汽公司完成了万余人的转移任务。13日，东汽公司职工及周边群众安全疏散转移。

紧急医疗救治。2008年5月12日14时31分，东汽公司医院在温馨病房小广场迅速成立东汽公司医院抗震救灾指挥部，并决定派出医院办公室、医务科人员分头赴德阳市、绵竹市，向市县政府、卫生局报告地震灾情并请求支援。地震发生后，东汽公司医院在温馨病房小广场设立第一个医疗急救站，将医院大楼A区住院病人基本撤出，实现"零伤亡"。东汽公司医院在汉旺镇家属区体育馆空地设立第二个医疗急救站。医院组织近百余名医生、护士立即赴急救站救治伤员，院领导分别率行政、财务、后勤人员和医院青年职工，成立抢险突击队，冒险砸开库房，抢出部分急救药品和器材，并快速送往各急救站。地震发生后，被砖块、房梁、屋瓦砸伤的群众和从瓦砾、废墟里首批获救的群众，从东汽公司厂区、学校、汉旺镇等处涌往东汽公司医院。东汽公司医院抗震救灾指挥部立即决定，组织从家里和绵竹市赶回的医护人员，在东汽公司汉旺镇家属区东汽小学操场成立第三个医疗急救站。强震过后，余震不断、环境特殊、条件艰苦、物资奇缺，但被救出的1500余名伤员均得到及时包扎、固定，建立静脉通道，为后续治疗赢得了时间。24时，东汽公司医院抗震救灾指挥部在东汽公司大门附近设立第四个医疗急救站。在东汽公司开展紧张抢险自救时，伤员不断被救出，东汽公司医院简单处理后，迅速组织车辆转运伤员，赴德阳市医院进行救治。

当东汽公司大规模搜救行动全面展开时，在没有外援医疗队支援的情况下，大批垮塌厂房、学校、东汽技校等重灾区需要医院派出医疗救治小分队、转运小组赴抢救现场。东汽公司医院抗震救灾指挥部立即调整力量，保证救援队伍到哪里，医疗救治小分队就到哪里。东汽公司医院先后在东汽公司叶片分厂办公楼前、主机一分厂厂房外、铸造公司高炉旁、学校、东汽技校倒塌大楼前等空地上，建立了16支医疗救护小分队。医疗救护小分队对搜救出来的伤员及时进行抢救、包扎、输液。救援人员在东汽公司辖区抢救出重伤员170余人。至2008年6月3日，东汽公司医院重伤人员出院5人，轻伤人员1000余人全部康复离开医院。至8月12日，东汽公司医院免费门、急诊47265人（次），住院90人（次），减免费用23.60万元。

2008年5月13日下午，东汽公司医院紧急与四川省及德阳市疾病预防控制中心和药品、物资部门联系，调运防疫消毒药品、器材，并请求上级防疫专家组尽快赶赴汉旺镇指导。13日晚，第一批化学消毒制剂、生物消毒制剂陆续运抵东汽公司。14日上午，东汽公司医院抗震救灾指挥部组织人员急诊急救，抽调人员开展卫生防疫。地震发生后天气变化无常，东汽公司医院医务人员冒雨对各救援点、救治站、停尸点、厕所、帐篷安置点、道路、公共服务场所、垃圾堆放点和出入救援区、生活区的人员及交通工具进行消毒。在地震初期，物资匮乏，参与消毒的人员穿着单衣，冒雨背负喷雾器工作。16日后，消毒人员才穿上防护服、雨衣。东汽公司医院对发现的遇难者遗体立即进行消毒、处置，并运送到指定地点。至9月26日，东汽公司医院喷洒消毒液95吨、杀虫剂20吨、灭鼠药100千克，约2100人（次）参与医疗防疫，使东汽公司汉旺基地震后无疫情发生。

抢救生产物资。地震发生后，东汽公司叶片分厂在抢救被困人员的同时，组织抢救生产设备、成品和半成品等生产物资。至2008年5月28日，抢救出价值5亿元成品和半成品，抢救出总价值约1.20亿元的精密设备28台，抢救出价值约4000万元的工装。

东汽公司汉旺基地建筑倒塌或成危房，2200余台设备受到严重破坏，其中关键设备861台。主机一分厂、叶片分厂、焊接分厂、铸造公司、装备技术公司、装备资源处等处厂房几乎被夷为平地。东汽公司领导班子在开展现场施救、转移安置职工的同时，组织抢救设备，转运产品。东汽公司干部职工面对余震、危楼垮塌等危险，多次冲进废墟，把能够抢救出来的技术装备、成品、半成品、在制品、原材料等重要生产物资抢救出来。干部职工针对设备受损和排危情况，进行全方位判断。在搬迁设备主体前先拆除配电箱、控制柜和电缆线圈，并对不能满足运输条件的大小部件进行拆卸。原来用升降机搬运的设备，地震后要用滚珠轴移动拖出，设备搬迁抢运十分艰难。

东汽公司金工分厂一坍塌厂房内，装有一台数控龙门铣。龙门铣体积大，无法通过车间大门。职工们用挖掘机在厂房墙上开出一个洞，将龙门铣转运到安全地带。东汽公司焊接分厂厂房屋顶垮塌，设备、产品和在制品数量多，搜寻任务难度大。职工们紧张抢运时，发生多次余震，头上的混凝土楼板、砖头瓦块纷纷坠落，稍不注意就会被砸伤，甚至有生命危险。职工们冒险将设备、零件、产品成功抢运出来。参与抢救生产物资工作的青年职工表示，"只要是有用的东西，我们都搬出来了。能多搬出一件，就意味着工厂少损失一点。"

东汽公司焊接分厂储运中心组织人员进入破损的厂房内清点在库产品，用叉车将能转移的箱件和产品送至安全地点进行修复、包装，并联系承运单位配备车辆。从2008年5月22日开始，救援队与职工们先后抢救出供应部高锰11吨、中锰6吨、硅铁12吨、微铬25吨、硅钙合金2.40吨、铬矿砂30吨、不锈钢焊条13吨、中性捣打料6吨、增碳剂2吨、除化剂8吨、涂料7吨、清渣沙1吨、铜板6吨、镍板1吨等物资，挽回经济损失400余万元。23日，东汽公司焊接分厂发出灾后第一车箱件，保证急件及时送到用户手中。

抢修基础设施。地震导致东汽公司厂区电力、通信中断，为保障夜晚救援继续进行，东方电气集团及东汽公司组织职工全力紧急抢修供电线路、供水管道及相关基础设备。东汽公司组织职工从废墟中挖出两台发电机及相关线缆、油料和切割钢筋所需气割工具等，及时送往东汽中学和叶片分厂救援现场，保证救援现场抢险顺利进行。

抢救档案资料。东汽公司工具分厂在震前已建立综合信息管理系统。地震造成数据丢失，会给生产带来难以估量的损失。工具分厂办公楼震后成危房，储藏管理数据服务器在办公楼内，服务器箱体庞大，搬运不仅需要大量人员，还需要必要的工具和设备。工具分厂青年职工使用大吊车，将数据服务器平稳抢运到安全地方。工具分厂资料室存有30余万份生产用图纸。资料室位于厂办公楼底层，抢救难度大。技术部职工冒险钻进废墟，用双手打开通道，将图纸和技术资料一点点搬运出来，迅速转移到德阳市分部。东汽公司计算机处迅速组织职工冒着余震危险，从汉旺基地办公楼内抢救出服务器、数据存储备份设备、外围设备和企业核心数据，保证企业服务器数据信息安全。震后半个月，计算机处及时恢复包括产品质量、人力资源、资产财务、经营管理等信息网络平台的应用，保证办公和恢复生产需要。

抢救职工财产。东汽公司汉旺基地职工及家属万余人在地震发生后被迅速转移到百里外的德阳市临时安置。为减少职工家庭损失，东汽公司抗震救灾指挥部及时启动对汉旺镇家属区排危抢险，抢救转移财产。抢救财产分为抢救职工家庭贵重财产、抢救家中大件物品两个阶段进行。在救援部队和社会救援力量帮助下，东汽公司保卫处负责安全保卫，运输处做好车辆安排和调度，实业公司、社区管理部、铸造公司、叶片分厂、主机一分厂等单位，协助组织联络和搬运。东汽公司投入上千万元，请搬家公司为受灾职工家庭抢运家具、电器等。东汽公司排危抢险涉及汉旺镇家属区6000余户职工家庭，动用车辆6000余车（次），最高峰时每天出动200余车（次），保证"一车一户"抢运财产，为职工家庭挽回数亿元经济损失。

在完成汉旺镇家属区排危抢险任务后，东汽公司抗震救灾指挥部责成党政办、保卫处等单位职工组成护厂队，留在汉旺基地负责在废墟上恢复生产的协调服务、综合管理和治安保卫工作。职工、群众全部撤离，厂区、家属区许多地方空无一人，加上地震把东汽公司围墙震垮，一些盗贼趁火打劫，翻入尚未倒塌的车间、科室和职工家中盗窃财物，为保卫企业资产、群众财产安全，护厂队昼夜坚守在东汽公司厂区，保证厂区和职工家中财物安全。

中国化工集团公司抢险自救 地震发生后，中国化工组织人员连夜联系受灾企业，汇总灾情，应急救援小组携救援物资赶赴汉旺镇。清平磷矿、蓝星机械等受灾严重企业领导靠前指挥，查看灾情，党员干部带头开展自救互救，救治伤员，安置群众生活，并争取地方政府统一救援。

清平磷矿抢险自救。位于四川省德阳市绵竹市汉旺镇湔沟村的中国化工清平磷矿3座矿井在地震中发生坍塌，其中三根杉工区904名正在作业的职工被困井下。灾区山体滑坡，导致公路堵塞，清平磷矿组织救援小分队紧急徒步13千米，从矿部到各工区营救被困人员。救援队使用简单搜救工具，连夜从三根杉工区井下救出799名职工。至2008年5月

12日22时，除1人遇难外，余下104名井下职工从避灾安全应急通道被救援出井。

震后5分钟，清平磷矿在救援队伍被阻山外无法实施外部救援的危急情况下，紧急成立抗震救灾指挥部，组织共产党员展开被困职工和家属及当地村民的自救互救，转移矿区职工及家属。清平磷矿5名共产党员冒着余震、滑坡等危险，在通往山下道路全部被毁的情况下，经20多个小时艰苦跋涉，走出大山，向地方政府和中

地震发生后，清平磷矿紧急成立抗震救灾指挥部，积极组织自救

（中国化工 提供）

国化工集团公司报告灾情信息，为救援部队空投物资、解救被困职工及家属赢得了时间。地震使清平磷矿办公楼及各工区建筑物严重受损，房屋大量倒塌，很多职工及家属被压埋。清平磷矿在紧急救援井下被困职工的同时，迅速组织脱离危险的职工组成紧急救援队，在没有设备的情况下，靠双手和简易工具拓开"生命通道"，对被压埋职工及家属进行紧急自救。2008年5月12日14时50分后，清平磷矿100余名职工家属被从废墟中解救出来，脱离危险。15时，两名在清平磷矿出差的国家

机械行业专家被救出。从16时开始，救援力量向河坝片区转移，先后救出被压埋职工及家属182人。

5月14日，清平磷矿继续搜救被压埋人员，转移遇难者遗体。8时，指挥部安排抢险组开动装载机，打通矿区内14千米道路。清平磷矿许多干部的家属住在矿区山下的汉旺镇，地震后亲人生死不明，但没有一个人提出下山的要求，全部坚守在抢险救援一线。共产党员许亚锋家的房子在地震中垮塌，母亲遇难。许亚锋在抢救伤员一线得知消息，流着眼泪坚持救护伤员。共产党员张长春的妻子在地震中遇难，张长春强忍悲痛投入抢险救灾中。15时，从工区下来的人员越来越多，清平磷矿迅速组织干部、党团员搭建近万平方米简易帐篷，临时安置职工、家属和群众。抗震救灾指挥部将防汛储备粮和从震后废墟中挖出来的粮食、蔬菜等生活物资集中管理、统一配用。在人多粮少的情况下，清平磷矿领导安排伤病员、儿童、老人和妇女先吃，参与救援的职工群众再吃，抗震救灾指挥部的人员最后吃。在人员集中安置点周围建筑物内，遇难者较多，为避免发生疫情，指挥部将人员集中向山外疏散撤离，安排清平磷矿塑业公司将3个钢架结构车间厂房清空，为撤离下山人员安排铺位，使几千名受灾职工和家属生活得到及时安置。

地震使道路封闭，生活物资严重缺乏，救援人员及转移出来的受灾职工及家属2000余人生活困难。2008年5月13日晚，国资委接到中国化工清平磷矿山体滑坡导致公路堵塞，与大量职工失去联系，职工生命安全受到威胁的报告后，立即向国务院应急办上报情况，请示空投物资，并协调其他中央企业向中国化工展开救援。在国务院应急办统筹指挥下，解放军总参谋部作战部、成都军区空军、四川省抗震救灾指挥部通力协作，15日2—3时，解放军总参谋部命令空军出动1架"伊尔-76"飞机，向清平磷矿所在地区进行两架（次）共8吨物资空投，缓解清平磷矿受困职工及家属的生活困难。15日下午，大批救援部队进入矿区。19时，救灾指挥部在救援现场紧急召开会议部署救援。在解放军帮助下,清平磷矿组织受困职工和家属分批向山下有序转移。经过5个多小时艰难跋涉,于21时到达汉旺镇清平磷矿救护站,并在当地政府安排下,继续向安全地区疏散。对山上无法行走的15名重伤员,安排党、团员骨干100余人留守,并保护矿山资产设备、炸药、财务及技术资料等。清平磷矿在汉旺镇设立的救护站主动接收大量当地居民,并提供食品、药品帮助,替政府排忧解难。在国资委、总参谋部和成都军区的协调下,18日10时,清平磷矿8名重伤员和20名行走困难的老人、儿童被空运出矿区进行救治。

蓝星机械抢险自救。地震造成中国化工蓝星机械厂厂房倒塌,供电、供水、通信瘫痪。蓝星机械厂职工300余人组成救援队,调用大型机械,在各车间垮塌处,紧急搜救被压埋职工。2008年5月12日14时50分左右,蓝星机械厂球罐车间、重铆车间、轻铆车间、金工车间、铸锻车间、办公楼、配电房等处被压埋的14名职工先后被救出。救援队还对机器设备、生产物资及产品进行抢救,抢救出300余套易于搬动的轻型设备。通过发电机自行发电,解决防震棚居住区及抗震救灾指挥部的照明问题。同时,组建临时护厂队,巡逻护厂,保护公司财产。从5月

地震发生后,蓝星机械厂利用安全厂房建立临时安置点,安置职工家属

(中国化工 提供)

14日开始,蓝星机械组织200余人、组成8个施工队,对水、电、气、道路等基础设施进行改建、抢修。21日,厂区电力、供水和通信得到基本恢复,受灾职工和家属在临时防震棚中得到安置。蓝星机械工会主席刘孙志的岳父在地震中身亡,刘孙志把遇难职工的后事一一妥善处理,却没有时间安排岳父的后事。

二、其他受灾企业

中国水利水电建设集团公司抢险自救 中国水电集团组织所属企业,从人力、财力、物力上支援受灾严重的水电十局。中国水电集团发动水电七局等企业,组成青年突击队,在水电十局废墟中搜救出被困职工16名,挖出遇难者遗体71具;在都江堰幸福大道沿线搜救出被困人员10名,挖出遇难者遗体174具。同时,组织中国水电集团四川电力开发公司、水电七局、水电五局等单位,向水电十局运送救灾应急物资,并协调安置和稳定受灾、受困人员。4天筹备48车救援物资运往都江堰,使水电十局受灾职工及家属3万余人的吃饭、饮水、用药、防疫

地震发生后,中国水电集团抢险人员在都江堰灾区为职工、群众搭建临时住房

(中国水电集团 提供)

等困难基本得到解决。在打通通往汶川地震灾区道路后,中国水电集团派出青年突击队,深入阿坝州救援被困在柳坪、色尔古、毛尔盖等水电工地的3300余名职工,并向各营地运送油料、食品、药品等物资(120吨)。水电十局组织3支抢险突击队,在地震当日紧急赶赴都江堰市几个家属小区救援。3支抢险突击队救出12名被困人员,挖掘出64具遇难者遗体;还在都江堰市建立受灾职工及家属安置点、医疗点,统一发放饮用水、食品和药物等生活物资。至2008年5月31日,中国水电集团先后组织20支抢险突击队,累计救出幸存者58人,清理出遇难者遗体221具,在都江堰市区建立地震灾区救助中心7个,接收和救助水电十局职工、家属及群众1.15万余人,从古城、狮子坪、仔达寨等灾区项目部安全转移被困职工860余人。

攀枝花钢铁(集团)公司抢险自救 攀成钢在地震发生后立即启动应急程序,保护生产设备。地震时,攀成钢电炉炼钢厂三流连铸机正在拉钢,其中一包钢水待浇模铸、两包钢水待精炼。当班干部职工临危不乱,坚守岗位,沉着冷静操作,有效化解险情,为公司减少上百万元

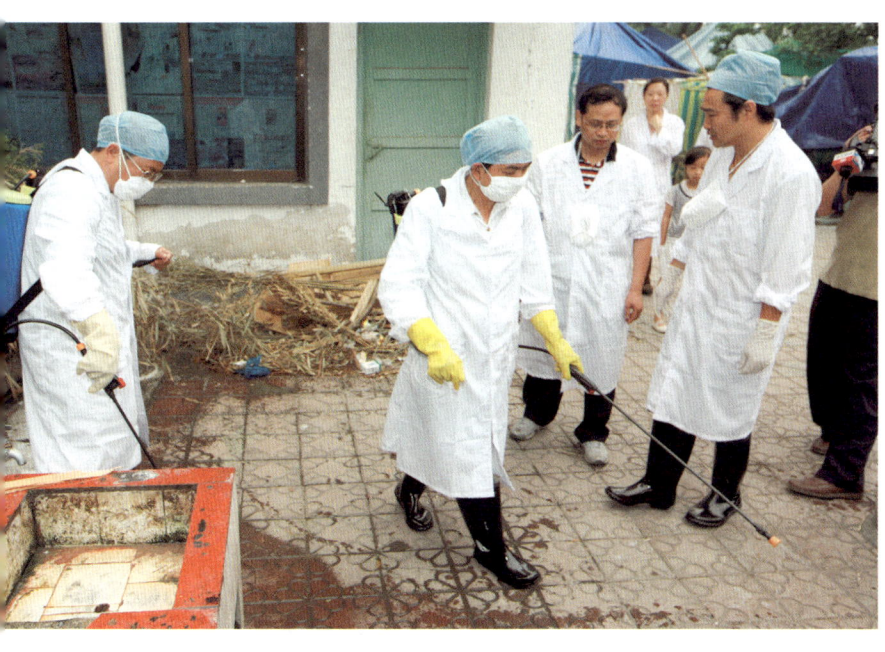

2008年5月24日,攀钢卫生防疫人员开展灾区卫生防疫

(攀 钢 提供)

经济损失。攀成钢在地震发生后立即组织人员对风、水、电、气等基础设施进行故障排查、隐患整改和设备抢修,在确保安全的情况下,恢复风、水、电、气供应,为2008年5月13日迅速恢复生产创造了条件。

四川长城特殊钢有限公司(以下简称攀长钢)职工在地震发生后积极抢救生命财产,对受困人员实施紧急救助。地震造成攀长钢医院门诊楼、住院部严重受损。医务人员仅用10分钟就将住院病人及家属1000余人安全转移到户外,并迅速在花园、篮球场、停车场等空地建起临时救治区,医院病人及家属无一人伤亡。攀长钢武保部在地震发生后迅速到各生产区查看灾情,救出4名被困职工及家属。2008年5月13日,攀长钢武保部出动2300余人(次),往返马角、中坝、含增、武都、厚坝等地,为职工、家属及附近居民2万余人送水450余车、1600余吨。攀长钢抗震救灾突击队义务为江油高中搭建帐篷2500平方米。13日,攀长钢组织人员对受损水电气管网线路检测、抢修,对地震中受损房屋进行鉴定,对655幢受损房屋进行登记、拍照存档。地震发生后,攀长

2008年5月20日,攀长钢抢险人员为灾区职工、群众搭建帐篷

(攀　钢　提供)

钢供电全面停顿，电力系统职工按照应急方案要求，立即将变压器、生产线动力电等部位开关置于切断状态。在确保人身安全的前提下，部分站、房垮塌地段切断输送线路，并拉下保护开关。13日，攀长钢成立由80人组成的共产党员突击队、30人组成的青年抢险队，迅速对各生产片区水、电、气供应设施受损处进行抢修。为确保厂房、建筑使用安全，15日，攀钢派出建筑鉴定专家，攀长钢聘请长安大学建筑专家，组成多个技术鉴定小组，制订应急处理方案。至5月31日，拆除厂房63栋（2.40万平方米）；减层拆除办公用房2000平方米，加固维修厂房80万平方米，约占厂房总面积的59%。攀钢冶金工程技术有限公司先后派出410余人，赴攀长钢恢复生活片区供水、供电、供气，完成60余项工程抢修。5月20日晚，攀钢劳动卫生防护研究所迅速组建攀钢抗震救灾卫生防疫队，携带价值14余万元的环境消杀器械、药品和辅助物资，分乘3辆车赴攀长钢；22日15时，防疫队抵达攀长钢，开展卫生防疫。

国家电网公司抢险自救 国家电网在地震发生后全力救治受伤职工，做好受灾职工及家属安置、安抚工作，在都江堰、德阳、绵阳、广元等地设立41个临时安置点，安置7000余名职工及家属。同时还从全国电力医院抽调268名医护人员，组成12支医疗小分队，携带32辆医疗用车和各类急救药品、防疫消毒用品、医疗器械等物资，深入地震灾区汶川县映秀镇、北川县、绵竹市、绵阳市、都江堰市电力职工社区、四川省电力公司前线指挥部、成都电业局指挥中心、紫坪铺大坝、都江堰电力设备厂等10个地区设置医疗站，实施医疗救治、卫生防疫和消毒。至2008年5月31日，国家电网医疗队救治伤员2081人，防疫消毒面积约243.77万平方米，组织26454人（次）参加各受灾单位人员搜救安置及电力设施抢修。

中国大唐集团公司抢险自救 中国大唐桂冠天龙湖公司各电站机组紧急停机并疏散职工，确保现场无人员伤亡。中国大唐组织广西分公司划拨给天龙湖公司10万元紧急周转金、30万元慰问金，调剂10部应急救援车辆，并派遣 4 名检修人员赶赴天龙湖水电站指导引水设施和机电设备维修。

中国华电集团公司抢险自救 中国华电四川华电杂谷脑水电开发有限责任公司利用各种方式与失去联系的 4 个电站取得联系，各电站职工从灾区徒步几十千米，向上级报告灾情。

2008年5月17日，中国华电四川公司赴四川华电杂谷脑水电开发有限责任公司抗震救灾恢复生产工作组，冒着余震、飞石、滑坡等危险，抢运救灾物资

（中国华电　提供）

中国国电集团公司抢险自救 中国国电在四川省的各个企业地震发生后迅速开展自救互救，组织职工撤离至安全区域。对地震中受伤人员，立即就近送往当地医院救治。

中国电信集团公司抢险自救 中国电信四川公司组织各所属公司及时动员自身抢险力量，并积极协调武警、消防等救援队伍，在极重灾区北川县等坍塌办公楼废墟中，救出被困职工 16 人。同时，利用电话、电视、广播、互联网、寻亲热线等方式，搜救失踪职工，与数十位失去联系的职工及家属取得联系。中国电信从成都等地调配和运送大米等各类生活物资，安排受灾职工及家属生活。

中国石油天然气集团公司抢险自救 中国石油灾区企业迅速组成各级抢险救援队伍 78 支，近 2000 人奔赴受灾地区和生产一线，寻找失去联系的职工。2008年5月13日,中国石油发出全力搜救失去联系人员的紧急通知,四川销售公司组建13支搜救突击队,每人背负几十千克食品和饮用水,翻山越岭,徒步几百千米到达汶川县、青川县、北川县、德阳市等地加油站。运输公司四川分公司通过GPS卫星定位系统,及时确定12辆油品

地震发生后,中国石油四川灾区企业组建抢险救援分队,紧急开赴救援现场抢险救援

(中国石油 提供)

运输车辆在重灾区汶川县及映秀镇、理县、茂县的位置,并在通往汶川县的道路打通后,派人随救援部队进入汶川实地搜寻失踪人员。至5月17日,中国石油在地震中失去联系的374名人员和12辆车全部找到,灾区受灾职工及家属2万余人得到妥善安置。

中国铁道建筑总公司抢险自救 2008年5月13日,中国铁建在地震重灾区四川省都江堰市组成抗震救灾前线指挥部。15日,与重灾区所有项目部取得联系,各级领导率救援小分队冒着余震、滑坡、滚石等危险,翻山越岭、长途跋涉到各项目部,从废墟中搜救出施工人员495人、当地群众37人。中铁十三局抢救伤员182人,转移安置被困人员1049人;中铁二十一局搜救被压埋、被困人员71人,转移伤员、被困人员254人。19日,地震重灾区项目部1309名被困人员全部获救。

中国葛洲坝集团公司抢险自救 2008年5月12日下午,葛洲坝集团电力公司因地震与正在汶川县境内施工的职工失去联系。葛洲坝集团

收到灾情信息后，紧急从受灾较轻的四川省境内其他项目部抽调人员组成救援先遣队，派出 8 人组成的搜救小分队，徒步前往银杏至水磨线路 220 千伏工程项目部施工工地。在地震当天救出 24 名民工。14 日晨，又派出由 7 人组成的小分队，徒步前往汶川县映秀镇工地，并在途中安全解救出 128 名群众。15 日，因道路受阻，仍有 21 人被困汶川县映秀镇山上，衣食困难，情况危急。葛洲坝集团紧急联系当地抗震救灾指挥部，请求直升机救助，在解放军救援部队的帮助下，最终将 21 名被困人员成功解救。

中国电子科技集团公司抢险自救 中电科技集团第二十九研究所都江堰分所因建筑物倒塌，部分职工受伤严重。2008 年 5 月 12 日 15 时 35 分，第二十九研究所职工医院紧急抽调 6 名骨干医护人员，组成医疗救援小组，赶赴都江堰分所进行医疗救援。4 小时后，再次派出两名医生和两名护士救援。当晚，将 8 名伤员转运至成都市，并连夜进行救治。医疗救援小组跟随救援人员，直接在废墟现场急救处置被搜救出的重伤员。至 5 月 19 日，急救处置和转移重伤职工及家属 12 人。

华润（集团）有限公司抢险自救 华润集团绵竹啤酒公司震后厂房全部倒塌，部分职工被压埋。华润集团四川区域公司迅速组织职工，借助简单工具营救被压埋职工。经 72 小时连续抢救，救出两名被埋职工，挖出 9 具遇难职工遗体。

第二节 驰援东汽

中国冶金科工集团公司中冶成工核电厂房项目部在 2008 年 5 月 12 日 18 时得知 30 千米外的东汽公司灾情后，立即组成 16 人救援队，携带 40 吨吊车（进入汉旺镇参加救援的第一台大型救援设备）赶赴汉旺镇参加救援，为地震初期开展救援赢得了宝贵时间。中冶集团救援队在东汽公司参加救援 30 余天，救出被困人员 16 人，清理出遇难者遗体 50 余具，紧急抢救转运出厂内重要设备10余台。

中国铁路工程总公司中铁二局于2008年5月12日20时40分紧急调派163人组成救援队，携带4辆装载机、7台挖掘机、8辆吊车、6辆自卸车、4辆平板车及15辆运输车等救援设备，分别从成都、重庆、达州、绵阳等施工工地出发。13日凌晨，救援队到达东汽公司抢险救援现场。13日、14日，中铁二局再次增援东汽公司。中国中铁将重点施救力量放在东汽公司会议中心、职工宿舍楼和东汽中学。至5月17日晚，中铁二局救援队从废墟中抢救出东汽公司职工53人，挖掘出遇难者遗体52具。

中国电信集团公司2008年5月12日23时左右组织四川公司绵竹分公司，向地震造成通信全部中断的东汽公司汉旺基地提供移动座机20余部。

中国第二重型机械集团公司在2008年5月12日晚派出30余名救援队员携带装备、食品、饮料及医疗救护用品等物资赴东汽公司抢险救援。13日4时，中国二重增派40名抢险突击队员，赴东汽公司抢险救援。突击队员自带工具，随救援物资车队，赴职工宿舍区、东汽中学救援。13日12时，中国二重再次组织80余名救援队员，携带救援工具，赴东汽公司救援。许多中国二重职工自发两三次往返于东汽公司、绵竹、什邡等地抗震救灾。有的抗震救灾突击队员，家在重灾区绵竹市、北川县，放弃回家寻救亲人的机会，义无反顾地参加抗震救灾。中国二重及时派出大型吊车、挖掘机等工程机械和运输车辆，参与东汽公司等重灾区救援，出动运输车292辆（次）；组织制作钢钎等抢险工具500余件，紧急赶制抢救伤员用担架、输液架、简易床等400余件，提供柴油、汽油20余吨；为东汽公司抢救群众和受灾职工提供工作服860套，手套、雨衣、口罩1700余件，气割锯等救灾工具780件（套）。

国家电网公司汉旺供电所于2008年5月12日晚组织刚从倒塌房屋废墟中救出的14名职工，赶赴东汽公司修复电力、电线设备，提供发电机为救援现场供电。13日,四川省电力公司向东汽公司提供1台500千瓦移动式发电车供路灯照明。14日,四川省电力公司完成110千伏香山站至第三配电室线路抢修,并将市电引入东汽公司。

中国铁道建筑总公司二十三局集团有限公司于2008年5月13日紧急抽调108名职工,组成抢险队,携带36台机械设备,于14日凌晨抵达东汽公司汉旺基地参加抢险救援。经30多个小时救援,中铁二十三局抢险队搜救出2名幸存者、12具遇难者遗体,发现8000元现金、5台电视机、2台计算机、18件首饰、1本珍贵集邮册和若干银行卡等物品,如数登记造册移交东汽公司现场抢险指挥部。

2008年5月14日,中铁二十三局抢险队员从东汽公司住宅楼废墟下救出幸存职工郭文凤,并把安全帽戴在郭文凤头上

(蔡崇金 摄影)

华润(集团)有限公司电力控股公司于2008年5月13日中午,组织10人抗震救灾医疗队,驾两辆满载价值十几万元急救药品、救护器材、生活用品的车辆,于14日20时30分抵达东汽公司汉旺基地,立即投入抢险救护。随后,华润集团电力控股公司陆续组织15支医疗队参加救援。首支医疗队连续工作四昼夜,救治伤病员102人,现场进行清创缝合手术12例。医疗队赴东汽公司厂房和东汽中学的24小时内,转诊、运送伤员21人(次),并在临时救护站急救处置伤员8人。

中国移动通信集团公司四川德阳分公司2008年5月13—14日组织电信抢修队赴东汽公司恢复通信系统,在摇摇欲坠的东汽公司质计大楼楼顶,用3个多小时完成移动机站天线架设。随后,机站设备、发电设备安装及线路架设等施工全面展开。

中国石油天然气集团公司兰州石化公司2008年5月14日组织18名职工及医护人员,组成中国石油抢险救援分队,调配大型机械设备,先后参加东汽中学和汉旺镇青龙小区、汉新社区、方大社区等受灾严重区域人员搜救与抢险。至5月23日,对400余万平方米的面积进行了拉网式排查和现场搜救,清理出遇难者遗体98具,现场医疗救治伤员285人(次),拆除25栋危楼和13间平房。

中国铁通集团有限公司四川德阳分公司于2008年5月14日组织人员赶赴东汽公司抢修光缆。经过5个多小时的故障巡视与排除后,电信线路恢复正常。

中国国电集团公司四川发电有限公司在获知东汽公司灾情后,从华蓥山发电有限公司紧急调配1台50吨大型吊车,派4名专业技术人员赶往东汽公司支援。3天后,又从达州发电有限公司调配1台50吨大型吊车,并派两名专业技术人员支援东汽公司。至6月21日,中国国电四川发电有限公司抢险队先后为东汽一分厂、三分厂、铸造分厂、焊接分厂

5月30日,中国国电四川发电有限公司支援绵竹市汉旺镇东汽公司抢险队临时党支部成立

(张定华 摄影)

等吊装物件上万吨。

中国航空工业第一集团公司安排成都飞机工业（集团）公司组织装备、食品等救援物资支援东汽公司。

中国葛洲坝集团公司向家坝施工局组织10余台50吨吊车，派两名专业人员参加东汽公司救援。葛洲坝集团机电建设有限公司向东汽公司紧急援助价值10万元的救助物资。

中国核工业集团公司中国核动力研究设计院派出救援队，参与东汽公司一分厂设备拆除和搬迁。

第三节 应急保障

一、电力保障

国家电网公司在地震发生后要求所属电力公司确保电力恢复供应。重庆市梁平县文化镇小学教学楼垮塌，万州供电局在文化镇的值班人员10分钟内赶到学校；万州供电局立即组成20余人的抗震应急抢险小组，携带发电、照明设备赴学校救援。2008年5月12日17时，为保障四川省应急指挥中心调度和机要通信照明，国家电网四川成都电业局青羊供电公司工作人员，携带两台发动机到四川省应急指挥中心供电。经一个半小时抢修，使应急指挥中心发电机投入运行。19时25分，学校及当地医院临时电源架设完毕，保证搜救幸存者和抢救伤员的用电需要。12日晚，成都电业局都江堰供电局聚源供电所20名职工用10台发电机，连接几十盏电灯，照亮聚源中学救援现场。德阳电业局绵竹供电局汉旺供电所14名职工用14台照明发电机，照亮东汽公司救援现场。绵阳电业局城区供电局5名职工，驾驶应急发电车奔赴杨家坪，用从废墟中扒出的电线和6盏电灯照亮北川中学救援现场。13日，汉旺供电所紧急协调供电设备，为汉旺小学、东汽小学、东汽中学等抗震救灾主要救援现场提供应急发电照明供应。14日,湖南省电力公司派出350余人,携带23台发电机、6台发电车(共0.69万千瓦)、40余台工程和后勤车辆,连续13天参加德阳市抗震救灾紧急电力供应,完成四川省绵竹市汉旺镇、什邡市红白镇等20余个受灾严重区域的电力保障工作。15日,四川省什邡市罗汉寺的妇幼保健院临时救援医疗站1名产妇需要进行剖宫产手术,但救援点供电条件不能满足手术要求,德阳电业局什邡供电局供电保障班抢险人员搭建应急供电线路,为手术提供电力保障。20日晚,在通往地震极重灾区汶川县的道路打通后,四川省电力公司调集100余人携带发电设备,赶赴映秀镇。经过6个多小时紧急架设,为映秀镇抗震救灾指挥中心、附近群众帐篷安置点、周边道路安装线路和灯具。20时20分,停电9天的映秀镇全部通电。

二、通信保障

中国电信集团公司在灾后自身通信网络资源相当紧张的情况下,积极抢修设备,为其他专业电信运营公司提供援助,为中国移动紧急提供四川省马尔康县到汶川县1条2米光纤数字电路,为中国联通紧急提供马尔康县至理县、九寨沟县、松潘县、汶川县、茂县等方向各2条2米、共12条光纤数字电路。在抢通绵阳市至平武县光缆通信后,为中国联通提供绵阳至平武2条2米光纤数字电路,为中国联通紧急提供成都市至马尔康县4条2米光纤数字电路,为中国网通紧急提供成都市至马尔康县4条2米光纤数字电路。同时,中国电信还积极保障唐家山堰塞湖抢险指挥部通信畅通。2008年5月13日早,中国电信四川省长途通信传输局绵阳市平武分局光缆维护员宋吉发巡线返回南坝镇,得知女儿遇难、妻子下落不明。下午,宋吉发强忍悲伤和对妻子的担心,担负抢险队员兼向导的责任,与四川省长途通信传输局抢险队员赶赴障碍点,抢通中断通信线路。16日,宋吉发在救灾现场得知妻子在地震中遇难。当天组织上安排宋吉发回家看望母亲和岳父母。在途经北川境内时,宋吉发发现一处抢通的线路又被飞石击倒在地，便立即下车，不顾飞石危险，徒手攀上电线杆，并把光缆固定在电线杆上。宋吉发到家看望亲人，安排好家中事务后，当天又返回抗震救灾前线。22日，在甘溪乡抢修光缆现场，党组织批准宋吉发为中国共产党预备党员。10月，宋吉发被中共中央、国务院、中央军委授予"全国抗震救灾模范"荣誉称号。

中国电信为满足灾后群众寻亲需要，开通寻亲短信、热线电话、互联网等信息发布平台，提供救灾服务和灾情信息。通过互联网帮助1260余人获得亲友信息；寻亲热线总呼入量35万次，帮助4560人找到亲人。四川公司通过短信发送政府公告3000万条、次生灾情信息近1000万条，通过宽带用户主动推送次生灾情信息2000万条。

中国网络通信集团公司重庆公司在地震发生后，对四川省成都市、德阳市、绵阳市、广元市、阿坝州等重灾区漫游电话通话费、点对点短信费进行全额减免，并确保漫游到灾区的移动电话不因欠费而停机。2008年5月14日13时30分，四川泸州叙永县网络维护主管胡勇乘直

2008年5月20日，中国网通应急通信车在四川省汶川县为灾区群众免费提供电话服务

（中国网通 提供）

升机到达映秀镇，克服设备重、难以运输和基站安装选址困难等，于18时接通映秀镇与外界的通话。15日，中国网通在映秀镇开通VSAT地面卫星通信站，抢通映秀镇通信。16日，抢通汶川县和茂县通信。17日，恢复茂县移动通信网络。同日，中国网通重庆公司开通"地震灾区寻亲信息查询热线"，开辟专席、安排专人24小时接听热线电话，帮助群众寻找亲人。19日，恢复映秀镇移动通信网络。20日，完成抗震救灾指挥部指派的重点乡镇通信抢通任务。

中国移动通信集团公司在地震发生后迅速组织特别通信抢险突击队，突进重灾区，抢通重点区域通信。中国移动累计派出陆路抢险突击队70余支（7500余人），派出空降抢险突击队28组182人，分49架（次）空降地震震中地区，紧急恢复四川省各县和70个重灾乡镇与外部的通信联络。2008年5月13日，中国移动四川公司迅速抽调首批青年突击队队员，携带卫星电话、发电机和发电油料，随部队飞机深入汶川县、平武县、青川县，为灾区提供应急通信保障。3时，四川公司遂宁分公司职工彭海丰得知抽调人员的消息后，主动请缨，来不及与家人告别，便带上调试好的卫星通信电话，赴成都中国移动抗震救灾指挥部。8时，彭海丰抵达某军用机场，随部队空降至交通、通信完全中断的广元市青川县，第一个把灾情信息传出去，使四川省委、省政府了解到灾情，迅速部署抢险救灾。彭海丰在做好应急抢险通信保障任务的同时，主动收集紧急避险群众留下的亲人联系方式的纸条，用卫星电话把群众报平安的消息传出去。但他却始终未用此电话联系家人报平安。四川公司北川分公司组成通信抢险分队，徒步跨越无人区，穿越原始森林，翻过十几座海拔3000余米的高山，打通北川堰塞湖上游13个乡镇28个基站，使8万余人与外界取得联系。四川公司绵阳分公司组成5人小分队，经过三天两夜徒步翻山，把卫星电话送到被堰塞湖淹没和阻断的北川县漩坪乡、禹里乡，使聚集在山梁上的5000余名群众与外界取得联系而获救。16日下午，四川省理县突发里氏5.9级余震，古尔沟—理县道路塌方，造成恢复光缆再次中断。中国移动成都通信建设工程局一处36岁员工刘建秋与工程人员奋力抢险，不幸被山体滑坡飞石击中，终因失血过多于17日上午牺牲。中国移动通信集团公司决定，追记刘建秋"抗震灾、抢通信"一等功。2008年6月20日，人力资源和社会保障部、国资委追授刘建秋"中央企业抗震救灾英雄"荣誉称号。

中国卫星通信集团公司2008年5月13日14时许派技术人员携带10部卫星电话从四川省成都市出发，经都江堰市赶往汶川县映秀镇。21时06分，卫星电话接通，使四川省抗震救灾指挥中心了解到映秀镇灾情。14日，中国卫通派出4辆应急通信车支援救灾通信，增调8辆应急通信车支援灾区。15日7时30分，中国卫通组织应急通信救援队从成都出发，携带着卫星宽带视频语音系统设备搭载救灾直升机空降四川地震震中汶川县映秀镇；16时，完成两个视频语音系统安装调测；19时，视频语音传输站点将映秀镇现场灾情视频、语音实时传回四川省抗震救灾指挥中心。15日下午，利用"中卫一号"通信卫星提供卫星通信传输链路。16日4时30分，建立起卫星链路；8时22分，汶川县地震后第一个中国移动基站开通。17日，半天时间为映秀镇群众和搜救人员2000余人提供卫星宽带IP电话对外联系。6月2日，为唐家山堰塞湖及堰塞湖下游地区开通11个视频监测点，各监测点视频全部接入绵阳避险疏散指挥部。至6月30日，中国卫通协助中国移动开通汶川、宁武、清川、北川等县25个乡镇卫星基站，开通18辆卫星基站应急通信车，为中国电信、中国网通和中国联通紧急开通卫星传输信道88兆赫兹，累计提供卫星转发器带宽666兆赫兹。四川灾区使用中国卫通全部卫星电话累计通话用户1800户。

中国联合通信有限公司支援灾区卫星移动电话近1500部，累计通话95670次、通话260213分钟，使用发电油机109台、备用电池1139块；提供卫星转发器带宽666兆赫兹（较灾前新增446兆赫兹）、应急通信车1辆、宽带卫星设备23套，其他相关配套设备1000套。

2008年5月23日，中国联通湖南公司光缆抢修队在四川省理县、汶川县、茂县执行光缆抢修任务

（范文波 摄影）

中国电子科技集团公司第二十二研究所电离层监测站在地震发生后迅速启动加密观测程序，监测区域内电波环境变化，组织专家对重庆站、昆明站等近期电离层数据进行分析，为国家相关部门、参与救灾部队和灾区提供电离层骚扰预报服务，保障无线电通信畅通。2008年5月14日起，中电科技集团第三十研究所陆续提前交付智能保密卡6000余块、车辆定位监控系统及终端400余台，提供15个加密手机等通信设备，用于抗震救灾部队和运输车辆监控调度及保密通信等。15日，中电科技集团第三十研究所组成18人救援工作组，急购210万元的卫星通信设备，调集20台应急对讲机，赶赴绵阳市支援抢险现场的通信需求。16日，中电科技集团第三十八研究所派出6人维修保障组，赶赴成都、绵阳、遂宁等地，为通信雷达提供保障。中电科技集团第五十四研究所5月12日18时紧急派出由两辆指挥车和8人组成的救援队，于14日6时到达北川县灾区执行通信保障任务。17日晚，北川县出现洪水险情，第

五十四研究所技术人员继续留在现场坚守岗位，洪水淹没了附近两个村庄，由于指挥车所处地势较高，幸免躲过危险。第五十四所远东公司先后派出18名工程技术人员赴灾区，安装并调试开通灾情严重的汶川县、北川县、广元市、卧龙镇等地10个应急通信基站，各种卫星通信地面站近40个。5月17日下午和18日上午，为中央领导在四川灾区主持召开抗震救灾工作会议提供通信保障。中电科技集团还与山东省济南市等地架构起通信指挥平台，保障济南军区5万抗震救灾官兵现场救援通信指挥需要。

三、测绘保障

中国核工业集团公司遥感信息与图像分析技术国家级重点实验室及时制订出利用遥感综合技术手段进行灾后评估技术路线，开展遥感和地质相结合的地震灾区灾后评估。收集、分析地震区域地质资料，对遥感影像数据进行处理和综合解译，利用地质、遥感、地震等多种数据进行地震灾区分析研究，及时获得影响地震数据分析结果，通过对遥感数据处理和解译分析，得出地震后北川县和都江堰市灾情状况，确定包括唐家山堰塞湖在内的多处滑坡山体位置和滑坡影响区域，重点对地震区核设施地质环境和周边地质环境监测。

中国航天科技集团公司组织中国资源卫星应用中心进行灾情遥感监测，查询并下载受灾区域存档资源卫星CCD相机数据70景、HR相机数据430景、WFI数据4景，并将资料及时提供给有关部门，为国务院抗震救灾总指挥部了解灾情、部署灾后重建提供了依据。航天科技研制的11颗卫星在抗震救灾队伍导航定位、通信联络、灾区天气预报和监测、灾区通信和广播电视传输及灾情监测与评估等方面发挥着特定作用。

中国航天科工集团公司与中国科学院电子所联合完成高分辨率机载成像雷达（SAR）测量系统的装机和调试，提供地震灾区高分辨率图像、地形数据和同震位移图。2008年5月13日上午，航天科工第二研究院二〇七所紧急动员，赶赴地震灾区，利用电磁重点实验室刚完成建设的高分辨率机载成像雷达（SAR）执行航拍观测任务，得到微波遥感影像图像，并对灾区地震断层、滑坡等情况进行分析，为部署灾区公路抢修提供依据。至28日，完成22架（次）航拍，覆盖地震灾区21个县、市，面积约11万平方千米，航程约5.50万千米。航天科工第三研究院三十三所向中国地质环境监测院、四川省地质调查院、四川省地质工程勘察院、四川省地质环境监测总站、四川省地质矿产勘察局等单位捐赠5套新型CX-06A钻孔测斜仪，用于地质灾害滑坡监测，并承诺对捐赠测斜仪提供终生免费维修和技术服务。

中国航空工业第一集团公司为快速了解灾区受灾情况及道路状况，紧急组织飞行试验研究院先后两次派出曾航拍珠峰"奥运"圣火传递的"功勋"飞机，选派优秀航摄人员，执行空中灾情勘察和地震测绘任务。

中国兵器工业集团公司派出所属北京华北光学公司的"华鹰"无人机航测系统团队13人，携带两架无人机及便携移动基站，赴四川灾区参加抗震救灾。16日，中兵光电科技股份有限公司组成灾情航摄队伍，携带两套无人机航摄系统，连夜驱车赶赴四川省广元市。在道路阻断、能见度差的情况下，发挥无人机起降灵活、全自动无人飞行、低空作业等技术优势，完成了广元市利州区宝轮镇、青川县木鱼镇等受灾严重地区的航摄任务，并将获取的高清晰数字影像及时提供给国土资源部抗震救灾现场指挥部，为部署抗震救灾提供相关灾情图像资料。随后，中兵光电科技股份有限公司无人机受国家测绘局委托，连续4次到四川其他灾区进行航摄作业，并对灾区基础设施进行航摄作业，为灾区灾后重建提供基础地理信息资料。

中国电子科技集团公司向抗震救灾有关部门和单位支援应急通信指挥车、电台，保障飞行任务的雷达、卫星导航定位系统、应急通信车载站、发电机等救援设备 327 台（套、辆）。

中国卫星通信集团公司 2008 年 5 月 12 日 15 时起组织相关单位和部门启动或开通应急保障设备，并联系设备运送渠道。13 日 1 时，中国卫通组织干部员工加班准备设备，并实施系统扩容升级。5 时，350 台卫星通信设备送到北京首都国际机场，并于 8 时运往灾区。地震发生后，中国卫通对汶川县、茂县、北川县、都江堰市、绵竹市等地约 3000 平方千米面积进行航空摄影，随后对成都市、阿坝州、绵阳市、广元市 1.70 万平方千米面积进行航空摄影。6 月 4—5 日，协助成都军区抗震救灾指挥部对失事的"米-171"运输直升机进行搜救，提供汶川县及映秀镇、理县等地的卫星影像数据。至 6 月 30 日，中国卫通执行航摄 13 架（次），传回地震灾区 1.70 万平方千米卫星影像资料。

电信科学技术研究院信威公司 2008 年 5 月 12 日 23 时抽调专家驾驶自主研发的可提供数以千计地震信息的采集传感器，提供数据、语音和视频图像传输服务的无线宽带设备应急通信车，赶赴灾区协助中国地震局进行抗震救灾。

中国煤炭地质总局航测遥感局 2008 年 5 月 13 日 2 时接到中国地质环境监测院的紧急电话，需要在最短时间内整理汇总出四川省和重庆市地震灾区各县的地质灾害易发图、分区图，供国家抗震救灾分析决策使用。航测遥感局立即组织技术人员对原编制的《中国 700 县地质灾害调查图集》进行整理，用 6 个多小时完成 83 幅地震灾区分布图并交付使用。14 日，航测遥感局再次提交地震灾区及甘肃省、陕西省、湖北省 88 幅图件并提出航空遥感、管线探测技术服务抗震救灾的初步技术方案。22 日，航测遥感局提交三维数字沙盘系统和汉中地区 SPORT5 卫星影像图。27 日，航测遥感局应四川省煤田地质局要求，提交 5 套四川灾区震前、震后遥感卫星影像图。28 日起，航测遥感局派 5 人参与四川、甘肃、陕西灾区震前、震后航天航空影像资料解译和次生地质灾害遥感调查评估。

四、空勤保障

中国航空工业第一集团公司在地震发生后立即 24 小时开放成都飞机工业（集团）公司温江机场。2008 年 5 月 14 日，成都飞机工业（集团）公司在两个半小时内，连续转场 7 架（次），转运医疗小分队 790 人。此后，温江机场成为解放军、武警部队转运救灾物资的重要中转运输基地之一，为过往飞机补充航空燃油，为过往人员提供 5000 余份餐食。

中国电子科技集团公司第十四研究所接到提供飞行雷达保障命令，立即派出技术人员赴四川地震灾区，日夜进行装备维护并为飞机飞行提供雷达观测数据等，确保四川"空中走廊"畅通。该所还向四川当地监测机构捐赠 100 套卫星导航定位系统，并派出专业技术人员进行系统和终端安装，提供 24 小时监控服务，为伤员和救援物资运输提供安全飞行保障。2008 年 5 月 15 日和 17 日，中电科技集团第二十八研究所接到成都军区空军求助电话后，立即选派技术人员赴成都市进行现场技术保障。至 5 月 27 日，中电科技集团累计保障 4260 架（次）各类运输机、直升机和专机安全飞行。

中国航空集团公司根据救灾指令，提供飞机运输救援官兵、伤员和救灾物资。2008 年 5 月 13 日，北京地面服务部设立"成都专线"柜台。14 日，北京飞机维修工程有限公司连夜为运送 3000 名官兵赴灾区飞机提供机务保障，杭州维修基地配合北京维修生产控制中心完成专机保障，呼和浩特维修基地紧急保障 B-2604、B-2905 等运输机执行运送救援官兵任务，成都维修基地改装两架 B-757 客机承运地震伤员，贵阳维修基地全力保障紧急备降航班。15 日，地面服务部派出由 8 台航空特种设备和 16 名操作人员、维修人员组成的保障工作组，赴河北石家庄国际机场协助开展抗震救灾飞机保障任务。工作组到达机场后，使用特种车货机装运救灾物资，连续 12 小时将 3 辆 14 吨位平台车组装调试完毕。随后，又连续两天冒雨完成 86 吨救灾物资装机任务。至 16 日 12

时，中航集团执行抗震救灾运送任务110架（次），采用区域疏散法分流成都市滞留旅客，三天疏散2.10万余人。

中国航空油料集团公司西南公司协调航空燃油，组织加油队日夜跟随所服务机场，保障各类飞机用油。至2008年6月30日，中国航油为20804架（次）航班执行航油加注任务，累计加油103150.70吨。

五、气象保障

中国兵器工业集团公司五三〇八厂2008年5月13日应有关方面要求，提供4台K/LLX502B型手持式激光测云雷达（对空测量仪器），为抢险救灾的解放军航空兵数百架（次）飞机起降提供气象数据，并为唐家山堰塞湖抢险空投空降提供气象保障。

中国电子科技集团公司第二十八研究所2008年5月17日按照中国地震局指令，派两辆地震应急通信指挥车、1辆气象应急通信指挥车和11人的应急分队，连续辗转成都市、都江堰市、绵阳市、安县等抗震救灾现场，完成国务院抗震救灾总指挥部、四川省前方抗震救灾指挥部的通信指挥保障、安县救灾现场气象应急保障、绵阳机场飞行安全气象保障、防治次生地质灾害气象应急保障等任务。

中国船舶重工集团公司第七二四研究所为当地气象机构捐赠1套应急移动气象台，帮助救灾现场指挥人员及时了解现场气象资料。

六、油气保障

地震发生后，灾区成品油供应紧张。中国石油天然气集团公司、中国石油化工集团公司等果断调整成品油分配计划，加大对灾区油品投放量，通过管道、铁路、公路、水路，从全国各地紧急调运成品油150万吨，满足灾区抗震救灾和生活用油。

中国石油天然气集团公司2008年5月12日晚下发特急明传电报，

要求各炼油企业、油气生产和销售企业千方百计保障生产运行和灾区油气供应。受损较轻的加油站持续24小时供油。在通往灾区的沿途加油站开辟抗震救灾"绿色通道",优先保障医院及解放军、武警、公安抢险救灾用油。震后半小时,中国石油四川销售公司位于重灾区的绵竹市迎宾加油站、北川县曲山加油站、什邡市土塘加油站,开始在废墟中为东汽公司、北川中学和蓥华化工厂抢险供油;震后1小时,都江堰市高科加油站、聚源加油站恢复供应,为聚源中学救灾现场提供柴油4000升;震后3小时,22座受损油库全部恢复运行,重灾区351座加油站恢复供油。12日15时55分,位于成都市区一环路上的水碾河加油站恢复供油;16时30分,高新天山加油站恢复营业;17时,棕树加油站和绕城加油站恢复营业;18时,成都市全面恢复供油。震后22小时,承载川渝地区70%以上成品油输送任务的兰成渝成品油管道全线重新启输。

地震发生后,中国石油成都高新天山加油站为急救车辆提供燃油供应

(中国石油 提供)

2008年5月18日，中国石油四川销售公司抗震救灾前线供油突击队送油车辆翻越夹金山

（杨虎平 摄影）

13日，灾区唯一生产成品油的中国石油南充炼油化工总厂恢复生产。17日，中国石油在灾区天然气产量恢复至震前的99%。中国石油所属灾区企业生产系统始终处于受控状态，并在最短时间内恢复生产，保证抗震救灾期间成品油和天然气连续供应。在抢险救灾形势最严峻的5月，中国石油采取绿色通道、移动供应、发布加油站分布图、设立并发布24小时现场供油热线电话、为抗震救灾车辆记账加油等措施，保障抢险一线各种机械设备和发电用油，保障救灾物资运输车辆沿途用油。中国石油向四川省、甘肃省、陕西省、重庆市调运成品油124万吨，承担四川灾区90%以上抢险救灾用油供应。

2008年5月14日,中国石油运输公司满载油品的油罐车紧急驰援四川灾区

(张　涛　摄影)

中国石油化工集团公司川渝分公司紧急调运5万吨成品油进入四川省,增加3万吨汽油、柴油供应量;增加加油车、油罐车等灵活加油工具,深入救灾一线供应油品,并从湖北省、四川省组织加油车14辆、油罐车6辆深入重灾区进行流动加油,保障重点机构和车辆用油。川渝分公司把中国工程物理研究院、东汽公司、成都铁路局等单位列为重点保障供油单位;为来自广东省的救援部队的500辆军用卡车加柴油43吨、汽油3吨;为解决滞留在成都双流国际机场运送救灾物资车辆用油问题,紧急调小车和油罐车送油,每次运送10~20吨,并从附近省(市)紧急抽调加油工作人员,充实四川省加油站力量。2008年5月21日起,中国石化在川渝地区加油站全面恢复供应,成都地区210余座加油站持续敞开供应,单站零售量比正常情况增长50%,加油站无排队现象。成品油库存约6.30万吨(四川地区库存约3.26万吨,重庆地区库存约3.03万吨;相当于20天左右的销售量),保持在合理水平以上。

2008年5月15日,中国石化油罐车等待装油运往各加油站

(中国石化 提供)

中国航空油料集团公司地震发生后全力确保灾区航空煤油供应,有效缓解灾区航空煤油供应紧张局面。2008年5月22日至6月3日,中国航空油料集团公司抗震救灾保供情况见表2-2-1。

表2-2-1 中国航空油料集团公司抗震救灾保供一览表

企业名称	保供项目及数量
西南公司	5月20日首次采用重力供油方式为61架军用直升机加注燃油。成都航空加油站保障应急航班71架(次),加油量约710.70吨。为成都双流国际机场内场车、社会车辆约9.81万车(次)加油281吨
南京公司	保障抗震救灾航班18架(次),加油137吨
新疆公司	航空加油站为抗震救灾飞机供油13架(次),加油117.87吨。其中为8架巴基斯坦空军国际援助飞机加油62吨
西南公司	保障1323架(次)抗震救灾飞机航油供油,加注航油9841.30吨,其中民航448架(次)3485.40吨;部队738架(次)3443.50吨;外航137架(次)2912.40吨
华北公司	保障抗震救灾航班163架,加油1883.20吨

七、休整保障

2008年5月21日9时，国资委接到中国地震局关于协调地方企业为地震局救援队160人在灾区连续八昼夜抗震救援后，在撤回绵阳市休整途中，需当地企业安排休息场所，并帮助解决洗澡等基本生活问题的休整后勤保障请求。国资委迅速了解到救援队没有专门的后勤保障系统、灾区政府安置群众又十分困难等情况后，考虑到与地方企业联系还需费周折，四川省绵阳市附近有不少中央企业，决定由中国兵器装备集团公司承担接待任务。兵器装备集团接到紧急通知后，立即指示位于绵阳市区的西南电子技术研究所做好接待准备。研究所制订工作计划，把接待任务层层分解，先后调用30万元资金，组织采购被褥、床单及枕头200套，洗漱用品300套。9时30分，研究所与救援队取得联系，并立即腾出新建工房，购置大量床垫供救援队员休息，安排好洗澡、洗衣设施和食品、消毒剂等物资。11时，救援队160人到达研究所安排休整。研究所组织近100名党员、团员，每日为救援队整理被褥、分发水果、安置房间物品等。当研究所领导得知救援队还有50人原定在其他单位安排，但尚未安排好时，便主动与救援队协商，将所有队员接来研究所接待。14时，救援队其他50名队员到达研究所。研究所克服生活物资紧缺、住处紧张等困难，利用现有条件，请4名厨师为救援队提供可口饮食。22日下午，研究所又联系绵阳市最好的川菜馆，送菜到所，满足救援队营养需要。为避免停水影响队员正常生活，研究所采购10余个大水桶蓄水，保障队员的生活用水，每天3次为队员驻地打扫卫生并进行消毒，让救援队员吃好、休息好，为救援队休整提供后勤保障。

第三章 基础设施抢修

汶川特大地震对灾区电力、通信、油气、交通等基础设施造成严重破坏。中央企业组成数百支、几万人的专业抢修队伍，调集多种抢修机械，赶赴灾区抢修一线。修复电网、输电设备及发电站，及时恢复灾区供电，迅速排查险情，加固大坝、治理变形河道，保证抗震救灾及群众生活用电需求；组成电信抢修队伍，深入通信设施受损严重、通信中断灾区抢修，恢复损毁通信线路，保障和恢复灾区通信；开展石油石化设施抢修、维护，恢复油气管道，保证油气供应；打通通往震中及其他极重灾区和重灾县（市、区）的公路，抢修铁路、桥梁、隧道，参与宝成铁路109隧道抢修，为抢险队伍尽快进入灾区、救灾物资尽快运入灾区、及时转移群众发挥了重要作用。

第一节 电力设施

一、电网设施抢修

国家电网公司组织电网设施抢修 国家电网公司采取多种措施为灾区恢复供电，迅速组织各所属电网公司，派出大量抢修人员抢修受损电网设施设备，并携带发电设备，及时恢复灾区供电。2008年5月12日22时，四川绵阳电业局城区供电局紧急组成电力抢险小分队，派出发电车和发电机深入极重灾区北川县，及时恢复北川中学供电，为救援现场提供照明。四川、甘肃、陕西和重庆等省（市）电力公司共派出26454人，参加抢险救灾和电力基础设施抢修。为尽快恢复灾区电力供应，国家电网公司启动紧急供电措施，调集抢修队伍和抢修物资，加快线路和变电

地震发生后,国家电网公司迅速组织开展受损设备更换,保证电网安全供电
(李玉鹏 摄影)

站抢修,尽快恢复输变电设施供电能力;在灾区发电企业及设施损毁严重的情况下,从华中电网向四川地区输送电力,优先提供抢险救灾、医疗、通信、群众安置等需求电力;采取临时供电、应急发电机(车)供电等方式,在正常电网供电方式恢复之前,最大限度地满足灾区救灾指挥、现场人员搜救、医疗救护、群众安置、公共服务和重要用户等的电力需求。国家电网公司共调集应急发电设备1205台,其中支援四川灾区1163台、甘肃灾区42台,总容量3.97万千瓦。5月13日,重庆市电力公司受地震影响的停电用户全部恢复供电,累计恢复21个乡镇、73个行政村、10.64万户;16日,陕西省电力公司停电用户全部恢复,累计恢复92个乡镇、1142个行政村、15.17万户;22日,甘肃省电力公司停电用户全部恢复,累计恢复370个乡镇、5866个行政村、87.65万户;6月10日,四川省电力公司除受灾严重需要规划重建的用户外,其他需要恢复供电的用户全部恢复,累计恢复1392个乡镇、10856个行政村、347.87

万户。至6月8日，四川、甘肃、陕西、重庆灾区国家电网系统229座可恢复的35千伏及以上变电站全部恢复；6月10日，国家电网3160条可恢复的10千伏及以上电力线路全部恢复，经营区域内全部实现电网供电，累计恢复1875个乡镇、17937个行政村、461.34万户。

2008年6月2日，国家电网公司调集华中电网五省一市电力公司力量，投入1140名专业抢修人员、256台施工车辆，全力开展灾区地方所属的电网抢修恢复。6月14日、19日、27日、29日、30日和8月8日，国家电网分别完成松潘县、茂县、小金县、理县、汶川县和北川县的抢修恢复，共恢复35～110千伏变电站17座、35～110千伏线路30条、10千伏线路1700余千米，10千伏配电变压器997台、低压线路6660余千米。

2008年5月13日，国家电网公司四川省电力公司在龚嘴水力发电总厂检修输电线路

（张 燕 摄影）

中国大唐集团公司组织电网设施抢修　地震发生当天，中国大唐桂冠天龙湖公司天龙湖电站迅速组织巡检人员对受损发电供电设施进行抢修，确保厂房和机组设备安全。2008年5月12日16时16分，天龙湖电站通过110千伏天川线向松潘县、黄龙机场、若尔盖县等地供电。碧口水力发电厂在机组对外电网全部解列的紧急情况下，12日连夜组织抢修突击队，对供电设施设备进行抢修，成功启动1号机组。13日9时30分，满足供电条件；14日，生活区恢复供电，并通过110千伏电路系统恢复甘肃省文县地区供电。15日凌晨，两台机组并入220千伏碧早二线，恢复甘肃陇南电网和四川部分地区供电。6月25日凌晨，碧口水力发电厂协助甘肃供电公司完成输电塔抢修，发电厂3号机组随后并入甘肃电网，开始向甘肃省成县地区供电。

中国电力工程顾问集团公司组织电网设施抢修　中电工程西南电力设计院在地震发生后第二天派出10余支抢险队伍，奔赴灾区所属送变电项目现场开展受损电力设施设备的抢修与重建勘察设计，先后为福堂坝、太平驿、映秀湾水电站送出线路选择塔位100余座，总长度40余千米，完成阿坝铝厂供电、映山送电线路、源山南北线、丹山线工程恢复重建和二台山—太平驿—福堂坝电站送电线路工程勘察设计工作。2008年5月13日上午，中电工程派出技术人员赶赴四川省巴蜀江油电厂现场，了解电厂受灾情况，提出处理意见，并开展电厂抢修。19日，中电工程西南电力设计院受国家电网委托，组织开展受灾地区变电站恢复重建方案设计，组成9个工作组，奔赴四川省绵阳灾区，先后对安县、大康220千伏变电站及太北、三合、马角坝、辕门坝110千伏变电站的灾情进行实地踏勘调查，完成绵阳地震灾区部分变电站震灾情况调查，提出评估意见及灾后恢复重建建议。22日，完成安县、大康、马角坝和辕门坝变电站土建恢复方案设计报告。同时，中电工程西南电力设计院成立四川省巴蜀江油电厂恢复重建工程指挥部，做好发电勘测设计。6月28日5时33分，电厂32号机组并网发电，比原计划提前两天完成抢修任务。

中国葛洲坝集团公司组织电网设施抢修 葛洲坝集团大岗山项目部于2008年5月13日组织60名职工成立抢险突击队，开展供电设施抢修，为四川省石绵县地震局第三测量点及时恢复供电。抢险突击队先后参与大岗山水电站和马尔康水电站施工电网抢修。

西安电力机械制造公司组织电网设施抢修 西安电力机械制造公司所属企业在地震发生后组织120人，成立10支抗震救灾服务队，对甘肃省成县变电站、文县碧口变电站，四川省紫坪铺水力发电厂、江油发电厂、绵阳市安县变电站设施设备进行抢修。2008年5月15日，经水利部同意，四川紫坪铺水电站向西电集团紧急求援，西电集团从西安、石家庄、厦门等地派出技术人员。16日17时，赶赴紫坪铺水电站，对设备进行安全评估和抢修。17日3时，技术人员完成预定抢修任务；17时52分，紫坪铺水电站恢复向四川电网供电；22时，3台机组上网发电。

2008年5月18日，西电集团组织救灾电力设备及抢险人员，赶赴甘肃省成县变电站、文县碧口早阳变电站实施救援

（李庆春 摄影）

二、水电大坝设施抢险

国家电网公司所承担管理责任的 13 座水电站大坝在地震中遭到不同程度损坏。2008 年 5 月 12 日地震发生后，国家电网公司紧急组织四川、甘肃两省电力公司对相关电站大坝升起闸门泄洪，降低水位，并准备必要时爆破泄洪排险。同时，安排相关分公司成立排险小组，携带抢险物资，前往水电站大坝实施排险方案。通过使用应急电源电动提升、手动提升闸门等方式，提起各水电站闸门，排泄洪水，降低水位；通过采用灌浆加固等方式，修补坝体裂纹；加大水电站及周边高边坡的检查、巡视和监控力度，掌握大坝运行形态，及时发现险情。四川、甘肃等省电力公司及时组织抢险人员，克服道路损毁等困难，对映秀湾水力发电总厂的映秀湾、渔子溪和耿达水电站，岷江水利电力股份有限公司（以下简称岷江公司）的铜钟、下庄、草坡、福堂和沙牌水电站，广元市剑阁龙王潭、凉水沟水电站，雅安市宝兴若碧沟水电站，巴中市巴州清滩水电站及甘肃省电力公司汉坪嘴水电站等受损水电站（厂）进行维护、检修和隐患排查，解除水库漫坝和溃坝危险，抢修部分发电机组，及时恢复供电。

中国华能集团公司涪江公司水牛家、自一里、木座电站机组在地震中保护性停机，火溪河工地现场对外交通、通信、电力等中断。地震发生后，涪江公司组织多支抢险突击队，分别对自一里电站大坝和厂房、木座电站大坝和厂房、水牛家龙头水库进行抢修。突击队徒步 10 余千米，迅速开展隐患排查，进行发电机组黑启动。2008 年 5 月 12 日 18 时 40 分和 19 时 05 分，木座电站和自一里电站分别成功实施黑启动，带厂用电孤网运行。至 5 月 13 日 1 时，水牛家、自一里、木座电站恢复供电，及时防止大坝漫坝等危险情况发生。19 日，中国华能收到国家防汛抗旱总指挥部《关于立即处置映秀湾、太平驿、福堂和耿达水电站险情的紧急通知》后，立即组织四川水电公司落实。20 日 12 时，四川水电公司组织专家及相关技术人员制订太平驿电站震后闸坝泄洪减灾方案，包括液压提升闸门、设法到达大坝坝顶并拆除闸门液压支臂、爆破拆除闸门等方案实施要点。26日10时20分，四川水电公司组成29人突击队，分乘5架直升机，携带排险物资，赶赴大坝现场。组装柴油发电机通电后，20时50分液压提起1、3、4号闸门，洪水已冲开5号闸门，泄洪闸最大泄洪能力达4500立方米每秒，使险情得以排除。27日9时37分，大坝引渠闸开启。17时，2号泄洪闸开启，大坝险情排除。

中国大唐集团公司碧口水力发电厂在地震发生后迅速组织专业技术人员，对碧口水库大坝及设施进行全面检查、跟踪监测分析，并采取必要的应急措施。同时，将有关数据向国家电力监管委员会大坝安全监察中心等部门通报。为防范余震造成新的破坏，确保下游群众生命财产安全，碧口水力发电厂及时编制《灾后大坝水库调度运行方案》、《大坝放空应急预案》和《麒麟寺水电站工程震后复工及进度方案》，落实灾后防汛、度汛措施，对大坝实施低水位监控运行措施，加大对重点部位的巡查频次及范围，落实责任。2008年5月25日，碧口水力发电厂邀请国家电力监管委员会大坝安全监察中心专家对水库大坝进行专项检查，确认水库大坝安全稳定、在余震不再产生大规模破坏的条件下具备安全度汛能力。中国大唐根据专家组意见和大坝监测方案，对大坝实施补强加固措施，每3小时对大坝运行情况进行一次监测，并与文县碧口镇政府、抗震救灾指挥部、电网调度部门、气象部门、上下游电站加强沟通和联络，全力做好防汛度汛工作，确保水库大坝安全运行。

中国华电集团公司四川宝珠寺水力发电厂在地震发生后立即启动大坝应急预案，组织人员对大坝进行详细排查，未发现大坝有明显异常。同时，迅速联系国家电力监管委员会大坝安全监察中心等有关部门和研究单位，组织专家到现场勘查，对坝基渗流量、坝体变形等参数进行加密测试，得出宝珠寺和紫兰坝大坝现状安全的结论。随后，中国华电对地震中受损的下游浆砌石护坡、观测设施、左右岸排水设施、水情自动测报系统遥测站等水工附属设施进行修复。

中国水电工程顾问集团公司在地震发生当晚紧急组织成都勘测设计研究院成立工程救灾与技术咨询组，分流域收集已建、在建水电工程信息，详细列出70余个已建、在建工程的等别、坝型、坝高、厂房形式、装机容量、正常蓄水位、总库容、死水位、死库容、泄洪设施、泄流能力、场地基本烈度、设防地震烈度、设防地震加速度、工程受损状况调查等信息，并多渠道收集航空拍摄照片和摄像数据等相关资料，及时与岷江流域梯级电站沟通情况，掌握资料，确定技术重点。根据工程受损状况、工程特性、水文及洪水等资料，对受地震影响较大的工程项目在各种情况下的闸（坝）稳定和泄流能力进行复核和补充计算，提出灾害分析与防治建议。

中国水利水电建设集团公司水电十二局巴山施工局在地震发生后两小时即派出专业技术人员，从重庆巴山水电站工地赶到800千米外的都江堰紫坪铺水库大坝现场，和大坝工作人员检查大坝受损情况，测量受损面积，为科学制订抢修方案提供现场资料。2008年5月13日，中国水电集团夹江水工机械厂派出专业技术人员抢修在地震中损坏的两台泄洪排沙洞检修闸2×3600千牛固定卷扬式启闭机。18日，水电十二局巴山施工局组织180余人成立抢险队，携带抢修设备、干粮、水和帐篷，赶赴紫坪铺大坝抢修工地。抢险队在大坝挡水面845米高程以下完成抢修任务，为大坝安全迎汛争取时间。19日下午，1号泄洪洞开闸泄水。21日，2号泄洪洞启闭，提前5天完成抢修任务。

第二节　通信设施

中国电信集团公司四川公司在地震发生后1小时，紧急派出近1000人的抢修队伍。2008年5月13日7时55分，中国电信用海事卫星电话发回四川省广元市青川县灾情。这是地震发生后青川县与外界的首个联系电话。21时50分,中国电信抢通青川县全部通信线路。18时30分,中国电信在各电信运营商中,率先开通30路通信电路、8兆视频通信,第一个恢复北川对外联系,及时满足抗震救灾指挥调度的需要。15日13时55分,全面恢复汶川县固定电话、小灵通和宽带对外通信。中国电信是第一个全面恢复汶川县对外通信的电信企业。中国电信西安机动通信局派出应急通信队伍到达北川县,通过海事卫星电话在北川抢险救灾指挥部现场拨通与外界的第一个电话。5月14日,中国电信重庆公司紧急抽调人员,组成由13名专业技术人员组成的抢修通信光缆青年突击队,赶赴四川灾区开展抢修光缆恢复通信救援,并随后增派三批人员,组建30人的抢险突击队。15日13时40分,13人组成抢修队伍,携带大量通信救援器材,自备10天干粮、帐篷等生活必备品,于18时35分到达绵阳市抢修通信设施。15日晚,第二批、第三批队员分别抵达成都市及绵阳市安县,抢通安县电信局电源,提供打通安县至绵阳市、安县至成都市的传输通信电源,保证2000门固定电话通信、1000线宽带、450兆村通和小灵通网管及基站控制器正常工作电源供给。16日,抢修队员携带VSAT等通信设备搭乘直升机空降到茂县。20时12分,开通VSAT设备多功能平台,从眉山异地延伸至茂县16部电话,提供给当地政府作为对外联系及抢险救灾指挥专用,率先打通外界与茂县固定电话通道。16日,抢修队分多个小组完成广元市至青川县及青川县至附近乡镇的光缆、电缆和江油市、安县通信抢修任务,及时恢复安县3000余固定电话用户、桑枣镇通信光缆、7个村通基站,提供1150户用户通信。17日凌晨,由中国电信重庆公司筹集的30套UT基站、300套天线、160套支架、120支避雷针、210根控制专用线、200卷专用胶带等通信设施运抵温江,随即转入安装。自2008年5月18日开始,中国电信四川公司先后收到广西、上海、新疆、福建、宁夏、陕西、湖南、云南、海南等17个公司提供的救灾设备10064台(套),并运送到绵阳市、广元市、成都市、德阳市、阿坝州等地震灾区。四川公司还利用小灵通维修测试平台对 2208 台基站进行检测，经修复，调出使用 1952 台。为保障乡镇通信畅通，自 5 月 20 日开始，中国电信陆续在青川关庄、房石、红光等乡镇及马尔康县、卧龙镇等地，安装 7 套 IPVSAT；随后 6 套应急 VSAT、2 套 IPVSAT 陆续在马尔康县、汶川县、茂县、理县、黑水县、卧龙镇等地开通。截至 5 月 21 日，中国电信从重庆、陕西、湖北、贵州、云南、湖南、福建、江苏、宁夏等公司派出 400 余人、调配 300 余台（套）应急通信设备、组成 23 支抢修队抢修四川灾区通信设施，出动抢修人员 5 万余人（次）。

中国联合通信有限公司于 2008 年 5 月 13 日晚从北京公司紧急调集 100 套 VSAT 卫星通信站设备运抵四川省成都市，保障部队救援通信畅通。15—30 日，中国联通重庆公司派出 20 人，驾驶 4 辆抢修车，携带相关设备，组成通信抢修小组，完成阿坝州马尔康县、理县至汶川县的四川省级通信干线，对因地震造成断裂的通信线路和光缆进行抢通恢复，完成理县、汶川县、茂县境内 77 千米光缆抢修任务，放缆 20 余段，协助相关单位完成抢通红叶电站至理县朴头 6 千米光缆。中国联通四川公司灾后派出多支通信抢修队伍进行通信设施抢修。2008 年 5 月 12 日 16 时，四川公司恢复都江堰市、绵竹市、什邡市、安县、江油市等主机房运行及部分同步码多分址（SCDMA）通信。14 日 16 时 30 分，初步恢复成都—马尔康长途语音固定电话业务。15 日，全面恢复都江堰市 SCDMA 通信，并抢通北川县、汶川县城及映秀镇、平武县南坝镇、松潘县等地通信。16 日，抢通青川县、理县、茂县、九寨沟县、盐亭县等地通信。同时，绵阳市城区房管局基站通信得到恢复，德阳市什邡市龙居基站恢复，通信网络覆盖什邡重灾区湔底镇、龙居镇、洛水镇等地。17 日，抢通都江堰市白沙通信、彭州市通济—小鱼洞—大宝光缆、汶川县漩口镇通信、绵阳三台栏河通信、江油市二郎庙和新凤通信。18 日晚，成都市、德阳市、绵阳市、广元市 4 个重灾区中通信受阻的乡镇固定电话全部恢复。19 日，四川公司在理县、茂县、黑水县、汶川县、平武县、北川县、青川县、绵竹市、九寨沟县、彭州市、什邡市、松潘县等灾区的通信业务恢复，其中理县县城、茂县县城、汶川县城、青川县城、松潘县城采用中国电信电路恢复，黑水县通过应急通信车开通，其余地点通过 VSAT 开通。20 日 23 时，阿坝州通化乡恢复通信，提前 25 小时完成四川省抗震救灾指挥部下达的抢修任务。至 6 月，中国联通投入 150 支抢修队（3000 余人），调用发电油机 2100 台、VSAT 卫星系统 150 套、海事卫星电话 40 部、应急通信车 21 辆，使四川灾区相关通信网络得到及时恢复。至 2008 年 8 月，四川公司在群众安置点新建 118 个活动板房营业厅，恢复基站 2766 个，新开通基站 363 个，恢复通信服务能力 3129 个基站，达到灾前的 113.12%。汶川、青川等 6 个分公司恢复基站 2232 个，新开通基站 355 个，恢复通信服务能力 2587 个基站，达到灾前的 115.91%。70 个受损站房全部完成修复，受灾县级以上光缆线路全部恢复。县级光缆覆盖达到并超过灾前水平。

　　中国移动通信集团公司加强设备检测，迅速组织抢修队，派往四川省、甘肃省等重灾区进行通信设施抢修。2008 年 5 月 13 日 9 时，首批 8 名抢修队员，携带发电油机和海事卫星电话等通信器材，空降汶川县、青川县、平武县等地震极重灾区，迅速传报灾情，实现灾区与外部通信联络，为先头部队抢险救援提供通信应急保障。同时，中国移动紧急制订卫星基站抢通方案，协调落实转发器及地面电路资源，组织相关单位的技术专家 20 余人，成立 24 小时运转设备站点和调测队伍；快速调集 80 余套卫星基站设备，组织 130 余名工程施工人员，采用军用直升机空降方式将抢修人员、设备运抵四川灾区；组织技术专家在北京卫星主站 24 小时值守，全面指导配合卫星基站开通工作。连续八昼夜，紧急抢通汶川县城、唐家山堰塞湖等 25 个卫星基站，快速恢复重灾区与外界的通信联络。18 日，中国移动第二批抢修突击队集结，携带全国各地支援的几十套卫星基站设备空降地震灾区，经过连续五昼夜抢修，打通 23 个重灾乡镇与外界的通信联系，与第一批突击队共同恢复汶川、青川等县 70

个乡镇通信。中国移动四川公司紧急成立抢险突击队，分三路奔赴重灾地区——从成都市出发突进震中汶川县映秀镇，从马尔康县出发突进汶川县城，从绵阳市出发突进北川县城。2008年5月16日下午，紫坪铺水库卫星通信顺利开通，紫坪铺至漩口镇、映秀镇沿线10余个移动通信基站陆续恢复通信，使在紫坪铺水库进行抢险的部队官兵、工作人员与外界恢复联系。在北川地震灾区，抢修突击队员仅两天便穿越原始森林和无人区，布放光缆65千米。至6月1日20时26分，光缆接续完成，泗耳乡基站开通。随后5天相继开通了片口、青片、开坪、白坭等北川洪水淹没区以北13个乡镇的28个基站，使近20天与外界失去联系的9万余群众与外界取得联系。6月1日，阿坝州小金县日隆镇—汶川县卧龙镇—汶川县耿达乡长80余千米的山沟地形道路打通后，中国移动对耿达乡通信恢复进行部署，组成40余人的抢修突击队，连夜抵达耿达乡，经三天两夜连续抢修，于4日全线抢通阿坝州小金县日隆镇至汶川县耿达乡光缆。至6月10日，在100余千米的山沟道路上布放光缆80余千米，修复光缆20余千米，全线9个基站开通。6月4日7时，中国移动抢险突击队携带80升汽油、发电机、微波设备、仪器仪表及帐篷、睡袋、食品和饮用水等物资，徒步翻越海拔3000余米的高山。6日17时，抢险突击队修复草坡基站，使草坡地区与外界中断25天的通信得到恢复。中国移动抢修队员克服道路泥泞、多段塌方、滑坡等困难，在地震发生后17小时，恢复甘肃省陇南市武都区移动通信，为陇南市抗震救灾提供通信保障。2008年5月15日5时，抢修队伍从康县出发，行驶220余千米，抢通文县至碧口镇80千米通信光缆，恢复受灾严重的文县大部分乡镇移动通信网络。至2008年5月20日，中国移动派出70余支突击队（7500余人），采用驾驶应急通信车或步行方式进入地震重灾区；派出28组182人的青年突击队，携带卫星移动设备、发电机等，49架（次）空降到汶川县、北川县、青川县受灾严重地区及唐家山堰塞湖抢险工地等，架设安装卫星通信装备，全力抢修通信设施。至5月27

日，中国移动四川公司移动通信交换网恢复正常，抢通退服基站2945个，恢复比例达到86%。

中国铁通集团有限公司2008年5月18日抽调32名技术骨干组建空降突击队，携带给养、工具，借助直升机空降至平武县徐塘羌族乡、汶川县卧龙镇、北川县漩坪乡、安县茶坪乡、绵竹市天池乡、青川县桥楼乡和理县等地，采取多种非常规措施进行卫星地面接收和发射设备安装调试，及时恢复通信网络。

中国铁路工程总公司电气化局集团有限公司（以下简称中铁电气化局）二公司二段7名职工于2008年5月13日组成通信抢险队，自带抢险器材等赴灾区。18日上午，抢险队到达汶川县抢险点，立刻投入线路勘查和抢险。至6月5日，抢险队完成抢通任务113千米，更换、新设12芯光缆21千米，12芯光缆头熔接19个（228芯），故障点测试、处理18处，顺利抢通汶川通信线路。5月20日，中铁二局抢险队的30名抢险队员冒着余震危险，用1小时56分钟架设两条长1.82千米通信线路，完成常规条件下需5天完成的汶川下庄电厂通信系统抢修任务，确保了电厂安全预警和正常调度，保住了汶川唯一的电源。另外，中铁一局电务公司一分公司甘肃代维项目部完成国家一级干线、省内二级干线、本地网共计4700千米光缆线路的维护、抢修任务。

中国铁道建筑总公司中铁二十一局在地震发生后主动向中国移动甘肃公司请缨。2008年5月13日，奉命支援甘肃省陇南地区移动通信线路及通信基站抢修，组建70人的通信抢险突击队，携带抢险设备连夜赶往抢修现场。22日，抢通文县、韩家坝、梁家坪、横丹、丹堡、上丹堡等8处通信基站，敷设光缆2400米，光缆接续14处，提前完成通信抢险救援任务。22日，中铁十一局电务公司恒通项目部承担九寨沟县至松潘县、汶川县至理县通信设施抢险救援，组织30余名技术骨干，携带应急抢险设备，连夜赶往地震灾区，行驶2500千米，于27日抵达抢修现场。在30天内，组织抢险36次，敷设光缆8.96千米，光缆接续39

处，立杆挂缆整治线路 66 千米。6 月 27 日，完成通信设施抢险任务。

中国航天科工集团公司世纪卫星科技有限公司在地震发生后组织技术人员在中国移动主站用一天时间实现主站扩容，满足 44 辆应急通信车同时上线的使用需求；还配合中国移动四川公司开通平武县、茂县等地区数十个 VSAT 卫星通信站，并新建两个车载移动 VSAT 卫星通信站，为解放军总后勤部装备 50 台远程会诊车，提供卫星通信天线和通信系统集成服务。世纪卫星科技有限公司参与架设的通信基站有水磨镇、银杏乡、唐家山、小坝乡、绵阳、安县等，每个基站至少服务 200 个用户。至 2008 年 5 月 24 日，世纪卫星科技有限公司在四川省境内的应急通信车达 15 辆。

中国普天信息产业集团公司东方通信集团有限公司于 2008 年 5 月 15 日晚派出 20 名工程技术人员赴四川震区，协助解决通信恢复问题。在距震区 70 余千米的成都华为专项网优现场，抢修通信设施。抢修人员分成两班，24 小时倒班，经昼夜抢修，及时恢复灾区通信。

第三节　油气设施

中国石油天然气集团公司西南油气田公司、长庆油田公司、川庆钻探工程公司等油气生产和技术服务企业，组织专业抢险队，通过拉网式排查，及时抢修、维护各类设施、设备，排除故障 285 处，巡护管网 648 千米，巡护干线伴行道路 4 条（158 千米），突击抢修井场道路 13 处（2430 米），抢修受损高压供电专线 13 条，修复和更换损毁生产生活用变压器 7 台，巡查水电气网络近 200 千米，完成水电气抢险 70 余次。中国石油兰成渝成品油管道承担川渝地区 70% 以上的成品油输送任务，全长 1251.90 千米，有 500 千米地处震区，地震后管道全线被迫紧急停输。中国石油多方协调，及时动用直升机对受灾区域管道现场检测、搜索和抢修。兰成渝输油分公司组织抢修人员修复成都站 102 过滤器，并赶往光缆中断点安乐河，采取临时跨接方法，修复因地震中断的光缆。22小时后全线重新启输。四川销售公司派出4个专家组，对重灾区油库和加油站站台、设施设备、电器进行全面检查。设备抢修队对灾区库站的加油机、发电机、配电柜等设备进行抢修，现场排除故障，转运被毁加油站油料。陕西销售公司对油罐区围墙倒塌等安全隐患及时用彩钢板隔离。重庆销售公司对毛线沟加气站程序控制盘高压管接头和再生系统低压管接头气体泄漏、潼南经营部柏梓加油站埋地油罐破裂、伏牛溪油库栈桥埋地管线渗漏、朝阳河油库主水网爆裂等进行抢修。西南油气田公司在震后当日下午，组织30余支队伍，对青白江新老输气站、江油涪江输气站、什邡配气站、都江堰和平武输气管线、唐家山堰塞湖泄洪流经的江油青莲至永兴段河床穿越管道、南充炼油化工总厂炼油装置、江油及荣县天然气净化厂脱硫净化装置、解放军抗震救灾联合指挥部供气管线等灾区油气设施和重点防范部位进行抢修。川西北气矿江油采气作业区震后30分钟关停7口高含硫气井，避免管道憋破的重大次生事故发生。都江堰市是地震重灾区，城市燃气管网设施遭受大规模破坏，出现多处爆管等险情，被迫大规模停气。西南油气田公司于2008年5月16日调集47名技术人员，仅用88小时就完成了47千米管线试压抢修任务。

中国石油化工集团公司在地震发生后20分钟内，紧急关停灾区生产设施，关闭高压高产井560余口，随后又陆续关停一批生产井，共关井827口，确保气田生产和管网安全，有效避免次生灾害的发生。油品销售企业震后立即开展隐患排查和灾情评价，全力抢修加固受损油库和加油站，迅速恢复营业，保障抗震救灾急需用油。销售川渝绵巴公司皂角铺油库担负着绵阳南郊机场航空用油的供应任务。油库供电系统在地震中严重受损，皂角铺油库19名员工默忍亲人离散、家园破碎等悲伤，全力抢修受损设备，于2008年5月13日3时恢复供电接卸。震后15天，油库接卸资源1.20万吨，保证南郊机场航空用油和当地救灾用油。销售川渝分公司对受损加油（气）站站房、围墙、罩棚、油罐液位仪等进行检测，先后拆除3座加油站破损围墙、水塔和破损发电机房等建筑设施，加固8座加油站罩棚，关停不能达到安全条件的6座加油站，抢修

地震发生后，中国石化平武县南坝镇加油站职工在与外界失去联系的6天里，克服加油站受损、余震不断等困难，全天候坚守在工作岗位，为抗震救灾车辆加油

（中国石化　提供）

2008年5月14日，中国石化胜利油建公司施工人员在四川省达州市修复川气东送工程管道

（王　景　摄影）

受损加油站。绵阳城区和救灾通道沿线3座加油站在抢修后恢复营业，缓解当地供油压力。震后1小时，中国石化在四川的95座符合开业条件的加油（气）站恢复供油。5月13日，经紧急处置和抢修，又有7座受损加油站恢复供油。16日，除8座严重受损的加油站外，四川122座加油站恢复营业。中国石化南坝加油站地处重灾区平武县南坝镇，站长及4名加油员在站房垮塌、罩棚损坏、缺水缺粮、余震不断、与外界完全失去联系的情况下，不离不弃，六天六夜坚守加油站，监护油罐，边组织自救，边用计量器具取油，为抢险救灾应急供油。位于绵阳安县的中国石化花荄加油站，部分设施在地震中受损，经现场紧急清理，在最短时间内投入运营，为安县抢险救灾保障供油。

华润（集团）有限公司什邡燃气公司在2008年5月13日恢复燃气供应，并迅速投运城南压缩天然气（CNG）加气站。成都燃气公司用不到两周时间，恢复80923户客户正常供气，恢复立围管7908根，恢复调压装置328处，处置各类燃气泄漏118次，检查各储配站380余次，消除建筑物和施工工地险情10处。

中国房地产开发集团公司所属中国市政工程西南设计研究院应都江堰燃气公司的要求，于2008年5月13日先后派出燃气专业技术人员35人（次）赴都江堰、江油等市县燃气公司，了解供气设施震毁情况，收集第一手资料，为正常供气提供技术保障。

第四节　交通设施

一、公路抢修

中国铁路工程总公司组织公路抢修　中铁一局、中铁二局2008年5月14日调集80余名职工组成抢险队，调用20余台（套）装载机、挖掘机等抢险设备及救援物资，于15日20时和16日中午分别打通紫坪铺大坝通往映秀镇连接国道 213 线的 1000 米便道及国道 213 线 DK928 处塌方，方便救援部队和志愿者徒步前往汶川县映秀镇，缩短了抢险救援队伍 30 余千米的徒步距离。17 日 2 时，疏通国道 213 线寿江大桥，将从都江堰市至汶川县的救援道路缩短 30 千米。经七天七夜连续奋战，23 日完成友谊隧道加固任务。27 日 8 时 30 分，都江堰—汶川项目抢险队员 20 余人，携带救援设备和救灾物资奔赴白云顶隧道，经四昼夜连续抢修，白云顶隧道险情解除。中铁二局 5 月 18 日调集 40 人及 2 台装载机、2 台挖掘机、4 台自卸汽车到达彭州市郊，经连续三昼夜施工，清理土石方 5 万立方米，清理路面 3 千米，疏通排水沟 2 千米，完成老彭白公路抢险任务。

中国中铁抗震救灾指挥部 2008 年 6 月 11 日下午紧急安排中铁二局派出突击队前往都江堰市，参加向峨乡至虹口的公路抢修。中铁二局立即成立抢险突击队，组织 20 人，携带 10 台（套）大型施工设备，分别从四川省成都市区、温江区、双流县、什邡市洛水镇、汶川县漩口镇等地向重灾区都江堰市向峨乡开进，连夜进驻石瓮村。历经 13 次余震，克服塌方、滑坡、雨天施工等困难，于 16 日中午抢通向峨乡至虹口公路。

中国中铁西南科学研究院发挥隧道、桥梁、地质灾害专业技术优势，成立路桥检测评估组、隧道检测评估组、建筑结构与环境评估组、地质灾害评估组。至 2008 年 5 月 17 日，完成成都市双桥子立交桥、营门口立交桥、五丁跨线桥、二环路交大跨线桥及红旗商场人行天桥等 7 座桥梁的地震灾后紧急检测，完成成都市水库、污水处理厂、道路、桥梁等基础设施安全鉴定评估，完成中铁八局办公楼主体结构现场评估、成都市地铁主体办公楼检测评估及都江堰—汶川重灾区桥梁安全隐患排查、崇州灾区桥梁检测评估等。

中国铁道建筑总公司组织公路抢修 中铁十一局、中铁十二局、中铁十三局、中铁十四局、中铁十六局、中铁二十局和中铁二十三局等抢险人员奔赴灾区抢修公路。

黑水—茂县公路抢修。2008年5月12日16时，中铁二十三局色尔古电站项目部组织人员携带抢险设备，投入黑水县通往汶川县唯一交通要道——黑水—茂县公路抢修。13日，中铁十三局柳坪电站项目部调集抢险人员200余人、机械设备14台，参加黑水—茂县公路抢修，清除多处塌方。17日，完成抢险清障任务。

什邡市蓥华镇公路抢修。2008年5月15日上午，中铁二十三局组织100余人的抢险队，携带60余台机械设备，于当日18时左右赴什邡市蓥华镇，用5天时间打通什邡市蓥华镇蓥石公路毛拱桥—石门村主干道10.40千米、至瓦窑村公路3.20千米、至石门村公路0.50千米，清理塌方32处、土石方41760立方米，协助救援部队解救被困受灾群众6000余人。

马尔康—汶川公路抢修。中铁二十局第四工程公司衡阳—炎陵公路项目部于2008年5月15日选派24名职工，携带3台重型机械，随湖南省交通厅抢险救援队去抢修马尔康—汶川公路。他们从湘潭出发，先后翻越夹金山和梦笔山，历时六天五夜，行程2700千米，于20日9时抵达距四川省汶川县城3千米的克枯乡，投入国道317线马尔康—汶川段公路抢修。国道317线每天来往汽车数千辆，以运送救灾物资和输送抢险人员的大型车辆居多。抢修既要保证受损路段及时疏通，又不能因施工阻塞交通，施工难度大。27日，国道317线马尔康—汶川段202千米公路恢复双车道通行。

茂县—汶川公路抢修。2008年5月13日凌晨，中铁十六局双江口电站项目部、中铁十四局派出抢险突击队，与武警部队水电九支队联合抢修通往极重灾区汶川县的国道312线和317线。20日19时，南北两路抢险队在汶川县和茂县交界处南新镇汇合，打通通往汶川县的北线道路。5月16日，中铁十四局水利水电工程分公司双江口电站项目部调集抢险人员和机械设备，参加茂县—汶川公路抢险，打通通往震中灾区通道。18日，由于余震破坏，刚疏通的道路又被坍塌巨石掩埋，抢险队员冒着随时被落石压埋的危险，投入清障。20日下午，道路再次贯通。

第二篇 抢险救援

2008年5月16日,中铁十四局水利水电工程分公司双江口电站项目部抢险人员正在清除茂县—汶川公路上的塌方落石

(张秋华 摄影)

川陕公路国道108线抢修。中铁十一局第五工程公司广陕高速公路项目部2008年5月12日下午调集抢险人员和装载机、挖掘机、吊车等抢险设备,于2小时后抵达国道108线明月峡隧道出口至广元市瓷窑铺22千米路段抢险清障。5个半小时,排除险情20处,扫清路障。

青川公路抢修。2008年5月13日5时,中铁十一局第五工程公司广陕高速公路项目部10名救援人员,驾驶挖掘机、装载机等抢险设备,协同广元市交通局抢修广元—青川道路。26日,排除路障,恢复交通。

2008年5月12日下午,中铁十一局第五工程公司广陕高速公路项目部抢险人员在国道108线清除塌方路障

(中国铁建 提供)

157

国道317线古尔沟镇至理县段抢修。2008年5月15日，中铁十二局第七工程公司34名技师组成抢险突击队，携带5台推土机、挖掘机，配合湖南省抗震救灾突击队参加理县公路抢险救援。21日晚，打通古尔沟镇至红叶电站双向车道。到22日，经过10多个小时完成高家庄段公路清障任务。24日16时，受余震影响，理县通往汶川县方向甘堡屯段公路再次出现大面积塌方，滞留大批救援车辆。抢险队组织10余名抢险队员，调配两台挖掘机进驻甘堡屯，用5个小时使甘堡屯公路恢复通车。

彭州市银厂沟小鱼洞大桥抢修。2008年5月15日，中铁十四局隧道公司成都地铁孵化园—会展区间项目部突击队员32人，携带装载机、挖掘机、发电机等抢险设备，赶往距成都市30千米的彭州市银厂沟小鱼洞大桥抢修临时便桥。16日上午，小鱼洞大桥恢复通车。

中国交通建设集团有限公司组织公路抢修　中交集团第三公路工程局有限公司成都北新绕城立交项目部2008年5月13日凌晨组织40人，携带3台挖掘机、3台装载机、9辆运输车、2辆25吨位吊车和2辆拖车，在成都市交通委员会统一组织下，赶往小鱼洞大桥进行抢险救灾。与中铁十四局抢险队员一起，于15日23时抢通长约2千米临时便道。18日13时，中交集团第三公路工程局有限公司从都江堰岷江四桥及青龙场项目部抽调17名专业人员，赶赴广元宝轮高速公路出口70千米处，对广元市至青川县必经之路的一座公路桥梁进行紧急加固维修。6月3日，汛期来临，小鱼洞便桥受到威胁，中交集团第三公路工程局有限公司派出一支由20人组成的专业施工队，连续30天对2千米小鱼洞便道和便桥、5200米老彭—白路及银厂沟关木崖附近的3座危桥临时便道进行抢修。

2008年5月13日20时，中交集团第二航务工程局有限公司鄂东大桥项目部组织12名技术骨干，成立抢险救灾突击队，赴四川灾区抢修因地震受损的公路和桥梁。21日，中交集团第二航务工程局有限公司二公司组织26名技术人员，组成第一批抗震救灾突击队，赶赴彭州市通济镇。经连续10天施工作业，在通济镇14个村落拆除房屋1000余栋（套），平整场地4000余平方米，除渣700余车，修理公路150米，现场使用吊车救援4次，6月4日返回重庆市。6日，中交集团第二航务工程局有限公司二公司组织第二批突击队员赶赴彭州市通济镇抢修公路。

2008年5月14日中午，中交集团路桥建设广巴高速LJ10标项目部派出两名专业爆破人员赶赴北川县，为道路疏通提供爆破作业，并从24日起转至江油市。5月16日，LJ10标项目部再次派出3名机械操作人员，配备1台挖掘机和1台空压机赶赴青川县，与地方交通局完成国道212线三堆至白沙段约40千米道路的维修和畅通工作。24日夜，抵达白水镇抢修重庆至兰州公路。

中国水电工程顾问集团公司组织公路抢修 中国水电工程顾问集团公司地震发生后立即投入公路抢修。若尔盖项目部人员积极配合，奋力抢修附近损毁的公路。

2008年5月20日，中国水电工程顾问集团公司若尔盖项目部抢修损毁的公路
（中国水电工程顾问集团公司　提供）

中国水利水电建设集团公司组织公路抢修 中国水电集团在四川灾区企业组织约1000人,组成7支抢修队,投入280台(套)抢险救灾机械设备,参与道路抢险修复,打通茂县至黑水县、茂县至汶川县、九寨沟县至松潘县黄龙的救援通道。

中国华能集团公司组织公路抢修 中国华能涪江公司地震发生后与水电五局、水电十局等单位出动挖掘机、装载机等大型设备开展清理、疏通道路。至2008年5月15日晚,基本疏通阿坝州平武县白马寨至九寨沟县、白马寨至平武县的道路。

中国大唐集团公司组织公路抢修 中国大唐天龙湖公司地震发生后及时组织职工抢修电站周边被损毁公路,与青海省赴四川地震灾区工程救援队一起,于2008年5月27日打通天龙湖公司3.50千米进厂公路,解决了职工进厂及救援设备外出等问题。

中国华电集团公司组织公路抢修 四川华电杂谷脑水电开发有限责任公司狮子坪电站建设指挥部地震发生后组织4台推土机、2台挖掘机抢修国道317线,经过6小时后打通古尔沟到红叶二级电站闸首的道路,为后期及时疏通通往汶川县的西线救灾道路争取了时间。

中国国电集团公司组织公路抢修 地震发生后,中国国电迅速组织位于阿坝州境内的双江口公司抽调120人,调配30套大型施工设备,组成3支抗震救灾小分队,投入道路抢通。利用7天时间,抗震救灾小分队打通了驻地通往汶川县周边4条道路中的3条。

招商局集团有限公司组织公路抢修 招商局集团重庆交通科研设计院组织地质、岩土、桥梁和隧道等专业人员15人,于2008年5月15日下午到达四川省都江堰市,又沿国道213线从都江堰市至汶川县映秀镇,沿路对各抢通作业点人员进行技术指导,并协助抢通工程;18日,返回。20日后,再次分4批派出38名专业人员,赴四川灾区承担公路重建,对四川灾区575千米公路进行灾后重建勘察设计。

中国机械工业集团公司组织公路抢修 2008年5月17日,国机集团组织中国一拖集团有限公司成立救灾志愿队，到灾情严重的四川省青川县木鱼镇疏通堵塞道路，连续4天劳作疏通堵塞路段28处，修复公路13千米，提前两天打通通往木鱼镇的交通要道。

中国冶金科工集团公司组织公路抢修　2008年5月16日10时，中冶集团组织抗震救灾突击队，紧急赶赴四川省平武县响岩镇，投入两台挖掘机，抢修省道205线九环线主干道。23日20时，九环线响岩镇至南坝镇塌方路段全线打通。24日，配合解放军救援部队，在涪江上架起一座浮桥，使南坝镇恢复道路交通。

中国葛洲坝集团公司组织公路抢修　地震发生时，葛洲坝集团四川施工局狮子坪项目部正在理县进行施工，职工们迅速动用装载机等大型设备及时疏通项目部至米亚罗道路，不仅为项目部两名伤员成功转移救治赢得了时间，而且为马尔康县通往汶川县的道路打通创造了条件。

二、铁路抢修

宝成铁路109隧道抢修　宝成铁路是中国西北地区通向西南地区的交通动脉，是中国第一条电气化铁路。地震前年货物周转量达300亿吨·千米。宝成铁路109隧道地处甘肃省徽县秦岭山脉腹地，全长726米，由从南向北2个正洞、3个棚洞相连组成，中心里程位于宝成线徽县至虞关区间。

2008年5月12日14时28分，21043次陕西宝鸡至四川广元货车刚驶出甘肃省陇南市徽县嘉陵镇隧道南口，地震突然发生，列车以巨大惯性继续前行，与隧道南口151.20千米至151.24千米处山体塌方落石相撞，造成两名机车司机昏迷、货车脱轨，机车车辆大部分被落石埋在隧道里，装载的油罐车起火，机车后12节油罐车随时可能会爆炸。隧道南出口塌方落石约2万立方米，北洞口落石约4万立方米，中部落石约12万立方米。落石将嘉陵江拦腰截断。嘉陵江畔公路多处塌方，在2千米

2008年5月12日,地震导致山体滑坡而堵塞宝成铁路109隧道南口,列车在隧道内脱轨引发油罐车着火

(杜宝司 摄影)

范围内堆积落石近3万立方米。隧道西靠悬崖峭壁,东临嘉陵江,洞体位于半径300～370米的曲线上。塌方体阻断嘉陵江形成堰塞湖,浸漫公路。隧道洞口火舌高4米,装有520吨航空煤油的12节油罐车一旦爆炸,会危及当地群众生命。109隧道受阻,宝成铁路被迫中断。

2008年5月12日18时30分,中国铁道建筑总公司第一勘察设计院(以下简称中国铁建一院)接到西安铁路局紧急求援电话后,立即启动应急预案,迅速召开会议进行部署,组成以中国隧道领域专家、副院长刘培硕为队长的抢险队,组织51名技术人员连夜赶往109隧道抢修现场。13日1时30分,中国铁建一院抢险队及中国中铁、中国铁建、西安铁路局等单位干部职工和解放军、武警官兵组成2000余人抢险队,相继到达事故现场。

铁道部迅速成立抗震救灾指挥部,组织实施抢险救援。2008年5月13日3时,西安铁路局略阳工务段马蹄湾桥路车间副主任柴桦林从隧道北口进入洞内200余米处,详细探明隧道和列车受损情况,为抗震救灾指挥部决策提供重要依据。抗震救灾指挥部果断制订灭火(堵洞)—降温（注水）—起复—恢复的抢险方案。3时50分，抗震救灾指挥部调集相关人员、物资，并指挥西安铁路局、电气化局、中铁一局等施工人员全面开展109隧道抢修。中国中铁、中国铁建等中央企业紧急行动，中国石化西安石化公司、中国石油甘肃销售公司、中国大唐略阳发电公司等单位全力配合，积极提供相关物资与后勤保障支援。

中国铁建一院参与抢险方案制订。从2008年5月13日起，中国铁建一院组织各专业设计处，用两天时间完成了隧道修复、边坡治理、河道疏通整治方案和"一桥两隧双跨嘉陵江"新线改建方案。15日上午，技术工作组从西安出发，赴109隧道抢险现场查看灾情，并向铁道部有关部门及领导汇报109隧道修复和改线方案。16日，中国铁建一院会同铁道部、西安铁路局等单位进行109隧道改线工程设计方案踏勘，并在宝成线徽县车站召开设计方案审查会。与会人员肯定了中国铁建一院提出的设计方案，确定迅速修复109隧道，及早抢通既有线路恢复通车，同时用8个月的时间修建2千米的绕行线路，彻底避开灾害发生地段。15—16日，中国铁建一院30人组成的勘测队分两批进驻现场，展开铁路、公路边坡防护、河道清理等方案设计。至21日22时，中国铁建一院勘测基本结束，投入设计。中国铁建一院109隧道勘测打破常规，采取边勘测、边交桩的方式，为抢修109隧道争取了宝贵时间。

中国铁路工程总公司参加109隧道抢修。中国中铁快速反应、紧急行动，立即启动应急工程救援预案，在大（理）瑞（江）铁路段秀岭隧道做施工调查的中国中铁领导紧急奔赴109隧道抢修现场，指挥中铁一局、中铁电气化局组织抢险。中铁一局、中铁电气化局紧急组织抢修人员及设备，昼夜兼程赴109隧道。2008年5月12日16时，中铁一局领导从咸阳机场直接乘车转往甘肃省徽县抢修现场，通知距109隧道较近的中铁一局第三、第四、第五工程公司和新运公司迅速组织抢险队伍、机械设备及物资材料，连夜赶赴109隧道抢险现场。13日1时10分，中铁一局第一批抢修人员到达现场，立即摸黑进行现场踏勘。6时，中铁电气化局抢险先遣队现场调查险情。8时,中铁一局第二批人员驾驶挖掘机、装载机等关键设备赶到抢修现场。10时,中铁电气化局首批300名抢险人员分别从蔡家坡、冯家山、千河、大滩等工地到达现场,第二批500名抢修人员和随队机械设备随后抵达现场。11时30分,中铁一局第三批抢修人员、物资设备到位。至5月14日,中国中铁派出1200余名抢修队员参加109隧道抢修。

  109隧道事故地段位于山腰开凿的隧道内,只能依靠临时修建辅道通行,作业面狭窄,抢修人员多,交叉作业多而复杂。抢修队员面临的首要任务是让人员和机械设备靠近抢修现场,并将大火扑灭。2008年5月13日1时30分,109隧道抢险指挥部召开第一次抢险会议,确定"南北对攻、堵洞灭火、注水降温"的抢险第一阶段实施方案。中国中铁抢险队领受抢通公路、修建便道、清理嘉陵江及隧道出口段塌方体等

2008年5月17日,中铁一局人员在109隧道抢险现场作业

(中国中铁 提供)

救援人员架起高压水炮,为从109隧道拖出的油罐车降温

(铁道部 提供)

紧急任务。8时,设备刚一到达,中铁一局就展开抢修施工。历经3个多小时,隧道边的嘉陵江对岸的国道316线塌方体清理完毕,公路抢通。18时,国道316线至嘉陵江谷底便道紧急抢修完成。

2008年5月13日14时30分,现场抢险指挥部向中国中铁电气化局抢险队下达命令,要求封堵隧道北口及中部棚洞通风口,断绝洞内空气流通,熄灭大火,并向洞内注水降温。中国中铁电气化局抢修队员作为首批进入隧道人员进入隧道北口勘察险情。洞内温度非常高,浓烟让人睁不开眼,隧道壁上的裂缝还在塌落渣土碎石,前行十分困难。勘察人员最终摸到第8节车厢位置,并现场研究决定,在距最后一节车厢约2米的位置垒筑封堵墙。15时,第一批突击队员100人扛起沙袋冲进隧道内,出来后接着第二批突击队员200人冲上去。经过连续6小时的轮番作业,装码砂袋1.60万个,在隧道北口内约130米处垒筑起一道封堵墙。中国中铁电气化局又组织抢险队员60人,在100余米高的乱石堆上,与消防战士用100条湿棉被封堵住隧道中所有棚洞通风口。中铁一局抢险队员在嘉陵江激流中,架设消防水龙过江浮桥,采用大功率水泵轮番向隧道南口内注水,为油罐降温。抢险现场几十台高压水泵、消防车24小时不间断地向隧道内注水、灭火。

由于隧道南口垮塌巨石挡住了进入洞口道路，隧道内油罐车仍在剧烈燃烧，抢险队及大型机械无法进入。2008年5月14日下午，中国中铁专家冒险在塌方段详细踏勘后，提出"从中切断巨石、辅助抛掷爆破使巨石翻入江中"的巨石爆破方案。爆破人员在巨石上钻出150余个炮眼；15日4时，实现有效控爆，进入隧道的南边洞口被打开。20日17时40分，中铁电气化局原本休息的37岁职工黄军科，坚持在隧道南口参加抢险，被山上滚落的石头砸中头部。22时45分，经抢救无效，黄军科为抢修109隧道献出了宝贵的生命。

至2008年5月16日，消防队向隧道内注入9万立方米水，洞口油罐车火势被压住，但因山体有裂缝，南口、中部、北口注水降温效果不明显，洞内深处车厢仍在闷燃。现场指挥部决定主攻南口，炸掉棚洞，使隧道内车辆暴露出来，便于拖出。中铁一局在拆除隧道南口80米棚洞时，采用"外墙切口爆破，使棚洞倾倒"的爆破方案，在棚洞上钻出200余个炮眼，两次爆破拆除46米，将南口轨道与隧道内轨道对接成功。此时，隧道内石灰岩洞壁剥落坍塌严重，车体、车轮、轨道变形，被埋在塌落的石堆中，无法正常拖出，急需进洞清理碎石和切割整形车辆，以便把燃烧的车辆掏出拽走。中铁一局总经理首先钻进洞中查看险情，随后300名突击队员从隧道北口和南口同时进行清理，用小型挖掘机、装载机相互配合清理石碴。17日，中铁一局抢险队通过肩挑人扛将10台抽风机运送到隧道中口安装，并冲入隧道内安装大型抽风机和排烟道，抽出隧道内浓烟。18日，中铁电气化局抢险队7人从封堵墙扒开缝隙，进入隧道实地踏勘，提出隧道加固整修方案，随后开始隧道加固修复。19日，中铁一局再次组织抢险突击队260人，三次进入北口拆除封堵墙，加快排烟速度。

距109隧道北口310米的中口棚洞，四根被山体塌方巨石砸垮的水泥盖梁悬在半空，随时都有塌下来的危险。2008年5月20日晚，在切割中口棚洞4根断梁的紧急时刻,中铁一局调集两辆内燃机车头拽拉断梁,使钢筋外露,抢险队员站在吊车大臂上,用4米钢管绑上焊枪切割隧道顶部断梁钢筋。21日晨,4根断梁安全卸载落地,隧道被打通,开始拖拉隧道内车厢。22日10时,

2008年5月21日,中铁电气化局抢险人员冒着生命危险,在宝成铁路109隧道安装钢拱架,加固隧道

(中国中铁 提供)

隧道内最后8节仍在燃烧的车厢被成功拖出。随后,隧道加固修复全面展开。现场指挥部命令,在48小时内完成加固抢修。中铁电气化局是隧道加固修复的主要力量,抢险队员率先爬上隧道内横梁,高喊"雄起!雄起!"的口号,抬工字钢、立钢支架、切钢板、挂网喷浆,隧道内十几个工作面,焊花飞溅。至5月24日1时30分,22榀棚洞钢架支护、42榀钢拱架支护、92米挂网喷浆加固、60米侵限凿除等隧道加固工作修复完成。

中国铁道建筑总公司参加109隧道抢修。2008年5月20日,中铁十二局调集819名抢修队员,携带206台(套)机械设备,增援109隧道抢修。21日上午,抢修队抵达抢险现场,受领隧道出口段220米隧道抢修加固任务。下午,在踏勘完现场后,立即召开现场抢险会议,制订抢险方案,成立施工技术、联络协调、物资运输、后勤保障4个小组,

将800余人的抢险队伍分成6支突击队,昼夜作业。当日,投入抢修人员575人,施工设备110台(套),连续24小时抢修加固。由于场地狭窄,无法使用运输车辆,抢险队员通过人拉肩扛,把空气压缩机、搅拌机、发电机等设备,上千吨水泥、砂子、碎石、钢材等施工材料运进隧道。24日8时,隧道南口段抢修完成。9时58分,满载救灾物资的"抢977"次列车顺利通过宝成铁路109隧道。中断12天的宝成铁路比预定时间提前7天恢复通车。

宝成铁路恢复通车后,中铁十二局留下两支突击队,继续进行隧道后续加固施工,至6月1日完成任务。

石油化工企业参加109隧道抢修(用油保障)。中国石油天然气集团公司甘肃销售公司得知109隧道险情后,紧急安排陇南分公司组织现场供油队,确保抢险现场成品油供应。同时,向徽县滨河路中国石油加油站增大成品油供给,连夜组织一辆流动加油车赶赴徽县。2008年5月14

2008年5月24日9时58分,首列满载运往四川灾区救灾物资的"抢977"次列车从109隧道安全通过

(铁道部 提供)

日，中国石油甘肃销售公司载有6000升柴油的流动加油车奔赴隧道抢险现场，为抢险机械设备加油。供油队将自带的干粮、饮用水等送给现场抢险人员，并于15日再次购买一批生活急需品，运送到抢险现场。至5月22日下午，中国石油供油队员为109隧道抢险现场运送柴油56吨、润滑油6.50吨，为西安铁路局西安物资供应段代购大量钢钎、铁丝、被褥、手套和口罩等抢险物资。

中国石油化工集团公司西安石化公司在5月12日地震发生后，派出救援人员紧急赶赴109隧道现场。13日晚，西安石化公司在109隧道现场抢险指挥部会议上，参与3套救援方案制订。西安石化公司根据指挥部提供的救灾物资清单和工作部署，将所需救灾物资运抵甘肃省徽县火车站，连夜将物资转运到虞关车站。14日，西安石化公司增派3名职工，携带潜水泵、水带等抢险器材增援。16日，西安石化公司将抢险队员分成两个小组，冒险进入隧道，检查轻油槽车变形脱轨及车内航油燃烧剩余情况。17日，罐车在注水降温后逐渐冷却，油料复燃得到有效控制，隧道内情况基本符合安全标准，109隧道抢险指挥部要求西安石化公司抢险队准备卸油。两个多小时后，拖出一辆事故车，西安石化公司立即对拖出油罐车进行抽空处理，防止污染环境。18日，3辆变形槽车被拖出隧道并清理完毕。21日，最后一节润滑油罐车被抢险人员拖出后，西安石化公司承担的宝成铁路抢险任务完成，燃爆危险排除。

中国铁通集团有限公司参加109隧道抢修（通信保障）。宝成线109隧道险情发生后，中国铁通陕西分公司抢险队员迅速赶赴现场，不到40分钟完成了应急抢险电话的接通，并及时传送现场图片，为铁道部和西安铁路局迅速制订抢险方案提供现场图像资料。2008年5月15日14时25分，修复损毁通信光缆，确保宝成铁路线路通信畅通。

国家电网公司参加109隧道抢修（电力保障）。2008年5月13日，国家电网陕西省电力公司组成109隧道抢险小分队，行程220余千米，驰援宝成铁路抢险现场。14日8时，小分队赶到抢险现场并立即启动

中国铁通陕西分公司在109隧道事故现场接通电话,保障铁路抢险通信畅通

(杨均海 摄影)

发电。为确保铁路长期安全运行,经铁道部研究决定对109隧道实施改道,并委托国家电网甘肃省电力公司为隧道提供施工电源。23日,宝成铁路109隧道供电抢修全面展开。甘肃陇南供电公司徽县电力局组织50余人的抢险队,为宝成铁路109隧道改道工程提供施工电源,新架设970米10千伏电缆、安装1台4000千伏·安变压器及开关、继电保护装置等设备。变电站增容改造工程于6月3日完成。

广岳铁路抢修 四川省什邡市境内广汉至岳家山的广岳铁路,属于宝成铁路支线,是什邡市山区乡镇连接外界的唯一铁路运输线。地震使64千米线路出现200余个受损点,钢轨多处被落石砸断或扭曲变形,轨枕道床严重污染,与铁路并行的公路受到严重破坏。

中国铁路工程总公司紧急组织中铁二局、中铁七局、中铁八局、中铁二院工程集团有限责任公司调集力量,全力以赴抢修广岳铁路线。2008年5月15日和17日,中铁二院工程集团有限责任公司组织两批桥梁、路基、地质专业人员25人,赶赴什邡市红白镇铁路沿线,实地考察广岳线情况。16日,中铁十二局受领广汉—岳家山铁路什邡地区区间13千米线路抢修,迅速成立广岳铁路抢险指挥部,调集施工人员327人,调配机械设备80台,于当晚进驻什邡重灾区抢修现场。抢险工程分为管区损毁路基修复、轨道铺设、桥梁加固、车站路基裂缝处理、滑坡塌方路段石方爆破、路基施工等基本单元。19日，增派15名技术专家赶赴现场，经五昼夜徒步勘察，完成勘察设计。同时，施工抢险队快速进场抢修。中铁二局从重庆市和四川省达州市、巴中市、德阳市等地紧急调集400余人增援。中国中铁南宁大桥项目部起重机驾驶员26人乘飞机，绕道重庆市赴广岳铁路抢修现场；辽宁省、广东省、云南省等地技术人员近300人也随即赶到，调配挖掘机、装载机、吊车、运输车辆等机械设备100余台（套）快速运送到位。18日，中铁八局突击队员1200人赶到广岳铁路抢修现场，在金河上快速修建便桥。中国中铁抢险职工2500人昼夜抢修，人挑背扛将设备运往工地，600余台（套）大型机械设备被接力运输到现场。24日18时10分，完成穿心店铁路大桥抢修。30日11时，完成石岗坪大桥围堰筑岛。31日12时，燕子岩隧道塌方段抢通。6月11日，广岳铁路全线贯通，比原计划提前9天完成任务。

宝成铁路涪江大桥抢修 地震发生后，宝成铁路涪江大桥上游洪水倾泻，裸露的涪江大桥桥墩存在被上游唐家山堰塞湖泄洪洪峰冲毁的危险，严重威胁宝成铁路安全。涪江大桥主桥需加固30个桥墩，桥墩水流湍急，加固难度大，且要在唐家山堰塞湖泄洪前完成大桥加固任务。

为保证唐家山堰塞湖洪峰安全通过宝成铁路涪江大桥，中铁二局在参加广岳铁路抢修的同时，于2008年5月31日21时组织近3000名抢修人员，调配500套机械设备，星夜赶往绵阳市，对涪江大桥进行紧急加固。当晚抵达现场后，中铁二局与相关技术专家组确定大桥加固方案，提出"对江中央没有根基的桥墩，采用钢丝网内装石头沉入水下，通过巨石重压加固根基；对根基埋设较浅的桥墩用钢轨围栏打桩，在桥墩周围形成包围圈，填上片石；对所有填筑加固基础进行灌注混凝土加固"。中铁二局抢修队员迅速运输条石倾倒江中，甚至不惜把装满片石的汽车，连车带料沉入江心加固主桥墩基础。每块片石都重达百斤，抢修人员将运到火车站的片石人工卸下后，再搬上汽车运送到江中，人力

2008年5月31日至6月2日,中铁二局抢修人员抢在唐家山堰塞湖泄洪前加固宝成铁路涪江大桥

(中国中铁 提供)

搬运片石总重量超过3000吨。同时,将每个桥墩绑上汽车轮胎,桥墩周围用钢管搭成钢架防护圈。经近两天两夜连续抢修加固,于6月2日20时提前1个半小时完成大桥桥墩防护设施修筑。11日零时至2时,唐家山堰塞湖泄洪洪峰安全通过绵阳涪江大桥。

什邡火车站抢修 地震发生后,全国各地救援人员及筹集的救灾物资云集宝成铁路德旺支线什邡车站,车站装卸及运输吞吐总量严重超出负荷,什邡车站急需扩建站台。2008年5月17日0时30分,中铁二十五局和中铁二局、中铁七局和中铁八局受领成都铁路局抢建什邡火车站站台的紧急任务后,中铁二十五局立即组织一支140余人的抢修队伍,携带数十台机械设备,连夜从成都金堂赶往什邡火车站抢修现场。

2008年6月1日，中铁二局对宝成线涪江大桥进行加固

（中国中铁　提供）

经过18个小时紧张施工，提前完成40米站台加固和70米站台扩建任务。中铁二局、中铁七局和中铁八局组织630人抢险队，携带50余台机械设备，用22小时完成了60米站台墙体建设，回填土石方2250立方米。19日中午，抢险队再次受领抢建什邡火车站60米站台任务，当晚23时50分完工。21日上午，抢险队第三次受领抢建什邡灾区生命救援通道任务。中铁二十五局增援150余人，组成300余人抢修队，于23日8时完成生命救援通道抢建任务。5月17—23日，中铁二十五局累计建成临时站台110米、高站台240米，浆砌挡墙150米，填筑土石方5000立方米，硬化路面600平方米，提高了什邡车站装卸运输能力。

灾区其他铁路设施抢通加固　2008年6月8日2时40分，达成铁路金堂—道观音区间302千米加800米处左侧上方岩体崩塌，导致由成都开往达州的40074次货车脱轨，100余米线路严重损毁，达成铁路中断。5时，中铁十二局接到成都铁路局抢修指令，立即组织200余人组成抢修队伍,携带大量抢修设备和机械工具,紧急赶赴抢修现场。经过6个小时抢修,使达成铁路金堂—道观音区间铁路及时贯通。

地震造成陇海铁路宝鸡到天水段宝天二线拓石火车站关庄大桥13、14、15号桥梁发生移位,2008年5月12日22时,中国中铁电气化局接到宝天铁路抢险救援请求后,由所属西安铁路工程有限公司260人组成抢险救援队,紧急赶赴抢险地点。经过近23小时抢修,于14日21时完成关庄大桥整治任务,宝天铁路及时恢复通车。

受地震影响,襄渝铁路指甲湾隧道和小米溪隧道开裂,部分路基下沉,严重影响行车安全。2008年5月19日,中铁十八局襄渝铁路工程指挥部根据命令,调集施工人员186名,携带轨道车、平板车等抢险设备78台(套),迅速对两座隧道进行抢修加固。至25日,累计立拱架57榀,打锚杆1089根,焊接连接筋408根,完成两座隧道的抢险加固任务,保证襄渝铁路救灾通道畅通。

第四章 次生灾害防治

地震造成严重的次生灾害,给灾区群众生命财产造成新的巨大威胁。防治次生灾害成为抢险救灾中极其重要而紧迫的任务。国资委要求有关中央企业加大防灾减灾力度,及时开展科学排危除险行动,对具有风险性的地质灾害隐患点进行紧急处置和综合整治,提高灾害防治能力。各中央企业坚持"尊重自然、尊重规律、尊重科学"的原则,排除和整治地质灾害隐患点,在排除唐家山堰塞湖险情中发挥技术、设备和人员优势,参与设计方案制订、排险电力设施保护及排险实施,为抢险提供电力、油品等保障。组织职工冒着核辐射、爆炸及中毒危险,及时抢修,科学排查放射源,维护核设施、核材料及人员安全,避免新的次生灾害发生。防治危险化学品泄漏,及时对环境因素、危险源进行补充辨识和评价,对存在安全隐患的易燃易爆物品、危险化学品采取抢救、转移、守护和销毁措施,加强危险化学品整治和管控。开展清理废墟和拆除高危建筑,消除各种次生灾情隐患,保护灾区群众生命财产安全。

第一节 排除唐家山堰塞湖险情

地震引发大规模山体滑坡,使四川、甘肃、陕西等地震灾区形成105座堰塞湖。其中唐家山堰塞湖位于四川省绵阳市北川县漩坪乡、涪江支流湔江距北川县城上游3.20千米处,距北川县城约6千米。堰塞湖长803.40米、宽611.80米、高82.65~124.40米,滑坡体约2037万立方米。坝体高程669.50米,最高点791.90米。滑坡体把湔江隔断,形成水库库容3.15亿立方米、水深达80余米的巨大堰塞湖。堰塞湖回水长20千米,集雨面积3550平方千米,被评定为"极高危险级"。

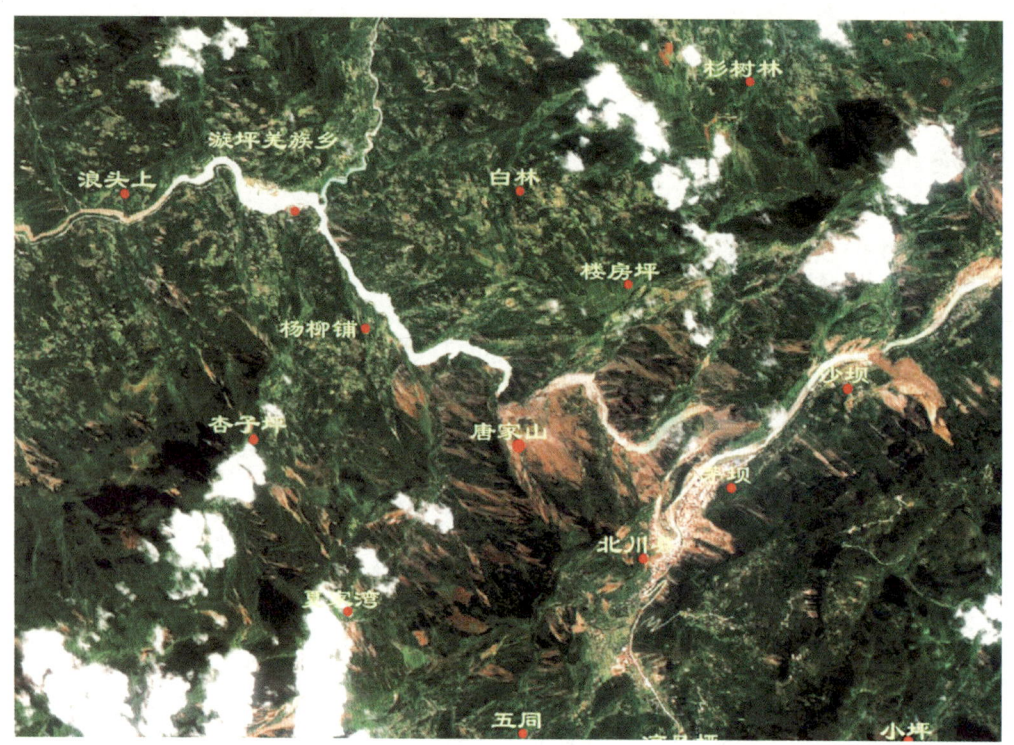

2008年5月14日，湔江唐家山河段滑坡形成堰塞湖的遥感监测图完成

(解放军军事科学院　提供)

唐家山堰塞湖一旦发生溃决，将对北川县、江油市、三台县和绵阳市的涪城区、科学城、游仙区、农科区及遂宁市的安全构成严重威胁。唐家山堰塞湖三分之一溃坝，需要撤离25.86万人，淹没城镇面积460.20万平方米；二分之一溃坝，需要撤离120.60万人，淹没城镇面积5386.60万平方米；如果全溃坝，需要撤离130万人，淹没城镇面积6234.60万平方米。可见，唐家山堰塞湖溃决会严重威胁下游地区抢险救灾人员和群众生产生活安全。

一、参与排险方案制订

2008年5月16日，中国水电工程顾问集团公司接到国务院抗震救灾总指挥部要求派专家参加唐家山堰塞湖排险工程的通知后，迅速组织以成都勘测设计研究院为主体的唐家山堰塞湖排险工程专家组赶赴抢险现场。20日12时10分，成都勘测设计研究院4名测绘人员两名地质专家，空降至唐家山堰塞湖坝顶，收集堰塞湖及堰塞体的基础资料，结合已有通口河漩坪、邓家电站等资料，对唐家山堰塞体整体稳定性进行研究。成都勘测设计研究院工程专家与相关专家20余人，连续20多小时对所有基础资料深入分析研究。21日，绘制出相关分析图件，编制出分析报告，制订初步处理建议方案，及时上报四川省抗震救灾指挥部，并向水利部、四川省与绵阳市有关领导汇报。专家们连续奋战30多个小时编制完成应急疏通方案，于5月23日向指挥部提交《应急疏通工程设计施工方案》，并被批准实施。在随后半个多月的时间内，成都勘测设计研究院专家组配合水利部工作组，参与制订唐家山堰塞湖抢险方案，并现场指导抢险工程施工。

二、参与排险电力设施保护

在唐家山堰塞湖抢险初期，国家电网公司四川省电力公司调度中心紧急启动唐家山堰塞湖应急机制。通过绵阳电业局加强信息通报，展开调查研究，全面分析唐家山堰塞湖三分之一溃坝和全溃坝可能造成的影响，提出可能停电的变电站、线路明细并列举重要的电力用户；编制多级联动防洪避险工作方案和应急措施，按照"确保职工生命安全；降低电网设备损坏；尽快恢复受损设备和城乡供电"的思路，将绵阳地调紧急转移至220千伏丰谷变电站，作为临时指挥地点；按照抢险指挥部要求，紧急通知涪江流域通口、香水、青莲、三江、明台等各小水电厂启动防洪预案，全部停止发电并开启全部闸门，提前放空水库，做好防汛准备，从而减少洪水对水电厂、水工建筑及社会生活设施的影响。2008年6月4日，唐家山堰塞湖实施溃坝工程，国家电网公司制订溃坝过程中电网运行控制措施,将 220 千伏宝丰西线、赤白线、袁天线控制限额 25 万千瓦;停运 220 千伏宝丰西线、赤丰线、大安线(大新线)中任一条线路,或停运 220 千伏江永东、西线、江百线三回线中两回及三回线路,将宝珠寺电厂出力限额 35 万千瓦,220 千伏早广线控制限额 10 万千瓦;如广元电网(包括绵阳部分站)与主网仅剩一回 220 千伏线路或同塔架设两回线路(宝丰西+赤丰、宝丰西+赤白)联系,则线路功率控制在广元电网实际总负荷水平的 10% 范围内,宝珠寺预留适当旋转备用;将广元电网孤网运行,宝珠寺机组留适当旋转备用负责调频、调压,黑河塘、碧口电厂配合调整频率、电压;在广元、绵阳地调做好所辖电网在唐家山堰塞湖溃坝处理过程的紧急措施。国家电网公司针对唐家山堰塞湖抢险对电网运行可能出现的风险,制订应急保电方案、恢复预案 12 个,发出地区电网运行临时控制措施通知单 9 份。

三、参与排险实施

2008 年 5 月 18 日,唐家山堰塞湖抢险开始后,中国国电集团公司大渡河流域水电开发有限公司组织 80 人前往成都抗震救灾前线指挥部,接受紧急抢通北川地区相关道路任务。至 6 月 3 日,完成抢通通往北川道路和通往唐家山堰塞湖排险道路任务。

2008 年 5 月 21 日,四川省绵阳市三台县抗震救灾指挥部召开应对唐家山堰塞湖垮坝紧急会议。17 时,中国华能集团公司组织相关人员制订明台电站应对唐家山堰塞湖垮坝抢险应急预案。26 日 13 时 30 分,明台电站启动撤离疏散实施方案。18 时,明台电站除抢险突击队外,其余所有人员撤离生活区至安全地带。28 日,中国华能突击队提前两天完成红岩电站上、下游围堰拆除。30 日,红岩项目部根据当地政府要求准时撤离至指定地点。

2008 年 5 月 25 日,中国华电集团公司四川泸定水电有限公司施工

2008年5月26日，国家电网绵阳电业局13名抢险人员乘直升机赴唐家山堰塞湖排险

（卢金奎　摄影）

方武警水电第九支队泸定项目部抽调42名官兵，紧急赶往都江堰和唐家山堰塞湖地区进行抢险。

唐家山堰塞湖坝下横跨湔江的一条35千伏苦禹（苦竹坝电站—禹里）线和一条10千伏龙禹（龙尾电站—禹里）线，因地震造成线路倒杆断线，其中位于唐家山堰塞湖坝下损毁线路刚好在空投空运直升机航线上，两条输电线路对空运挖掘设备的直升机飞行和空投构成威胁。2008年5月26日10时30分，国家电网公司决定拆除唐家山堰塞湖坝下横跨湔江的输电线路。在实地考察堰塞湖坝周边情况、损毁残留电线杆、线路位置和输电线路对航线影响情况后，绵阳电业局紧急制订抢险方案，立即组织调配13名抢险人员携带相关工器具，于15时40分从绵阳南郊机场搭乘直升机飞抵唐家山堰塞湖，16时20分左右降落在堰塞湖坝顶临时开辟出的仅供1架小型直升机停放的平地上。按照抢险方案，迅速切断线路。线路拆除前，飞机到达堰塞湖坝顶要绕行苦竹坝电站上空才能到达；拆除损毁线路后，飞行时间缩短约5分钟。

2008年5月29日，唐家山堰塞湖抢险遇到困难，导流明渠开挖需要调派一台大型液压钻机及操作手支援唐家山堰塞湖排险。水电八局得

2008年5月30日，水电八局抢险人员携钻机抵达唐家山堰塞湖施工现场，进行抢险施工

（中国水电集团　提供）

知消息后紧急抽调人力、机械设备赶赴现场，经过三天三夜完成相关任务。6月8日再次派出4名爆破作业人员，乘直升机到达唐家山堰塞湖参加爆破排险作业。

在唐家山堰塞湖排险过程中，中国移动通信集团公司组织技术专家在总部和北京卫星主站24小时值守，全面指导、配合卫星基站开通工作。中国移动组织职工连续八昼夜，紧急抢通汶川县城、唐家山堰塞湖等25个卫星基站。2008年5月27日晚，在四川省绵阳市、江油市及三台县抗震救灾指挥部新增3个应急基站。28日9时40分，完成唐家山基站扩容，保证唐家山堰塞湖排险通信顺畅。

中国电信集团公司四川公司两名抢险队员于2008年5月30日空降到唐家山堰塞湖前线总指挥部，在唐家山堰塞湖大坝坝顶开通2套应急VSAT及1套IPVSAT，将唐家山堰塞湖坝顶视频情况实时传送到指挥部，应急VSAT为预警通信和指挥调度提供应急保障。6月1日下午，随现场指挥部转移到唐家山堰塞湖大坝对面山上，四川公司开通1套IPVSAT，保障唐家山堰塞湖抢险指挥部及水文观测站的通信需要。

四、群众疏散转移

2008年5月29日下午，四川省绵阳市抗震救灾应急指挥部召开紧急会议，计划立即启动唐家山堰塞湖三分之一溃坝疏散方案。要求30日8时，方案内所涉及的人员开始撤离，24小时内必须撤离完毕。按照方案划定的疏散区域，绵阳电业局抗震救灾指挥中心、江油供电局、游仙供电局、输电线路工区、沈家坝电力小区均在撤离范围内。29日19时，绵阳电业局抗震救灾指挥中心启动防洪避险和撤离措施，按照绵阳市政府要求，保证全市各通信机站可靠供电，确保通信畅通；按照属地管理原则，加强人员撤离疏散物资、后勤、通信等保障工作，加强与社区、街道办事处及乡镇政府的联系，明确疏散转移的范围，掌握疏散范围内所有职工工作地点、家庭住址及家庭成员等情况；确保撤离疏散群众安置点供电，加强安置点安全用电宣传；加强与重要用户的联系和沟通，做好保电工作；利用报纸、电台、电视台等媒体，并深入用户开展洪涝前后安全用电宣传；做好灾后快速恢复电网运行相关准备，确保设备、工器具和材料到位；绵阳电业局定点联系丰谷镇团结村村委会，协

中国铁通四川分公司在四川省绵阳市西山公园安置点设立唐家山堰塞湖应急疏散免费通信服务站
（中国铁通　提供）

国家电网绵阳电业局职工为唐家山堰塞湖疏散群众安置点安装照明线路和灯具

(国家电网 提供)

助安置点负责人做好后勤保障和宣传解释工作。31日,绵阳电业局完成疏散区域内职工及家属的安全撤离,并为疏散群众安装照明线路和灯具,保障电力供应。

五、排险用油保障

2008年5月26日17时28分,中国石油天然气集团公司四川销售公司接到四川省抗震救灾指挥部紧急通知,要求急调工程用油前往唐家山堰塞湖抢险现场,每日需求柴油30~40吨。四川销售公司迅速研究制订"采用30升小桶装油分批空投;200升大桶集装箱装运集中空投;赶制8吨卧式油罐一次性空投;如无法空投则以小桶装油后,人员徒步背负行程7小时,直接送往唐家山堰塞湖坝顶"的4套应急抢险供油方案。最终决定采用8吨卧式油罐,由俄罗斯"米-26"重型直升机空投到抢险现场的供油方式。四川销售公司立即组织人员,连夜准备卧式油罐。在唐家山堰塞湖泄洪抢险过程中,四川销售公司向泄洪抢险部队提

2008年6月10日9时30分，唐家山堰塞湖泄流渠流量达到每秒1760立方米

（李 刚 摄影）

供油料145吨，完成唐家山堰塞湖泄洪供油保障任务。

六、堰塞湖排险成功

2008年6月7日7时08分，唐家山堰塞湖导流槽过流。10日1时许，泄流槽出湖流量增大至每秒200立方米。11时，泄流流量增加到每秒6680立方米，达到峰值。10日15时15分，绵阳市抗震救灾指挥部发布解除唐家山堰塞湖橙色和黄色预警警报。18时，唐家山坝前水位回落至721.40米，较当日最高水位743.51米下降22.11米，蓄水量约1.19亿立方米，库容减少1.28亿立方米，泄流槽泄流流量为每秒566立方米。11日16时，四川省抗震救灾指挥部宣布唐家山堰塞湖排险取得胜利。按三分之一溃坝方案紧急转移疏散的20万余群众返回家园。

唐家山堰塞湖成功泄流后，中国水电工程顾问集团公司成都勘测设计研究院及时向水利部专家组提交《唐家山堰塞湖应急处置方案技术评估报告》。随后，成都勘测设计研究院唐家山整治工程项目部继续奋战在堰塞体现场，进行唐家山堰塞坝整治，并组织地质、水工、施工、规划、环境等专家，共同完成《唐家山堰塞坝2008年防洪度汛专题报告》、《唐家山堰塞坝及上下游边坡安全性评价报告》、《唐家山堰塞坝整治方案可行性研究报告》。

第二节　防止核泄漏

一、防核泄漏抢险

中国核工业建设集团公司为防止核剂量浓缩，组织第二四建设公司五公司一分厂一〇三厂职工24小时工作。地震造成一〇三厂厂房结构不安全，厂房内存在沾污性放射性物质。地震发生后，五公司组织技术力量，制订排险方案，提前完成排险。广元军分区剑阁县人民武装部40名民兵应急队员、苍溪县人民武装部云峰镇民兵，连夜从青川县马鹿乡赶赴广旺集团水泥厂搬运水泥。民兵们冒着强余震、山体滑坡、厂房倒

2008年5月23日，中核建设集团第二四建设公司五公司抢险队员乘升降云梯对厂房进行屋面防水作业

（中核建设集团　提供）

2008年5月23日，中核建设集团第二四建设公司五公司对厂房进行紧急加固排险
（中核建设集团　提供）

塌等危险，2008年5月20日2—16时，抢运水泥500余吨，及时加固厂房，确保安全。一〇三厂厂房在25日6.4级余震中未出现问题，保障了一分厂安全运行。二分厂12号仓库在地震中部分墙体倒塌、屋面漏水，存在严重隐患。为排除12号仓库险情，五公司组成技术组和突击小分队，冒险在抢险机械设备无法到达的地方，采取卷扬机、提升机、桁架式搭架等方法进行施工作业。经过三天紧急抢修，提前完成12号仓库抢险排险任务。

二、防核泄漏检查检测

地震波及四川省、陕西省、甘肃省多个重要核工业企业和科研院所，中国核工业集团公司组织各成员单位及时开展抗震救灾及生产自救,对计量仪表设备进行恢复、检定和校准。各计量技术机构紧急行动,为受灾单位提供及时可靠的技术服务。为尽快查明是否发生核泄漏,华北计量站科技人员深入现场进行检查测试。各一级站迅速成立地震灾区计量恢复工作领导小组,在国防科工局计量管理部门统一组织下,组成专家队分两个工作小组,携带仪器赴四川省、陕西省有关单位现场,了解计量器具受损情况,分类登记,与各单位计量管理部门讨论恢复计量工作计划和具体办法。组织专家赴受灾较严重的中核集团八二一厂了解计量器具受损情况,研究恢复生产和开展放射性废物处理计量需求,协助制订重建计划。国防科工局、国家有关部门和中核集团统筹协调,在非常时期突破2008年北京"奥运会"期间对放射性物质运输的严格限制,采用一级站用专车运送开展检定工作需要的放射源,确保灾后受灾单位计量器具检定,对受灾单位送检的计量仪器检定实行免费服务,做到"随到随检"。中核集团中国核动力研究设计院计量检测设施设备因地震造成15项计量标准装置不同程度损坏,另有30余台精密检测设备受损,各计量标准管理单位对所管理的计量标准装置迅速开展自查,在恢复科研、生产和试验前,计量检测设备优先得到恢复,未发生因测量数据不准确而造成的质量事故。中核集团环境监测与评价中心、核辐射损伤医学应急中心在地震当日立即进入应急待命状态,做好应急支援准备,先后两次赴八二一厂进行厂区环境监测,确定八二一厂未发生核泄漏,解除国内外疑虑。

三、放射源管控

地震造成东汽公司受损严重,3枚放射源存在次生核泄漏事故隐患。2008年5月14日凌晨,东汽公司成立放射源清理转移抢险队,迅速赶往现场。由于防护铅板和射线探测仪器全部压埋在废墟中,放射源安全状况无法知晓。为及时将放射源抢运出来,抢险队员在不具备进行预先计量检测的条件下，不顾个人安危，用手搬、用肩扛清理现场废墟，先后进入地下探伤室及焊接分厂大件工段处探伤室，将3枚放射源放入保险柜中装车转移。

攀枝花钢铁（集团）公司攀长钢2008年5月15日至6月5日对所属职工总医院放疗中心、炼钢厂、焊管钢丝厂等单位的7枚放射源设备进行强制性管制，指派专职工程师负责登记、分析和应急处置，并每天报告检测情况。

地震灾区某厂厂区断电、断水，存储放射性废液设施出现多处险情。接到报告后，国防科工局及中国核工业集团公司紧急调运4台柴油发电机运到现场，迅速恢复重要设施供电供水，确保放射性废液储罐循环冷却水不间断供应，保证储罐安全。同时，紧急协调四川省、陕西省国防科工办，从陕西省调运1000平方米防水帆布，覆盖放射性废物库并采取措施加固墙体。

第三节　防治有害废物

一、检查清理有害废物

地震发生后，中国兵器装备集团公司成都晋林工业制造有限责任公司（以下简称晋林公司）减震器公司约30余千克表面处理自动线镀铬槽溶液洒落地面，减震器公司及时对洒落的化学溶液进行清理。2008年5月15日完成处置任务。

地震发生后，四川灾区医疗废物急剧增加，灾区医疗废物处理设备受损，中国节能投资公司及时开展对四川灾区医疗废物处理援助，先后向四川灾区援助两批（次）、价值400万元的车载式高温蒸汽灭菌医疗废物处理系统，为灾区处理约35吨医疗废物，缓解灾区医疗废物处置压力。

中国石油天然气集团公司西南油气田公司于2008年5月12日下午地震发生后先后组织30余支队伍，对青白江新老输气站、江油涪江输气站、什邡配气站、都江堰和平武输气管线、唐家山堰塞湖泄洪流经的江油青莲至永兴段河床穿越管道、南充炼油化工总厂炼油装置、江油及荣县天然气净化厂脱硫净化装置、解放军抗震救灾联合指挥部供气管线等灾区油气设施重点防范部位展开抢险抢修，逐一排查长输管线、井站道路、生产厂房等险情，并针对管网压力急剧上升的情况，果断关井压产，避免管径108毫米的涪江—平武线发生爆管事故。川西北气矿快速启动紧急停产应急预案，地震发生后30分钟，关停7口高含硫化氢气井，确保气矿无天然气泄漏、无事故发生、无职工伤亡。12日23时，甘肃天水销售分公司紧急组织救援队，对油罐底座下陷的天水油库870吨库存油品完成紧急转运。20日，紫坪铺水库出现类似石油类污染物，岷江分公司对水库库区及上游22座加油站和储油设施进行拉网式排查，排除污染源可疑情况。四川销售公司对距离堰塞湖泄洪区较近的加油站采取停业、歇业措施，对泄洪区8座加油站转油注水，对未停业的27座加油站进行必要的安全防护，避免可能导致的污染。

二、控制危险化学品泄漏

中国石油化工集团公司2008年5月14日派出专家，与国家安全生产监督管理总局指派的专家组成危险化学品专家救援队，赶赴四川省彭州市、江油市，对中国石化灾区化工企业排查摸底，协助建立完善液氨、液氯等危险化学品的避震应急保护措施，防止危险化学品泄漏事故发生。16日，什邡市鎣华镇四川宏达股份有限公司厂区发生液氨泄漏。危险化学品专家救援队立即赶赴现场救援，经过连续六昼夜抢险，完成数百吨液氨、1000余吨盐酸等危险化学品的处理任务。

中国海洋石油总公司沥青（四川）有限公司2008年5月29日16时

20分,根据泸州市环保局关于成都市中心城区唯一饮用水源——都江堰紫坪铺水库局部水体污染,需要援助的紧急通知,发挥濑江企业水污染防治专业优势,组织5人的紧急抢险队,携带物资设备,于30日凌晨抵达水库现场,参与现场污染源检测和抢险。经多方抢险力量三天努力,水库油污染得到控制,水面浮油明显减少。至6月1日晚,完成紫坪铺水库清污任务。

攀枝花钢铁(集团)公司攀长钢2008年5月25—30日对特冶中心薄板车间危险品进行紧急转移和处置,其中成品固体氢氧化钠31吨、固体硝酸钠25吨、浓硫酸7吨及底泥1.50吨,委托处置废碱渣约120.86吨。同时,利用现场酸洗废水处理设施,对80吨废酸液进行中和处理,对钢管公司精管车间酸洗废水处理设施及废油储存场进行抢修和完善,对受损的酸洗废水处理设施及废酸液储存池进行清理和修复,对废油储存场进行地面硬化、加盖雨棚、增置围堰和应急池处理;紧急处理锻钢一车间、挤压车间、大型车间和热带车间废油26吨;将计量检测中心和动力厂部分化验室使用的化学试剂,统一转移至危险品集中保存库内妥善保管,并增加危险品库值班看守力量,保证库内危险品安全受控。

第四节 转移销毁易燃易爆物品

中国兵器装备集团公司华川公司火炮试验用火工品在地震发生时已装车停在公司门口。地震发生后,周边聚集大量紧急避险职工,军品分厂炮工班班长随即紧急将试验用火工品送回库房,避免更大危险发生。药剂生产线因地震停电,造成4.80千克起爆药、2.30千克击发药、6千克点火药(BPN)报废。2008年5月20日前,华川公司完成报废火工品销毁。

中国石油天然气集团公司川庆钻探工程公司地球物理勘探公司2008年5月21日成立3个抢险处置监督小组,对11个作业现场和13个炸药库进行详细检查,加强对炸药库民用爆炸物品看护管理,对广元勘探区域16203口已下放炸药的油气勘探井,每日进行两次安全巡查。至9月30日,对下放炸药的勘探井全部实施安全处理。

中国化工集团公司清平磷矿各民用爆炸物品库房在电力中断、无法启动技术设防系统的情况下,加强人员力量,通过人防、犬防相结合等方法,确保所管辖5个库房民用爆炸物品不流失、不炸响、不被盗。地震造成山体滑坡压垮清平磷矿炸药总库,10.68吨炸药被库房废墟掩埋。清平磷矿物资供应处及库房管理人员连续两天抢救出8余吨炸药。清平磷矿对库存于蜂桶岩总库和7个分库的火工产品,通过"水洗、火烧、引爆"的方法,销毁炸药18353千克、雷管138603枚、导火索53142.50米、塑料导爆管18710米。

地震使中国铁道建筑总公司中铁二十一局第三工程公司承建的都汶公路高瓦斯隧道——龙溪隧道发生塌方,洞口瓦斯浓度达5%,洞外火工品库倒塌。从映秀山里转移的受灾群众必须通过隧道洞口旁的小路才能出山,高浓度瓦斯再加上爆炸物品,隧道口处于极度危险状态。中铁二十一局第三工程公司迅速组建抢险队伍,从倒塌的火工品库房废墟中,搜寻出库存炸药2569千克、导爆管11990枚、电雷管1276枚、导爆索3100米。2008年5月18日,将爆炸物品全部移交当地公安机关妥善保管。

第五节 拆除危险物

中国核工业建设集团公司第二四建设公司二公司对受灾严重的研究院,组织紧急抢险17次,出动人力近3000人(次),拆除和修复危险点11个。

中国石油天然气集团公司陕西汉中销售分公司对地震造成随时可能倒塌的油库水塔,实施警戒、隔离,加班加点完成拆除任务。拆除因地震受损存在严重安全隐患的25米高水塔2座、烟囱1根、楼顶消防池1个、楼房悬挂建筑物4处及建筑物42栋、4.70万平方米。从2008年6月3日起，陕西汉中销售分公司拆除经汉中市政府和汉中市房屋安全技术鉴定委员会鉴定为局部危房的机关办公楼。

华润（集团）有限公司雪花啤酒（德阳）公司协调爆破专家，对受损严重的烟囱、水塔等高危建筑物实施定向爆破，及时解除隐患。对鉴定为C级危房的华润锦华有限公司成品仓库进行排险加固；对鉴定为不能再继续使用的D级危房组织抢险队员迅速拆除。

中国化工集团公司蓝星机械2008年5月17日组织抢险人员，使用大型机械对垮塌厂房进行拆除。11月，蓝星机械对3栋重度受损住宅楼进行拆除。

中国铁道建筑总公司中铁二十三局2008年6月20日接到参加四川省青川县木鱼镇青云上锰业公司房屋排险任务，立即组成28人的抢险救援队赶赴抢险现场。中铁二十三局经11个小时连续作业完成锰业公司办公楼危楼拆除任务。中铁十二局承建的陕西省西安市曲江澜山1号楼南楼30层住宅工程，建筑高度99米，地震时已施工至结构主体工程30层墙体。施工使用的中联TC5013B塔吊在地震中受损，悬挂在125米高处，随时有掉落危险，工程被迫停工。5月13日，投入施工人员140人、机械设备7台，拆除损毁塔吊，排除了危险。

第三篇　救助安置

汶川特大地震发生后，灾区房屋倒塌、通信中断、断粮、断水、断电，极重灾区和重灾区职工、群众基本生活困难。国资委要求中央企业统筹用好企业资源，协调配合，互帮互救，对受灾中央企业职工及家属进行妥善救助安置。同时，中央企业履行社会责任，利用行业特点和技术等优势，采取多种形式对灾区群众生活开展救助安置。

中央企业坚持"对国家负责、对人民负责、对职工负责"，向受灾企业拨付、发放救济金，购置食品、饮用水、衣被、医药等，搭建防震棚、帐篷、活动板房，组织重灾区职工及家属进行异地转移，开展受灾职工及家属群众慰藉，及时解决受灾职工及家属的生活困难，保证大灾之后职工和家属有饭吃、有干净水喝、有衣穿、有病能医治、有临时住处。

中央企业在开展自救互救的同时，积极履行社会责任，配合各级政府，动员一切力量，参与灾区群众生活救助与安置。中央企业及时开展粮食和食用油调拨；迅速调集药品、医疗器械及防疫消毒药品等，组织生产抗震救灾急需医药制品和防化装备等；派出医疗队，收治伤员，接诊病人，积极参与灾区医疗救护；调运食品、饮用水和帐篷、被褥等生活物资，开展灾区群众生活救助；保证电力、成品油、天然气供应；开展通信服务等。

中央企业按照国资委要求，在灾区群众安置中，承担活动板房原材料生产、设计、场地平整、搭建及配套设施建设等任务，为灾区安置点群众生活提供保障。

第一章 生活救助

地震使灾区中央企业职工及家属受灾严重，急需生活救助。按照国资委提出的统筹使用资金，安排好受灾企业职工及家属生活的要求，灾区中央企业自筹资金，上下联动，互帮互助，发放救济金，采购并发放食品、饮用水、衣被、医药等，积极扩办食堂，利用餐馆解决职工及家属就餐问题，妥善解决中央企业受灾职工及家属灾后生活问题。中央企业还积极解决遇难者亲属住房困难，负担子女入学或抚养费用及帮助遇难者亲属办理各种社会救助、保险手续等，使职工及家属基本生活得到安置。

灾区中央企业在开展内部救助的同时，及时调运粮食，保证市场供应；医药企业向灾区调运医药以及呼吸机、输液器等医疗器械；相关中央企业筹措食品、棉被等生活物资，帮助灾区群众解决基本生活困难；电力企业调集电力人员、车辆、发电机等，恢复灾区群众生产生活用电；通信企业在灾区增设服务点，提供免费平安电信服务，发放大量公益充值卡，免费发送公众信息；石油石化企业调整成品油分配计划，从全国各地紧急调运成品油，满足灾区抗震救灾和生活用油；运输企业承担支援灾区运输任务，向灾区运送大量生活急需物资。

第一节 开展自救互救

一、生活及医药物资救助

中国核工业集团公司在地震发生后迅速部署和组织受灾企业开展自救互救，及时解决职工及家属生活急需。中核集团中国核动力研究设计院基地、甘肃矿冶局和兰州七九二都江堰社区、都江堰华宇小区，派专人采购饮用水、方便面、蚊香等生活用品，分发给职工及家属。2008年5月18日，八二一厂通过对生活区餐馆调查摸底，与具备条件的18家餐馆签订供餐协议，为受灾职工及家属和群众供餐16天，花费36余万元。八二一厂还将中核集团内部救助的生活物资3.20万件（箱、包）、面粉1.02万袋、挂面5100份、大米5250袋、食用油5330桶，陆续分发给职工、离退休人员及家属，基本解决了职工群众生活困难。八二一厂电信局为解决通信中断给抗震抢险造成的困难，于2008年5月13日与广元电信部门协商，在生活区及时开通"小灵通"基站，并调集20余部小灵通电话供抗震救灾指挥部使用，及时保障八二一厂指挥中心与全厂应急通信畅通，保持与上级部门联络。中国核动力研究设计院反应堆运行与应用研究所为受灾职工家庭、亲属发放慰问金5.51万元，发放面粉228袋（25千克/袋）。兰州七九二都江堰社区投入31.11万元为小区居民购置食品、彩条布、医药、卫生防疫等用品，并为居住在极重灾区四川省7个市、县的340名退休人员每人发放救灾款800元，为重灾区四川省和甘肃省的11个市、县的27名退休职工每人发放救灾款600元，为四川省、甘肃省、陕西省和重庆市一般灾区的54个市、县的362名退休职工，每人发放救灾款200元。建中核燃料元件有限公司向受灾的12户职工及亲属发放补助金2.80万元。中国核工业集团公司所属企业救助八二一厂物资见表3-1-1。

表3-1-1　中国核工业集团公司所属企业救助八二一厂物资一览表

救助时间	支援单位	救助物资
5月12日	陕西铀浓缩有限公司	7车食品、饮用水、蜡烛等基本生活物资
5月13日	核工业西南物理研究院	680件睡袋和100件雨披
5月16日	八二一厂（自救）	食品3124件、饮用水2410件、各类药品77件、防水布16200平方米
5月16日	五〇四厂	11车救灾物资
分5批（次）	四〇五厂	总价值100余万元的生活物资

中国核工业建设集团公司向受灾企业第二四建设公司职工及家属及时购置、运送生活物资。2008年5月16日，救灾物资运抵第二四建设公司，迅速分发到职工及家属手中。第二四建设公司购买并分发大米近14吨，饮用水、方便面等260箱及手电筒、蜡烛、常用药品等，解决受灾群众基本生活急需。第二四建设公司绵阳基地生活用水在地震发生后20多小时全面恢复，广元基地生活用水在100多小时后恢复，基本解决3万余名受灾职工及家属的生活用水问题。对临时避震居住棚区和公共场所进行消毒防疫。19日起，每天消毒两次，消杀面积约7万平方米。中核建设集团制订受灾职工、群众过冬和春节生活安排工作方案，为受灾群众发放过冬棉被306床，对困难职工及家属进行临时性困难补助。

中国航天科技集团公司四川航天技术研究院成立专业防疫小组，制定疫情防控措施，组织人力、防疫药品，对生产、办公区域和职工集中居住区进行药物杀菌消毒。成都航天医院临时医疗救助点每天消毒一次，保证卫生安全。长征机械厂对生产、办公区域和职工集中居住区进行5次全面杀菌消毒。烽火机械厂配合地方防疫部门做好水质监测，保证用水安全。

中国航天科工集团公司四川金穗公司组织车队于2008年5月17日赴江油市、都江堰市、彭州市，为受灾严重职工运送帐篷和食品；19日赴德阳、绵阳分公司慰问，为分公司职工购买并运送帐篷等生活必需品。

中国航空工业第一集团公司、中国航空工业第二集团公司对中国一航涡轮研究院（以下简称一航涡轮院）等受灾严重单位实施援助。2008年5月13日，中航一集团满载帐篷和食品的车辆到达一航涡轮院，并分发到职工及家属手中。当晚，从陕西汉中、陕西西安、贵州贵阳航空系统快速集结数十辆运送救援物资和人员车辆，赴一航涡轮院。14日，中航二集团从陕西组织4车物资运抵一航涡轮院。18日晚，地处沈阳的中航一集团黎明公司物资押运队起程，连续行驶2600千米，历经67小时，将62顶帐篷运送到一航涡轮院。至5月31日，一航涡轮院先后得到中航工业50余家航空企事业单位帐篷、简易房、食品、药品等100余车（次）救灾物资援助。

中国兵器装备集团公司在地震发生后积极开展生活自救互救，内部自助情况见表3-1-2。

表3-1-2　中国兵器装备集团公司内部自助情况表

受灾企业	内　部　自　助
西南自动化研究所	5月13日购置并分发饼干、方便面、饮用水、雨衣、手电筒等生活物资；18日发放10千克大米和5千克油。13日启动清洁防疫工作，对人群聚集地和帐篷区进行消毒；21日成立防疫消毒小组，每天两次喷洒消毒液
宁江公司	5月13日下午，购买饮用水和食品送至都江堰山川减振器厂；为公司本部受灾职工运送大米、面粉、食用油、方便面、火腿肠、饼干、面包、牛奶等生活用品。组织人员采购消毒药水，在社区内进行消毒、撒药
晋林公司	5月13日，从重庆购买两车方便食品发放给职工、家属；16日，为职工发放米、面、油等生活必需品。对人群集中区每两天进行一次消毒，每天两次清理各种垃圾
华庆公司	成立医疗救护小组，在文化广场设立临时医疗救护组，在生活区开展巡回医疗。多次购买发放防疫药品，及时实施防疫措施，定期消毒，保证无疫情和其他疾病发生
陵川公司	每天对集中避震点喷洒消毒药水，医务人员全部坚守岗位，随时做好应对突发事件的准备
华川公司	拨付2万元专项资金用于家属区卫生防疫，采取加强清扫、喷洒药水、防疫观察、加强安保巡逻等手段，保证大灾之后无大疫

中国电子科技集团公司第二十九研究所都江堰分所于2008年5月13日对职工及家属集中统一供应三餐及饮用水，将收到的毛巾被、凉被、棉被、衣服、各种锅具及火腿肠、罐头等近4000件救助生活物资，分发给受灾职工、家属和附近受灾群众。15日，中电科技集团组织人员引入万丈沟河水，经沉淀、消毒后，供职工及家属日常洗漱。13—20日，第二十九研究所对遇难者遗体存放地点每日消毒一次。5月13日至6月16日，对人员密集帐篷区、厕所、厂房等地每日消毒3次。5月22

—31日,中电科技集团职工医院每天熬制预防疾病的中药,送往都江堰分所供职工饮用。中电科技集团第二十九研究所职工医院于6月5日至7月31日每周安排医护人员前往都江堰分所巡诊,送医送药。

中国石油天然气集团公司陆续向灾区职工提供各类生活物资,其中粮油食品类物资200余吨、衣被1.50万余件(套)、饮用水2万余件、帐篷5697顶、日常生活用品8000余件(套)、卫生防疫及各类药品3.80万件、消毒口罩1.67万只,总价值1000余万元。急需物资在地震发生后两周内发放到灾区职工及家属手中,使灾区职工及家属基本生活得到保障。西南油气田公司慰问伤病和困难职工及家属176人,发放慰问金12.61万元;慰问救助地震中房屋严重受损职工家庭153户,发放慰问救助金25万元。进入冬季,为困难职工每户安装空调,免费提供用电720千瓦·时,并运送棉被等御寒用品。四川销售公司对受灾住户拨付、发放慰问金950.75万元,帮扶困难家庭2665户,提供帮扶资金766.46万元。从2008年5月起,按每月人均300元标准,对灾区职工发放生活补贴。川庆钻探工程公司帮扶损失较严重的465户职工家庭,投入帮扶资金452.70万元。陕西销售公司拨付慰问金、帮扶资金9.15万元。中国石油灾区企业在积极筹措生活必需物资的同时,依照地方政府有关规定,严格落实卫生防疫措施,开展卫生防疫。中国石油部分企业在救灾期间卫生防疫开展情况见表3-1-3。

表3-1-3 中国石油部分企业卫生防疫措施一览表

单 位	卫生防疫措施
西南油气田公司	将卫生防疫工作融入地方医疗救援系统,重点开展受灾严重的川西北石油片区卫生防疫
川庆钻探工程公司	购买环境消毒类、抗生素类、肠道疾病类及外用类药品,发放给职工及家属,并为各在建工程项目作业现场配备应急药品
四川销售公司	向重灾区各分公司运送价值22万元消毒液、药品和消毒口罩。在广元、绵阳、德阳、都江堰分公司安排专人清扫生产区和职工居住区,实行疫情报告制度

续表

单　位	卫生防疫措施
兰州石化公司	抽调骨伤、普外、呼吸、防疫、护理等12名医护人员，组成医疗小分队，赴四川销售公司协助开展现场医疗防护和震后卫生防疫指导。对加油站、油库、家属区进行防疫消毒，救助伤病员，开展心理健康教育活动，印发《防疫情工作手册》等资料
重庆销售公司	采购1.45吨消毒粉、18箱灭毒威等价值12万元的消毒药品，运往四川灾区，协助四川地区的中国石油企业开展防疫工作
中国石油中心医院	抽调卫生防疫小分队，对兰成渝管道抢险队伍开展饮食、饮水卫生和消毒、防疫、疾病控制及预防工作

中国石油化工集团公司川渝抗震救灾指挥部部署川渝地区企业，妥善安置灾区职工群众生活，确保职工及家属有饭吃、有干净水喝、有衣穿、有临时住处，职工及家属思想基本稳定。2008年5月12日晚，川西采气厂采购并向职工及家属发放方便食品和饮用水。13日，购买凉板床360张、睡袋100个，采购大米、面粉、油等应急食品和副食品约1000千克。单位食堂免费向职工和家属提供一日三餐。对从灾区来投亲靠友的人员给予照顾，解决全厂避震职工、家属吃住困难。川渝石油基地服务中心管辖区域内居住职工及家属2.10万余人。地震发生后，服务中心协调购置睡袋、口罩、大量消毒粉和消毒液，为各服务站点添置2～3个药箱，储备饮用水、粮油等生活必备物资。德阳、绵阳等基地安排食堂加班加点，24小时为职工免费提供盒饭、热粥等。15日，川渝石油基地服务中心开始对公共区域进行消毒杀菌，张贴疾病防控知识和宣传画报，普及防疫知识，提高群众防疫认识，增强防疫意识。18日，根据中国石化川渝抗震救灾前线指挥部部署，中国石化灾区企业疫情预防全面展开。19日，西南油气分公司驻川西受灾企业成立绵阳防疫大队、德阳防疫大队和17个防疫分队。同日，西南油气分公司绵阳防疫工作领导小组现场检查辖区办公场所及生活区。各单位按照工作小组要求，及时向职工发放防暑降温药品，对社区和临时生活区域进行喷药消毒，组织医务人员开展巡诊，保证密集安置地区无疫情发生。川渝销售

分公司系统受灾职工103人,其中44人房屋无法居住。18日,川渝销售分公司出资30万元帮扶资金发放给受灾职工。同时,川渝销售分公司还委托重庆石油分公司采购20吨蔬菜、2700件饮用水、400件方便

中国石油四川销售公司职工协助搬运救灾转运物资

(中国石油 提供)

2008年5月18日,中国石化重庆石油分公司为四川绵阳分公司装运饮用水及方便食品

(中国石化 提供)

面分发至各加油站，解决部分加油站接待受灾群众及职工的生活问题。18日夜，重庆石油分公司将40吨水运至绵阳市，缓解绵阳分公司职工饮水困难。北京石油分公司在灾情发生后，向灾区籍116名职工每人发放200元电话卡，以便及时与家中联系。当得知2名职工失去亲人、5名职工亲人受伤、多名职工家中不同程度受灾后，北京石油分公司送去慰问金11.30万元，并发放收音机及电话卡。

国家电网公司在地震发生后克服困难紧急采购各类生活物资，满足四川灾区企业受灾职工基本生活需要，全力做好受灾职工生活供应（表3-1-4）。

表3-1-4 国家电网公司四川灾区企业生活物资采购供应一览表

受灾企业	生活物资采购供应情况
四川电力物流集团公司	采购价值3.50亿元的救灾物资并运送至20余个市县，调运输车辆2456台（次），行驶27.60万千米，运输货物9524吨
德阳电业局	采购生活物资和药品，分8批(次)运往德阳市，生活物资品种34个，药品种类43种，及时发放到职工手中
绵阳电业局	在机关本部设立职工食堂，在唐汛指挥中心设立就餐点，各供电局开设食堂，配备开水房、公共浴室、公共卫生间等生活设施。指定专人接收并建账管理抗震救灾物资
广元电业局	安排专人采购生活物资和药品，及时发放到灾区职工手中。行政事务中心安排专人采购生活物资和防疫药品，并在职工食堂设立集中就餐点，解决指挥中心和抢险人员就餐问题
眉山电力公司	向灾区运送6批救灾物资，包括大米4吨、猪肉4吨、蔬菜5吨、饮用水1000桶、瓶装水120件、食用油160千克、迷彩服160套、饭盒5万个、方便面20件、火腿肠20件、速冻食品20件及药品等

中国南方电网有限责任公司向受灾严重的中国东方电气集团公司送去100万元慰问金。

中国华电集团公司福建华电漳平火电有限公司于2008年6月3日将总价值23.75万元的6台军用净化饮用水成套设备、50顶帐篷、100套床上用品等救灾物资运抵东汽公司。

中国国电集团公司在成都地区生活物资供应紧张的情况下，组织人员赴周边分批采办救灾物资，并及时运送到在四川的受灾电力企业。2008年5月14日，大渡河流域水电开发有限公司辗转到邛崃等地采买到130箱饮用水、1810平方米防雨彩条布、2000个面包等，于当晚运抵水电十局；将70件饮用水、100箱牛奶运抵映秀湾发电总厂。截至6月18日，大渡河流域水电开发有限公司分5批（次）向受灾电力单位运送彩布条、饮用水等价值2.40万元的救灾物资，其中运往水电十局3批（次），运往映秀湾电厂2批（次）。14—15日，华蓥山发电有限公司分两批（次）将400件饮用水、方便面、防雨彩布条等总价值3万多元的救灾物资运送到江油发电厂。14—15日，金堂发电有限公司将价值5000元的食物及药品运送到都江堰水利管理局和东汽公司；30日，又组织人员将400千克大米和400千克面条及若干床垫等物资运到都江电力修造厂。16日下午，四川电力股份有限公司购买价值两万多元的大米等救灾物资，送到江油发电厂。21日，达州发电有限公司组织专人调运5000平方米彩条布、300箱饮用水和390件饼干等价值6.50万元的救灾物资运抵江油发电厂。抗震救灾期间，四川电力股份有限公司对重灾职工4人，给予每人2000元慰问补助，向16户受灾职工发放慰问金3.04万元；华蓥山发电有限公司补助受灾职工39724元；金堂发电有限公司补助受灾职工家庭4.92万元；达州发电有限公司发放慰问金8000元。四川公司采取多种方式与失踪职工联系，救治重伤职工，先后组织10个慰问组到医院看望受伤职工，并发放抚慰金；为受伤职工解决住房、生活等问题。

中国电信集团公司陕西公司于2008年5月14日组织人员赴汉中、宝鸡、安康、咸阳等地，慰问受灾职工，拨付抗灾救济慰问金200万元。陕西公司还为职工提供粮食6000千克、食用油800千克、蔬菜3000千克、饮用水3273箱（每箱24瓶装），并在14个县建立临时职工食堂，向受灾职工及家属提供餐食。同时，发放衣物143套、被褥110套，发放碗筷180副，炊具3套，盆50个，毛巾、牙刷、香皂180套，床板、床凳110套，提供燃料10吨、照明设施1964套、藿香正气水3000盒、蚊香3000盒、消毒液300千克。16日，陕西实业公司赴宝鸡慰问，送去慰问金和救助款8.30万元。17日，西安分公司赴宝鸡慰问，送去慰问金和救助款8万元。四川公司至5月19日为职工及家属提供大米2万千克、挂面1.10万把、食用油1750桶、方便食品21228件、面粉3500千克、牛奶7件、饼干120件、食盐100千克、食品10袋，提供饮用水251216瓶、100桶，提供迷彩服2038件、棉被4816床、毛毯1000床、雨鞋5032双、雨衣5150件、行军（气垫）床具300个、军用背包683个、头盔1175个、枕套52个、冲锋衣裤80套、长筒胶鞋60双，提供照明用品3540个、电池30825对、油桶1439个、防水布8200平方米、口罩5.20万只、接线板5110个、工具包259套、手套170双、绳索20米、火柴20盒、水壶70个、碗400个。甘肃公司陇南分公司向职工发放救灾食品700箱。中国电信向重灾区宁强、略阳两家分公司296名在职和退休职工每人发放500元救灾慰问金；为宁强、略阳、西乡分公司41户危房户发放补贴27.40万元；对115户离退休职工发放受损房屋补贴5.90万元。

中国移动通信集团公司拨付120万元救灾款，救济受灾职工及家属。

中国第二重型机械集团公司于2008年5月12日21时为受灾严重的东汽公司运送雨篷、雨衣、工作服、吊车、运输车辆、盒饭等急需物资。中国二重还为东汽公司500余名受灾职工及家属提供面包、水果以及牙膏、牙刷、洗脸盆等生活用品。

中国东方电气集团公司东汽公司在地震发生后迅速扩办食堂，解决万余名受灾职工及家属和当地群众吃饭困难问题。2008年5月14日起，东汽实业公司康宁园食堂每天为140余人免费供餐。18日，第一个临时食堂德阳科技园食堂成立，为8个受灾安置点和东汽公司3个生产单位近8000余人供餐。20日，临时搭建汉旺基地食堂，为受灾职工、家属及30余个单位和救援人员共3500～4000人免费提供盒饭。7月1日，东方电气集团建成八角二食堂，每天解决近1000名职工就餐问题。东汽公司职工万余人在各活动板房安置区有序生活，早餐有饼干、牛奶、稀饭、馒头等，中餐、晚餐为盒饭，并提供清洁用水、干净浴室和厕所。临时医疗点为职工及家属提供医疗服务，对生活区定期消毒。

鞍山钢铁集团公司在地震发生后立即统计四川籍职工人数，了解其家属和直系亲属受灾情况，对27个亲属及居住在汶川县、北川县、什邡市等地震极重灾区和重灾区的职工给予补助。

中国铝业公司四川华西铝业有限责任公司为300余名老人和孩子提供避难场所、饮用水、食物和御寒物品等。

招商局集团有限公司物流公司拨专项资金，对四川家庭受灾职工给予补助。漳州开发区为34名四川籍家庭受灾职工发放慰问金。

华润（集团）有限公司雪花啤酒（绵竹）有限责任公司对绵竹受灾154名职工的工作重新进行调整，帮助职工在新的工作岗位上开始新生活。华润集团雪花啤酒四川区域公司领导挨家挨户到受灾最严重的职工家中走访慰问，安抚职工，及时发放慰问金。

中国冶金科工集团公司成工建设有限公司地震发生当晚采购方便食品、饮用水、手电筒、雨衣等3车救灾物品，分发给受灾职工及家属。13日，中冶集团组织价值3余万元的食物、饮用水、药品、衣被等生活用品发放给职工及家属。13—15日，中冶集团将200件饮用水、200件方便面、50桶食用油、100千克大米及火腿肠、收音机、蜡烛、药品等价值2.60万元物资，运到受灾较为严重的第五冶金建设公司江油生活区。15日，中冶集团赛迪公司驱车前往攀长钢棒线材总承包工程现场，为驻守现场的23人运送食品、饮用水、帐篷、手电等急需物资。中冶天工建设有限公司向80名受灾职工补助9.90万元。中冶实久公司看望受伤职工及家属，为受灾职工每户发放补贴3000元，联系解决受灾职工子女上学问题。成工建设有限公司为受灾职工发放生活补助金 16.80 万元。

中国化工集团公司清平磷矿、蓝星机械、6914 厂等受灾企业通过自救、互救和国家救助，妥善安置受灾职工及家属近 6000 人。中国化工通过国资委得知处在重灾区的中国东方电气集团公司急需消毒用品时，部署位于四川省自贡市的鸿鹤化工有限公司在自救任务繁重的情况下，组织力量抢修恢复两套已停产装置，加班加点生产过氧乙酸、次氯酸钠等消毒用品 127 吨，分别运往东方电气集团及四川省理县、绵阳市、德阳市、青川县、漩口镇等受灾地区。中国化工看望重伤职工 14 人，每人发放 1000 元慰问金；对困难职工 31 人，每人发放 200～400 元困难补助，拨付 13 万元慰问困难职工。中国化工三家受灾严重企业救助措施见表 3-1-5。

表 3-1-5　中国化工三家受灾严重企业救助措施一览表

受灾企业	救助措施
清平磷矿	抢运、收集生活物资并统一管理使用。从医院废墟寻找药品，找来石灰，并将白酒、食用醋集中起来兑水，对安置点周围定时进行消毒，防止流行病和瘟疫发生。成立生活管理小组，负责 6 个临时安置点人员生活安排；成立救灾物资管理小组，管理各部门及全国捐助物品的接收和发放
蓝星机械	成立生活处，由专人采购油、米、面等生活物资，统一供应饭菜，向职工和家属发放食品、饮料、毛巾、毛巾被、药品等生活必需品。派出采购人员驱车赴德阳、广汉等地购买桶装饮用水。修复自来水设施，在专业技术人员指导下，对水进行净化、消毒，达到正常饮用标准
6914 厂	派人到成都市采购食品、药品、衣被、简易床等，满足职工基本生活需要；职工食堂免费提供一日三餐；将收到的各种赈灾物资登记造册，按需分发给受灾职工，基本解决职工临时生活困难问题

中国南方机车车辆工业集团公司在地震发生后立即启动应急预案，中国南车工会及时向在四川的眉山公司、成都公司、资阳公司拨付 300 余万元救灾款，帮助解决受灾职工家庭生活困难。同时，三家公司自行

对受灾职工及家属开展救助安置，解决受灾职工家庭吃饭、住宿等生活困难。地震发生后眉山公司建立抗震救灾专项资金，投入60余万元，先后购买毛巾、牙具等生活日用品300套、液晶电视机4台及消毒剂、灭蚊剂、饮水机、门帘等物品，分配至各临时安置点；为集中安置在单身宿舍等处的危楼职工接通天然气，准备临时厨房及炊具、淋浴等设施，改善危房住户的生活条件，保障职工及家属生活。13日，成都公司工会赶制发放赈灾餐券，在招待所食堂和改制的金丰美迪公司食堂，为受灾职工及家庭提供赈灾午餐1.60万余人（次），投入资金94636元。成都公司购买价值8659元的电饭煲、电水壶等生活小电器，配发到职工临时租房相对集中居住点。眉山公司拨付5.90万元慰问职工、家属和特困员工。成都公司向144户职工各发放1000～2600元不等救助金，为家在北川、青川、绵竹、江油等重灾区的127名受灾职工，每人发放1000元救助金。资阳公司拨付20万元对困难职工给予一次性救济补贴。

中国铁路工程总公司发放救助慰问金2307.98万元，还发放折叠床、棉被、服装、雨衣、雨鞋、饼干、方便面、奶粉等慰问品给受灾职工。

中国铁道建筑总公司所属1个二级子公司、7个三级子公司及分布在四川省成都市及周边地区的112个在建工程项目遭受严重损失，全系统灾区单位和工程项目部13618人受灾。地震发生后，中国铁建及所属单位筹集食品、药品和基本生活用品运往灾区，安排好受灾职工生活。中铁十九局前线救灾组租车运载3车大米、方便食品、饮用水、药品、日用品和10万元现金，绕行870千米，于2008年5月16日19时到达理县古尔沟镇的狮子坪项目部，解决项目部305名职工的生活需求问题。19日，中铁二十三局第四工程公司组织慰问队，装载饮用水、方便面、火腿肠、汽油、柴油、药品等5吨生活物资，辗转800余千米，赶赴被困的茂县色尔古和柳坪电站两个项目部，满足职工生活急需。中国铁建为需要返乡的抗震救灾民工提前结算工资，发放慰问金，并将民工送上返乡列车。中国铁建拨款530万元救助受灾严重的中铁十三局、中

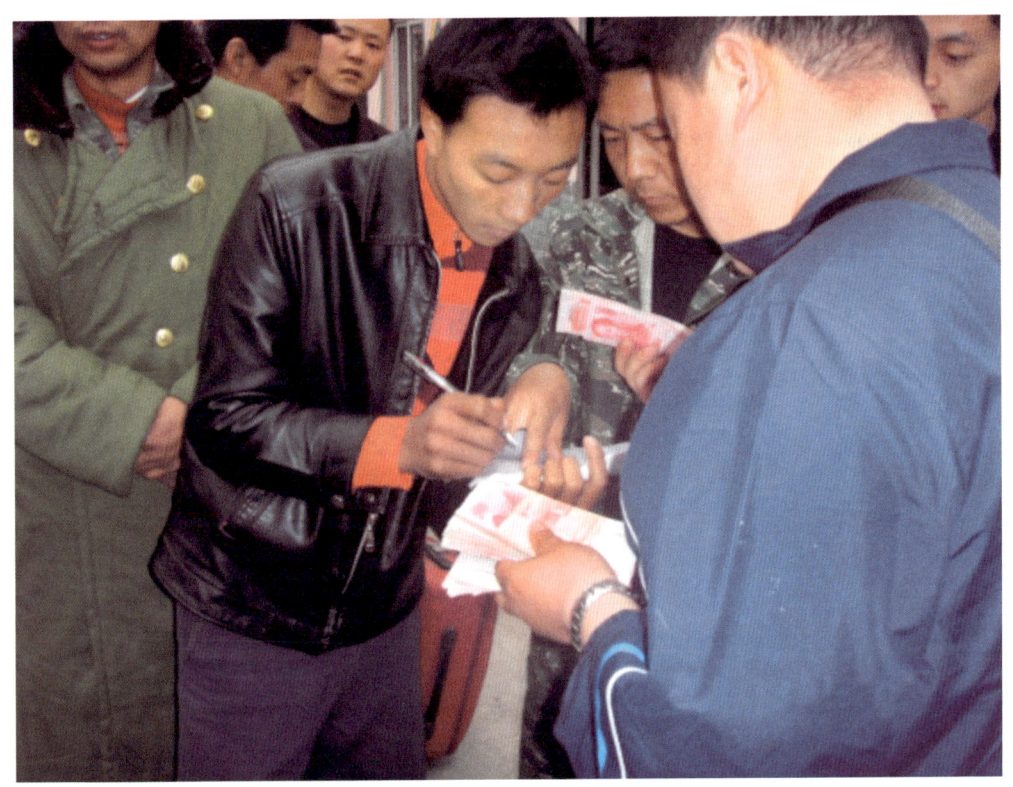

2008年5月20日,中铁十九局第五工程公司为返乡民工发放路费

(王晓峰 摄影)

铁二十一局和中铁二十三局;中国铁建工会拨款130万元对所属受灾单位职工重点救助;中国铁建团委拨款28万元救助本系统内14名在地震中遇难或重伤丧失劳动能力的职工的子女。

中国交通建设集团有限公司开展民工救助安抚,提前结算工程款,借给民工现金,帮助返乡民工购买车票,并赠送慰问品;对不返乡的民工,帮助完成寄钱回家等愿望。第一航务工程局有限公司太中银铁路第五项目部,灾后筹集资金200余万元发放到管段内四川、甘肃300余名民工手中。第一公路工程局有限公司太中银铁路项目部准备专项款,为灾区民工发放工资30余万元,并安排60人返乡。

新兴铸管集团有限公司际华三五三六职业装有限公司、川建管道有限公司、际华物流有限公司成都分公司、3508厂等受灾企业在地震发生后迅速成立救灾指挥部，救助职工生活。2008年5月12日16时，川建管道公司派专人采购食品和饮用水，晚上所有留厂干部职工都吃到凉面、方便面、饼干等食品，喝到干净水。际华三五三六职业装有限公司安全防疫组增派人员，对露宿区进行垃圾清扫和清运，及时联系并运送消毒药物，对露宿区域坚持清理、消毒，使大灾之后无疫情。5月13日，新兴铸管集团领导赴绵阳市慰问，为际华三五三六职业装有限公司送去50万元慰问金。5月13—17日，川建管道公司组成慰问小分队，走访万家乡、三郎镇、街子镇、都江堰安龙镇、公文乡、道明镇等地居住的23户受灾职工家庭，向126名受灾职工发放慰问金。

中国电力工程顾问集团公司西南电力设计院地震发生后迅速启动突发事件应急预案，安排人员紧急调集电筒、电池和雨衣、雨鞋等应急物资，组织医务人员采购、配备应急药品，安排保洁人员增加对院区垃圾清运和环境清扫次数，防止发生疫情，并向重灾职工发放6余万元慰问金。

中国水电工程顾问集团公司成都勘测设计研究院为解决地震发生后基地2000余人吃饭问题，于2008年5月12日晚紧急采购饮用水、牛奶、面包等物资送往基地，并每天向基地运送馒头、饼干、牛奶等食品。在市场供应紧张的情况下，投入资金40余万元，多方协调、陆续购买大量饮用水、食品、医药、炉具、燃气瓶、照明工具等用品，保证受灾职工及家属基本生活需求。都江堰基地受灾人员集中安置场地环境条件差，为防止疫情发生，成都勘测设计研究院协调多方力量，采取有效措施做好卫生防疫，配备4名医护人员进行救治、卫生监控，确保无疫情发生。

中国水利水电建设集团公司抗震救灾前线工作组按照救灾需求开出急需物资清单，由在北京的后方工作组统一协调筹措。2008年5月13—15日，向水电十局四川灾区运送各类救灾物资56车，价值1075万元，并组织在四川企业对水电十局展开救助。13—14日，四川电力公司、水电七局、水电四局等单位将帐篷、食品、饮用水、衣被、药品等救灾物资陆续运送到水电十局。水电十局在职工及家属活动板房安置点设置超市、食堂，为职工在安置点就能买到日常生活用品提供方便。

攀枝花钢铁（集团）公司紧急调运100余顶帐篷、600箱饮用水和一批食品运往中国东方电气集团公司。攀长钢抗震救灾指挥部于2008年5月13日深入受灾片区，将饮用水、方便面、饼干等生活必需品送到孤寡老人、伤残人员、特困职工和群众手中，保证职工基本生活需求。攀长钢社保部和工会向特困家庭发放帮扶金；发放救灾款911.83万元、粮食47.52吨、食用油6783千克；看望老、弱、病、残、孤人员1794人（次）。5月13日至6月13日，看望慰问离退休老同志750余人（次）。7月4日，分三批报审江油市民政局"三无"人员10777人。10日，向506名生活困难离退休、退养人员发放慰问金10万元。

中国铁通集团有限公司向受灾严重的四川、陕西、甘肃、重庆等分公司下拨救灾款120万元，救助受灾职工及家属。中国铁通各灾区分公司对地震中家庭受灾职工给予适当补助。

二、遇难职工及家属抚慰

中国核工业集团公司八二一厂于2008年6月16日为遇难职工家属发放国家补助金5000元、企业慰问款200元及棉被。兰州七九二都江堰社区为两名遇难退休人员每户补助3000元，社保部门为遇难退休人员发放丧葬费及一次性抚恤金5250元。

中国核工业建设集团公司第二四建设公司通过国家抚慰金发放、商业保险、企业补贴等方式，对5名遇难职工、民工家属给予经济补偿。

国家电网公司伤亡职工家属抚慰情况见表3-1-6。

表 3-1-6　国家电网公司伤亡职工家属抚慰一览表

企业名称	抚慰情况
四川省电力公司	2008年6月底，完成遇难职工申请工伤认定。7月，向社保部门申报遇难职工国家政策性待遇。对因灾受伤职工及时治疗，病情稳定后，开始申请工伤认定。对完成治疗出院休养的受伤职工，协助其到劳动部门指定医院进行伤残等级鉴定，并为职工申报伤残津贴等相关待遇
映秀湾水力发电总厂	为遇难者家属发放民政抚慰金、重大疾病保险、工亡一次性补助、丧葬补助金、退养老保险、退住房公积金、退企业年金等。为遇难职工亲属81人办理供养抚恤，为26名工伤职工办理伤残等级鉴定并申报工伤伤残补助金，为工伤职工捐赠轮椅等生活辅助器材
绵阳电业局	组织82名职工对口帮扶地震中失去父母的电力系统孤儿或单亲80人。对北川36户遇难学生家长开展一对一对口帮扶活动
阿坝公司	接待伤亡职工及家属来访，安排好食宿，收集整理职工及家属诉求，做好善后工作。对遇难职工工资和相关费用进行清理、统计，到社保机构办理养老保险返还
岷江公司	帮助遇难职工及家属办理相关政策性丧葬、抚恤金及一次性工亡补助等费用领取手续，并由社会保险机构支付遇难职工及家属13人共计117.83万元。向13名遇难职工合法继承人一次性支付206.50万元。公司就伤亡雇主责任险赔付问题，多次与保险公司衔接理赔，赔付金达100万元

中国东方电气集团公司在地震发生后迅速成立职工安置及善后工作小组，相继制定《东汽受灾职工生活救助费用及实物发放办法》、《关于"5·12"地震遇难者受益人领取政府抚慰金、补助金及有关待遇的通知》、《关于"5·12"地震伤残人员后续有关问题的处理意见》等，对东汽公司辖区内遇难职工及家属244人妥善处置。还先后代政府发放遇难者家属抚慰金170万元，代政府有关部门发放33名遇难职工独生子女抚慰金24.90万元；为因工遇难53人直系供养亲属办理认定手续，并定期发放抚恤金；发放地震遇难职工2008年度企业年金31.90万元。为

71名地震受伤职工办理工伤认定和司法鉴定；与四川省肢体伤残康复中心签订协议，使受伤致残人员及时安装假肢，进行康复治疗。2009年春节，慰问遇难职工及家属、孤儿和重伤人员，发放慰问金61万元。至2009年4月，办理175名遇难者法定受益人的保险工作，应领社会保险1246.50万元、商业保险4348.60万元。

中国化工集团公司四川蓝星机械有限公司向1名遇难职工家属发放15万元抚恤金、丧葬费及定额生活补助费，并决定将其尚未成年子女抚养至18岁。对两名来自农村的遇难务工人员，公司发给家属抚恤金、丧葬费等15万元，进行一次性安置。

中国铁路工程总公司对职工遇难或直系亲属遇难的，分别给予3000～10000元救助安抚费。对受灾职工按照国家医保、保险有关规定给予补助和补偿。对受灾职工子女读书困难的，给予每年300～5000元助学补助至毕业。对务工人员受灾的，根据受灾实际情况，给予救助安抚费。

中国铁道建筑总公司根据国家和地方有关政策，按照"就高不就低"原则，对遇难职工家属进行抚恤救济。除按国家法定赔偿标准抚恤外，对因工遇难施工人员家属32人，给予1.80万元至52.50万元不等的经济补偿。中铁十三局为遇难者子女建立专项学习基金，每年给予补贴，保证子女学习及生活所需基本费用直至参加工作。

第二节　开展社会救助

一、粮食供应

2008年5月13日晚，发展改革委、财政部、粮食局向中国储备粮管理总公司下达"向四川灾区供应10万吨中央储备稻谷、5万吨中央储备小麦和1.40万吨中央储备油"指令。中储粮总公司按照"就近加工、确保时效"的原则，合理安排具体库点、粮食品种和数量，24小时不间断出库。15日8时，中储粮总公司成都分公司确定46个出库库点，落实108个对应加工企业，分解出库计划，组织人力、物力，保证救灾粮油及时发运。16日下午，四川省眉山等地中央储备粮陆续出库，并及时运送到灾区群众手中。

2008年5月17日，国务院抗震救灾总指挥部决定"在6—8月，向灾区困难群众每人每天发放0.50千克口粮"，要求抗震救灾粮源按照"就地就近"原则，从中央储备粮库存中拨给地方。发展改革委等部门向中储粮总公司下达近50万吨中央储备粮紧急动用计划，分别供应四川、重庆、甘肃、陕西、云南等地震灾区。中储粮总公司迅速要求成都、兰州、西安、云南分公司，按照"就地就近、高效快捷、保障有力、确保供应"的要求，抓紧落实中央储备粮具体出库库点，全天不间断出库，使救灾粮及时运到灾区。5月16日至7月5日，中储粮总公司出库救灾粮油24.87万吨，保证灾区群众口粮供应。5月16—28日，中储粮总公司3个分公司完成3000吨救灾大米加工任务，运抵四川省广元市青川县，由当地政府分送至36个乡镇25万灾区群众手中。

二、药品保障

中国医药集团总公司在地震发生后紧急启动医药储备应急系统，国药集团和各子公司分别成立应急指挥机构，建立相应的应急工作机制，进入应急状态，实行双人双岗、24小时值班制度，开展向灾区紧急供应医药用品和各项准备。2008年5月13日，根据地震灾区急需药品及医疗器械的情况，发展改革委会同解放军总后勤部，启动地方企业为部队代储药品应急动员机制，商定调拨代储药品单位和药品、医疗器械清单。8时，国药集团接到发展改革委"紧急调拨一批医疗器械和抗生素药品到灾区"的指令，国药集团及各子公司紧急行动，国药器械工业公司承担任务最重，组织人员放弃日常经营业务，迅速调拨呼吸机、心电监护仪、手术器械等运往灾区。国药股份公司发挥全国麻药总经销优势，紧急向四川省18家麻醉药品经营企业发送4万支止痛药品，调拨血容量补充药、凝血药等，首批药品价值2500万元，保障抢险救援阶段医药用品需求。14—20日，发展改革委先后3次向中国医药集团总公司下达调拨指令，要求紧急调拨救治类医疗器械和治疗类药品，其中绝大部分为储备计划外品种，采购任务繁重。国药集团迅速部署，各级子公司分别落实。国药器械工业公司成立专门产品采购工作组，签订合同86份，涉及厂家46个，并派出10余人组成技术组赴灾区现场，对3000余台（套）大型医疗设备进行安装和技术服务。国药集团紧急采购、调拨3万余件，近200万盒抗生素、解热镇痛、营养补充剂等药品、生物制品运往灾区。西南公司身处灾区，克服困难，协助成都市卫生部门签收中央医药储备调拨物资，迅速将药品送到灾区医疗部门。至5月19日，国药集团运抵灾区器械、药品价值7071万元，保障灾区受伤群众治疗阶段对医药用品的需求。19日晚，发展改革委下达最后也是数量最大的一批调拨指令，其中有相当一部分是国药集团不经营的生活用品和消毒防疫用品，涉及金额近2亿元。当晚，国药集团召开紧急会议，逐个品种落实。在调拨中，国药集团调用专机7架（次），火车50余节车皮，大型运输车80余辆，将近千吨药品运往灾区，完成调拨任务。在执行医药调拨的同时，国药集团及子公司积极参与对社会群众救助。17日，四川抗菌素工业研究所向灾区搜狐网采编人员50人提供必备药品和必要防护用品，保证采编人员在灾区新闻报道正常进行。同日，四川江油中坝附子科技发展有限公司在自己损失严重的情况下，积极救助周围群众，对无家可归的1000余名群众免费提供水、食品和药品，并提供消毒液。18日，药材公司出资筹集30箱消毒液，运送到灾区。20日，西南公司职工利用配送药品间隙，自发购买饮料等物品送往部分医院慰问伤员。

中国航天科工集团公司成都航天通信公司于2008年5月14—31日生产药瓶166.30万余套，及时运往灾区。

2008年5月16日，航天科工与四川省卫生厅等部门在四川省成都市举行赈灾医疗物资捐赠接收仪式

（航天科工　提供）

中国兵器工业集团公司二五五厂从2008年5月15日起，每天组织人员加班加点生产次氯酸钠消毒液，至25日，兵器工业集团为四川省汶川县、广元市、绵阳市、德阳市、雅安市、都江堰市等地震重灾区生产并运送154.26吨次氯酸钠消毒液。九〇八厂接到部队紧急订货任务后，立即成立应急生产指挥部，24小时加班加点生产。22日，10万套半面罩式防毒面罩和防毒口罩按期运往灾区。6月10日，25万套防毒口罩、90万个滤毒盒发往灾区交付使用。

2008年6月,兵器工业集团九〇八厂加紧生产抗震救灾防化装备,支援灾区抗震救灾

(兵器工业集团提供)

中国农业发展集团总公司乾元浩生物股份有限公司于2008年5月14日上午向灾区运送2000万羽份鸡新城疫Ⅳ系疫苗、50万头份狂犬病活疫苗、300万羽份禽流感灭活疫苗(Re-1株),价值26.33余万元。中牧实业股份有限公司(以下简称中牧股份)向灾区运送300万元疫病防控物资,其中向四川省提供185升冷柜100台、210升冰柜200台、2000个冷藏盒等设备,用于疫病防控冷链系统建设。中牧股份还向重庆市提供12万元,用于储藏疫苗冷库修建;向甘肃省提供价值12万元喷雾器、口罩和防护服,支援受灾地区疫病防控工作。5月27日,中牧公司向四川灾区提供价值200万元动物疫苗和价值100万元疫苗冷链设备;中牧股份的第一批灾区防疫急需的猪乙脑、狂犬病等疫苗和设施送往四川灾区,并启动四川省灾区重大动物疫病防控工作。5月30日,中牧股份将价值100万元的冷链系统物资运送到四川地震灾区,用于灾区防疫物资冷链系统恢复。截至30日,中牧股份储备各类口蹄疫疫苗产品1亿毫升、禽流感疫苗7.20亿羽份、蓝耳病灭活疫苗6527万毫升、各类猪瘟疫苗1.10亿

头份、猪乙型脑炎疫苗182万头份、猪链球菌2型疫苗500万毫升;并紧急安排生产猪乙型脑炎疫苗300万头份,猪链球菌2型疫苗3000万毫升、狂犬病活疫苗350万头份、炭疽血清约3.20万毫升。

中国生物技术集团公司成都蓉生公司身处灾区,克服困难,保障白蛋白等急救血液制品及时供应。至2008年5月19日,中国生物技术集团公司向武警后勤部疾病预防控制中心、解放军总后勤卫生部、四川省应急办、成都市应急办、空军后勤卫生部调拨精制破伤风抗毒素50万支;通过长春所、兰州所、武汉所、成都所捐赠各类血型检测试剂和配套材料、各类药品和医疗材料,总价值2670万元。中国生物技术集团公司在地震发生后还向灾区调拨人血白蛋白、破伤风人免疫球蛋白、破伤风抗毒素和甲肝疫苗、伤寒疫苗等9个品种的防疫赈灾药品6119件、127万瓶,价值2500万元。其中乙脑减毒活疫苗34万人份、甲肝减毒活疫苗16.50万人份、破伤风人免疫球蛋白15.30万支、双价肾综合征出血热疫苗10万人份、伤寒Ⅵ多糖疫苗7.50万人份、人血白蛋白2.45万支、麻腮疫苗3万人份、白喉破伤风疫苗2万人份、炭疽疫苗2万人份、钩端螺旋体病疫苗1万人份。

中国电子科技集团公司第十五研究所接到中国红十字会血液中心生产180个血浆包装箱的任务后,立即组织生产,按期完成任务。

中国化工集团公司所属企业加班加点生产过氧乙酸、次氯酸钠等消毒用品。2008年5月25日,鸿鹤化工有限公司将127吨消毒液(其中过氧乙酸55吨,次氯酸钠72吨)运送到东方电气集团和四川省理县、绵阳、德阳、青川、白川、漩口等受灾地区。

三、医疗救护

中国核工业集团公司四一六医院在地震发生后立即调整床位,收治伤员,接诊病人,并于2008年5月14日派出医疗救护小组赴地震震中汶川县。

中国航天科技集团公司第七研究院成都航天医院是地震伤员定点收治医院。2008年5月12—31日，成都航天医院派出210人，组成救援小分队，出动救护车62辆（次），从都江堰市、汶川县接回伤员113人。

中国航天科工集团公司组织医疗救护车和远程医疗手术车开赴四川地震灾区，还组建3支医疗救援队共40余人赴灾区救援。

中国石油天然气集团公司辽河油田公司选派4名卫生防疫人员，赴四川灾区参加卫生防疫。

航天科工组织医疗救护车和远程医疗手术车准备开赴地震灾区
（航天科工　提供）

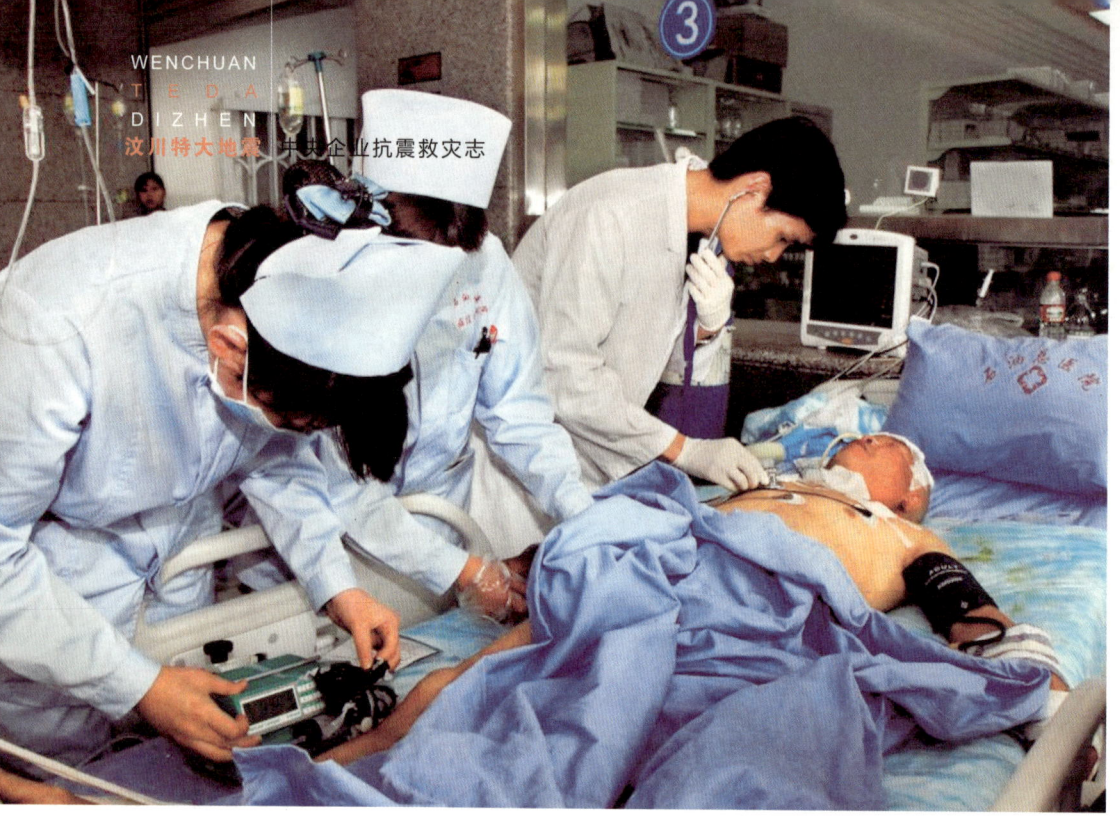

2008年5月12日下午,中国石油西南油气田公司总医院紧急抢救灾区伤员

(陆 怡 摄影)

国家电网公司从四川、北京、山东、上海、江苏、浙江、吉林、天津、辽宁等13家电力医院,抽调医疗技术人员185人,其中外科102人、防疫人员37人,组成"国家电网公司抗震救灾医疗队",调集14台医疗车和相关医疗器械赴四川省绵阳市、德阳市、汶川县映秀镇等灾区,展开救援。至2008年5月20日17时,医疗队救治伤员1526人,其中重伤员155人、轻伤员1371人,防病防疫、入户访视、健康宣传教育21761人(次)。哈尔滨电站设备集团公司职工医院医护人员12人组成医疗救援小分队,携带44箱医疗器械及防疫药品赴四川灾区。

中国第一汽车集团公司总医院12名医护人员于2008年5月29日下午组成抗震救灾医疗队赴四川省汶川县灾区救援。

宝钢集团有限公司组织近20人的医疗小分队赴灾区救援。

中国铝业公司重庆西南铝业(集团)有限责任公司职工医院派出一辆救护车和随车医疗救助小分队,赴四川省绵阳灾区救助和运送伤员;同时,每天派出一辆救护车在重庆市龙头寺火车站接送灾区伤员。中铝公司贵州企业派出5辆大客车，驰援四川地震灾区，出车175次，接送医务人员和伤病人员7000余人（次）。

华润（集团）有限公司华润电力徐州公司于2008年5月14日组织成立医疗分队奔赴成都，为东方电气集团及周边灾区提供医疗救助。

中国铁道建筑总公司中铁十三局第三工程公司于2008年5月13日派出医疗队携带4个急救箱和部分药品，赴四川紫坪铺水库大坝。到达后，两名医生留守大坝接收运送伤员。医生吴代平在第三工程公司董事长、总经理周长斌带领下进入极重灾区映秀镇，立即对两名重伤员、50余名轻伤员进行伤口处理，并发放感冒药品。由于预防及时，近200名职工未发生感冒，轻伤者没有感染，重伤者伤口得到妥善处理。

中国机械工业集团公司在地震发生后快速投入灾区医疗救护工作。

中国水利水电建设集团公司水电十局医护人员地震发生后迅速在医院外空地上救治受伤人员。

攀枝花钢铁（集团）公司从职工总医院抽调医务人员50人，赴地震重灾区。2008年5月21日，又组织卫生防疫人员10人，参与攀长钢及江油地区除"四害"、环境消杀、卫生防疫和爱国卫生工作。

西安电力机械制造总公司组织医疗救护队，配备30余万元医疗设备和药品，于2008年5月17日抵达四川省广元市第二人民医院。至5月20日，救治伤员上千人（次）。

四、生活物资救助

中国核工业集团公司中国核动力研究设计院于2008年5月16日采购饮用水、食品等，装载5辆汽车，运送到都江堰灾区，救助群众。中国核动力研究设计院反应堆运行与应用研究所为都江堰灾区支援面粉122袋，送交都江堰市救灾物资配送中心。甘肃矿冶局中核龙江铀业公司向都江堰灾区送去1万元救灾款和价值1万元的生活物资。八二一厂

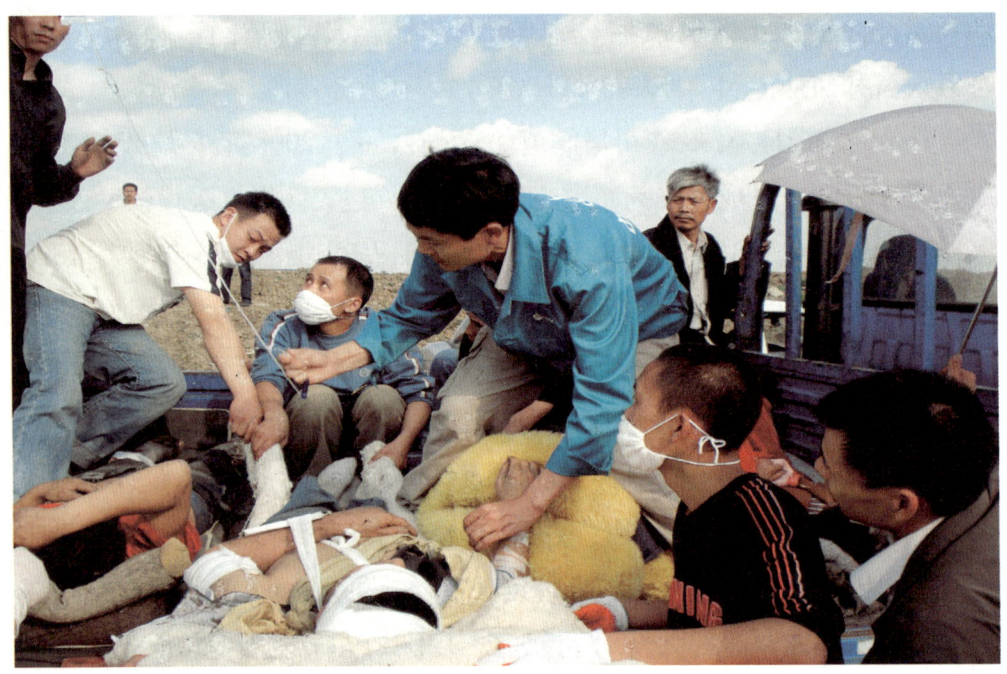

国机集团抗震救灾服务队在四川省绵竹市救治伤员

(国机集团 提供)

2008年5月12日地震发生后,水电十局医护人员迅速在医院外空地上救治受伤群众

(中国水电集团 提供)

向青川灾区、三堆镇政府、观音店政府、五洲技术学校等，运送食品及救灾物品。中核集团建中抗震救灾应急民兵分队队员16人自5月15日进入灾区40天，入户检查排险286户，完成转运各类物资任务22次，转运210余吨，帮助群众抢出危房和压埋在废墟里的粮食4.50万千克、化肥80袋、家具185套(件)、衣物3000余件、存折15本、现金3余万元、电器80余台，帮助灾区群众搭建帐篷32顶，拆除危房65间，排险56处，收割小麦、插秧约4668平方米。

中国航天科技集团公司于2008年5月14日向四川地震灾区运送呼吸机26台，以及野外急救车、折叠方舱、紧急抢险车、卫生防疫车、救护车等若干，价值527.50万元。

中国航天科工集团公司四川航天金穗公司于2008年5月14日出动21辆救灾用车，赴四川省德阳市、绵竹市、什邡市和绵阳市安县，向当地群众送水、食品、被褥、帐篷等生活用品及药、纱布等医疗用品。15日，金穗公司安排3辆救灾车辆，为安县桑枣镇第二小学及安县职业中专学校运送50件饮料、4箱牛奶、5箱饼干、10箱火腿肠等食品以及帐篷、药品。17日，金穗公司组织车队，分五路奔赴灾区。第一路赴安县，为一救助点高考学生送复习资料和文具；第二路赴德阳市什邡金河磷矿接待站，运送棉被和食品；其余三路分赴江油市、都江堰市、彭州市，为受灾群众运送帐篷及食品。

中国船舶工业集团公司南京中船绿洲机器有限公司于2008年6月24日上午将两套价值210万元医疗生活垃圾焚烧炉设备及生化污水处理设备等环保设备，运送到四川省都江堰市和彭州市。

中国兵器工业集团公司九〇八厂在得知地震导致郫县第六水厂水质恶化、成都市自来水公司紧急需要净水活性炭时，立即将110吨优质净水活性炭装车运往灾区。中国兵器工业集团公司参与其他社会救助见表3-1-7。

表 3-1-7　中国兵器工业集团公司部分社会救助情况表

单　位	救助地点	救助品种及数量
二〇五所	汉旺镇	2008年5月13日，驾车运送帐篷、食品、药品等生活物资。14日，采购消炎药、感冒退烧药、酒精、口罩、饮用水、方便食品、衣物、雨具等运抵灾区
西物数码公司	安县眦水乡	大米250千克，蔬菜、火腿肠、罐头等方便食品若干，口罩2000只，新棉被10床等
九〇八厂发展民用爆破公司	都江堰宁江机床集团公司	大米1000千克、食用油100千克
三三三厂四川亚大公司	灾区	2008年5月15日，为灾区群众提供生活用水。17日，抢修和更换聚乙烯（PE）燃气管道，恢复供气
二〇一所	成都备灾救灾中心	学习用品500余件、体育用品600余件、益智文具300余件及生活用品200余件

中国兵器装备集团公司晋林公司在得知四川省彭州重灾区小鱼洞镇的照明设施震毁的消息后，立即支援600余米电线、280个灯泡和两个空气开关等大量照明设施及电工专用工具，派出专业电工抢修，解决小鱼洞镇照明困难。兵器装备集团向灾区运送帐篷662顶、衣物3300件及价值10.40万元的食品、药品、手电筒、汽油等生活物资。

2008年5月18日，兵器装备集团四川华庆机械有限责任公司应急救灾突击队帮助四川省彭州市小鱼洞镇地震灾区安装照明电路

（冯渝江　摄影）

中国电子科技集团公司向灾区运送帐篷820顶、卫星导航定位系统100台、药品4箱、血浆包装箱180件,价值59.80万元。

中电科技集团第二十九研究所向金凤村地震灾区捐赠生活物资(中电科技集团提供)

中国石油化工集团公司所属企业向地震灾区运送抢险救援装备、设备、器材及救灾油品、物品、药品、防疫用品等物资,提供活动板房1000套等,总价值8916万元。

中国南方电网有限责任公司至2008年6月20日援助灾区帐篷4995顶,应急灯590套,安全帽260顶,雨衣、水鞋500套,防护服2000套。

中国华电集团公司华电股份有限公司于2008年10月21日为灾区运送棉被、棉衣等御寒物品190件。23日,浙江华电乌溪江水力发电厂为地震灾区青川县运送棉被、棉衣、羽绒衣、毛衣等越冬衣被320余件(套)。27日,杭州华电半山发电有限公司为灾区群众运送越冬衣被234件(套)。28日,华电潍坊发电有限公司向灾区运送衣被1217件。29日,华电国际莱城发电厂为灾区群众运送棉被300床。11月7日,福建省安砂水力发电厂为灾区运送被子218床。2008年冬季来临前,华电青岛发电有限公司为灾区群众运送棉衣、被褥2370件。

中国国电集团公司金堂发电有限公司为四川省马尔康县最边远、经济落后的日部乡中心学校运送棉被100床、取暖器57台。中国国电捐赠生活物资价值322.51万元，及时运送到都江堰水利管理局、东汽公司、彭州市天彭中学、阿坝州沙尔宗乡和日部乡中心校、江油发电厂等地震灾区。

中国第二重型机械集团公司在地震发生后仅用两小时就组织第一批物资送到四川省绵竹市汉旺镇东汽公司。同时，中国二重职工及家属冒着大雨和余震，将募集到的棉衣、棉被用3辆加长卡车分别送到绵竹市汉旺镇东汽公司、绵竹市内医院和绵竹地震灾区。5月12日至6月11日，共向灾区提供价值77余万元的救灾物资。

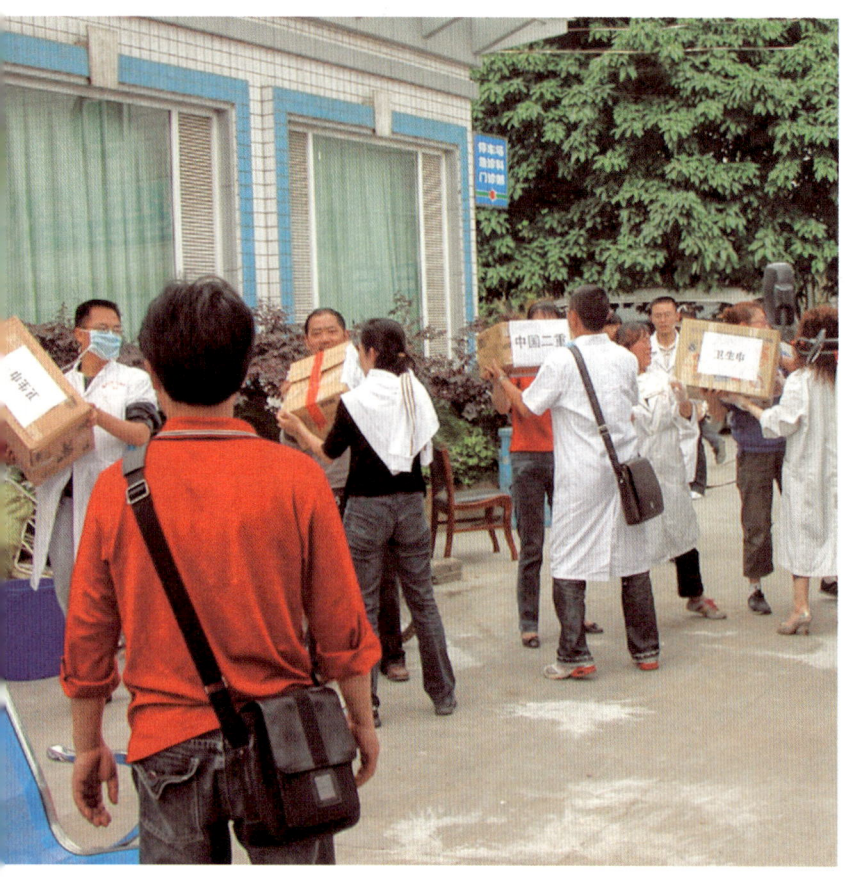

2008年5月15日，中国二重职工向灾区捐赠的物资运抵灾区

（中国二重　提供）

宝钢集团有限公司制订支援救灾方案，筹措救灾物资。2008年5月16日组织7辆卡车，向四川省绵阳灾区运送2000床棉被、200台收音机、1万支手电筒、4万节电池、5450箱午餐肉、500顶帐篷等救灾物资，总价值200万元。

中国航空集团公司成都维修基地航线部波音车间"青年文明号"集体成员2008年5月18日到四川省彭州市桂花镇和庆兴乡，将2吨大米、100箱饮用水、衣服等生活用品，发放到村民手中。

中国东方航空集团公司开展"爱心救灾月——爱心妈妈"活动，为灾区运送妇女用品、婴儿奶粉、尿布等420余件近3吨。

中粮集团有限公司7辆印有"中粮地产赈灾爱心大行动"的大型货车，满载价值60万元的生活物资，于2008年5月13日15时抵达四川省彭州市。15日14时，中粮集团举行捐赠仪式，向四川省民政厅赠送价值700万元的物资，包括价值600万元金帝巧克力、100万元福临门

2008年5月16日，中粮集团组织人员向四川省绵阳市群众分发食品等生活必需品
（中粮集团　提供）

食用油。同日，中粮集团又组织5辆卡车，装载1万个10升PE塑料桶，由中粮集团北海粮油公司紧急发往四川灾区。17日，中粮集团大米部下属江西米业紧急加工300吨蒸谷米，从计划下达到装车发运，再到送达成都市仅用18小时。18日，中粮集团派人前往四川省彭州市，慰问在重灾区龙门山抢险救援的成都空军某部，并赠送价值55万元的金帝巧克力、衣服等生活物资。21日，中粮集团郑州海嘉食品有限公司通过宜昌中转水运900吨面粉送往灾区。22日，中粮集团向成都市运送1200吨面粉。26日，中粮集团向四川省民政厅、成都市爱心食堂，运送价值1300万元的救灾物资。

中国五矿集团公司于2008年7月11日向甘肃省天水市运送550顶教学保温帐篷，价值330万元，满足灾区2.75万名学生的教学需求。

中国通用技术（集团）控股有限责任公司至2008年5月底捐款捐物折合2356万元。机械公司向四川省政府捐赠两辆价值113余万元的美国进口防弹运钞车。

通用技术集团职工向地震灾区捐赠棉衣被

（通用技术集团　提供）

中国储备粮管理总公司在执行国家下达的粮食调拨任务的同时，向灾区无偿救助4030吨大米和170吨面粉等（表3-1-8）。

表3-1-8　中国储备粮管理总公司社会救助一览表

单　　位	地　　点	数量及种类
湖南分公司	四川省广元市青川县	大米2040吨
湖北分公司	四川省广元市青川县	大米660吨
成都分公司	四川省广元市青川县、四川重灾区	大米430吨、麻袋13万条
兰州分公司	甘肃省灾区	面粉170吨
西安分公司	陕西省汉中、宝鸡灾区	大米100吨
河南分公司	地震灾区	大米800吨

国家开发投资公司于2008年5月13日向灾区运送价值50万元的多功能手电筒。10月22日，在"送温暖、献爱心"捐献活动中，国家开发投资公司职工又向灾区运送6848件棉衣、棉被，价值110余万元。

华润（集团）有限公司雪花啤酒（成都）有限责任公司、华润怡宝成都分公司恢复生产后，为灾区直接输送5000箱饮用水。华润雪花啤酒四川区域公司向什邡、绵竹、德阳、绵阳等地医院和抗震救灾物资接受中心运送食品、饮用水和生活物资两客车，手摇发电电筒收音机（也称环保手摇发电手电筒收音机）1万只，捐赠帐篷300余顶。华润怡宝成都分公司地震发生后及时到达灾区帐篷学校建设图书馆，先后在成都、都江堰、南充、重庆、内江、乐山等地举行29场（次）活动，向10所学校捐赠图书，将2.50万册图书、4000件体育用品及时送到学生手中，并成立百所怡宝图书馆和怡宝体育课堂。随后又于2008年5月18日组织向什邡市、绵阳市政府救灾中心捐赠两客车食品、饮用水及其他生活物资。27日，华润雪花啤酒公司救援队随民政部紧急救援中心四川分中心，运送价值50万元的药品和40吨救援物资至卧龙灾区。

中国节能投资公司于2008年11月13日向地震重灾区彭州市运送

3015条电热毯，并先后向四川灾区援助两批（次）、价值400万元的车载式高温蒸汽灭菌医疗废物处理系统。

中国诚通控股集团有限公司成都通信设备厂于2008年5月12日晚捐赠价值6余万元的数台光通信设备。诚通集团中储成都物流中心、中储发展股份有限公司天一分公司、中储发展股份有限公司天二分公司于15日，在自身受灾情况下购买价值4余万元救灾食品，送到四川省彭州市通济县。中国物流公司重庆分公司在地震发生后，抽调10台运输车辆作为抗震救灾物资运输车。诚通集团所属北京、成都、重庆、苏州等地物流企业，先后出动车辆278台（次），参与救援人员473人，运送救灾物资3037吨。

中国中钢集团公司四川炭素有限公司于2008年5月14日晚向四川省广元市青川县捐赠500箱饮用水、500箱干脆面、500箱方便面、500箱饼干、100箱八宝粥及122顶安全帽，价值约11万元。中钢集团职工运送衣物1494件，价值14万元。中国钢研科技集团公司向四川省资阳等地医院和抗震救灾物资接受中心运送帐篷300顶。19日，北京安泰钢研超硬材料制品有限公司将价值约15万元的切割钢筋混凝土激光锯片运往地震灾区。

中国冶金科工集团公司上海宝冶建设有限公司女职工2008年5月19日开展"抗震救灾——爱心妈妈献爱行动"，向四川地震灾区孩子运送价值10万元的学习用品。20日下午，中国二十冶集团有限公司上海总部职工向四川省广元市利州区运送2万平方米彩条布、6座移动厕所等救灾物资。

中国化工集团公司桂林乳胶厂于2008年5月14日向灾区运送10万副医用手套。同日，中昊晨光化工研究院向灾区运送10吨饮用水。31日，蓝星公司将200套、日供水量1.0～1.5吨的小型净水装置运送到解放军总后勤部、四川省绵阳市等单位。

中国中材集团公司天津水泥工业设计研究院有限公司向灾区运送50

套建筑标准活动板房，总价值35万元。中材集团南京玻璃纤维研究设计院向灾区运送帐篷100顶、成人睡袋22条、儿童睡袋20条、防寒服60件、刀叉2箱、工业内窥镜50台、医用玻璃纤维高分子绷带3000卷，总价值436850元。

中国南方机车车辆工业集团公司四方车辆有限公司向灾区运送棉被336床、毛毯224床、衣物2216件，价值10.70万元。中国南车四方机车车辆股份公司向灾区运送衣被5022件。中国南车汇通股份有限公司向灾区运送衣被7193件。中国南车长江车辆有限公司女职工委员会向受灾企业运送女性卫生用品400套，价值1.20万元。

中国铁道建筑总公司至2008年8月22日向四川地震灾区运输食品、饮用水等4000余箱，药品70余箱，帐篷100余顶，钢模板555套，活动板房4000余平方米，蚊帐2500顶，棉被、毛毯6350床，棉衣、毛衣8530件。

中国交通建设集团有限公司第三公路工程局有限公司广州分公司2008年5月16日向四川省绵阳灾区运输冷气被200床、机械充电手电筒200支、急救药品10箱、瓶装饮用水30箱、帐篷20顶及生活食品等，价值5.50万元。21日，中交集团购置总价值217.50万元的1台220型履带式挖掘机，1台50型装载机，15台移动式汽、柴油发电机组，运往地震灾区。

中国普天信息产业集团公司杭州鸿雁电器有限公司2008年5月13日8时05分向灾区运输价值100万元电工器材。6月6日，上海普天邮通科技股份有限公司捐赠30台投影仪等一批电教设备，价值35万元，并通过上海市红十字会、上海市民政局、四川省绵阳市教育局将电教设备运往北川中学、平武中学、江油中学、绵阳二中等30所学校。6月8日，杭州鸿雁电器有限公司又向四川省德阳经济开发区安置房及学校运输价值约10万元的电工产品。

中国邮电器材集团公司四川分公司于2008年5月30日划拨专款，购置200套书包（含文具盒、写字笔、尺子等）、700余件衣物及活动板房,在"六一"国际儿童节前夕运往灾区。

中国农业发展集团总公司中牧山丹马场于2008年5月15日向甘肃省陇南灾区紧急调运150顶帐篷、100床棉被、100件棉大衣,价值102.20万元。职工群众自发向灾区运送价值7500元的毛毯和价值6余万元的衣物。16日,中牧股份向四川、重庆、甘肃、陕西等地震灾区防疫部门提供口罩和手套防护用品,价值5万元。25日,中垦公司向中国红十字会运送价值20万元的羊毛毯。

中国对外贸易运输(集团)总公司向灾区运送104顶帐篷。2008年5月18日,中国外运山东有限公司向灾区运送280台发电机组。26日,中国外运广东有限公司向四川理县运送尼龙床、帆布床和加钢床等629件救灾物资。

中国医药集团公司对外贸易公司2008年5月23日向灾区运送37万只口罩,价值99万元。

中国药材集团公司向灾区运送价值15万元的84消毒液。

新兴铸管集团有限公司川建管道公司在崇州市元通镇安置1000余名受灾群众,并派工程技术人员到安置点安装管道和锅炉。2008年5月13日,管道公司购买饼干、方便面、饮用水及价值1万元的餐桌、椅子等物资,运送到街子镇慰问受灾群众。同日,际华三五三六职业装有限公司将7000床棉被和近2万件衣物运往灾区群众安置点。27日,际华三五三六职业装有限公司购买1200件体能训练服运送到抢险部队。在抗震救灾中,新兴铸管集团为灾区提供救灾物资50余种,价值3.64亿元。

中国储备棉管理总公司根据生产经营特点和灾区群众的需要,委托四川省棉麻公司紧急加工5000条棉被(价值65万元)支援灾区。2008年5月15日,5000条棉被加工完成,及时送至汶川县映秀镇和德阳市受灾群众手中。16日,紧急加工500床棉被,于19日上午送抵东方电气集团。

攀枝花钢铁（集团）公司工会于2008年5月13日采购饼干、饮用水及无线电台、电池、远射灯等救灾物资运往救灾一线。同日，新钢钒物资采购中心把23套军用帐篷运送到救灾地区；新钢业公司采购600箱饮用水、500箱饼干、1380箱方便面等救灾物资运往灾区。同日，房产公司供电车间7名员工在车间领导带领下，第一时间赶到中心广场采血点献血。15日，攀钢紧急调运100多顶帐篷、600箱矿泉水和若干食品至东方电气集团。18日，汽运分公司职工32人组成抗震救灾小分队，总行程12万余千米，将110余车670余吨食品、药物、帐篷等救灾物资以最快的速度运送到成都市受灾点。

中国乐凯胶片集团公司于2008年5月20日将价值112.60万元的18万张X光胶片送到四川省卫生厅，同时还运送棉衣、棉被共计5000余件（条）。

中国广东核电集团有限公司组成慰问团，2008年5月19日赴四川省绵竹市汉旺镇，送去资金203万元，棉被、枕头1000套。

上海船舶运输科学研究所向灾区运送衣物等1917件。

上海贝尔阿尔卡特股份有限公司员工向灾区运送价值7.80万元的奶粉、米粉、消毒纸巾等母婴用品。

彩虹集团公司向四川长虹集团运送价值8万元的生活物资；为陕西城固周家湾村送去资金20万元；彩虹集团公司580名职工合计献血18万毫升。

武汉邮电科学研究院至2008年6月12日向灾区发运价值7000余万元的救灾通信物资。武汉邮科院还向中国电信四川公司运送价值800余万元的通信物资和价值约1.63万元的25顶帐篷。

西安电力机械制造公司向灾区运送棉被、毛毯、棉衣等，共21963件。西电集团领导带头献血，总部和所属企业干部职工、党员及团员近2000人参加献血。

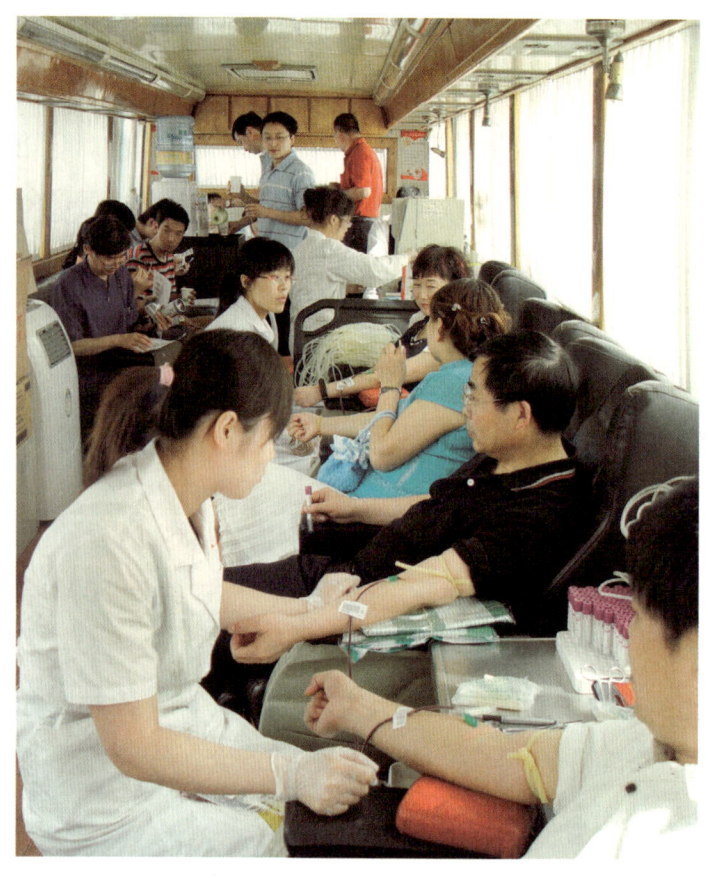

2008年5月21日，西电集团职工义务为灾区伤员献血

（西电集团　提供）

五、电力供应

国家电网公司地震发生后抓紧抢修受损较轻的电网设施和直接影响群众生活、基础设施建设的电网设施，派出各省（直辖市）公司援建队伍参与四川变电站抢修。从2008年5月12日18时30分起，国家电网调集各省（直辖市）电力公司4000余专业人员、200余台施工车辆、1000余台发电机及抢修电力设施，全力组织抢修。至6月8日，四川、甘肃、陕西、重庆灾区国家电网系统229座可恢复的35千伏及以上变电站全部恢复；6月10日，国家电网3160条可恢复的10千伏及以上电力线路全部恢复，各公司经营区域内需要恢复的用户全部实现电网方式供电，恢复1875个乡镇、17937个行政村、461.34万户。

六、成品油供应

中国石油天然气集团公司、中国石油化工集团公司在地震发生后果断调整成品油分配计划，加大灾区油品投放量，通过管道、铁路、公路、水路，从全国各地紧急调运成品油150万吨，满足灾区抗震救灾和生活用油。

中国石油在四川省境内1400余座加油站，每年为市场供应的油品在500万吨以上，约占四川地区成品油供应总量的80%。地震使宝成铁路临时中断，兰成渝成品油管道紧急停输，公路交通不畅，成品油运输供应量出现短缺。2008年5月12日晚，中国石油果断调整成品油资源调配计划，协调铁道部和地方政府，采取增调公路运输车辆、增加铁路专列、紧急抢修恢复管道输送、水路运油等多项措施，通过公路、铁路、管道、水路运输方式，保障抗震救灾用油。12—31日，中国石油向四川、陕西、甘肃、重庆等受灾地区调运油品124万吨，其中调往四川灾区53万吨，四川销售公司库存增长12万吨，保障抗震救灾顺利进行。中国石油采取绿色通道、移动供应、发布加油站分布图、设立并发布24小时现场供油热线电话、为抗震救灾车辆记账加油等措施，保障抢险一线各种机械设备和发电用油，保障四川救灾物资运输车辆沿途用油。在抗震救灾期间，四川销售公司在加油站以先加油后结算方式，供应油品1.50万吨，价值9000余万元。在道路中断、加油站被损毁的情况下，通过加油站、流动加油车、油罐空投、小客配送、人背肩扛等方式，千方百计送油到灾区，及时满足灾区抢险和群众生活的需要。陕西销售公司在由陕西进入四川的西汉高速、国道108线、国道210线、国道316线及姜眉公路、川陕公路沿线59座加油站，开通抗震救灾"绿色通道"，保证24小时油品配送，并抽调10辆小型流动加油车，在高速路服务区加快加油速度。

抗震救灾期间中国石油抗震救灾成品油公路、铁路运输入川情况分别见表3-1-9和表3-1-10。

表 3-1-9　中国石油抗震救灾成品油公路运输入川调运统计表

序号	单　位	调运地点	调运路线	调运量（吨）
1	西北销售公司	陕西咸阳	咸阳至广元	10332
2	重庆销售公司	重庆	重庆至四川重灾区	895
3	甘肃销售公司	甘肃兰州	兰州至阿坝	2000
4	国家物资储备局	四川江油	江油至绵阳、广元、德阳	9393
	合　计			22620

表 3-1-10　中国石油抗震救灾成品油铁路运输入川调运统计表

序号	单　位	调运地点	调运路线	调运量（吨）
1	东北销售公司	辽宁大连、辽阳、锦州	辽宁至四川	7500
2	重庆销售公司	重庆	重庆至四川	1566
3	华北销售公司	河北任丘	襄渝、川渝铁路	20339
4	中国石油西部炼油企业	甘肃兰州、玉门，新疆	新疆、甘肃至四川	99631
5	国家物资储备局	重庆	重庆至成都	9105
6	中国石化武汉分公司	湖北武汉	武汉至成都	4868
7	西北销售公司102油库	四川成都天回镇	四川省内	20666
	合　计			163675

中国石油四川销售公司广元分公司加油站突击队队员为青川县关庄抢险机械加油

（中国石油　提供）

2008年6月19日，中国石油四川销售公司运油车辆紧急向地震震中汶川县运送油品
（常　宁　摄影）

中国石油所属炼化企业为保障抗震救灾成品油供应，在保证安全生产的同时，提高原油加工负荷，优化调整装置检修时间，提高成品油产量。兰州石化公司把加工负荷提高10%，重点增产成品油和液化气，保障灾区需求。2008年5月13—22日比计划多生产汽油1000吨、煤油3000吨、柴油9000吨。在地震中受损的南充炼油化工总厂通过全厂拉网式排查，及时处理10余处事故隐患，并在确保安全的前提下，组织恢复生产，于5月14日20时15分在地震后重新生产出合格的柴油。长庆石化公司在保证安全生产的情况下，提高加工负荷，增加成品油和液化气产量。吉林石化公司压缩检修工期，将炼油装置停工检修时间由20天缩短到17天，多加工原油6万吨，多产成品油3万吨。5月，中国石油炼油化工企业压缩化工产品生产，以提高成品油产量，加工原油992.20万吨，生产成品油606万吨。

中国石油化工集团公司保障灾区成品油供应，在用好管道运输的同

中国石化川渝分公司确保灾区成品油供应

（中国石化　提供）

时，加大资源投放力度。灾区的油品销售企业积极采取灵活经营方式，及时向灾区供油。中国石化坚持敞开供应和24小时供应，严控零售资源被截留倒卖及加油站非正常灌桶等问题，做到"站站不断油，随时能加油"，做好援建油品供应。在都江堰、绵阳等重灾区，中国石化根据油库布局和灾后重建需要，开展流动加油和上门送油业务，满足各级政府和重点单位应急需求。中国石化抓住重点引进项目，与电子行业、汽车行业、建筑行业主动协商，上门服务，签订长期合作协议，为四川省灾后工业生产保供服务。2008年下半年，中国石化资源供应总量同比增加20%～30%。

中国航空油料集团公司地震发生后全力确保灾区航空煤油供应，有效缓解灾区航空煤油供应紧张局面。

七、天然气供应

地震发生后，国资委、四川省政府提出"全力保障天然气供应"要求，中国石油、中国石化及时调度安排，组织专业人员抢修气田、气井及输气设施，保障抗震救灾、民用、压缩天然气（CNG）和燃气发电等专项和重点行业用气。至2008年5月20日，中国石油、中国石化天然气生产能力全面恢复，灾区群众生活用气得到保障。

中国石油地震发生后派出专业抢险队伍，对成都军区供气管线进行隐患排查和整改，确保10万名抗震救灾部队官兵及国务院抗震救灾总指挥部天然气供应，恢复都江堰市、江油市、广元市、苍溪县等受灾地区居民用气和压缩天然气供气。根据国家在3个月内为四川地震重灾区建设100万套活动板房（后调整为69.32万套）的计划和液化石油气供应资源要求，中国石油2008年5月27日下发《关于下达向四川灾区供应液化石油气配置计划的通知》，按照3.30万吨/月向四川地区配置液化石油气资源，其中安排活动板房用气1.30万吨/月。西南油气田是中国重要的天然气生产开发基地之一，天然气年生产能力达140余亿立方

中国石油西南油气田公司突击队连夜抢修天然气输气管道

（中国石油　提供）

米，用户遍及四川、重庆、云南、贵州、湖南、湖北等省（市），约占川渝地区天然气供应总量的85%。地震发生后，西南油气田公司立即做出调度安排，采取紧急检测、修复等措施，使部分气田、气井和生产装置安全快速恢复生产。至2008年5月17日，西南油气田恢复至震前99%的产气能力；6月13日，天然气生产能力全面恢复，保障抗震救灾、灾区恢复生产和群众生活用气需求。为帮助遭受地震重创的四川鋈峰实业有限公司尽快恢复生产，西南油气田公司协调气量，并派出维修人员进行复产前供气设施安全检查，使该公司在地震发生后1个月生产出合格的化肥产品。地震使四川省江油市江油电厂两台330万千瓦天然气发电机组、两台30万千瓦燃煤发电机组受损停运，江油地区大面积停电。西南油气田公司迅速调配气源，保障两台天然气发电机组投运，保证江油灾区医院急救、水厂供水、街道照明等急需。5月20日，甘肃销售公司将3车约8600立方米液化天然气安全运抵九寨沟，保障九寨沟民用天然气供应。

中国石化震后制订复产措施，保障灾区天然气供应

（中国石化　提供）

中国石化川西气田大部分气井于2008年5月13日关闭停产,仅有少数气井维持生产以保民用。气井关停后,中国石化采取措施确保气井安全,并对气井、管网进行安全排查,维护抢修受损气井、采输气设备、输气管道等,为川西地区气田全面复产做准备。川西气田坚持"安全平稳生产、合理调峰供气、降低压力运行、确保管网安全"的复产原则,按照灾后气田应急投产总体要求,结合灾后气井、管网可能存在较大安全隐患的实际情况,在各分厂成立应急投产小组,启动应急抢险预案,对照复产方案提前检查气井、站场、阀室等主要设备安全情况,开井前对管线试压,确保安全后逐步开井投产。至2008年5月20日,川西气田工程施工作业全面恢复生产,天然气产量由震后最低日产量48万立方米,恢复到日产量280万立方米。至6月4日,日产量稳定在645万立方米,产销基本平衡。6月17日,采输气生产基本恢复。7月底,川西气田产气量恢复到震前水平,保证四川省成都、德阳、绵阳地震灾区城镇居民生活和抗震救灾物资生产企业用气需要。

八、通信服务

中国电信集团公司至6月5日14时向四川、陕西、甘肃等地群众发送公益应急短信12547万条。至6月30日,公益应急短信超过2亿条。甘肃公司2008年5月12日15时利用震后仍保持通信正常的小灵通网络,通过10000号向全省用户发送地震短信息。13日后,联合新华社免费开通"10629999"短信每日灾情播报,每天向全省短信客户发送一条最新灾情信息和电信救灾信息。抗震救灾期间,向全省发送公益短信1200万余条。开通118114/114"报平安、寻亲人"热线,方便用户传递寻亲人、报平安等信息,形成全国范围内的互动交流。为甘肃省陇南市8县1区及重点乡镇开办30余个免费电话服务点、150部免费电话,提供灾区群众"报平安"服务,通话达2.90万余次,服务接近3万人（次）。开通电话收音机地震灾情在线广播和互联网信息灾情信息查询，电话收音机用户可免费拨打"11897112"，实时收听新华社关于灾区新闻广播频道；农村用户可通过各地电信农村信息站点，免费查询灾情信息。陕西公司按照陕西省政府应急办和省通信管理局要求，向全省小灵通用户群发免费公益短信，发布地震灾情，提醒群众不要恐慌，并对不真实信息进行辟谣，每天发送约300万条，并为有关部门群发涉及抗震救灾公益短信8102万条；还向陕西电视台提供21部小灵通和超级无绳连心卡。

中国移动通信集团公司从2008年5月25日起为灾区群众开通100865"灾后心理咨询"热线，组织具有心理学知识的志愿者，在专家指导下接听电话，帮助遭受地震灾害的群众从伤痛中走出来。中国移动、中国科学院心理所和北京邮电大学发起"金色阳光工程"地震灾区心理服务项目，实施心理援助和心理辅导，为灾区群众提供及时和有针对性的心理援助服务。"金色阳光工程"第一阶段有超过1500名受灾群众接受心理辅导与援助。陕西公司与第四军医大学心理学教研室合作建立心理援助咨询服务。地震发生后，中国移动与当地劳动保障部

从2008年5月12日起，中国移动四川公司在灾区设立应急服务点，为抢险军民提供免费手机充电等服务

（中国移动 提供）

门合作开通"12580"免费就业信息查询平台,方便用户查询就业、招工岗位等信息。"12580"将用户求职需求匹配成功岗位后,通过语音播报和短信方式告知用户。就业信息查询平台开通后,为灾区用户提供管理、技术、财务、文秘、服务员、销售代表、驾驶员、普工等多个工种岗位。在提供就业援助的同时,还开通创业信息查询服务,用户拨打"12580",就可查询创业项目名称、内容、投资额等信息。2009年2月,中国移动四川公司成都分公司与成都市劳动和社会保障局等单位联合发起"春风送岗位——神州行、伴您行"大型专场招聘活动,帮助地震灾区来成都务工人员解决就业问题。

中国联合通信有限公司四川公司成都分公司在地震当晚立即设立24小时抗震应急营业厅,方便用户及时办理各类应急业务。

2008年5月12日地震发生后,中国联通四川公司成都分公司连夜设立24小时抗震应急营业厅

(中国联通 提供)

九、救灾物资运输与伤员抢运

航空运输 中国航空集团公司在地震发生后立即启动应急预案，合理调整航班。2008年5月12日15时30分，中国国际航空股份有限公司飞行总队接上级执行赴灾区包机任务。20时51分，CA071航班（A330机型、6091号飞机）从北京首都国际机场起飞，运送救援人员及物资赴四川灾区。23时03分，安全降落在成都双流国际机场，是灾后成都降落的第一架飞机。13日2时54分，机组载旅客227人（CA072航班）返回北京。地震发生后，中航集团抽调空客A340、波音777等大型客机和波音747全货机，紧急运输救灾人员及物资，疏散成都及九寨沟滞留旅客。至5月28日，运送救灾物资373个航班、急救飞行152个航班，运送生活等物资2818吨。

2008年5月12日23时03分，中国国际航空股份有限公司CA071航班执行救灾包机任务降落成都双流国际机场

（中航集团 提供）

中国东方航空集团公司2008年5月13日16时接到上海市应急办运送1680顶帐篷至成都市的请求，随即将14日3时直飞安克雷奇—洛杉矶—旧金山的麦道11（2170）号货机紧急调整，改为执行帐篷运输

第三篇 救助安置

2008年5月13日,东航集团紧急运送武警官兵近千人奔赴四川灾区抗震救灾
（东航集团 提供）

2008年5月13日11时40分,东航集团江苏有限公司运送医务人员及救灾物资前往四川省成都市
（青志信 摄影）

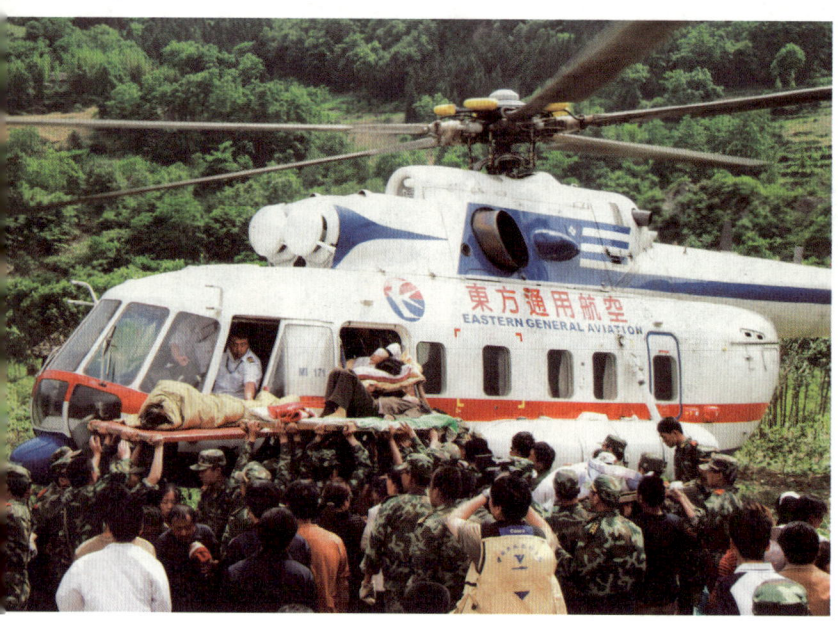

2008年5月15日，东航集团直升机在四川省汶川县紧急运送伤员至成都市救治

（东航集团 提供）

任务。至5月28日，东航集团投入飞机92架，紧急运输飞行237个航班，执行运送任务458次，运送救灾物资及医疗器械29890.41吨。

中国南方航空集团公司北京分公司货运部2008年5月13日接到运送190件通信基础设施物资的任务。15时10分，CZ3903航班装载通信基础设施重建天线等重约3.05吨的救灾物资飞往成都市。14日9时，南航集团黑龙江分公司应黑龙江省民政厅要求，将115吨、1万顶帐篷运往成都双流国际机场。14日，应吉林省政府要求，南航集团出动1架A321飞机由长春向成都运送6.80吨医疗物资。5月12日至7月2日15时，南航集团派出波音747-400全货机、波音777、空中客车330宽体机、货机等245架，执行救灾航班491个，救灾飞行1349小时，运送救灾物资2331吨、行李10146件。

中国海洋石油总公司在地震发生后抽调部分用于保障海上油气田正常生产、应急、职工倒班的直升机，参加抗震救灾。2008年5月14日，中国海油与中信海洋直升机股份有限公司、南航集团珠海直升机分公司、东航集团东方通用航空公司紧急磋商，妥善安排海上生产，从27架在租直升机中抽调14架直升机，列入民用航空局统一调配参与救援。在55天内，飞行90余架（次）、240余小时，运送伤员、受灾群众、解放军和武警官兵、消防及医疗救助人员、水利专家等300余人，救灾物资3余吨。在抗震救灾期间，中国海油支付直升机租金1936万元。

在抗震救灾期间，巴基斯坦政府向灾区提供两万余顶帐篷救援物资，中国移动巴基斯坦公司联合当地其他几家中资机构，承担帐篷运输费用约1000万元，及时将帐篷运抵地震灾区。

公路运输 中国兵器工业集团公司八四五厂2008年5月15日运送救灾物资至四川省成都市。20日，兵器工业集团根据陕西省户县人民武装部要求，由八四五厂人民武装部派出两名民兵（司机）及两辆卡车，运送救灾物资至陕西省汉中地区。6月13日，兵器工业集团一〇四厂接到山西省阳泉市赴四川灾区运送救灾物资的通知，迅速组建运输队。15日17时，将救灾物资运抵四川省都江堰市安龙镇，提前3天完成运送任务。兵器工业集团八〇五厂红光公司出动8辆运输车，为灾区群众运送急需生活物资。

中国海运（集团）总公司发挥多年经营物流综合运输的优势，克服灾后道路损毁、交通拥堵等困难，制订运输方案，合理安排并调配人员及车辆，完成抗震救灾专项运输任务。中国海运物流所属重庆公司配合四川省、甘肃省政府及抗震救灾指挥部，利用公司专业业务渠道，将在绵阳地区的5辆集装箱卡车无偿投入抗震救灾，并组织15辆厢式货车奔赴灾区运送物资，主动联系和协调重庆市慈善总会及其他民间组织调运赈灾物资，分4批出动集装箱卡车12车（次）、厢式货车16辆（次），将灾区急需的饮用水、大米、食用油、药品等近400吨救灾物资运送到四川省绵竹市、德阳市及甘肃省兰州市等地受灾群众手中。中国海运物流所属北方物流公司按大连市委、市政府抗震救灾部署，组织救灾物资运输车4辆，将大连市支援灾区的96吨价值近250万元的5119件药品及时送抵甘肃地震灾区群众手中。中国海运所属中海集装箱运输股份有限公司根据交通运输部紧急调令和集团公司指示，就近调运28只集装箱到地震灾区各邮政局，作为当地邮局临时办公场地。

中国对外贸易运输（集团）总公司、中国机械工业集团公司发挥各自运输优势，多次运输救灾物资。中国对外贸易运输（集团）总公司抗震救灾运输情况见表3-1-11。

表3-1-11 2008年中国对外贸易运输（集团）总公司抗震救灾运输一览表

承运企业	出发时间	目的地	运送物资
广西公司	5月12日晚	四川省	运送1万顶帐篷
银河国际货运航空有限公司	5月14日	四川省	运送110吨救灾物资
山东有限公司	5月18日	四川省	运送280台发电机组等救灾物资
西南公司	5月18日	卧龙大熊猫基地	运送43顶帐篷、500千克大米、100千克食用油及猪肉、蔬菜等
广东有限公司	5月26日	四川理县	运送尼龙床、帆布床和加钢床等629件
银河国际货运航空有限公司	6月4—6日	四川省	运送天津红十字会救灾物资

2008年5月16日，中国一拖集团有限公司抗震救灾车队行至距四川省青川县县城42千米的酒崖山脚下

（国机集团 提供）

第二章 生活安置

灾区中央企业职工住房遭到大面积破坏，国资委要求中央企业"认真做好受灾职工及家属的安置和安抚工作"，各中央企业启动应急预案，成立应急指挥中心，排查受损住房，自筹资金购置大量帐篷，搭建防震棚，紧急转移和临时安置灾区职工及家属。采取搭建活动板房、异地转移、投亲靠友、自建房屋等安置措施，妥善解决灾后职工及家属安置困难。

中央企业在安置职工及家属的同时，完成国家下达的生产活动板房安置灾区群众的任务，根据企业行业特点，承担活动板房原材料生产、板房设计、场地平整、板房搭建及生活配套设施建设等任务。

第一节 企业内部安置

一、应急安置

中国核工业集团公司八二一厂在地震发生后数分钟，利用 25 辆客车作为临时避难所，安置离退休老干部、妇女儿童、老弱病残、职工及家属近千人。2008 年 5 月 12 日 15 时，八二一厂成立抗震救灾指挥部，组织 30 余人，搭建临时帐篷 300 平方米，安置受困职工、群众 500 余人。13 日，组织突击队挨片区搭建帐篷，至 27 日，发放、搭建帐篷 16645 平方米，其中管架帐篷 1078 平方米、救灾帐篷 15567 平方米（1228 顶）。15 日，为离休干部搭建 27 顶帐篷，搬运床铺、被褥等物品。中核集团中国核动力研究设计院抗震救灾指挥部于 5 月 12 日 18 时 20 分，在基地小礼堂、桥头菜市场、客运队、3 号点老年活动室为职工搭建临时安置点，发放救灾物资。12日晚,核动力院反应堆运行与应用研究所在工会活动中心、托儿所两区域建立防震临时避险区域,集体安置40户住宅严重受损的职工及家属。随后,核动力院设立11个职工临时安置点,房屋受损严重住户得到了妥善安置。中核集团二八〇研究所于5月12日17时在家属楼和办公楼间空地上搭建临时防震棚,安置职工及家属。13日16时,甘肃矿冶局抗震救灾人员赴都江堰市七九二社区华宇小区,用彩条布搭建防震棚,安排职工、群众入住;17日,又搭建帐篷67顶,解决小区退休人员、家属、子女250户1000余人临时安置;在华宇小区发放免疫药品,并组织人员在小区喷洒消毒防疫药品。20日,中核集团支援的50顶帐篷运抵二八〇研究所,临时安置职工、群众。

2008年5月13日,中核建设集团第二四建设公司二公司搭建好职工临时避震安置点

(中核建设集团 提供)

中国核工业建设集团公司第二四建设公司在地震发生后，动员住户迁到户外，采购约7.50万平方米彩条布，发放到受灾职工手中，组织搭建防震棚约2万平方米，解决受灾职工临时安置困难。

中国兵器工业集团公司六一五厂紧急调整单身宿舍175间，搭建防震棚5886平方米，配备必要的水电设施，安置受灾职工近900户（1700余人）。

中国兵器装备集团公司西南自动化研究所于2008年5月12日晚开放刚建好的军品总装总调工房，供职工休息，当晚600余人入住；还在家属区、单身楼和所区草坪前设立3个集中地，作为职工临时避难场所。13日晚，兵器装备集团将西南技术工程研究所运送的10顶军用帐篷分别搭建在3处职工集中的临时避难场所，安排退休职工、单身职工及儿童休息。5月17—20日，晋林公司组织采购彩条布等材料，在生活区中心广场搭建临时防震棚。19日，晋林公司又紧急从天津采购4套野外帐篷，提供给老弱病残人员使用。同日，陵川公司搭建约3500平方米的防震棚，解决职工及家属临时避震居住问题；在集中避震点安装电视机和饮水机，方便职工及家属收看政府公告和地震信息；准备备用发电机，确保家属区安置人员正常生活需要。宁江公司在相对开阔的运动场和绿化带搭建起防震棚，安置受灾职工及家属；宁江公司山川减振器厂130名职工搬进都江堰市政府统一安排的避震救灾帐篷和活动板房，由市政府统一发放救灾物资。华庆公司在小区文化广场为老弱病残职工及家属搭建近200平方米临时帐篷，部分职工及家属在生活区空旷地带自行搭建约180顶临时帐篷。20日，西南自动化研究所搭建200顶帐篷，安置老人、妇女、儿童及单身职工；晋林公司开放退休人员活动室、食堂、茶园、车棚、大客车等，作为临时避难场所。受灾职工及家属临时安置持续半个多月。

中国电子科技集团公司第二十九研究所都江堰分所2008年5月13日集中搭建帐篷，以家庭为单位，暂时安置职工及家属。

2008年5月16日，兵器装备集团组织专业人员为防震棚区喷洒防疫药物

（兵器装备集团 提供）

2008年5月16日，兵器装备集团组织职工打扫防震棚区卫生

（兵器装备集团 提供）

中国石油天然气集团公司受灾企业在地震当天组织职工全力搜救失去联系人员，设立临时办公区和生活点，安置受灾职工及家属。中国石油协调所属长庆油田公司、新疆油田公司、大港油田公司、长城钻探工程公司、东方地球物理勘探有限责任公司等企业，筹集2600顶帐篷，

运往四川灾区。西南油气田公司为受灾职工及家属发放帐篷2659顶，提供遮雨棚布1.25万平方米，保障地震初期职工及家属基本居住需求。川西北气矿与川西北公共事务管理中心从5月12日晚开始搭建临时遮雨棚，3天搭建1.56万平方米，安置伤员和受灾职工及家属。13日，西南油气田公司成都市天回镇石油社区管理站搭建1400平方米防震棚，近千名职工及家属入住。30日，西南油气田公司成都公共事务管理中心搭建帐篷17顶，临时安置受灾职工家庭，提供教室，为参加高考、中考学生复习使用。四川销售公司为岷江、绵阳、德阳、广元分公司设置临时安置点，搭建防震棚、帐篷等，安置受灾职工及家属。5月14日23时，除道路中断的汶川、北川灾区外，四川销售公司2000余名灾区职工及家属住进临时帐篷。川庆钻探工程公司所属地球物理勘探公司自筹资金，采购塑料布、帆布、棕绳等搭建帐篷，购买和租借棉被，供野外施工人员住宿。地震当晚，川庆钻探工程公司所属蜀渝公司为位于江油市的川西北分公司搭建临时帐篷25顶、防震棚400余平方米，安置受灾职工1000余人。5月12—26日，四川培训中心为留校学员提供临时避难场所和饮用水、医疗用品等，并有针对性地做好学员的思想稳定工作。运输公司为受灾的四川分公司提供并搭建军用帐篷100顶、临时防震棚80个，并提供各类简易行军床750张。陕西销售公司为受灾职工及家属搭建帐篷262顶。甘肃销售公司紧急购买、调运107顶帐篷，送往陇南分公司油库、加油站及职工家属院。西南化工销售公司紧急调运120顶帐篷，为职工搭建临时住处。

中国石油化工集团公司川西采气厂2008年5月13日迅速组织购买凉板床360张、帐篷50顶、睡袋100个，在空旷地带搭建防震棚。中国石化川渝石油基地派员协调购置帐篷、睡袋、口罩、大量消毒粉和消毒液，在德阳、绵阳、成都等基地服务站点，搭建40个共计能容纳3000余人的防震棚。西南石油局第二物探大队抗震救灾领导小组调用物探分队库房野营帐篷，安置受灾职工及家属1500余人。西南油气田绵阳抗震

中国石油在四川灾区加油站周边建立起临时帐篷安置点

（中国石油　提供）

救灾前线指挥部做好堰塞湖溃坝撤离准备，26日调运帐篷70顶，调用大、小车辆8辆，组织突击队员80余人赴绵阳市转移职工及家属，搬运物资，搭建帐篷。经过10小时，至当日23时，转移职工及家属1455人，搭建帐篷65顶。

国家电网公司受灾基层单位及时组织职工转移到安全地带，对职工进行临时安置，组织人员及时收集、统计公司职工及家属受灾信息，并在四川省都江堰、德阳、绵阳、广元等地区设立41个临时安置点，安置职工及家属7000余人，还从各地筹集饮用水、食品、帐篷、行军床、药品等物资，为受灾职工解决生活困难。国家电网在对灾区各单位生产、办公及职工住房受损情况摸底统计后，向地方政府申请临时房建设用地，提前订购活动板房材料，组织内部力量加快建设临时安置房。国家电网自建活动板房11.94余万平方米，其中职工生活安置房93436平方米，生产办公安置房25974平方米，2775户职工入住活动板房，1180户农电工通过现金补贴自建住房。映秀湾水力发电总厂都江堰生活区729个住户，地震发生后及时转移到户外安置。成都电业局都江堰指挥中心

地震发生后,中国石化为灾区职工及家属搭建临时安置点

(中国石化 提供)

成立,将都江堰供电局(司)职工安置在指挥中心帐篷内。德阳电业局各基层单位在地震发生后,对受灾职工及家属进行紧急疏散,安全转移到空旷地带;统一购置帐篷、雨布等物资,为职工搭起临时居住点。绵阳电业局及时将部分职工有序转移到启明星温泉酒店;部分受灾职工搭乘绵阳地方志愿者车辆转移到绵阳市九洲体育馆群众安置点。广元电业局行政事务中心成立受灾职工及家属安置工作小组,转移安置部分受灾职工及家属到相对安全的局汽车修理厂,并在青川乔庄变电站设立集中安置点,安置青川供电局职工及家属。阿坝公司将伤员全部运出地震极重灾区映秀镇。岷江公司先后6批紧急派遣40余人(次),组织汽车772辆(次),行程120万余千米,到百花、草坡、沙牌、威州等受灾地区抢险,疏散滞留在灾区的职工及家属400余人。

中国华能集团公司四川公司成立受灾职工及家属安置工作小组,2008年5月13日,从四川公司其他单位调中巴客车将太平驿公司受灾职工及家属转移到成都华能培训中心临时安置。14日晚,安置居住在都江堰市的大部分职工及家属到成都市;联系都江堰美华酒店,安置从太平驿电站转移来的职工及家属400余人。太平驿公司搭建防震棚4处，合计320平方米，容纳110人避险；在大坝搭建1顶地震篷，容纳17人避险。在都江堰美华酒店搭建地震篷3顶，约130平方米，容纳65人避险。

中国大唐集团公司广西分公司在成都设立安置点，将住在都江堰市的15户职工及家属47人转移到成都市区内；将天龙湖、金龙潭电站职工及家属集中到厂区安全地带，并搭建临时帐篷，妥善安置职工及家属。碧口水力发电厂组织职工及家属紧急疏散，在相对宽阔平整的广场、篮球场等地搭建临时简易帐篷，安置职工及群众。采取分流部分人员异地安置、对可修复楼房原地安置、新建活动板房应急安置、安排到德阳工作及离岗休假等形式，分批安置受灾职工及家属。略阳发电有限责任公司先后设安置点8处，值班帐篷5顶，搭建防震棚48个、钢管大棚9个，安置职工674户（1729人）。其中，略阳发电有限责任公司在略阳县城居住的职工及家属回厂安置116户（285人）。桂冠天龙湖公

2008年5月12日15时，中国大唐略阳发电有限责任公司紧急转移老弱病残职工
（中国大唐 提供）

司组织人员及时搭建临时避震帐篷，安置120人。

中国华电集团公司四川宝珠寺水力发电厂地震发生后转移受灾职工及家属760人到三堆生产区、办公区域等指定避震场所，搭建避震帐篷279顶。

中国国电集团公司南桠河流域水电开发有限公司将栗子坪生产基建人员及家属转移到安置点，准备饮用水、药品等物资，接通生活照明用电，提供生活电炉、风扇等设备。中国国电南桠河发电厂在灯光球场、健身乐园、生活区空旷地带搭建临时避难点，转移安置本厂员工及家属、南桠河流域水电开发有限公司职工及家属、石棉县受灾群众共1000余人，并提供生活物资和电力供应。

中国电力投资集团公司薛城项目部2008年5月13日在驻地空旷地搭建1顶简易帐篷，在薛城电站厂房外搭建3顶简易帐篷，安置职工和当地受灾群众。

中国电信集团公司四川公司为职工提供帐篷2418顶、睡袋262个，使受灾职工及家属得到及时安置。中国电信陕西公司宁强、略阳、西乡分公司41户职工住房受地震影响成为危房。陕西公司先后在汉中和各县分公司办公场所及职工住宅区搭建防震帐篷300余顶，将集团公司总部调拨的348顶帐篷及时下发到各基层单位。至2008年5月19日，陕西公司为职工搭建帐篷764顶。陕西公司宝鸡分公司把集团公司总部支援的160顶帐篷、陕西公司支援的60顶帐篷迅速发放给受灾职工。

中国第二重型机械集团公司组织人员在公司文化广场、职工文体中心、厂西生活区等地搭建防震棚200余顶，安顿社区居民和职工临时避震。2008年5月17日下午，安置无家可归的东汽公司受灾职工及家属500余人。为照顾好社区60余名鳏寡孤独老人避震，中国二重组织各社区将老人接到社区居委会办公室安置。中国二重还组织职工50余人搭建防震棚1700余平方米，解决2100余人临时居住问题。

中国东方电气集团公司在地震发生后建立了6个集中安置点，妥善安置并规范管理转移至德阳基地的受灾职工和群众。东方电气集团德阳琪达公司安置点接收并安置东汽公司（汉旺）受灾职工及家属350余人，东汽公司树脂公司安置点安置1600余人，东方电气集团表工公司表工安置点安置从汉旺镇转移出来的受灾职工及家属4000余人。东汽公司汉旺基地受灾严重，疏散转移的职工、群众被送到相对安全的东汽公司德阳分部各单位，利用厂房、车间进行临时安置，安置点安置受灾人员1.14万余人，其中有80多岁的孤寡老人，有未满月的婴儿，还有孕妇。东汽公司德阳分部各级党委、基层党组织和党员干部将食堂桌椅搬到室外安全地带，安排受灾职工、群众休息，用钢管、塑料布搭建临时棚子，组织转移职工、群众到指定地点休息，安排人员发放牛奶等紧急采购的食品，安排电工安装临时照明设备。在临时安置人员众多，食品、饮用水短缺的情况下，东汽公司德阳分部干部职工把随身带的钱凑起来购买生活用品，使临时安置点职工、群众情绪逐渐稳定，生活得到基本保障。德阳分部救援人员渴了喝几口水，饿了吃几块饼干，困了就倒地打个盹儿，过度劳累使干部职工嘴唇干裂、舌头起泡、声音嘶哑、咽喉红肿化脓，话都说不出来。

中国诚通控股集团有限公司成都通信设备厂地震当晚搭建帐篷，安置职工800余人。2008年5月15日下午，工厂组织人员紧急购置床板，在防震棚中搭建450张床铺，安全转移安置住房存在隐患的职工550户入住。

中国冶金科工集团公司受灾企业及时转移灾区职工及家属，搭建防震棚，购置活动板房，安置受灾人员。中冶集团成工建设有限公司2008年5月13日将受灾群众转移到郫县钢构厂新厂房进行安置；组织专人联系受灾群众的亲朋好友，将50余人分散安置到攀枝花等地亲友家中；组织工程人员对房屋初步鉴定；为受灾较为严重的第五冶金建设公司江油生活区购买防震棚布、竹竿等物品，搭建防震棚2200平方米。14日，又组织人员为猛追湾区、跳蹬河区、天回镇区等地危房群众，搭建防震棚1300平方米。中冶集团赛迪工程技术股份有限公司江油项目部启动应急救援预案，疏散施工人员至办公室前空旷地带。当晚，项目部23人却在工程现场办公室和交通车内过夜。中冶集团实久建设有限公司在都江堰郊外搭起两处临时安置棚，将部分受灾职工集中到临时安置棚内休息。中冶集团成都勘察研究总院将受灾职工就近安排进单身职工宿舍；向8名房屋受损职工发放慰问金2.90万元；拨付100544元对简阳生活基地房屋检测、检查、维护修缮。在强余震频发期间，中冶集团成都勘察研究总院拨付2.15余万元，安排住在办公楼的单身职工入住房屋结构较好的宾馆。

中国化工集团公司清平磷矿、蓝星机械、6914厂通过自救和地方政府救助，妥善安置受灾职工及家属近6000人。清平磷矿2008年5月12日16时将公司伤员、老人、小孩、妇女安置在矿部救护车和客车上，其他人自行露宿。清平磷矿将职工食堂防洪储备粮抢运出来，维修没有倒塌的锅炉及水管，从商店抢出部分塑料薄膜搭建临时工棚，安置受灾群众200余人。14日，清平磷矿在马尾塑编厂设立安置点，用塑料编织袋铺设大通铺床500张；在绵竹市绵遵路口、中心广场、樱花林、景观大道旁、联合村搭建临时安置点，建临时厨房，为转移出来的职工解决生活问题。17日，矿区2000余名受灾人员撤离出山，转移至马尾塑编厂安置点。指挥部成立两个生活管理小组，负责安置点人员生活安排；成立救灾物资管理小组，管理捐助物品接收和发放。蓝星机械在厂区内空旷地带搭建13顶帐篷及防震棚，总面积4000余平方米，临时安置职工及家属2700余人。针对防震棚安置人员多、拥挤，不利于疫情防控的状况，动员部分有条件的职工及家属投亲靠友；恢复生产后，组织职工到用户单位赶制产品；用转移生产场地等办法，将部分职工转移到外地安置。至5月19日，蓝星机械陆续疏散职工1209人到异地工作，通过各种渠道和方式，安置职工及家属2700人。6914厂安排人员上山砍竹子，找塑料布，搭建避雨棚，临时安置职工家庭445户、老人和孩子

1100人。16日，搭建624平方米避雨棚，容纳200余人。18日晚，狂风暴雨将避雨棚摧毁，6914厂立即派人到成都市等地购买60床被子、40顶帐篷，安置职工及家属。

中国南方机车车辆工业集团公司成都公司在地震当天下午，将住在危房及高楼层的职工及家属、群众2000余人转移到相对开阔的厂区广场、道路等地。2008年5月12日23时，成都公司根据对生活区的排查情况，在运动场和体育馆建起避震点，利用招待所、单身公寓、大客车等安置危房住户。对住房受损严重的住户，实行强制撤离；对有险情的生活设施悬挂警示标志并派人巡守；采取单位包保的办法拓宽安置渠道。成都公司调集6辆客车作为老弱病残孕和家属临时休息地；开放影剧院前厅，在影剧院、灯光球场搭建192个铺位的14顶临时帐篷，安置危房职工及家属；在各基层单位会议室、办公室、一楼工作间、库房及与公司相邻的农户家中，安置受灾职工及家属。至5月13日22时职工得以妥善安置。资阳公司13幢住宅存在安全隐患，涉及职工381户。地震当晚，资阳公司清理并开放公司游泳池南北休息区、车城公园、活动室，在避震人员多的车城广场、车城公园用脚手架、遮雨布搭建防震棚4400平方米，为职工及家属提供避震场所。5月20日，资阳公司通过安排在孙家湾单身宿舍、引导职工投亲靠友或自主租房、给予一次性安置补贴等方式，临时安置职工381户。眉山公司成立抢险队赴生活区、厂区，及时疏散职工、群众到安全地带。

中国铁路工程总公司在招待所、单身宿舍、工会老年公寓、办公室、会议室、活动室等地搭建防震棚，临时安置受灾职工；在防震棚周围铺设临时供水、供电线路；搭建临时卫生间；设立24小时值班室；成立卫生清洁队，每日两次对人员密集区域进行环境消毒；安排治安人员增加夜间巡查，确保职工及家属正常生活。

中国航空器材进出口集团公司组织人员通过网络、电话、职工亲属代购等方式，购置52顶救灾帐篷，及时送往西南公司，解决受灾职工及家属安置问题。

中国水电工程顾问集团公司成都勘测设计研究院地震当晚在都江堰上基地搭建防震棚,将受灾职工、群众转移至防震棚。在都江堰下基地腾出水建公司钢结构大库房,将人员疏散到库房,并配备4名医护人员进行救治及卫生监控。成都勘测设计研究院6天派车100余台,转移基地职工及家属1100余人,其中300人安排在院职工大学和蒲江农场临时安置点,部分采取货币补贴办法安置。

中国水利水电建筑集团公司于2008年5月13日上午组织受灾较轻的水电七局、中国水电四川电力公司等单位,成立6支抢险突击队,赴水电十局基地开展安置救助。水电十局分区组织开展自救和疏散,将受灾职工、家属、离退休人员疏散转移到安全地带。四川电力公司、水电七局、水电四局等单位13—14日将帐篷、食品、饮用水、衣被、药品等救灾物资陆续运到水电十局。水电十局立即统一调配,将帐篷分配到都江堰市紫坪铺镇、水电十局医院等受灾单位,建立7个救助安置点。中国水电集团组织200余人的抢险突击队,帮助水电十局搭建防震棚和帐篷694顶,临时安置职工及家属、离退休人员1.06万余人。

攀枝花钢铁(集团)公司2008年5月17—21日搭建简易帐篷420顶,并配备电视机,解决553户孤寡老人、伤残人员、特困家庭临时居住问题。抗震救灾期间,攀长钢发放帐篷6422顶。31日,唐家山堰塞湖泄洪应急预案启动,含增片区住户临时安置到攀长钢技校。

二、过渡安置

中国核工业集团公司八二一厂生活区房屋因地震灾害成为危房。八二一厂采用在广元地区租房来解决职工过渡期临时住处问题。2008年6月10日,三堆基地3350户职工及家属办理外租房暂住手续,56户入住由广元市政府统一搭建的活动板房。截至10月30日,全厂为4940名职工及家属办理外地租房暂住手续,并按月、按标准发放租房补助。同时,对 2359 户已搬家职工,一次性发放搬家费。

中国核工业建设集团公司第二四建设公司将自建的 192 套活动板房和地方政府支援的 228 套活动板房(欧家坝 A1—A9 区)分配给受灾职工。对搬迁至欧家坝活动板房的受灾户,单位统一筹措资金搬家,并解决住户用水、用电和收看电视等生活问题。

中国电子科技集团公司第二十九研究所都江堰分所第一批搭建的 32 间(753 平方米)活动板房于 2008 年 6 月 16 日验收并投入使用,用来安置无房职工。7 月 18 日,第二批搭建的 48 间(892 平方米)活动板房验收并投入使用。

中国石油天然气集团公司开展过渡期安置房屋与配套设施建设。至

2008年10月,中核建设集团第二四建设公司基地职工地震安置住房动工修建
(中核建设集团 提供)

2008年底，投入资金3.30亿元，建设职工生活过渡房4.85万平方米，完成88万平方米受损住宅维修及相关水电暖等配套设施修复。中国石油西南油气田公司按照国家《地震灾区过渡安置房建设技术导则（试行）》标准，搭建使用寿命5年、材质可回收的过渡安置房，采取"边建边住"的方式进行过渡房建设和安置。2008年6月11日，川西北地区第一批300套（6000平方米）活动板房安装；6月底，800套活动板房、240套公共配套（厕所、浴室、厨房）活动板房建成；7月9日，建成首批活动板房500余套；8月初，完成受灾单位12个过渡生活区、安置点389户活动板房、配套房和水电气等公用设施建设，安置职工及家属1500余人；完成22个过渡办公安置点，153间过渡办公活动板房，落实近300人的过渡办公场所。8月底，川西北地区单位受灾职工住户全部搬离帐篷，入住活动板房。西南油气田公司采取为每户安装空调、免费提供用电、送上御寒用品等措施，改善活动板房居住条件。四川销售公司制定《灾后过渡安置及恢复重建工作有关原则和标准》，采取启用闲置公房、搭建活动板房及鼓励投靠亲友等措施对受灾人员进行安置，并对投靠亲友的职工发放补助。6月12日，运输公司组织所属油建公司为四川分公司制作10套彩钢板房，解决四川分公司受灾职工过渡期安置问题。

国家电网公司落实映秀湾水力发电总厂、都江电力设备厂、阿坝公司、都江堰供电局和陇南供电公司等房屋受损严重单位临时办公用地和职工过渡房安置用地，安排建设活动板房148923平方米。其中四川省电力公司建设活动板房145923平方米，包括生产用房36119平方米、生活用房109804平方米；甘肃省电力公司为陇南供电公司建设生活用活动板房3000平方米（表3-2-1）。绵竹供电局成立专门小组，负责安置区管理；什邡供电局注重消防安全，每幢活动板房前都放置灭火器，为职工普及消防安全知识；绵阳电业局成立临时生产办公用房及职工生活安置房建设管理工作组；广元电业局青川局在小沟、井家沟活动板房区搭建公共厨房，利用原厂区避雷设施防雷；阿坝公司对安置区门窗进行防盗改造，安装安保监控系统，配置防火设施。

表 3-2-1　国家电网公司建设活动板房面积统计表

单位名称	生产用房面积（平方米）	生活用房面积（平方米）	总面积（平方米）
四川省电力公司	36119	109804	145923
公司本部	1370	2000	3370
成都电业局	7651	27955	35606
德阳电业局	3086	11302	14388
绵阳电业局	14930	14550	29480
广元电业局	1898	2387	4285
雅安公司	170	—	170
岷江公司	2700	3873	6573
眉山公司	1070	—	1070
遂宁公司	2051	2360	4411
西昌电业局	220	—	220
成都电力金具总厂	173	2202	2375
都江电力设备厂	—	20376	20376
映秀湾水力发电总厂	—	20209	20209
电力疗养院		690	690
阿坝公司	800	1900	2700
甘肃省电力公司	—	3000	3000
陇南供电公司		3000	3000
合计	36119	112804	148923

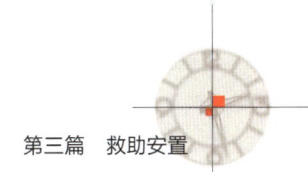

第三篇　救助安置

国家电网公司什邡供电局为职工及家属建设的过渡安置活动板房

（国家电网　提供）

中国华能集团公司太平驿公司于2008年6月1日开始灾后重建，20余天建成活动板房80套，总面积为2454.40平方米，各类配套设施959.04平方米。30日活动板房交付使用，安置原居住在美丽新城的78户受灾职工。太平驿公司抽调干部职工26人，在过渡安置点开展生活服务和管理，鼓励职工及家属在小区内开设便民小卖部。针对夏季过渡安置房闷热潮湿的情况，公司为每户安装空调，使职工居家生活更加舒适。小区内开通闭路电视，安装电话和宽带网线，丰富职工业余生活。

2008年6月底，中国华能集团为受灾职工建设的太平驿福太家园安置点职工住宿区

（刘小蓉　摄影）

小区食堂、绿化、路灯、晒衣架、厨房、浴室、卫生间等基本设施配套齐全，配备保安11人、保洁员13人，分别负责临时过渡活动板房生活区、办公区安全和保洁服务。

中国大唐集团公司碧口水力发电厂进入过渡期后，先后在厂区、生活区集中搭建帐篷135顶、活动板房24间，安置职工及家属962人，厂外分流安置78人，并将电源、有线电视线接入安置点，使职工及时了解抗震救灾新闻和各种信息。2008年7月初，碧口水力发电厂为改善职工生活环境，度过夏季高温酷暑，组织职工搬离帐篷。根据分流方案，结合职工意愿，在厂外安置136户（161人）；原地修复部分房屋，安置219户（255人）；在生产区、灯光球场、办公楼前等地搭建活动板房130套及淋浴房、盥洗房和卫生间9间，安置130户（159人）。同时，每天定时清理安置区环境卫生，每周定期喷洒消毒液，加强安全保卫和后勤保障工作。

中国华电集团公司四川宝珠寺水力发电厂在三堆生产区搭建过渡活动板房30套，总面积1200余平方米，安置点供水、供电、就餐等配套设施齐全。同时，安排专人负责环境卫生、治安、用电安全、设施维护、保洁、消防管理等。

中国第二重型机械集团公司社区危房居民3000余人由德阳市旌阳区政府安排在蒙南活动板房安置区集中居住。中国二重派专人协助活动板房临时社区服务，用专项经费安装残疾人坐便器，方便活动板房安置区残疾人使用。

中国东方电气集团公司组建8个工作组，配备26名党群干部和近百名党员骨干担任安置点管理人员，负责安置点统一协调和规范管理，做好安置点物资供应、生活服务和管理等。随着安置点扩展，6个临时安置点共安置灾区职工、群众1.10万人。2008年6月底，在全国各地援建下，可供暂时居住的活动板房搭建竣工并交付使用，6个临时安置点逐一拆营、并营、转营。受灾职工及家属2000余人被分别安置在绵竹、旌阳一区、白宫、表工、南滨5个活动板房区。东方电气集团相继在5个活动板房区成立管理服务中心，进行日常服务与管理。

中国五矿集团公司于2008年7月11日向甘肃陇南灾区援助550顶教学保温帐篷（每顶占地40平方米），总价值330万元，并现场进行安装演示和使用培训，教学保温帐篷基本满足了2.75万名灾区学生的教学需求。

中国冶金科工集团公司为江油受灾职工及群众争取256套活动板房，并增设公共卫生间、公共洗衣台、排水系统等生活设施，改善受灾职工及群众居住条件。中国冶金成工建设有限公司组织人员对156户受损房屋进行修复加固处理。

中国化工集团公司于2008年5月28日组建工程队，协助辽宁省沈阳市援建单位修建活动板房。6月26日，建成活动板房1100套，安置从山上转移来的清平磷矿职工和家属3000余人。蓝星机械拆除自建避震大棚，采取分散居住与集中居住相结合的方式，对职工及家属重新安置，一部分房屋轻微受损的职工回家居住；一部分职工分到当地政府搭建的俄罗斯帐篷；一部分危房户职工及家属入住由当地政府搭建的14套活动板房。6914厂向地方政府申请新桥和玉堂活动板房区安置房，安置227户职工及家属入住。同时，部分职工获得住房补助后租房解决居住问题。

中国铁路工程总公司各受灾单位对2733户受损房屋进行修复，临时安置1608户，新建活动板房安排933户。受灾职工及家属得到妥善安置。

中国水利水电建设集团公司水电十局启动灾后过渡安置计划，两个月时间在都江堰市川苏工业园、胥家、聚源等地建设7个安置点，占地约166750平方米，其中搭建活动板房2549间、彩钢大棚3976平方米；建成半永久性医院1座，总面积1万平方米。水电十局支援受灾的水电五局安置用房102间（1900平方米）。7月，水电十局活动板房安置小

水电十局为受灾职工和群众建设的临时安置区
（中国水电集团 提供）

区相继竣工并交付使用，分别在4个活动板房小区设立小区管理处，按照"住宅物业管理的标准"实行规范、综合物业管理，制订活动板房管理方案，配置相应管理人员，成立家委会和离退休人员党支部。各活动板房安置小区设立超市、食堂、娱乐室、医务室、警务工作站等。

攀枝花钢铁（集团）公司攀长钢过渡安置房建设工程于2008年6月8日启动，建设过渡安置房1200套，其中中坝生活区搭建470套，厚坝生活区搭建130套，含增生活区搭建200套，武都生活区搭建400套。11日，531户1229人入住活动板房。至9月30日，接收活动板房1706套，妥善安置受灾职工及家属。

第二节 开展社会安置

一、活动板房设计生产

中国冶金科工集团公司建筑研究总院有限公司、中国京冶工程技术有限公司2008年5月14日受科技部委托，组织专家根据受灾地区特点，进行示范性救灾过渡安置房屋建筑设计。15日，完成轻钢装配式集成房屋设计方案。16日，向科技部汇报通过后，立即在四川省组织建设3000平方米示范性样板房。22日，中冶集团赛迪公司由重庆市城乡建设委员会指定为参加都江堰灾区4万套过渡安置房设计和技术指导单位。31日，赛迪公司设计的过渡安置房整套设计方案通过重庆市城乡建设委员会组织的专家评审。6月2日，赛迪公司提供过渡安置房住宅全套施工图。

中国建筑设计研究院2008年5月18日接受国家住房和城乡建设部委托编制《地震灾区过渡安置房建设技术导则》（以下简称《技术导则》）任务后，成立《技术导则》编制组，研究框架和内容，与轻钢结构活动板房生产企业就具体技术问题展开研究，细化并确定安置房部分技术参数。经专家评审修改最终形成《技术导则（试行）》上报住房和城乡建设部科技司。21日，《技术导则（试行）》通过住房和城乡建设部部务会审议发布。5月19日，受科技部农村科技司委托，中国建筑设计研究院研究制订《建设低成本抗震临时简易样板房安置灾区群众的方案》，选择四川省成都市、德阳市、绵阳市所属的3个受灾严重县，建设3000平方米低成本抗震临时简易样板房。工作方案于20日由科技部批准实施。中国建筑设计研究院6位专家组成工作组，于21日到达四川省彭州市小鱼洞镇鱼洞村建设场地，冒雨查勘建设场地。22日上午，成都市彭州市小鱼洞镇鱼洞村建设点1000平方米抗震临时简易样板房顺利完工，紧急安置当地老幼孤残人员。24日中午，完成安县花荄镇初级示范中学5栋样板房安装。

鞍山钢铁集团公司2008年5月23日接到国资委急电，要求紧急生产3万吨热轧板卷，交付广东华冠钢铁公司用于生产过渡安置房。27日，又接到辽宁省紧急生产过渡安置房用彩涂板的任务，要求提供首批2万吨彩涂板及1万吨镀锌板。鞍钢股份公司市场营销部、产品制造部、热轧带钢厂、冷轧厂和国贸公司一体化运作，成立抗震救灾保产保供应急小组，调整生产计划，落实保障资源，为抗震救灾物资生产开辟

"绿色通道",增设从合同签订到交货的特殊标志,确保以最短生产周期、供货周期,满足灾区急需。同时,承诺在原料大幅涨价的情况下,鞍钢提供给灾区急需的热轧板卷、镀锌板不涨价。

武汉钢铁(集团)公司根据武汉市政府的安排,承担武汉市援建四川灾后重建过渡安置房2万吨彩涂板的生产任务。湖北省建设厅作为采购方与武钢销售中心签订采购合同,武钢研究院与湖北省建设厅及各钢构公司负责人确认地震灾区过渡房建筑用彩涂板品种、规格、交货技术条件。武钢围绕彩涂板生产各工序调整计划,迅速组织生产,援助地震灾区钢材一律不外销、不涨价,确保抗震救灾所需。武钢国际贸易总公司与欧洲、中东、南美洲客户协商,将原签订3万吨出口彩涂板合同推迟两个月。2008年5月30日,武钢比原计划提前4天完成2万吨彩涂板生产任务。

招商局集团有限公司接受国家下达的142万平方米活动板房生产任

2008年5月30日,武钢完成2万吨彩涂板生产任务

(武 钢 提供)

务,是接受活动板房生产任务较多的企业之一。地震发生后,雅致集成房屋(廊坊)有限公司(以下简称雅致公司)停止正常销售业务,将全部力量投入活动板房生产,全国各基地昼夜加紧生产。2008年5月25日9时45分,中央领导考察雅致公司活动板房生产情况。至6月9日,雅致公司完成首批活动板房生产总数的46.4%,向灾区发送636855平方米活动板房。同时,雅致公司各分公司派往灾区1430人,组成242个安装班组进入安装工地,指导安装活动板房12109套。7月,雅致公司按时完成国家下达的活动板房生产和安装任务。漳州开发区区内企业福建凯西钢铁公司接到福建省下达的援建四川省4万吨活动板房板材生产任务后,立即召开动员会,组织资金和原材料投入生产,于9月10日前完成生产任务。

二、过渡安置房(活动板房)搭建

中国航空工业第一集团公司自2008年5月15日起陆续为四川灾区建设4处"航空爱心家园",彩钢板安居房1345套,总面积30454平方米,总价值2300万元。彩钢板住房水、电、气、厨、卫、浴设施齐全,可抵抗10级地震。中航一集团援建"航空爱心家园"情况见表3-2-2。

表3-2-2 中航一集团援建"航空爱心家园"一览表

名　称	受援单位	援建情况
东汽"航空爱心家园"	东方汽轮机厂	建筑面积17248平方米,可安置770间(其中灾区群众居住用房741间,办公用房29间),近2100余名受灾群众搬迁入住
绵阳"航空爱心家园"	解放军某基地	建筑面积3660平方米(122套,每套30平方米)
江油"航空爱心家园"	江油市政府	1540顶帐篷等一批捐助物资
一航涡轮院"航空爱心家园"	一航涡轮院	建筑面积9051平方米(其中办公用房84套,职工生活住房334套)

中航一集团建成的"航空爱心家园"活动板房小区一角

（中航一集团　提供）

中国石油化工集团公司胜利油田抢险人员承担四川省绵竹市汉旺镇过渡安置房搭建任务。

中国建筑材料集团公司成立抗震快装房工程领导小组，实地考察施工场地，并根据陕西省宁强县广平镇政府要求和实际需要，无偿援建广坪镇中学、广坪镇小学、金山寺小学800平方米教室和广坪镇600平方米医院的抗震快装房。2008年7月4日基本完工，解决当地群众3万人就医和学生上学困难问题。

中国国电集团公司大渡河流域水电开发有限公司承担搭建四川省汉源县过渡安置区建设。2008年5月28日，安置区建设开工。6月28日完成三大区域场地平整任务，比计划工期提前1个月，完成规划面积133.30万平方米，完成1.30万余间活动板房条形基础搭建、室内外铺设、排水系统施工任务，建成各区块主、支干道，供水、排污主管网，供电主干线。8月30日，汉源县15个地震过渡安置区地块通过验收。

2008年6月7日,中国石化胜利油田在四川省绵竹市汉旺镇为当地受灾群众搭建活动板房

(中国石化 提供)

宝钢集团有限公司为四川省彭州市军乐镇、翔凤桥社区等灾区建成6个总面积48357平方米的居住村,并承建都江堰市总建筑面积72418平方米钢结构安置房。

武汉钢铁(集团)公司按照湖北省武汉市政府部署,2008年6月安排武钢建工集团承接对口援建四川省汉源灾区2500套过渡安置房任务,每套20平方米,门窗齐全,保温隔热,配备基本生活设施,可居住2～4人,使用期两年以上。6月23日,高考临近,四川省石棉中学师生因校舍在地震中严重受损无法进行复习,武钢应湖北省援建四川汉源指挥部求援,连夜包专机、专车从武汉、江苏抽调180名建筑工人,72小时轮流作业,为石棉中学搭建606套安置房,其中520套用于5200名师生入住及学校使用,86套用于医院和受灾群众安置。

中国铝业公司山西铝厂晋铝建设有限公司根据山西省运城市的安排,承建四川省都江堰市大观镇及宗义镇852套过渡安置房的安装任

武钢建工集团为灾区群众安装2500套过渡安置活动板房

（武 钢 提供）

务，总建筑面积2万平方米。

中国五矿集团公司二十三冶建设集团于2008年6月7日派700多名突击队员进驻四川德阳地震灾区，搭建1985套过渡安置房，经验收质量合格，提前完成援建过渡安置房任务。

华润（集团）有限公司援建300套临时安置房，解决卧龙灾区2000余名群众的临时住处。

中国中煤能源集团公司按照山西省政府和河北省邯郸市政府要求，组建平朔煤业有限责任公司、第一建设公司、建筑安装工程公司救援队，赴四川省广元市剑阁县、崇州市等地参加活动板房援建。中煤集团拨款600万元用于赴灾区援建相关物资保障，配备大型机械设备、相关

第三篇 救助安置

中国五矿二十三冶建设集团建成四川省德阳市过渡安置活动板房小区

（中国五矿 提供）

工具及物资。各援建队成立临时党组织，克服饮用水短缺、施工作业条件差、现场点多面广等困难，及时将施工设备运抵现场，落实安全生产措施，保证质量、保证进度、保证安全生产，开展灾区过渡活动板房建设。历时一个月，中煤集团安装过渡安置房893套（总建筑面积19072平方米），铺设2700米室外管线、1800平方米小区主干道路和4100平方米便道，拆除危房30余万平方米，清理和平整场地10余万平方米，清运建筑垃圾6.50万立方米，清理拆除水泥柱和房屋横梁114根，修筑道路3千米。中煤集团援建的天国新村被成都市委、市政府评为"成都地区援建最佳小区"。

2008年6月10日，中煤集团建筑安装工程公司赴四川援建青年突击队夜以继日抢建地震灾区过渡安置房

（中煤集团 提供）

中煤集团援建队援建的精品示范小学——四川省平武县古城镇小学

（中煤集团 提供）

中国冶金科工集团公司地震发生后承接四川省成都市、都江堰市、雅安市等灾区活动板房建设任务。表3-2-3为中冶集团援建的活动板房情况。

表 3-2-3　中国冶金科工集团公司承接援建的活动板房一览表

承接单位	安置房地点	援建内容
实久建设有限公司	都江堰市	供应商品混凝土 43000 立方米，浇筑场地 1.50 万平方米
	成都市	至 6 月 30 日，完成 23 万平方米活动板房建设平基工作
京唐建设有限公司	都江堰市聚源镇大合村	至 6 月 8 日，完成活动板房砖基础施工 270 栋
天工建设有限公司 上海十三冶建设有限公司	地震灾区	6 月 18 日，比原计划提前 10 天完成 8000 平方米（400 间）活动板房安装，完成计划外 1115 间活动板房室内配电援建任务
第一冶金建设公司	雅安市汉源县	至 7 月 25 日，提前完成雅安市汉源县萝卜岗 6 号地 2129 套活动板房、20 套公共淋浴活动板房施工任务，总面积 43644.50 平方米
第十七冶金建设公司	地震灾区	至 6 月 15 日，比原计划提前 10 天完成国务院下达的首批 1 万套活动板房建设任务
华冶资源开发有限责任公司	崇州市	至 6 月 16 日，完成援建活动板房 479 套，完成铺设便道 3800 平方米，平整场地 1.10 万平方米等工作

中国铁路工程总公司投入大量人员和设备参加 18 处灾区群众活动板房施工。从 5 月 22 日至 7 月 26 日，中铁二局成立灾区群众安置房工程建设指挥部，组成"中铁二局广州（深圳）分公司赴川救灾援建领导小组"和"赴川救灾援建突击队"，组织 6000 余人、400 余台（套）大型设备，参加都江堰市、什邡市、北川县、广元市、汶川县、彭州市等灾区活动板房建设施工，完成 40.30 万平方米建设任务，安置灾区群众 8 万余人。5 月 20 日，中国中铁深圳工程公司承担什邡市灾区活动板房 1 号工地建设任务，建成活动板房 885 套，安置灾区群众 3000 余人。中铁二局建筑公司承担深圳市援建工程什邡市红白镇 11 号工地建设任务，建成活动板房 812 套，安置灾区群众 700 余户（2400 余人）。中铁二局机械筑路工程有限公司承建的 2 号工地位于什邡市洛水镇菜蔬村，建成活动板房 493 套，安置灾区群众 1500 余人。27 日，中铁二局赴四川省

汶川县，承担汶川县水磨镇、漩口镇一期灾区群众安置房及水磨镇、新漩口镇小学校舍配套设施建设。在汶川通信、电力、交通、生活存在极大困难的条件下，435名援建工程人员携44台机械设备到达现场并连夜施工。7月23日，建成243套活动板房，总面积4237平方米。5月30日，中铁二局赴四川省广元市修建灾区群众活动板房，成立"东莞市援建广元地区临时安置房项目中铁二局指挥部"，派出进场施工和管理人员413人，投入大型施工运输设备37台，小型机具83套，在广元市开发区、旺苍县、广旺集团三大片区55个施工点昼夜奋战。至7月23日，建成3623套活动板房，面积73510平方米。6月3日，中铁一局天津公司承担为甘肃省天水地区搭建活动板房任务。天津公司成立抗震救灾领导小组，组织200人的援建队，投入援建资金80万元，在天水市两区五县206个地点援建5000平方米活动板房。

中国铁道建筑总公司受住房和城乡建设部及所在省（市）政府指派，下属9个单位参加灾区活动板房援建。援建涉及四川省汶川县及陕西省13个县市、52个乡镇，投入施工人员6108人，平整土地约590300平方米，建成活动板房20658套，总面积403136.10平方米。2008年5

2008年5月29日，中铁十一局援建的四川省汉源县临时医院竣工并投入使用

（王衍刚 摄影）

月19日，中铁十一局援建四川省广元市朝天区、汉源县活动板房，紧急从武汉市、重庆市采购活动板房101套（2097平方米），调集职工58人，支援汉源县施工。7月初，中铁十一局援建的汉源县富林镇"战地二甲医院"竣工，建筑面积1.20余万平方米。中铁十四局2008年6月3日受领山东省援建四川地震灾区活动板房任务，组成1300余人的援建队伍，5天时间里连续开辟郫县、邛崃、北川援建战场。7月17日，按期完成山东省下达的4446套（8.90万平方米）活动板房安装任务，其中北川县718套（14372平方米）、郫县1709套（34211平方米）、邛崃市2019套（40417平方米）。中铁十六局广州工程指挥部2008年6月21日受领广州市城乡建设委员会援建四川省汶川县漩口镇、水磨镇小学过渡安置房安装任务，组成援建突击队，携带机械设备，于23日赴援建现场。25日，漩口镇、水磨镇小学活动板房安装工程开工。两所小学定点在半山腰，车辆无法通行，突击队员靠人背肩扛，将所有工程材料和机械设备运进现场。队员们克服工期紧、场地移交慢、气温高等困难，每天工作16小时，至7月24日建成活动板房595套（15082平方米）。中铁十八局2008年5月21日受领天津市政府援建四川省罗江县、绵竹

2008年7月15日，四川省绵竹市受灾群众从中铁十八局援建指挥部领取过渡安置房钥匙，喜迁新居

（中国铁建 提供）

市等灾区过渡安置房任务，组成援建先遣队，先期到达绵竹市。工程开工后，中铁十八局陆续调进1400余名援建人员和近100台（套）机械设备，分别在绵竹、罗江展开施工。8月4日完成援建任务，建成标准活动板房5683套，总面积101413平方米。中铁二十二局2008年7月1日受领住房和城乡建设部援建四川省茂县活动板房任务，组织700余人，携带抢险设备，从哈尔滨、重庆等地赶赴茂县。援建人员冒着余震危险，24小时轮班作业，于8月5日前建成548套T形板房。截至8月15日，9个安置点、3217套（64340平方米）过渡安置房比预定工期提前5天全部完工。中铁二十三局2008年7月1日受领住房和城乡建设部援建四川省茂县过渡安置房任务，组织职工100余人，于7月4日到达茂县援建现场，投入施工。16日，中铁二十三局又接到住房和城乡建设部援建理县过渡安置房任务，立即组建50余人的援建队，于当晚20时赶到援建现场。至8月18日，建成过渡安置房3470套，总面积68680平方米。中铁二十四局2008年5月20日受领上海市委、市政府援建四

2008年8月22日，羌族阿妈竖起大拇指夸奖中铁二十二局援建的茂县过渡安置房

（中国铁建　提供）

川省绵阳市、都江堰市和甘肃省文县等灾区过渡安置房任务,组织援建队员816人,分3批赴援建现场,并从上海宝山钢铁公司采购715吨彩钢板运到援建工地。7月上旬,相继完成两省三地1661套(33386.10平方米)过渡安置房援建任务。中铁建设集团公司2008年5月23日受领山西省太原市援建四川省都江堰市过渡安置房任务,紧急组织青年突击

2008年6月27日,中铁二十四局援建的四川省绵阳市545套过渡安置房竣工

(陈锡春 摄影)

2008年6月27日,中铁二十四局援建的甘肃省文县中医院交付使用

(平贵书 摄影)

队。突击队员不分昼夜突击施工,于6月23日提前完成200套(3400平方米)过渡安置房援建任务。

中国交通建设集团有限公司第三航务工程局有限公司在上海市城乡建设和交通委员会抗震救灾协调办公室召开的抗震救灾紧急会议上主动请缨,承揽并完成援建四川省绵阳灾区5000套(10万平方米)过渡安置房任务。另外,还完成甘肃省陇南灾区约6000套(13.40万平方米)学校、医院过渡安置用房援建任务。

三、安置点配套设施建设

供电设施 国家电网公司为保证灾区群众生活用电,垫付2.60亿元资金用于灾区供电设施建设。国家电网公司对四川灾区482127间活动板房、245954顶帐篷、135130间其他安置点设施通电,使安置点"建成一个、通电一个",及时通电率达100%。地震发生后,四川省电力公司调集914台发电车(机),为群众临时安置点等场所提供应急电源。成都市、德阳市、绵阳市电业局等组织力量,抢修电网受损设备,为安置点搭建临时电源,安装照明设备,保证临时安置点电力供应。重庆市电力公司职工守护400千瓦功率应急发电车,为居住在四川省绵阳市九洲体育馆的群众提供照明及适宜温度。南充市电业局对永兴220千伏变电站受损2号主变电站及3个开关进行修复,保证九洲体育馆群众用电。5月27日18时,绵阳市唐家山堰塞湖三分之一溃坝,疏散群众80046人,并进行集中安置。绵阳市电业局游仙供电局确定临时供电方案,组织18人对安置点进行现场查勘;配网运行班、检修班、施工队35人投入施工,用5个小时完成了经济试验区集中安置点临时安装3盏探照灯、38盏防雨照明灯的任务,为38个临时安置点提供照明,满足安置点照明需求。

江苏省电力公司承担江苏省对口支援绵竹灾区活动板房电力设施建

设。至7月,完成江苏省援建绵竹市2.80万套活动板房及小区电力设施建设任务。

山东电力集团公司所属有关单位承担对口支援四川省北川县安置点活动板房供电设施设计、安装和服务任务,至8月底,派出217名援建人员,完成2万余套活动板房供电设施安装施工。

甘肃省电力公司甘南供电公司2008年5月14日对受灾严重的迭部县江盘乡姚家楞村、八楞乡风安山村、中牌乡下庄村、丰迭乡咀上村、南峪乡骆子坪村临时安置点架设供电线路。甘南供电公司还组织人员、车辆、施工材料,自带干粮,赴临时安置点现场,经四昼夜临时架设变压器4台,架设0.4千伏线路4.50千米,无偿支援入户线1.20千米,灯泡、开关415套,保证群众临时安置点供电。甘肃省电力公司陇南供电公司对陇南市武都区、文县等受灾严重地区的9个群众临时安置点,天水市秦州区赵家嘴村1个临时安置点新建、改造10千伏线路和0.4千伏线路共6239米,安装配电变压器9台(容量1630千伏·安),安装户表2489只。

陕西省电力公司汉中供电局电力职工2008年5月19日冒着余震,克服供电电源较远、临时搭建的防震棚比较分散、抢修物资匮乏等困难,为略阳县徐家坪村立杆14根,架设0.4千伏线路720米,为72个防震棚通电。陕西省略阳县政府在县城关镇菜籽坝紧急征地66700平方米,修建临时安置房,集中安置2000户受灾群众。陕西省电力公司配合安置工程,改迁两条10千伏线路。其中改迁10千伏同杆双回线路1.12千米;新架设配电变压器8台,新建低压线路5.30千米,安装电表2000只。

国家电网在完成安置点配电工程的同时,加强供电设施管理,建立安置点常态抢修机制,将安置点纳入高危重要客户管理,对各安置点实行定人、定点专人负责制,对受灾安置点用电情况建立专用台账;开展安置点内用电检查,督促安置点专职电工对用电设备巡视检查,为受灾群众提供安全用电技术支持。至2008年12月15日,完成242个安置点

2008年5月17日,中国国电大渡河流域水电开发有限公司职工正在四川省汉源县搭建教室

(中国国电 提供)

安全用电检查服务,检查活动板房61113间,纠正违章行为247起,排除安全隐患1377处,发出整改通知书195份、安全用电宣传资料15037张,张贴《安全用电须知》宣传画等11613张,现场集中播放用电安全服务宣传片21次。

供水设施 中国国电集团公司完成汉源过渡安置区生活用水和临时施工用水工程。该工程由流沙河取水工程、500立方米水池、1000立方米水池和300立方米水池等组成。2008年7月1日开工建设,11月4日工程通过验收,并移交汉源县运行维护管理。经试运行,水质、流量、管路等均满足群众生活和生产用水需要。大渡河流域水电开发有限公司除完成援建四川省汉源县过渡安置区的基础和配套设施建设外还援建完成汉源新县城临时供水工程建设。该工程总投资8000余万元,全长15.34千米,设计供水规模为每日1.80万立方米,基本满足新县城和四营集镇3.10万人生产生活需要。施工人员克服图纸供应不及时、征地协调难度大、施工难度高等不利因素影响,加紧建设,工程于12月25日11时全线贯通,12月31日正式供水。

通信设施　中国移动通信集团公司通过提供应急通信车、对灾区群众安置点周边移动通信基站进行扩容、安装免费爱心电话等方式，为灾区群众安置点提供通信保障。中国移动四川公司绵阳分公司开通64个灾区群众安置点移动通信基站，扩容78个基站，保证灾区群众安置点的通信畅通。四川公司德阳分公司克服道路阻断、设备运输等困难，在德阳市52个安置点开通移动通信基站。四川公司广元分公司紧密跟踪市政府灾区群众安置点建设规划和进度，制订灾区群众安置点通信解决建设方案。2008年6月2日，广元市政府灾区群众安置点规划出台，广元分公司立即投入抢建工作。至30日，新建38个基站，扩容78个基站，130个灾区群众安置点通信得到保障。甘肃公司通过提供应急通信车、扩容周边移动通信基站、安装免费爱心电话等方式，为陇南市、甘南藏族自治州、舟曲县等受灾较为严重的安置点提供通信保障；还组建应急服务小分队，在受灾群众安置点设立帐篷营业厅、应急服务点，利用活动板房搭建临时营业厅，除办理正常通信业务外，为受灾群众提供免费充电、发送短信、寻亲等现场服务，并向受灾群众赠送手机充电器等应急设施。

第四篇　捐助活动

在汶川特大地震发生后，国资委组织中央企业开展多种形式的捐赠活动。国资委受86家中央企业委托，与中国红十字基金会建立"5·12灾后重建中央企业援助基金"，在国务院恢复重建总体规划框架内，以专项基金援建地震灾区。

国资委组织中央企业开展捐款捐物活动，将各种救灾物资迅速运往灾区，为灾区提供抢险使用的抢险车、卫生防疫车、救护车等车辆设备；为灾区群众捐助生活急需食品、饮用水等生活物资，并及时发放到群众手中，为灾区群众排忧解难。至2008年6月30日，150家中央企业捐款40.40亿元，其中集团总部捐款9.50亿元，下属单位捐款8.60亿元，个人捐款13.60亿元，260万余名共产党员交纳"特殊党费"8.70亿元；捐物价值20.10亿元。7家中央企业捐赠款物总额超过1亿元，共80家中央企业捐赠款物总额超过1000万元，形成"一切为了灾区、全力支援灾区"的团结协作局面，为支援灾区抗震救灾做出了贡献。

中央企业组织多支志愿服务队伍奔赴地震灾区，开展抢险救援、心理救助、生活物资发放、搭建帐篷及活动板房、医疗陪护等志愿服务。中央企业志愿者深入灾区和群众安置点，支援抗震救灾。

第一章　开展捐赠

国资委先后印发《关于中央企业做好抗震救灾工作的紧急通知》和《关于抗震救灾捐赠有关工作的通知》，要求中央企业迅速行动起来，加强捐款捐物工作的组织领导，全力支援灾区抗震救灾。

国资委受 86 家中央企业委托，向中国红十字基金会转交捐款 3.5336 亿元，并共同建立"5·12 灾后重建中央企业援助基金"。国资委和相关捐赠企业享有提出资金使用意向，查询、监督资金使用情况的权利。中国红十字基金会负责建立专项基金科目，保管捐赠款，安排援建项目，监督项目的建设和实施。

中央企业响应国资委号召，开展捐款捐物活动。中央企业各集团总部踊跃捐款，各下属单位组织捐款，干部职工积极捐款。国资委在 260 万余名共产党员中开展交纳"特殊党费"活动，年近百岁的老共产党员交纳出节俭下来的生活费，重病卧床的共产党员交纳出治疗费，部分党员领导干部不留姓名带头交纳。中央企业共交纳"特殊党费"8.70 亿元。

中央企业与社会各界组织开展募捐活动。通信企业利用手机短信平台优势，面向广大小灵通用户开展短信募集活动；航空企业开展"救灾爱心月"、"爱心飞翔·零钱捐赠"、"温暖六一　情系灾区"、"爱心客票"等活动，捐出机票收入，支援地震灾区抢险救灾；石油石化企业在加油站开展募捐活动；电力企业迅速提供灾区抢险救灾急需设备物资，全力保障应急供电。中央企业还通过组织职工义务献血、开辟救灾"绿色通道"、举办大型赈灾义演晚会或拍卖会、提供卫生防疫疫苗和药品等方式，支援灾区抗震救灾。

第一节　组织捐赠

一、建立"5·12灾后重建中央企业援助基金"

国资委在组织受灾中央企业开展自救、组织救援队伍和多种设备投入抗震救灾、恢复各项基础设施的同时，动员中央企业向地震灾区捐款捐物。2008年5月27日下午，国资委受86家中央企业委托，向中国红十字基金会转交3.5336亿元捐款，与中国红十字基金会共同设立"5·12灾后重建中央企业援助基金"，并举行"5·12灾后重建中央企业援助基金"揭牌仪式。中国红十字会会长彭珮云、国资委副主任王瑞祥为"5·12灾后重建中央企业援助基金"揭牌；86家中央企业负责人出席揭牌仪式。

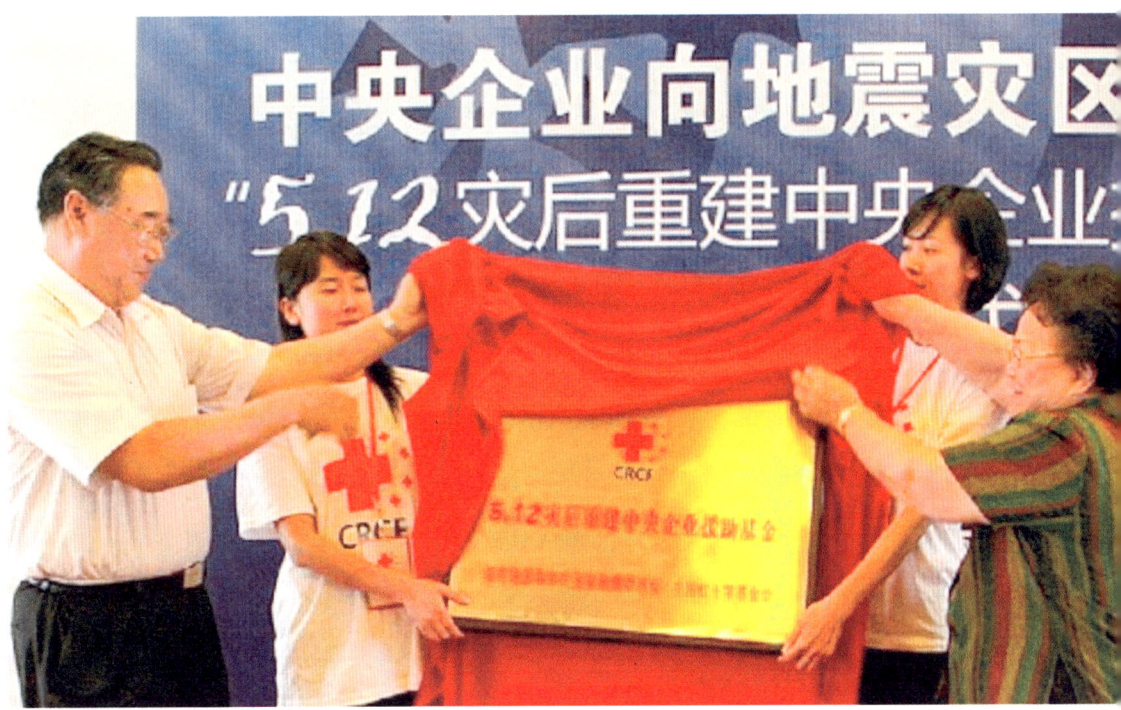

2008年5月27日，中国红十字会会长彭珮云（右一）等为"5·12灾后重建中央企业援助基金"揭牌

（国资委　提供）

"5·12灾后重建中央企业援助基金"中央企业捐赠情况见表4-1-1。"5·12灾后重建中央企业援助基金"的50%，转赠受灾地区有关部门，用于受灾中央企业设施重建和职工家属生活安置；另外50%用于支援灾区学校、医疗设施重建，共捐建150所中小学和120所乡村卫生院（站）。

表4-1-1 "5·12灾后重建中央企业援助基金"中央企业捐赠统计表

序号	企业简称	捐赠金额（万元）	序号	企业简称	捐赠金额（万元）
1	中国中化	2500	25	中国建材	500
2	中铝公司	2310	26	中铁物资	400
3	中国移动	1500	27	煤科总院	400
4	中冶集团	1500	28	冶金地质总局	400
5	东航集团	1406.946	29	国机集团	400
6	中国联通	1200	30	中电工程	350
7	中国电信	1200	31	东风公司	320
8	中船重工	1110	32	中煤地质总局	300
9	一汽集团	1080.078	33	中国南车	300
10	中国建筑	1000	34	中国海运	300
11	中核集团	1000	35	中国商飞公司	265.625
12	武钢	1000	36	中国钢研	220
13	中国网通	1000	37	中国航材	211.2
14	国家电网	1000	38	西电集团	200
15	中航一集团	1000	39	上海贝尔	200
16	中煤集团	1000	40	中核建设集团	200
17	鞍钢	929.876	41	中电科技集团	200
18	中材集团	900	42	鲁矿集团	184
19	中国中铁	800	43	中国化学工程	182.280
20	港中旅集团	668.382	44	中储棉总公司	160.6
21	中国外运	541.348	45	中国中纺集团	150
22	招商局集团	523.2	46	中国北车	150
23	航天科工	500	47	建研院	150
24	中国化工	500	48	中国电子	146.785

续表

序号	企业简称	捐赠金额（万元）	序号	企业简称	捐赠金额（万元）
49	邮电器材集团	145	68	高新集团	70
50	建筑设计集团	138.526	69	矿冶总院	65
51	中国新兴集团	132.904	70	中航二集团	63.585
52	中国长航	132	71	保利集团	63.382
53	有研总院	130	72	振戎公司	60
54	中轻总公司	125.221	73	中轻对外公司	60
55	中国海诚	121.05	74	中国农机院	60
56	中商集团	110.884	75	国水投集团	52.317
57	中轻集团	110	76	中林集团	50
58	新时代集团	100	77	丝绸进出口	50
59	中国卫通	100	78	中国印刷集团	40
60	农发集团	100	79	机械科研总院	35.645
61	彩虹集团	100	80	电信科研院	25
62	中煤国际	100	81	中国生物	21.769
63	中成集团	100	82	远东贸易	21.059
64	华孚集团	100	83	诚通集团	20
65	中出服公司	85	84	华星集团	15.510
66	恒天集团	80	85	华诚投资	11.45
67	中纺院	70.814	86	中咨公司	10
合计（万元）					35336.4342

注：引自 2008 年 6 月 27 日国资委业绩考核局统计表。

  国资委和相关中央企业作为捐赠方，享有提出资金使用意向，查询、监督资金使用情况的权利。中国红十字基金会作为接收方，负责建立专项基金科目，保管捐赠款，在国务院恢复重建总体规划框架内，尊重捐赠方意愿，安排援建项目，监督项目的建设和实施，及时向捐赠方反馈援建情况，并组织安排媒体进行宣传。

二、组织中央企业捐赠

2008年5月16日，国资委下发《关于抗震救灾捐赠有关工作的通知》，要求中央企业根据企业实际情况，加强捐款捐物工作组织领导，优先保证受灾严重地区，严格落实捐赠报告制度。各中央企业向所属企业下发关于统一组织向地震灾区募捐的紧急通知，要求按照国资委部署，主动承担起中央企业应担负的社会责任，配合驻地政府的抗震救灾；号召所属企业及广大共产党员和干部职工，发扬中华民族"一方有难，八方支援"的优良传统，参与支援抗震救灾募捐活动。同时，中央企业根据中央组织部和国资委党委关于做好部分共产党员交纳"特殊党费"用于支援抗震救灾的通知精神，踊跃捐款捐物。

至2008年6月30日，150家中央企业捐款捐物折合60.50亿元，其中捐款40.40亿元（集团总部捐款9.50亿元，下属单位捐款8.60亿元，个人捐款13.60亿元，260万余名共产党员交纳"特殊党费"8.70亿元）；捐物价值20.10亿元。7家中央企业捐赠款物总额超过1亿元，80家超过1000万元，形成中央企业"一切为了灾区、全力支援灾区"的团结协作局面。中央企业捐赠情况见表4-1-2。

表4-1-2 中央企业捐赠情况统计表

序号	企业简称	合计（万元）	一、捐款总额（万元）	个人捐款（万元）	特殊党费（万元）	二、捐物总额（万元）	捐四川省政府 捐款（万元）	捐四川省政府 捐物（万元）
1	国家电网	125622	31659	16593	10443	93963	—	—
2	中国移动	42107	14192	5795	2235	27915	—	—
3	中国电信	33504	11452	5675	2719	22052	4400	—
4	中国石油	33175	31994	13300	13388	1181	12025	—
5	中国石化	30756	21840	10016	8524	8916	11016	—
6	南方电网	12926	10075	4689	4285	2851	—	—
7	宝钢	11650	6427	3147	1263	5222	2323	—
8	中远集团	8553	8440	1434	976	113	1000	112.67

续表

序号	企业简称	合计（万元）	一、捐款总额（万元）	个人捐款（万元）	特殊党费（万元）	二、捐物总额（万元）	捐四川省政府 捐款（万元）	捐物（万元）
9	中国建筑	8482	6004	1935	367	2478	1215	—
10	中航一集团	8341	7568	2769	1557	773	—	—
11	中国华能	7986	7934	1522	845	52	—	—
12	中核集团	7692	7030	582	790	662	—	—
13	航天科技	7628	7559	1907	1515	69	500	—
14	兵器工业集团	7350	6827	2687	1253	523	—	—
15	中国国电	7214	7075	1327	741	138	1800	—
16	中国网通	7211	5966	2835	2082	1245	—	—
17	中铝公司	6969	6916	2544	1190	53	1000	—
18	中国海油	6616	5840	902	1898	775	2000	775
19	华润集团	6566	4766	2011	59	1800	500	—
20	中船重工	6467	6174	1886	970	293	—	—
21	中国华电	6108	6096	1479	594	11	5923	—
22	中交集团	6086	5876	3091	866	210	—	—
23	招商局集团	6047	4639	1702	169	1408	100	—
24	中航二集团	5917	3426	1650	508	2491	—	2000
25	中国铁建	5907	5907	2523	2058	—	—	—
26	东风公司	5706	3920	1270	750	1786	1320	—
27	中国中铁	5541	4979	3319	1660	562	—	—
28	国机集团	5100	2779	701	490	2321	100	—
29	一汽集团	4988	3961	1437	654	1027	—	—
30	中冶集团	4854	4815	1979	723	39	—	—
31	神华集团	4731	4731	1787	1444	—	—	—
32	航天科工	4670	4020	1333	1219	650	800	520
33	中粮集团	4531	2183	567	187	2348	—	—
34	中化集团	4404	4210	313	172	195	—	—

续表

序号	企业简称	合计（万元）	一、捐款总额（万元）	个人捐款（万元）	特殊党费（万元）	二、捐物总额（万元）	捐四川省政府 捐款（万元）	捐四川省政府 捐物（万元）
35	武钢	4298	4298	995	790	—	—	—
36	攀钢	4235	3620	831	380	615	—	—
37	鞍钢	4157	4157	1065	1092	—	—	—
38	国投	4136	3986	588	238	150	—	—
39	中国五矿	3985	3985	448	313	—	—	—
40	中电科技集团	3824	3745	775	1002	79	—	—
41	中煤集团	3704	3704	444	417	—	—	—
42	中国大唐	3461	3402	1026	727	59	—	—
43	中国联通	3449	3046	734	602	403	—	—
44	中国建材	3178	2276	573	286	902	—	—
45	中国三峡总公司	3127	3127	196	169	—	—	—
46	中国海运	3050	3050	677	308	—	—	—
47	中国水电集团	3007	1932	128	153	1075	—	—
48	东航集团	2844	2844	600	1024	—	—	—
49	中船集团	2608	2398	916	312	210	—	—
50	中航集团	2511	2511	1177	207	—	—	—
51	中国化工	2508	1817	903	482	691	—	—
52	兵器装备集团	2405	2355	1061	299	50	—	—
53	通用技术集团	2356	1186	124	124	1170	—	—
54	保利集团	2313	2303	327	31	10	—	—
55	中储粮总公司	2280	801	355	353	1479	—	—
56	中材集团	2135	2042	502	213	93	—	—
57	新兴铸管集团	2106	1459	396	250	647	—	—
58	中国电子	2063	2013	617	349	50	—	—
59	中钢集团	2061	2054	432	155	7	—	—
60	葛洲坝集团	2003	1543	779	189	460	—	—

续表

序号	企业简称	合计（万元）	一、捐款总额（万元）	个人捐款（万元）	特殊党费（万元）	二、捐物总额（万元）	捐四川省政府 捐款（万元）	捐四川省政府 捐物（万元）
61	南航集团	1974	1974	1000	974	—	—	—
62	中电投集团	1915	1915	1040	553	—	—	—
63	农发集团	1704	1031	351	64	674	—	—
64	水电顾问	1552	1552	395	241	—	—	—
65	中国外运	1530	1530	459	200	—	—	—
66	新时代集团	1509	509	263	63	1000	—	—
67	中国北车	1453	1453	8	454	—	—	—
68	中国化学工程	1409	1316	474	178	93	—	—
69	华侨城集团	1364	1064	208	56	300	—	—
70	港中旅集团	1310	1310	329	128	—	—	—
71	中国长航	1307	1307	452	205	—	—	—
72	中国南车	1302	1252	—	321	50	—	—
73	中国有色集团	1259	1247	263	142	12	—	—
74	中国航油	1245	400	114	182	845	—	—
75	中电顾问	1146	1135	317	178	10	—	—
76	国药集团	1093	439	198	88	654	—	—
77	中核建设集团	1063	679	189	121	384	—	—
78	中广核集团	1046	868	288	179	178	—	—
79	中国普天	1036	566	294	100	470	—	—
80	上海贝尔	1031	1000	519	56	31	—	—
81	哈电集团	999	983	267	190	15	—	—
82	中国铁通	901	901	521	380	—	—	—
83	中国节能	863	813	93	133	50	—	—
84	中国通号	830	680	142	106	149	—	—
85	中铁物资	806	803	153	98	3	—	—
86	中国生物	788	363	121	52	425	—	—

续表

序号	企业简称	合计（万元）	一、捐款总额（万元）	个人捐款（万元）	特殊党费（万元）	二、捐物总额（万元）	捐四川省政府	
							捐款（万元）	捐物（万元）
87	中国黄金	763	763	250	54	—	—	—
88	电信科研院	716	306	106	41	410	—	—
89	武汉邮科院	670	240	101	35	430	—	—
90	冶金地质总局	647	647	140	123	—	—	—
91	中盐公司	636	632	216	87	4	—	—
92	西电集团	629	603	234	69	26	—	—
93	中国卫通	620	184	53	31	436	—	—
94	中国钢研	600	584	188	59	16	—	—
95	煤科总院	577	577	143	78	—	—	—
96	中煤地质总局	576	576	174	116	—	—	—
97	中国中纺集团	532	310	82	49	222	—	—
98	恒天集团	518	518	179	135	—	—	—
99	华诚投资	515	88	45	22	427	—	—
100	诚通集团	511	505	241	107	6	—	—
101	中国新兴集团	473	423	202	50	50	—	—
102	中国航材	444	233	17	15	212	—	—
103	建筑设计集团	374	313	69	82	62	—	—
104	中房集团	351	351	120	54	—	—	—
105	中国海诚	344	344	112	114	—	—	—
106	中商集团	338	188	120	8	150	—	—
107	商用飞机	335	335	66	70	—	—	—
108	乐凯集团	332	213	63	37	118	—	—
109	邮电器材集团	327	313	128	66	14	—	—
110	中国二重	316	210	127	82	106	—	—
111	中智公司	309	309	166	35	—	—	—
112	中国航信	304	304	106	78	—	—	—

续表

序号	企业简称	合计（万元）	一、捐款总额（万元）	个人捐款（万元）	特殊党费（万元）	二、捐物总额（万元）	捐四川省政府	
							捐款（万元）	捐物（万元）
113	华录集团	284	284	74	10	—	—	—
114	中国一重	281	281	69	102	—	—	—
115	有研总院	262	262	55	61	—	—	—
116	中储棉总公司	247	174	15	9	73	—	—
117	国家核电	245	245	65	80	—	—	—
118	华孚集团	241	231	50	30	10	—	—
119	建研院	229	229	75	33	0	—	—
120	鲁矿集团	226	226	66	41	—	—	—
121	中咨公司	206	206	35	48	—	—	—
122	中成集团	186	186	29	49	—	—	—
123	中轻总公司	184	143	28	15	41	—	—
124	彩虹集团	180	165	50	4	15	—	—
125	国旅集团	178	178	47	41	—	—	—
126	高新集团	165	165	32	8	—	—	—
127	中煤国际	164	164	13	51	—	—	—
128	中国工艺集团	162	151	80	6	11	—	—
129	汽研中心	149	128	23	5	21	—	—
130	南光集团	148	113	34	14	35	—	—
131	中轻集团	140	136	20	17	4	—	—
132	国水投集团	139	139	51	58	—	—	—
133	中国农机院	136	127	50	22	9	—	—
134	电子工程院	135	135	31	25	—	—	—
135	上海船研所	133	126	14	9	6	—	—
136	长沙矿冶院	131	131	24	27	—	—	—
137	机械科研总院	129	129	70	60	—	—	—
138	振戎公司	126	126	10	5	1	—	—

续表

序号	企业简称	合计（万元）	一、捐款总额（万元）	个人捐款（万元）	特殊党费（万元）	二、捐物总额（万元）	捐四川省政府 捐款（万元）	捐四川省政府 捐物（万元）
139	上海医工院	116	82	16	12	35	—	—
140	中出服公司	102	102	9	7	—	—	—
141	中轻对外公司	100	100	10	8	—	—	—
142	矿冶总院	98	98	25	18	—	—	—
143	远东贸易	91	91	23	8	—	—	—
144	中纺院	89	89	19	16	—	—	—
145	中林集团	77	77	7	20	—	—	—
146	丝绸进出口	71	71	7	14	—	—	—
147	中包公司	67	49	21	19	18	—	—
148	中国印刷集团	50	50	22	10	—	—	—
149	华星集团	34	34	24	10	—	—	—
150	中企国际	4	4	4	1	—	—	—

注：（1）东方电气集团和农垦公司没有相关数据；
（2）捐款数据的小数进行四舍五入处理。
（3）引自2008年6月17日国资委业绩考核局统计表。

地震发生后，16家中央企业委托国资委向受灾严重的东方电气集团捐款2626.80万元（表4-1-3），集中用于职工及家属安置和企业恢复生产。

表4-1-3　16家中央企业委托国资委向东方电气集团捐款统计表

序号	企业名称	捐款金额（万元）
1	中国中化集团公司	500
2	中国中煤能源集团公司	500
3	中国电力工程顾问集团公司	350
4	中国海运（集团）总公司	300
5	中国对外贸易运输（集团）总公司	241.35

续表

序号	企业名称	捐款金额（万元）
6	中国东方航空集团公司	200
7	中国核工业集团公司	200
8	中国中材集团公司	100
9	中国商用飞机有限责任公司	100
10	彩虹集团公司	50
11	电信科学技术研究院	25
12	中国诚通控股集团有限公司	20
13	华诚投资管理有限公司	11.45
14	珠海振戎公司	10
15	中国国际工程咨询公司	10
16	中国远东国际贸易总公司	9
合　计		2626.80

2008年5月26日，中核集团八一四厂向中核建设集团第二四建设公司捐赠100顶救灾帐篷
　　（中核集团　提供）

中航集团国航股份飞行一大队外籍飞行员到一大队捐款

(中航集团　提供)

中航集团国航股份飞行总队一大队外籍飞行员捐款倡议书

(中航集团　提供)

中铁二局离休老红军、老八路、老战士、老党员到捐赠点交纳"特殊党费"

(中国中铁　提供)

第四篇 捐助活动

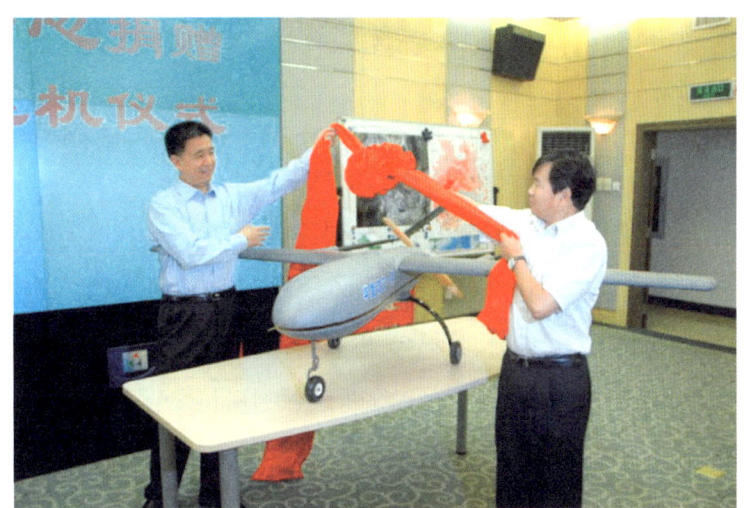

2008年7月7日，兵器工业集团中兵光电科技股份有限公司向民政部国家减灾中心捐赠1架价值120万元的"华鹰"无人机
（兵器工业集团 提供）

2008年5月13日,华侨城集团公司锦绣中华民俗村景区职工为灾区捐款

（华侨城集团公司 提供）

第二节 社会募集

一、通信企业社会募集

中国电信集团公司与中国红十字会于2008年5月13—20日零时面向广大小灵通用户开展短信募捐活动，募集捐款246.96万元。中国电信还开通宽带用户互联星空在线捐款通道(http://redcross.vnet.cn)，用户可一次捐款1～30元，爱心捐款被实时送至中国红十字会。2008年5月24日晚，中国电信安徽公司在由安徽省红十字会、安徽省广播电影电视局、安徽电视台等单位联合主办的"与爱同行、共建家园"大型赈灾义演晚会现场，免费提供10部捐赠热线电话，新装1条网友互动宽带专线和1部长途电话，安徽省17个市的"114"都开通查询转接捐款热线功能，为更多的观众与晚会现场互动提供技术支撑。

中国移动通信集团公司与中国红十字会于2008年5月12日联合开展"红十字救援行动"，开通短信捐款平台，利用移动用户通过发送手机短信至"1069999301"进行捐款。5月15日起，捐助金额从原来捐1～2元，调整为捐1～30元。至5月21日16时，中国移动用户短信捐款14750万元，参与人数5798万人（次）。中国移动还与中国教育发展基金会在全网营业厅设立爱心捐款箱。中国移动"无线音乐"平台和官方网站（www.12530.com）同时开设"为灾区祈福"专区，陆续上线100余首励志抗震的祈福歌曲供免费下载。5月15—20日，祈福歌曲下载23.50万余次；在彩铃及各类用户界面中，宣传中国红十字会短信捐款方式、预防地震小常识等信息。

二、航空企业社会募集

中国航空集团公司国航股份与中国青少年发展基金会联合主办"爱心飞翔·零钱捐赠"机上募捐公益活动。"爱心飞翔·零钱捐赠"公益

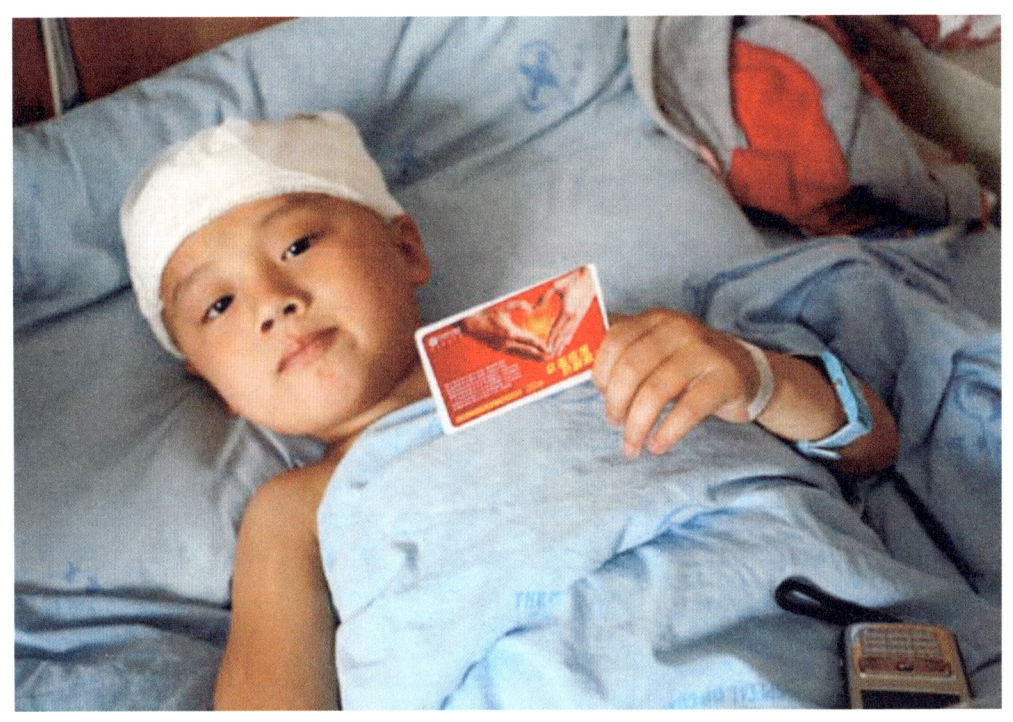

2008年5月18日,中国移动通信集团公司向灾区受伤群众发放电话充值卡

(中国移动 提供)

活动于2008年5月21日以国航股份国际、国内航线飞机客舱为平台,面向旅客开展自愿零钱捐助行动。旅客可通过客舱乘务员获取爱心捐款信封,自愿将善款放入信封,交给乘务员完成爱心捐赠。捐款过程方便快捷,为公众经常性参与公益活动创造了有利平台。"爱心飞翔·零钱捐赠"公益活动是中国青少年发展基金会与国有大型航空企业的一次全新合作和社会动员模式。在"爱心飞翔·零钱捐赠"活动揭幕仪式上,国航股份客舱服务部负责人向中国青少年发展基金会递交了乘务员的爱心捐款;国航股份标杆乘务组"金凤组"主任在启动仪式上宣读"爱心飞翔·零钱捐赠"客舱服务责任书;部分演艺界、体育界人士担任"爱心飞翔·零钱捐赠"活动爱心大使。当日,国航股份率先在执行CA1313航班任务的国航客舱内开展此项公益活动。同时,国航股份浙江分公司"春晓"乘务组在杭州飞往昆明的CA1751航班上,发起"爱心飞翔·

国航股份重庆分公司客舱部银鹰组团支部将募集的新书包送到重庆市梁平县礼让中心小学

（中航集团 提供）

零钱捐赠"公益活动。乘务员捧着捐款箱，旅客争相捐款，15位来自美国的旅客捐款，并用"心形"手势表达对地震灾区群众的爱意。5月21—25日，国航股份在其他航线上也进行相应的赈灾募捐活动，5个分公司募捐近40万元，并由国航股份客舱服务部统一转交中国青少年发展基金会，设立"国航旅客爱心基金"，用于救助汶川地震受灾学生。国航股份重庆分公司客舱部银鹰组团支部募集500个新书包，作为送给灾区孩子的"六一"儿童节礼物送到重庆市梁平县礼让中心小学。

中国东方航空集团公司从2008年5月16日起围绕"救灾同心 你我同行"主题，组织"救灾爱心月"活动。期间，开展"售出一张票，我们捐出10元钱"活动，即东航集团每售出一张国际或国内机票将捐出10元，支援地震灾区救灾抢险和灾后重建，共募集善款1200万元。自

东航集团上海营业部职工向顾客宣传"售出一张机票,我们捐出10元钱"活动

(东航集团 提供)

2008年6月15日起,东航集团开展"爱心客票"活动,共认购3449张"爱心客票"(每张500元,票款总额172.45万元),全部捐给参加抗震救灾的部队官兵、抢险医护人员及灾区群众。

三、其他中央企业社会募集

中国石油天然气集团公司重庆销售公司与重庆市红十字会、重庆交通广播电台2008年5月15日共同组织"我们都是一家人"抗震救灾募捐活动,在全市20个加油站点设置募捐点,募集捐款258.52万元。

中国石油化工集团公司北京石油分公司联合中国扶贫基金会和中央人民广播电台等,于2008年5月23—24日在北京石油分公司的66座加油站设立132个募捐箱开展"爱在天地间,汶川紧急救援"募捐活动。两天的爱心募捐活动共筹集到人民币198113.33元、美元111元、新加坡元10元、港币10元。此次募集到的所有善款通过中国扶贫基金会全部用于地震灾区的救援和灾区重建。

中国国电集团公司霍州发电厂工会干部、书画爱好者张北虎通过义卖字画,为地震灾区募集4.21万元。

中国普天信息产业集团公司杭州鸿雁电器有限公司于2008年5月

17—18日在全国500余家鸿雁旗舰店及百安居、东方家园、好美家、居然之家等150家与鸿雁电气合作的建材超市展开义卖。义卖产品包括杭州鸿雁电器有限公司的12个系列电工产品，活动期间各门店销售额全部捐赠给地震灾区。

中国铁路工程总公司中铁信托有限责任公司（以下简称中铁信托）于2008年6月4日宣布设立"爱心系列"信托理财产品，公司在发行每个集合信托计划中，从信托财产投资收益中，按信托初始财产1‰提取捐助资金，以投资者名义定向捐赠灾区中小学校重建。10月10日，中铁信托"爱心一号"善款捐赠仪式在都江堰市举行。2009年5月12日，中铁信托与西南财经大学信托与理财研究所、上海普益投资顾问有限公司联合设立"普益爱心信托基金"。"普益爱心信托基金"为一只单一信托计划，信托基金的初始资金来自上述机构部分业务收入和职工薪资收入，交由委托人设立公益信托。在2009年度，首批"普益爱心信托基金"资助地震灾区农村孤、残中小学生或儿童100人。中铁信托担任受托人，对"普益爱心信托基金"提供义务管理，不收取管理报酬；西南财经大学信托与理财研究所作为"普益爱心信托基金"的监察人，亦不收取任何管理报酬。

华侨城集团公司康佳集团于2008年7月3日与中国青少年发展基金会在北京中国大饭店举行"康佳希望基金"成立仪式。康佳集团职工为地震灾区捐款100万元，成为"康佳希望基金"首批启动资金。"康佳希望基金"是"希望工程紧急救灾劝募行动"首批资助学生及家庭项目，采取直通车形式进行发放，捐款全部用于受灾学生学业及家庭生活救助。

中国保利集团公司开展多种形式的募捐活动：广西保利集团公司与《广西日报社》联合主办赈灾系列活动，号召社会各界向灾区人民伸出援助之手；北京保利国际拍卖有限公司联系百余位著名当代艺术家、收藏家发起"情系灾区，倾情奉献——中国当代艺术家为地震灾区捐献作品义拍"大型公益活动，义拍共募集善款8472万元。上海东方艺术中心管理公司将60余场演出节目售票款的50%捐献给地震灾区，将2008年5月24日举办的"招商证券之约——东方市民音乐会"的演出收入全部捐给四川灾区。东方神龙公司下属多家影城连续数日进行义映活动，收入全部捐献给灾区。

中国电子工程设计院在京单位组织开展"我与灾区儿童心连心——灾区儿童募集图书和文化用品活动"和"扬起希望——汶川大地震专项救助基金"募集活动。2008年6月1日前夕，将募集到的600余本图书作为礼物送往四川省什邡市第一幼儿园；其余图书和文具相继发往四川省什邡市和广元市苍溪县。

第二章 志愿者服务

中央企业开展志愿服务活动，动员志愿服务者参与抢救被困人员，挖掘遇难者遗体；抢修铁路、公路、电力等基础设施；参加群众生活救助，开展心理咨询、心理救援，陪护伤员，分发生活物资等；志愿医疗队携带药品、设备，深入群众安置点、乡镇、医疗救助点开展志愿服务；参与清理废墟，平整场地，搭建帐篷和活动板房，并全力保障水、电等基础设施畅通；参与灾区通信服务，设立寻亲热线等。

中央企业志愿者队伍中，有许多职工自费赶往灾区，不计报酬，无私奉献，踊跃参加志愿服务；有些退休职工放弃安逸的生活，奔赴灾区投入志愿服务；有的职工利用休假时间，自愿投身灾区志愿服务活动。中央企业的志愿服务活动得到了灾区政府和群众的赞誉。

第一节 参与抢险救援

中国核工业集团公司成都四一六医院团委在地震发生后迅速成立青年志愿者服务队，在医院内搭建帐篷，设立志愿者服务队指挥所，并利用网络和电视台发布志愿者招募信息，招募志愿者近2000人，制作带有"救灾"字样的青年志愿者袖标并佩戴上岗，战斗在抢救伤员一线。

中国航天科技集团公司烽火机械厂2008年5月13日至6月10日在成都市温江区武装部指挥下，先后组织11个应急民兵小分队，110人（次）赴抢险救灾第一线，在废墟中挖掘遇难者遗体9具，清理财物10余万元，挖掘饮水管道12千米，参与失事飞机搜救，援建大观镇小学活动板房。5月17—21日，航天科技烽火机械厂派9人携带救援设备，与成都地区80余名志愿者，组成专业技能救援队，赴彭州灾区参加救援。

中国航天科工集团公司绵阳灵通电讯设备有限公司于2008年5月17日成立由105人组成的志愿者服务队，赶到绵阳火炬广场帮助装卸运往灾区的衣物、药品、设备、食品等物资，并到绵阳九洲体育馆为受灾群众服务。

航天科工绵阳灵通电讯设备有限公司志愿者服务队搬运抗震救灾物资

（航天科工 提供）

中国兵器装备集团公司晋林公司组织5批、近200人（次）青年志愿者，参与搭建帐篷等活动。华庆公司成立由30余名新毕业大学生组成的青年志愿者服务队于5月14日下午奔赴四川省彭州市行政中心，救助受伤群众和伤员。永力机械厂组织两批共140人的志愿者服务队，到彭州市安置点服务；大江集团组织5批、近200人（次）志愿者，参与发放救灾物资等。

2008年5月14日，兵器装备集团华庆公司团委组织青年志愿者整装待发，奔赴灾区

（兵器装备集团 提供）

中国石油天然气集团公司西南油气田公司职工廖尕2008年5月12日正在四川省彭州市休假,当日15时左右,志愿参加当地幼儿园200余名孩子的安全转移工作,并主动将受灾群众安置在自家院子,义务为受灾群众提供衣、食、住等。13日,四川销售公司300余名职工,组成加油援助队、设备抢修队和前线供油突击队等3支志愿者队伍,集结50辆移动加油车,分11个供油小分队赴重灾区,为现场抢险设备供油。至5月31日,志愿者队伍出动车辆2000余次,行程3万千米,为救援现场供油1500余吨。5月15日12时,冀东油田公司退休职工魏学明、吴云波等12人,从河北省唐山市自驾3辆汽车,志愿赴地震灾区参加抢险救灾;17日0时30分到达四川省都江堰市,立即投入抢险救援。17—21日,志愿队先后参加清理紫坪铺水库大坝现场、抢挖被埋车辆、搜寻群众、装卸救灾物资、搭建帐篷等志愿服务活动。

中国石油西南油气田公司志愿者参与搬运救灾物资

(中国石油 提供)

中国华电集团公司四川华电攀枝花发电公司成立229人的志愿者服务队参加救援、关爱、献血等志愿者行动。2008年5月14日,攀枝花发电公司安排两名驾驶员前往地震重灾区运送救灾物资。

东风汽车公司16名青年志愿者于2008年5月29日下午奔赴四川灾区，投身灾区的救助工作。

中国航空集团公司民航快递西南公司绵阳营业部3名驾驶员志愿者开着川A80081货车，行车近50小时，向平武县运送救灾物资约56吨。2008年5月21日上午，民航快递西南公司组织"民航快递传递真情"活动，首批5名志愿者驾驶货车和金杯车，参加四川省绵阳市及汉旺镇抢险救援。

中国诚通控股集团有限公司中储天一分公司吊车司机李忠健于5月13日赴四川省彭州市银厂沟灾区志愿救援，在灾区连续工作5天，与灾区群众并肩抢险。

中国机械工业集团公司一拖集团有限公司25名职工组成"中国一拖抗灾救险志愿队"，于2008年5月15日8时30分出发奔赴救灾一线。志愿队队员是从数百名志愿者中精心挑选出来的，由操作机手、维修技师、医护人员组成，在抗震救灾一线指挥部统一安排下，投入灾区救援和灾后重建。

2008年5月20日，中国南车抗震救灾抢险队在灾区拆除危房
（中国南车　提供）

中国南方机车车辆工业集团公司资阳公司28名驾驶员于2008年5月13日至6月24日参与救灾，出车155车（次），运送救灾物资752吨。5月17日，中国南车又组织抗震救灾抢险队，深入四川省安县沸水镇、花荄镇两个重灾乡镇参加抢险救援。5月18—21日，抢险队拆除20余处、700余平方米危房，帮助群众抢救出现金23.50万元、粮食3.90万千克、化肥1500余千克及家具、衣物若干。

中国铁路工程总公司中铁八局团委在地震当天，组织成立抗震救灾青年志愿者总队。青年志愿者1200余人先后19次参加四川省彭州市白水河、银厂沟地区关键通道——小鱼洞大桥便桥架设、彭州火车站站台搭建、达成线余家沟大桥抢修任务，为打通灾区生命线、营救受困群众赢得了宝贵时间。2008年5月13日上午，中铁八局抗震救灾青年志愿者总队青年志愿者26人前往都江堰市，与当地二分队青年志愿者会合，对李冰中学被压埋学生及商业网吧压埋人员进行抢救。13日下午，青年志愿者总队紧急派遣三分队青年志愿者600余人，赴宝成铁路斑竹园金龟岩大桥，会同成都铁路局进行抢险。13日18时，大桥桥墩修复，桥梁移位恢复。随后，青年志愿者总队抽调青年志愿者200余人，赶赴德天线抢修德（阳）天（池煤矿）铁路。该段铁路有6千米铁路路基严重变形，路基沉降，路面最高差0.80米，桥梁平移0.26米，支座严重受损。为确保5月16日12时通车，在气候恶劣、施工条件困难的情况下，青年志愿者们冒着余震和山体滑坡危险，连续工作近15小时，于16日11时26分完成抢修任务。5月14日9时，青年志愿者总队抽调74名青年志愿者，携带5台发电机、4台千斤顶及若干铁铲、抬杠、钢钎等救援工具，先后赶到四川省理县朴头、蒲溪、薛城、通化、桃坪等乡镇开展搜救。15日17时，青年志愿者总队从一栋完全坍塌的6层楼废墟中解救出1名五十多岁男子，并挖掘出遇难者遗体13具。至19日15时，中铁八局抢险救援队挖运土石方3000立方米，抢运当地铝厂铝锭3吨，抢救被埋汽车4辆，清扫街道环境2000平方米，抢通乡村公路 2.50 千米。广岳铁路红白镇段是重灾区什邡市的生命通道，中铁八局抗震救灾青年志愿者总队决定，派遣一分队青年志愿者前往实施抢险救援。5 月 18 日 19 时，第一批青年志愿者抵达什邡市红白镇；19 日凌晨，青年志愿者 680 人抵达，50 余台（套）大型设备到位，施工便道打通，2000 余吨材料运抵施工现场；20 日，完成穿心店大桥墩身清基和钢筋布设、隧道锚杆、线路拨移、站场锚固灌浆；21 日，桥墩、隧道加固完成，红白站场一道恢复通车条件；22 日，红白站场二道恢复通车条件；23 日，红白站场三道恢复通车条件。志愿者们用五天时间完成土石方 10 万余立方米，桥墩混凝土 260 立方米，隧道锚杆、挂网 34 吨，混凝土喷射 1240 立方米；完成红白站场钢管桩 6000 米、压浆（水泥用量）1050 吨、铺轨 550 米、底碴 3500 立方米、道碴 250 立方米。5 月 22 日，宝成线沙溪坝站信号楼发生重大险情，直接影响宝成线正常运行。中铁八局电务公司五分队青年志愿者于 5 月 23 日 16 时抵达宝成铁路沙溪坝站，分两组对信号楼情况详细摸底，并选址搭建帐篷作为志愿者临时住地。25 日 16 时 20 分，青川县发生 6.4 级余震，距青川直线距离约 40 千米的沙溪坝震感强烈，青年志愿者们有序疏散楼内作业人员。经七天七夜，五分队青年志愿者完成电气集中、微机监测、铁路列车调度指挥系统（TDCS）、自动闭塞等工作。31 日 18 时 20 分，成都铁路局下达调度命令，宣布宝成铁路沙溪坝车站信号楼提前 40 分钟实现倒接。中央电视台、四川电视台、新华网、人民网等多家媒体对此进行报道。中铁八局抗震救灾青年志愿者总队荣获中华全国总工会授予的"抗震救灾、重建家园工人先锋号"称号。中铁四局第五工程公司武广二标轨枕场工班长孟闯，是一名 25 岁的伤残退伍军人。2008 年 5 月 14 日下午，孟闯到四川省红十字会、共青团成都市委报名，发起组成"老兵突击队"；15 日，孟闯带领老兵突击队赴都江堰市幸福镇，成功救出 1 名被困人员；16 日 14 时至 23 时，在都江堰市薄阳镇 1 栋 6 层楼废墟内，救出 1 名被困人员；19 日，在汶川县映秀镇搜救出 1 名被困人员。在灾区 6 天，孟闯带领老兵突击队先后在都江堰市幸福镇、桂花镇，汶川县漩口镇，江油市雁门镇，什邡市湔底镇参与搜救，共救出 6 名被困人员，从废墟中挖出 6 万多元现金，搬运数十吨救灾物资。23 日，孟闯和老兵突击队员自费购买价值 4000 元药品、食品、饮用水送到什邡市湔底镇湔底中学。

中国医药集团总公司四川抗生素工业研究所地处四川省成都市，在自救、恢复生产的同时，分两批组织志愿者约 50 人参加当地抗震救灾。国药集团职工约 20 人，作为中国红十字会志愿者自发前往灾区参与救援。

中国水利水电建设集团公司水电七局于 2008 年 5 月 16 日组成 200 人的突击队增援灾区。突击队编入四川省国资委 1500 人的抗震救灾突击队，同医疗服务志愿者一道展开搜救。

攀枝花钢铁（集团）公司于 2008 年 5 月 12 日晚组织首批 12 名志愿者前往攀长钢。13 日，攀钢团委下发《关于组织动员广大团员青年积极投身抗震救灾工作的通知》，攀成钢、攀长钢团委组成"红丝带"、"小红帽"青年志愿者服务队。在抗震救灾期间，攀成钢、攀长钢每天都有 1000～1500 余名青年志愿者，在抗震救灾第一线运送伤病员、协助搭建帐篷、发放救灾物资、喷洒消毒药水、宣传卫生防疫知识。

2008年5月19日，攀长钢青年志愿者向职工发放灾后防疫知识宣传资料

（攀　钢　提供）

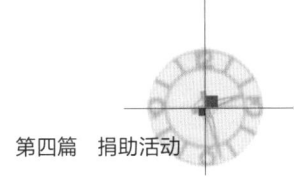

第二节 参与生活救助

中国核工业集团公司八二一厂抗震救灾应急民兵分队于2008年5月15日组织志愿者16人进入灾区。在40天内，入户检查、排险286户，完成转运各类物资任务22次，转运救灾物资210余吨，帮助群众抢出粮食4.50万千克、化肥80袋、家具185套（件）、衣物3000余件、存折15本、现金3万多元、电器80余台；搭建帐篷32顶，拆除危房65间，排险56处，收割小麦、插秧约4670平方米。同时，还帮助群众完成乡村小学灾后重建等。17—22日，成都建中锂电池有限公司组织志愿者50余人，到成都双流国际机场参与抢运救灾物资。24—25日，建中核燃料元件有限公司建中户外俱乐部志愿者25人，在成都双流国际机场义务装卸赈灾物资37车，约160吨。

中国航天科工集团公司航天通信绵阳灵通公司于2008年5月17日组织志愿者105人赴四川省绵阳市火炬广场，装卸运往灾区的衣物、药品、设备、食品等物资，并赴绵阳市九洲体育馆为群众服务。

中国兵器装备集团公司西南自动化研究所组成20余人志愿者服务队，赴四川省安县解放军某部二所支援；派遣志愿者钟先成赴四川省北川县永安镇后庄村，协助村民修建永久性住房。晋林公司青年志愿者1800人（次），参与公司生活区捐赠衣物、捐款，搭建避震帐篷，搬运发放救灾物资等活动。永力机械厂组织并成立志愿者服务队。2008年5月15日上午，第一批志愿者赴彭州市各群众安置点进行"献爱心"服务活动。16日上午，第二批志愿者投入献爱心活动。大江集团志愿者参与公司生活区捐赠衣物、捐款、搭建避震帐篷、搬运发放救灾物资等活动。

中国石油天然气集团公司长庆油田公司职工景跃武2008年5月15日购买3000余元药品、4套睡袋及帐篷，从西安奔赴四川灾区。在广元市王家营负责搬运、整理救灾物资，连续奋战十几天，搬运救灾物资数十吨。至6月21日，景跃武征集到甘肃省庆阳市和陕西省西安市、延安市和榆林市的16所学校"爱心牵手互助卡"、慰问信1.30万余份。24日,景跃武赴四川省广元市十余所学校进行爱心演讲,并将3万余份回信送到甘肃省庆阳市和陕西省西安市、延安市、榆林市的16所学校同学手中。9月10日,景跃武第三次来到四川灾区,将从甘肃省书画协会征集的300余幅书画作品和慰问信赠送给6所学校师生。9月14日早,景跃武徒步前往四川省青川县木鱼镇,自费购买100余份月饼,赠送给当地群众,并向多名孤儿、孤老赠送慰问金3000余元,与灾区人民共度中秋佳节。5月23日,锦州石化公司职工赵强携带自购和募集到的10箱药品等物资,从辽宁省锦州市到达四川省安县晓坝镇灾区群众安置点,配合医护人员往返于成都市与晓坝镇间,调配医疗器械、药品和生活用品。6月1日,广州培训中心职工27人组成"抗震救灾青年志愿者服务队",前往广州东货运站义务装运120吨支援地震灾区救灾物资。

中国海洋石油总公司中海沥青(四川)有限公司在四川省都江堰紫坪铺水库因地震发生石油类污染事故后,发挥水污染防治专业优势,于2008年5月29日派出志愿抢险队,参加紫坪铺水库清污抢险,保障成都市饮用水水源安全。

中国大唐集团公司韩城发电厂职工樊红英2008年5月17—22日

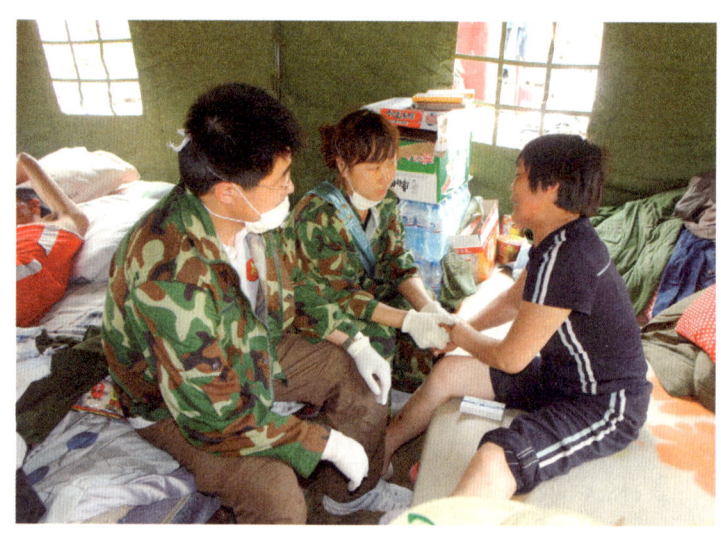

2008年5月19日,中国大唐陕西公司志愿者樊红英(中)为受伤群众送药

(中国大唐 提供)

利用休假时间，先后赴四川省什邡市、蓥华镇、红白镇、绵竹市等重灾区，与其他志愿者一起，搬运救灾物资、为群众发放物品、给伤者清洗伤口换药，并出资5000余元为群众购买各种生活必需品。樊红英利用工作间隙，通过各种途径，动员亲朋好友和身边职工为灾区捐款捐物，几天就筹集8000余元，购买药品、食用油等救灾物资后运往灾区。

中国华电集团浙江华电乌溪江水力发电厂青年职工温林山等3名志愿者利用业余时间前往衢州市红十字基金会参加上街募捐等工作。

中国电力投资集团公司国际有限公司常熟发电公司两名青年志愿者2008年5月28日至6月5日赴灾区执行救灾物资押送任务。

中国航空集团公司国航股份西南分公司培训部职工卢永祺和7名同学于2008年5月13日晨加入救灾志愿者队伍，先后两次赶往极重灾区绵竹市汉旺镇、彭州市白鹿镇，为灾区群众送去棉被、帐篷、饮用水和食品。飞行训练中心模拟机维护员晏其睿5月14日和18日值完夜班后，自驾车协助中国红十字会运送饮用水、食品等物资到绵竹市。

中粮集团有限公司中粮食品营销有限公司及中粮金帝食品有限公司志愿者27人于2008年5月15日14时奔赴重灾区彭州市，沿途向群众分发食品、巧克力、饮用水等，并在通济镇与救援部队搭建"中粮之家"，安排群众吃住。

华润（集团）有限公司成都燃气公司青年志愿者协助华润集团及在四川企业搬运各类救灾物资1572件（40.87吨），开展征集播放赈灾歌曲、协助群众安置点安装天然气设施、在公司网站开辟抗震救灾专栏等活动。

中国冶金科工集团公司第一批志愿者16人于2008年5月17日赴四川省广汉市高坪镇，承担高坪镇救助服务站管理策划及实施工作。23日，第二批志愿者6人抵达高坪镇。与第一批志愿者配合，进行群众心理援助，给孩子们讲课、做游戏、举办生日派对。同时，高坪镇救助服务站管理委员会成立。广汉市委书记杨波专门听取志愿者对救助服务站实施有效管理情况介绍，广汉电视台多次进行专访；救助服务站管理模式被作为典范推广到广汉市其他安置点。5月21日,中冶集团10名志愿者到成都五冶医院厨房等地,协助开展餐饮服务。5月24日,华冶资源开发有限责任公司120名青年志愿者组成突击队,从河北省邯郸市出发,连夜赶赴四川省崇州市。27日下午,突击队到达崇州市三郎镇天国村后立即开始安装活动板房。6月16日,突击队完成援建活动板房479套,还完成铺设便道3800平方米、平整场地1.10万平方米等工作。

中国中煤能源集团公司平朔煤业有限责任公司赴四川援建队由45名志愿者组成,先后在广元市剑阁县下寺乡、毛坝乡、凉山乡、普安镇、武连镇和城北镇等乡镇及剑阁县郑家山广播电视调频台等地25个工作点开展援建。

中国南方机车车辆工业集团公司成都公司12名党员地震发生后组成"抗震救灾应急指挥中心抢险分队",紧急疏散危房群众,连续30天在危房区警戒、守护,确保100家住户的安全。2008年5月23日中午,成都公司组织职工300人,将中华全国总工会运往重灾区的10节火车皮、600吨救灾物资发往灾区。成都公司基层单位18名团干部,组成"抗震救灾青年志愿服务队",每天义务为宿营车和受灾帐篷住户开展清洁卫生、文明行为劝导和物资搬运等志愿服务,在22天时间内服务120余次。

中国铁路工程总公司二院土建、一院团总支2008年5月17—18日成立由72名青年组成的志愿者服务队,分成6个小组,承担四川省成都市西城体育场救助点600余人两天的膳食服务。

中国煤炭地质总局广州中煤江南基础工程公司成都项目部职工主动申请加入中国红十字会志愿者服务队,在成都市红十字会协调组织下,分别于2008年5月14日、15日和18日,3次驾车运送救灾物品到绵竹、拱星、汉旺等地。

第三节　参与医疗救治

中国核工业集团公司中国核动力研究设计院云克药业有限责任公司2008年5月15—18日组成20余人的青年志愿者小分队，购买1000余元纸尿裤、成人护理垫、卫生纸巾等用品送到四川省人民医院，并先后4天在医院参加救灾物资搬运、清点、发放，参与10余名伤员护理和陪护。16日中午，中核集团位于苏州的核工业总医院退休职工、志愿者刘荣桂，随医院医疗救护队赴四川灾区，援助位于成都市的四一六医院。6月4日，中国核动力研究设计院反应堆运行与应用研究所三分室职工赵艳华，以志愿者身份随四川大学华西医院眼科中心抗震救灾医疗队前往地震灾区，与当地万江眼科医院医务人员为青川县、北川县、汶川县及擂鼓镇、绵阳市等地群众免费普查眼病，发放眼药水及预防眼病宣传资料，购买并发放救灾药品价值5000余元。核工业西南物理研究院青年志愿者在成都市西区医院、四一六医院护理灾区伤员23人，参加护理志愿者80余人（次）。

中国航天科工集团公司四院307厂职工医院3名心理医生，以南京市红十字会志愿者的身份，对灾区伤员进行一对一心理治疗。2008年6月22日，航天科工061基地首批志愿者49人，到遵义医学院附属医院陪护30余名灾区伤病员。航天科工四院307厂航天晨光低温设备分公司18名职工，自愿到南京市鼓楼医院、南京市中医院等照顾伤员。

中国兵器装备集团公司西南自动化研究所干部职工30余人，自发到四川省绵阳市中心医院、第三人民医院、九洲体育馆等场所开展志愿服务。陵川公司得知中核集团四一六医院需要援助时，公司团委迅速组织青年党员、团员，成立青年志愿者队伍前去援助。2008年5月15日8时30分，第一批青年志愿者20人前往四一六医院，参与志愿服务；16日8时30分，第二批青年志愿者27人前往四一六医院。2008年5月20日晚，宁江公司团委成立青年志愿者服务队，前往成都军区某药品中转站协助官兵搬运救灾药品，完成近20吨药品搬运任务。嘉陵集团团委组织青年志愿者参与抗震救灾，在嘉陵医院对灾区伤病员进行医疗陪护和心理疏导。兵器装备集团陕西工作站志愿者到地震伤员入住病房，主动承担方言翻译，消除医患间障碍。

中国石油天然气集团公司大港油田总医院2008年5月31日至6月18日组建志愿者抗震救灾义务医疗队进入灾区，为天津援建灾区的过渡房职工和灾区群众开展医疗和义诊，并参与当地卫生防疫。义务医疗队在灾区志愿服务17天，深入农村、工地，接诊500余人（次），实施缝合手术13台，受灾群众及援建工人100余人得到医疗救治。

中国海洋石油总公司渤海石油职工医院3名医生组成志愿医疗救护队，于2008年5月29日赴四川灾区一线开展医疗救助。

中国第二重型机械集团公司志愿者在灾区护送伤员，搭建伤员临时治疗棚。

2008年5月13日，中国二重志愿者在灾区护送伤员

（中国二重　提供）

2008年5月13日，中国二重青年志愿者在四川省德阳市第二医院搭建伤员临时治疗棚

（中国二重　提供）

中国铝业公司长城铝业公司总医院护士何晓艳通过网上报名，成为赴灾区抗震救灾志愿者队员，参加了10天志愿者活动。中铝公司山西分公司职工武泽宏驾驶私家越野车，赴四川灾区参加运送伤员和药品、接送中国红十字会人员及联络等救援活动。

中国航空集团公司国航股份西南分公司地面服务部2008年5月20日18时召开紧急会议，要求各单位保障次日两班灾区重伤员及家属地面运输服务。志愿者组成8个保障小组，其中5个小组轮流将担架抬至残疾人升降车上，2个小组负责将担架在机舱内摆放好，1个小组负责照顾残疾人升降车内重伤员。22日，国航股份西南分公司机关党员、团员30余人组成志愿者队伍，身穿印有"众志成城　抗震救灾"字样和国航股份标记的文化衫，分成4个救援小组开展救援。

中国东方航空集团公司在全公司发起"爱心使者"活动，组织志愿者赴灾区为伤员提供医疗护理和心理咨询服务。2008年6月19日，东

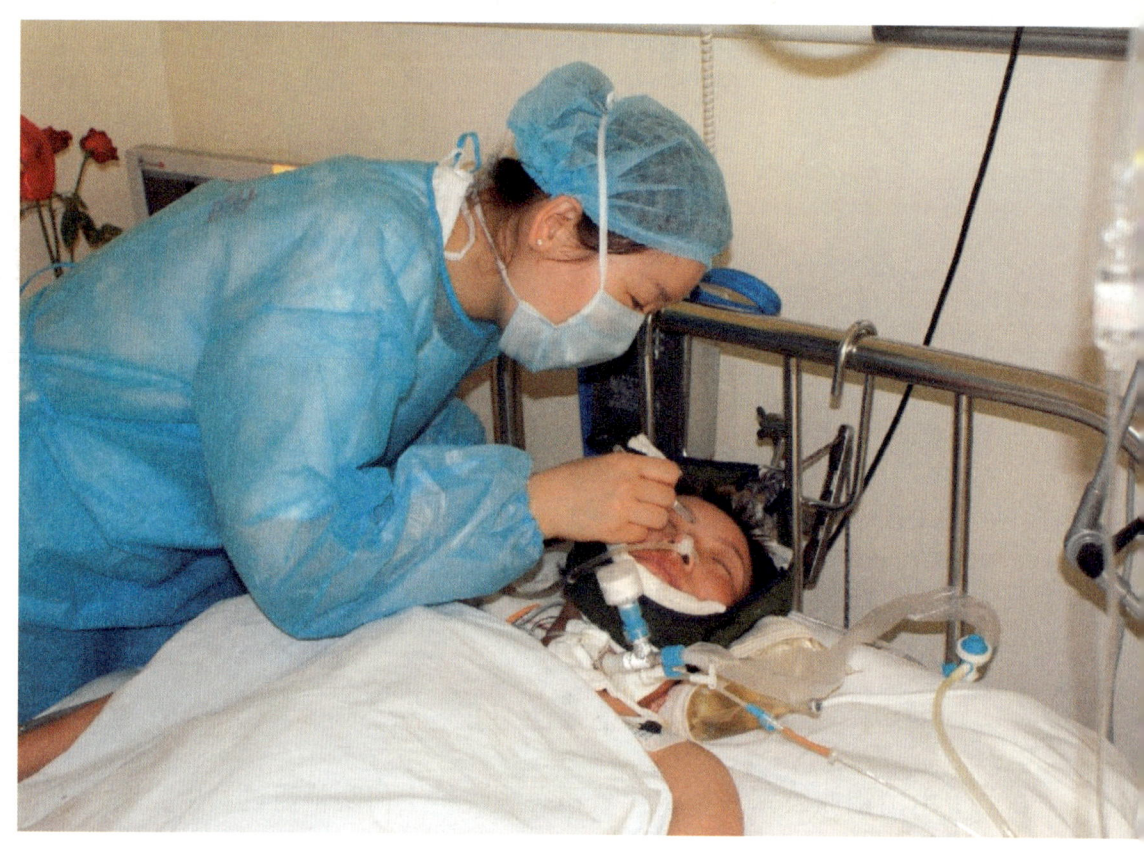

东航集团志愿者在四川成都华西医院细心照料地震伤员

(东航集团 提供)

航集团首批15名"爱心使者",赴成都华西医院为伤病员提供医疗护理和心理咨询服务。6月19日至7月11日,来自东航集团上海总部及各分(子)公司志愿者45人,分3批前往华西医院,在接受短期专业护理知识和心理抚慰培训后,在华西医院为伤病员20余人提供志愿服务。

中国冶金科工集团公司第十七冶金建设公司医院外科主治医师徐长生、护士郭雅琴于2008年5月15日作为安徽省首批抗震救援医疗队队员赴四川地震灾区青川县,连续工作15天,参与抢救治疗伤员600余人(次)。

中国南方机车车辆工业集团公司资阳公司5月15日,成立灾区伤员救助站,接收来自绵竹市、彭州市等极重灾区的受伤群众24人。

中国铁道建筑总公司中铁第一勘察设计院集团公司部分职工2008年5月20日了解到,由北川地震灾区转送到西安市的一批伤员,将于21日抵达西安市西京医院和唐都医院接受治疗时,立即组织志愿者10余人,赶往医院陪护。中铁十五局医院原妇产科护士长欧桂碧,放下自己经营的"婴儿游泳馆",自愿加入灾区志愿者服务队伍,与来自全国各地具有医师资格的志愿者20余人,在四川省绵阳市组成"红十字志愿者救助队"。欧桂碧担任"红十字志愿者救助队"队长,平均每天救助四五百人。欧桂碧所在医疗队10天内向当地受灾群众近5000人提供医疗服务。欧桂碧被河南省总工会评为"女职工标兵"。

中国葛洲坝集团公司中心医院两名志愿者于2008年5月14日上午赴四川灾区,参与伤员运送。在灾区工作17天,出车51次,从绵竹市到成都市、绵阳市等地转运伤员53人,其中重伤员18人,行程5600千米。30日,葛洲坝集团中心医院1名志愿者到达绵竹市开展救援工作。

第四节 参与通信服务

中国电信集团公司2008年5月20日上午发出在四川省(成都地区及各大灾区安置点聚集区)招募首期志愿者1200人的倡议。当天15时,125人通过028-114热线报名,1378人通过号码百事通门户网站www.118114.cn报名。志愿者招募页面点击量达20800次。倡议发出当天,全国各地群众通过拨打所在地"报平安、寻亲人"热线,寻找在四川亲友的呼叫量达91287次,超过19日近4万次。招募志愿者深入灾区医院、各大安置点,携手号码百事通,收集更多受灾群众信息,将平安喜讯传递给灾区群众家人。至2008年5月21日夜,重庆、贵州、陕西、云南、上海、江西、湖北、甘肃等公司共组成270人的志愿服务队,赴四川灾区进行专业支援,开展应急通信、传输、交换、无线村通、小灵通等通信服务。

中国移动通信集团公司四川公司先后组织青年志愿者1460人，到成都市、彭州市、都江堰市、什邡市、北川县、汶川县等地震灾区，开展11次"爱心在传递"青年志愿者活动。四川公司把极重灾区北川县确定为公司青年志愿者支援对口单位。甘肃公司组建300人志愿者队伍，赶赴陇南灾区开展流动服务，为群众提供免费充电服务达6.70万人（次）。陕西公司在通往四川灾区的高速公路沿线服务区设置32处爱心服务站，提供通信类、生活类、工作类免费服务。2008年7月26日，中国移动志愿者50人，赴重灾区四川彭州龙门山镇开展志愿活动。志愿

中国移动志愿者在北川县灾区开展服务业务

（中国移动 提供）

者捐款购买两台 29 英寸彩色电视机，满足群众收看"奥运会"心愿；赴胥家沟进行泄洪道清理；赴龙门山镇最大安置点——宝山村群众安置点开办临时服务点，为灾区群众现场提供移动通信业务咨询、办理及免费拨打亲情电话等服务，并赠送《灾后心理救助知识手册》。8 月 2 日，中国移动青年志愿者 40 人，赴德阳市什邡群众安置点，帮助群众搬入新建活动板房，并开展现场移动业务办理和咨询服务。

中国南方机车车辆工业集团公司资阳公司职工张捷为保证救灾通信畅通，自 5 月 12 日至 6 月 26 日，在地震灾区连续奋战四十五昼夜。

第五篇 恢复重建

第五篇 恢复重建

汶川特大地震造成灾区损毁惨重，灾后恢复重建任务严峻而紧迫。国资委落实国务院相关政策法规和灾后重建总体规划，深入开展调查研究，提出"立足自救、先后有序、优化结构、统筹安排"的中央企业恢复重建方针，分类指导中央企业做好生产恢复和灾后重建规划；组织中央企业申请国有资本经营资金，采取按一定比例注入资本金或贷款贴息方式，缓解受灾中央企业恢复重建、职工安置和生产经营的资金压力，及时解决中央企业在恢复重建中的困难和问题。

中央企业按照国资委灾后重建部署，克服困难，恢复生产，实现产业升级和节能环保，并完成全年生产计划。至2008年5月31日，大部分受灾企业开始恢复生产。地震中受灾较重的东汽公司坚持"坚韧不拔、艰苦创业"精神，抓住市场订单，创造条件恢复生产，实现地震当年产值达数百亿元。中央企业开展灾区基础设施恢复重建，电力、建筑施工等企业克服余震不断、环境恶劣、重建成本高、运输不便等困难，制定实施步骤与具体措施，快速恢复停建、缓建基础设施重建工程项目，使灾区基础设施得到极大改善。

中央企业落实国务院和国资委灾后恢复重建要求，发挥中央企业专业优势，开展多种形式的对口支援。中央企业组织开展社会支持活动，通过国资委与中国红十字基金会共同建立的

"5·12灾后重建中央企业援助基金",向地震灾区援建学校、医院等,支持灾区恢复重建。

中央企业开展灾后精神家园建设,参与灾区心理干预及医学心理咨询服务,进行心理疏导教育;广泛开展受灾职工及家属心理救助,组织多种形式的心理讲座,编印心理辅导书籍;开展心理帮扶活动,举办文艺演出等,丰富灾区职工及家属的文化生活,帮助心理受到创伤的职工及家属尽快恢复。

第一章　恢复重建部署

地震使受灾中央企业受损严重，短期内难以恢复全面生产，流动资金严重短缺，恢复重建所需资金巨大，受灾中央企业按固定资产重置所需资金测算超过685亿元。国资委组织中央企业落实国务院灾后恢复重建部署，结合企业恢复重建实际，组织制订灾后恢复重建规划。中央企业针对企业实际及时制订灾后重建规划，对灾区生产设施、生活基地恢复重建进行详细安排，采取多种形式，如签订各种援建合作协议、启动重建项目、举行开工典礼等，推进地震灾区中央企业恢复重建。

国资委按照财政部有关规定，组织中央企业申请国有资本经营资金，国有资本经营预算三年安排地震灾后恢复资金195.62亿元，为中央企业恢复重建注入资金支持。国资委通过1742个重点恢复重建项目实施，支持遭受严重地震灾害的中央企业灾后恢复重建，项目总投资额达7084862万元，国有资本经营预算资金占项目建设投资总额的27.61%，使中央企业恢复重建资金得到保障。中央企业全力保障恢复重建，对资金安排、设备保障等工作优先考虑，早做准备，全面落实灾后恢复重建。

第一节　组织恢复重建

2008年6月10日上午，国资委主任、党委书记李荣融主持召开会议，传达国务院有关恢复重建会议精神，对中央企业抗震救灾和灾后恢复重建有关问题进行会商。会议要求，有关部门按照国务院总体部署，做好中央企业灾后恢复重建规划。对因地震灾害伤亡的职工，逐一核实；对受灾严重的中央企业的国有资本金注入，要研究标准和程序，引导企业立足自力更生；对水电十局医院重建加强督导。6月中旬，国资委复函工业和信息化部,就《灾区中央企业生产恢复的指导意见(征求意见稿)》提出修改意见,建议在指导思想和主要原则中增加"有关部门要对中央企业恢复生产做好统筹规划,地方政府要将中央企业恢复重建所需土地、基础设施等纳入地方统筹"的内容;把组织实施部分修改为"鉴于灾区各类企业在地震中受到巨大的人员伤亡和财产损失,恢复生产任务繁重,需要在财政支持、税收减免、贷款贴息、银行贷款、就业援助、产业政策以及困难国有企业国有资本金注入等方面给予政策扶持。请财政、税务、金融、保险、国资等有关部门和单位,根据国务院抗震救灾总指挥部第16次会议精神进行研究,报国务院后另行确定。各地结合实际,根据本意见制定和完善恢复生产工作的具体方案"。

国资委先后3次参加国务院抗震救灾总指挥部生产恢复组会议,汇报中央企业生产恢复进展、困难和所需政策支持情况,为中央企业恢复重建提供支持。

财政部对国资委管理的中央国有重点骨干企业恢复生产和重建,采取"按因灾损毁恢复重建投资的一定比例,注入资本金或贷款贴息"的方式,给予支持,其中注入资本金资金从中央国有资本经营预算收入中安排。国资委要求重建政策以深入贯彻落实科学发展观为统领,发挥中央企业国有资本经营预算的重大推动作用,在中央企业自救为主的基础上,通过补充资本金方式,支持遭受严重损失的中央企业开展灾后恢复重建,缓解中央企业开展灾后恢复重建资金压力,使中央企业职工树立起战胜自然灾害的信心。

国资委迅速部署中央企业摸清灾害损失、科学评估、完善方案,按照"立足自救、先后有序、优化结构、统筹安排"的要求,分类指导中央企业做好生产恢复和灾后重建规划。对电网、通信等关系国计民生的重点企业,将基础设施的前期简单恢复与灾后加固、技术升级结合起来,提高电网和通信设施的抗灾能力;对生产性企业,要求根据外部生产条件和市场变化,完善企业发展规划,与调整结构、优化布局结合起来，该异地重建的就应异地重建；对建筑施工企业基地设施重建，争取纳入当地政府的灾后重建规划，统筹考虑，统一安排；对承担国家重点工程项目的军工企业，加强隐患排查，研究制订综合治理规划方案并尽早实施，确保设施安全。

地震使受灾中央企业产成品、半成品、原材料以及厂房、生产设施（设备）损毁严重，短期内难以恢复全面生产，大量合同无法兑现，企业流动资金严重短缺，恢复重建所需资金巨大。受灾中央企业按固定资产重置所需资金测算超过 685 亿元（表 5-1-1）。

表 5-1-1　中央企业恢复重建资金需求统计表

企业名称	金额（万元）	企业名称	金额（万元）
中国核工业集团公司	38391	中国化学工程集团公司	1161
中国核工业建设集团公司	43180	中国盐业总公司	1316
中国航天科技集团公司	70579	华诚投资管理有限公司	1655
中国航天科工集团公司	2424	中国中材集团公司	3149
中国航空工业第二集团公司	36851	中国建筑材料集团公司	476
中国船舶重工集团公司	10764	中国有色矿业集团有限公司	15
中国兵器工业集团公司	11160	中国房地产开发集团公司	1461
中国兵器装备集团公司	39963	中国南方机车车辆工业集团公司	16126
中国电子科技集团公司	172208	中国铁路通信信号集团公司	632
中国石油天然气集团公司	184304	中国铁路工程总公司	43024
中国石油化工集团公司	60966	中国铁道建筑总公司	73035
国家电网公司	3400000	中国交通建设集团有限公司	7000
中国华能集团公司	129321	中国普天信息产业集团公司	4800
中国大唐集团公司	35104	中国邮电器材集团公司	100
中国华电集团公司	13789	中国卫星通信集团公司	9310
中国国电集团公司	2420	电信科学技术研究院	91

续表

企业名称	金额（万元）	企业名称	金额（万元）
中国长江三峡工程开发总公司	287	中国对外贸易运输（集团）总公司	477
中国电信集团公司	946250	中国生物技术集团公司	1337
中国网络通信集团公司	53862	中国医药集团总公司	6747
中国联合通信有限公司	131456	中国新时代控股（集团）公司	35
中国移动通信集团公司	149255	中国海诚国际工程投资总院	30
中国电子信息产业集团公司	2300	中国冶金地质总局	293
中国第一汽车集团公司	72	新兴铸管集团有限公司	9020
中国第二重型机械集团公司	49700	中国航空油料集团公司	517
中国东方电气集团公司	400000	中国航空器材进出口集团公司	20
中国远洋运输（集团）总公司	810	中国电力工程顾问集团公司	81
中国航空集团公司	2175	中国水电工程顾问集团公司	12612
中国中化集团公司	200	中国水利水电建设集团公司	237346
中粮集团有限公司	255	中国黄金集团公司	792
中国五矿集团公司	487	中国储备棉管理总公司	108
中国储备粮管理总公司	483	攀枝花钢铁（集团）公司	186065
国家开发投资公司	23	中国长江航运（集团）总公司	136
华润（集团）有限公司	28344	武汉邮电科学研究院	10
中国华孚贸易发展集团公司	520	华侨城集团公司	167
中国诚通控股集团有限公司	11219	西安电力机械制造公司	779
中国机械工业集团公司	2230	中国葛洲坝集团公司	6100
中国中钢集团公司	1700	中国铁通集团有限公司	13892
中国冶金科工集团公司	17243	中国铁路物资总公司	788
中国化工集团公司	159529		
合　计（万元）			6850524

资料来源：《国资委关于抗震救灾和生产恢复有关情况的报告》（国资发考核〔2008〕108号，2008年6月4日）。

第二节 制订重建规划

中国兵器装备集团公司根据制订的重建规划，投入灾后重建工作。2009年3月21日，西南自动化研究所灾后重建工程奠基。

2009年3月21日，兵器装备集团西南自动化研究所举行灾后重建工程奠基仪式

（杜苹 摄影）

中国石油天然气集团公司建立恢复重建工作机构，并就四川灾区石油企业职工过渡性安置和恢复重建有关问题下发通知，按照"统一部署、相互衔接，科学规划、分步推进，立足当前，着眼长远"的原则，在油气生产、炼油化工、油气管道建设及输送、成品油销售、液化石油气和城市燃气供应、工程技术服务、装备制造、油气道路运输、矿区生活基地和生产办公用房、应急体系和安全环保建设及支援地方建设等方面，进行重建规划全面部署，按照"统筹优化、科学评估、分步实施"

2008年5月15日,中国石油西南油气田公司南充炼油化工总厂迅速恢复生产。图为职工在进行生产装置巡检

(敬宇翔 摄影)

的要求,在开展地震灾害调查评估的基础上,制定《中国石油汶川地震恢复重建规划》,对灾区生产设施和生活基地的恢复重建进行详细安排,计划2008—2010年灾后恢复重建投入39.70亿元。其中2008年投入12.30亿元,2009年投入16.10亿元,2010年投入11.30亿元。

中国石油化工集团公司及时启动西南石油局、石油工程西南有限公司恢复重建工程,重建资金达1.83亿元。

国家电网公司于2008年5月23日编制完成《四川电网灾后恢复供电和重建方案报告》,并上报发展改革委、国家能源局、国资委。31日,国家电网完成《四川省电力公司地震灾后恢复重建规划》和陕西、甘肃、重庆等省(市)公司《地震灾后恢复重建规划》初稿。6月

2日，发展改革委、国家能源局、国家电力监管委员会和四川省政府在成都市召开地震灾区电力抢修与重建工作会议，对灾区电力抢修与重建进行全面部署。26—27日，国家能源局在成都市召开"汶川地震灾后能源基础设施恢复重建规划座谈会"和"电网恢复重建规划专题会议"，确定能源基础设施重建规划中的电网恢复重建规划范围。7月，国家电网编制完成《国家电网公司恢复重建规划》、《四川省汶川地震灾区能源基础设施恢复重建规划》、《四川电网灾后恢复供电和重建方案报告》，提出2008—2010年国家电网规划受灾地区恢复重建总投资345.60亿元。其中电网恢复重建投资276.80亿元、电源恢复投资31.50亿元、生产生活设施恢复投资37.30亿元。2008年投资82亿元，2009年投资124亿元，2010年投资140亿元。2009年，国家电网根据恢复重建的实际情况对规划进行了调整，安排恢复重建项目645项，规划总投资约308.40亿元，见表5-1-2。

表5-1-2　国家电网恢复重建项目统计表

单　位	项目数量（个）	投　资（万元）		
		规划总投资	国有资本金	省公司自筹
四川省电力公司	410	3002413	750603.25	2251809.75
甘肃省电力公司	34	58902.03	14725.51	44176.52
陕西省电力公司	201	22713.68	3417.67	19296.01
合　计	645	3084028.71	768746.43	2315282.28

中国华能集团公司四川公司2008年5月28日组织成都勘测设计院编制完成《四川华能太平驿电站震损修复方案》，确定在原址恢复重建，并由电站原建设单位实施重建。29日，中国华能四川公司和太平驿公司相继成立灾后工作领导小组，下设恢复生产组、重建家园组等，对受损设备、设施及建（构）筑物进行安全评估，编制恢复重建规划方案。6月12日，中国华能四川公司审查通过太平驿电站灾后恢复生产及

重建总体方案。15日，太平驿公司恢复及重建开始实施。

中国电信集团公司四川公司2008年5月26日成立通信网络恢复重建领导小组，负责灾后通信设施重建指导、协调、督促和监督检查，分省、市设置两级通信网络恢复重建办公室工作机构，负责通信网络重建中各项具体工作的执行。中国电信四川公司委托四川通信科研规划设计有限责任公司编制《中国电信移动网络建设（2008年灾后重建）四川省无线网工程可行性研究报告》，部署无线网络建设。四川公司恢复重建工作在保证受灾地区全部恢复通信的基础上，配合政府抗震重建，与推进工业化、信息化、城镇化和新农村建设相结合，实时跟进通信网络建设，利用先进技术手段，为客户提供业务通信服务，使四川省通信网络和信息化服务达到中国西部地区领先水平；建立完善的应急通信体系，网络安全和防灾减灾能力达到国内领先；总体网络能力和通信信息服务水平超过灾前，满足全省远期重建和社会经济发展需求。陕西公司确立以"围绕灾区恢复重建的迫切需要，建设先进实用、安全可靠的通信基础设施，提升通信服务水平和抗灾能力，促进灾区经济社会发展"为重建指导思想，明确"坚持统筹规划、远近结合、协调发展、系统设计、保障安全"的重建原则，实现"力争用一年时间把陕西电信的服务水平恢复到震前水平，使通信和信息化服务具备抗击重大灾害的能力，总体网络能力和通信信息服务水平满足灾区远期重建工作和经济社会发展的需求"的总体目标。

中国第二重型机械集团公司于2008年7月完成恢复重建规划的编制。11月10日，国资委以《关于中国第二重型机械集团公司2008年国有资本经营预算的批复》，批准中国二重2008年度国有资本经营预算支出总额2.50亿元，用于汶川特大地震恢复重建补充国有资本。2009年1月，中国二重根据余震情况，对2008年6月制定的《5·12灾后厂房建（构）筑物、设备等固定资产重建、修复实施计划》进行调整，确定灾后重建工程229个项目，固定资产重建项目计划总投资35467万元，资金来源包括国有资本预算资金、自筹资金和捐赠资金。

中国化工集团公司于 2008 年 5 月 19 日召开专题会议，要求所属单位在做好抢险救灾、安置受灾职工的同时，迅速启动恢复重建工作。根据地震灾害损失情况及产品结构调整需要，中国化工清平磷矿、蓝星机械和 6914 厂 3 个重点单位恢复重建项目计划投资见表 5-1-3。

表 5-1-3　中国化工 3 个重点单位恢复重建项目计划投资统计表

单　位	清平磷矿	蓝星机械	6914 厂	合计
恢复重建项目计划总投资（万元）	48888	76000	6020	130908

攀枝花钢铁（集团）公司被列入国务院办公厅发布的《汶川地震灾后恢复重建总体规划》、发展改革委、工业和信息化部等编制的《汶川地震灾后恢复重建生产力布局和产业调整专项规划》、国务院办公厅公布的《钢铁产业调整和振兴规划》等重点支持恢复重建企业之一。按照财政部《中央国有资本经营预算编报试行办法》规定，攀钢连续三年向国资委申请国有资本经营预算资金，安排国有资本经营预算。

2008 年 5 月 22 日，攀长钢震后第一炉钢水成功浇注

（攀　钢　提供）

中国葛洲坝集团公司结合发展需要，于2008年7月9日编制完成《汶川地震灾后恢复重建规划》，并呈报国资委规划局，完成恢复重建部署。灾后恢复重建分"三步走"：第一步（2008年5—12月）为抗震救灾、初步恢复阶段，第二步（2009—2010年）为全面恢复阶段，第三步（2011—2012年）为巩固提高、持续发展阶段。2009年4月16日，葛洲坝集团向国资委报送恢复重建资金投入总规模13.44亿元的《关于申请地震灾后恢复重建资金补助的请示》，并请求3亿元灾后恢复重建国有资本经营预算资金支持。经国资委同意，葛洲坝集团参加2009年中央企业国有资本经营预算编制会议。8月，葛洲坝集团向国资委报送《中国葛洲坝集团公司2009年国有资本经营预算报表和编制说明》，申请2009年国有资本经营预算支出计划2.50亿元，用于灾后恢复重建。

中央企业援建灾区的部分安置房拔地而起

（贺　铭　摄影）

第三节　恢复重建保障

一、资金保障

中央财政对国资委管理的中央国有重点骨干企业灾后恢复生产和

重建，采取按因灾损毁恢复重建投资的一定比例注入资本金或贷款贴息方式给予支持。其中注入资本金资金从中央国有资本经营预算收入中安排。国资委国有资本预算支持中央企业灾后恢复重建资金安排原则，按三年（2008—2010年）实施规划。

2008年，国资委重点支持中央企业做好恢复重建，对企业分别予以补助。因地震直接财产损失总额在20亿元以上的企业有国家电网公司、中国电信集团公司、中国石油天然气集团公司、中国东方电气集团公司、中国水利水电建设集团公司、中国移动通信集团公司等；直接财产损失总额在2亿元以上、上年度资产负债率70%以上的企业有中国铁路工程总公司、中国化工集团公司、中国冶金科工集团公司、中国铁道建筑总公司、中国华能集团公司、中国第二重型机械集团公司、中国大唐集团公司、中国华电集团公司等。参照国务院有关低温雨雪冰冻恢复重建补助比例，原则上对上述企业按重建所需投资的25%比例注资，对特别困难的企业，即资产负债率在80%以上、且直接财产损失和间接经济损失总额占上年度净资产超过35%的企业，按重建投资的40%比例注资。

2009年，国资委有重点、有针对性地选择了因地震损失较大、加固升级（异地重建）任务重、资金需求量大的9家企业，按照重建所需资金的25%的比例注资。

2010年，国资委安排资金20亿元，有重点地选择电网、电信等基础设施行业和异地重建任务较重的攀枝花钢铁（集团）公司等7家企业进行注资支持，综合考虑行业重要性和重建所需资金等因素，确定具体注资金额。向国家电网公司注资8亿元，向中国电信集团公司注资4亿元，向中国网络通信集团公司注资3亿元，向中国化工集团公司注资1.50亿元，向攀枝花钢铁（集团）公司注资1.50亿元，向新兴铸管集团有限公司注资1亿元，向中国水电工程顾问集团公司注资1亿元。国资委在《关于报送2010年中央国有资本经营预算补充材料的函》中又做出相应调整。国家电网公司支出计划8亿元，主要包括新增项目青海玉树地震恢复重建项目2.50亿元和延续性项目四川地震恢复重建项目5.50亿元；中国电信集团公司支出计划4亿元，主要包括新增项目青海公司C网恢复重建项目0.48亿元和固定通信网恢复重建项目0.52亿元，延续性项目四川公司恢复重建项目2亿元、陕西公司恢复重建项目0.50亿元、甘肃公司恢复重建项目0.50亿元；中国网络通信集团公司支出计划3亿元，主要包括新增项目中国网通青海玉树地震恢复重建项目1亿元和延续性项目中国网通四川汶川地震恢复重建项目2亿元；中国化工集团公司支出计划1.50亿元，主要用于清平磷矿20万吨/年磷铵项目；新兴铸管集团有限公司支出计划1亿元，主要用于新兴铸管集团际华三五三六职业装有限公司异地重建项目；中国水电工程顾问集团公司支出计划1亿元，主要包括成都勘测设计研究院灾后恢复重建项目0.26亿元和九寨沟水电开发有限责任公司灾后恢复重建项目0.74亿元；攀枝花钢铁（集团）公司支出计划1.50亿元，主要用于攀长钢新建初轧扁钢工程异地重建项目。2008—2010年国有资本经营预算灾后恢复重建资金安排见表5-1-4。

表5-1-4　2008—2010年国有资本经营预算灾后恢复重建资金安排统计表

行业	企业名称	2008年（万元）	2009年（万元）	2010年（万元）	总资金（万元）
电力	国家电网公司	114660	645359	55000	815019
	中国华能集团公司	11024	13976	—	25000
	中国华电集团公司	11024	13976	—	25000
	中国大唐集团公司	4410	5590		10000
石油石化	中国石油天然气集团公司	26458	33542	—	60000
	中国石油化工集团公司	8147	10328		18475

续表

行业	企业名称	2008年(万元)	2009年(万元)	2010年(万元)	总资金(万元)
通信	中国电信集团公司	53446	185754	30000	269200
	中国联合通信有限公司	—	105000	20000	125000
	中国移动通信集团公司	43667	55358	—	99025
建筑	中国水利水电建设集团公司	30868	39132	—	70000
	中国葛洲坝集团公司	—	25000	—	25000
	中国铁道建筑总公司	8363	10603	—	18966
	中国铁路工程总公司	4410	5590	—	10000
	中国冶金科工集团公司	2521	3196	—	5717
机械	中国东方电气集团公司	49097	105903	—	155000
	中国第二重型机械集团公司	11025	13975	—	25000
冶金	攀枝花钢铁（集团）公司	11024	73976	15000	100000
	新兴铸管集团有限公司	—	—	10000	10000
建材	中国建筑材料集团公司	—	18000	—	18000
服务	中国水电工程顾问集团公司	—	—	10000	10000
化学	中国化工集团公司	14856	28834	15000	58690
商贸	中国机械工业集团公司	—	3134	—	3134
合计		405000	1396226	155000	1956226

资料来源：国资委收益管理局。

二、项目及资金投入

国资委通过1742个重点恢复重建项目实施，支持遭受严重地震灾害的中央企业灾后恢复重建，投资总额达7084862万元，国有资本经营预

2008年5月29日,中煤集团平朔煤炭工业公司援建队在灾后重建施工现场紧张施工
(王耀 摄影)

算资金占项目建设投资总额的27.61%。

国有资本经营预算三年安排地震灾后恢复资金195.62亿元,支持中央企业恢复重建。其中,2008年安排40.50亿元,2009年安排139.62亿元,2010年安排15.50亿元。至2010年12月31日,重建项目平均完工率为87.08%。同时,通过支持电网、电信等基础设施恢复重建项目,为受灾地区整体恢复重建创造了良好条件。中央企业灾后重点重建项目和资金投入见表5-1-5。国资委还在2009年中央国有资本经营预算支持中央企业恢复重建和加固上增加支出5000万元。恢复重建国有资金及时注入,极大地缓解了中国电信四川公司的资金压力,保障恢复重建项目按进度推进,实现县(市、区)全覆盖,乡镇与主要景点覆盖率超过80%,并稳步推进县(市、区)和部分乡镇3G无线网络建设。

表 5-1-5　中央企业灾后重点重建项目和资金投入统计表

企业名称	重建项目（个）	完工项目（个）	项目完工率（%）	投资资金		
				总额（万元）	预算（万元）	预算占投资总额的比重（%）
中国石油天然气集团公司	4	4	100	397000	60000	15.11
中国石油化工集团公司	7	7	100	18475	18475	100
国家电网公司	645	515	79.84	3084000	815019	26.43
中国华能集团公司	3	3	100	40880	25000	61.15
中国大唐集团公司	1	1	100	10000	10000	100
中国华电集团公司	10	10	100	100000	25000	25
中国电信集团公司	11	11	100	939000	269200	28.67
中国联合通信有限公司	21	21	100	447900	125000	27.91
中国移动通信集团公司	87	42	48.28	99025	99025	100
中国第二重型机械集团公司	229	206	89.96	35467	25000	70.49
中国东方电气集团公司	1	1	100	455900	155000	34
中国机械工业集团公司	1	0	0	3134	3134	100
中国冶金科工集团公司	2	2	100	5717	5717	100
中国化工集团公司	4	1	25	130000	58690	45.15
中国建筑材料集团公司	3	2	66.67	180000	18000	10
中国铁路工程总公司	13	13	100	10000	10000	100
中国铁道建筑总公司	106	106	100	25820	18966	73.45
新兴铸管集团有限公司	1	0	0	10000	10000	100
中国水电工程顾问集团公司	9	2	22.22	41944	10000	23.84
中国水利水电建设集团公司	543	534	98.34	243200	70000	28.78
攀枝花钢铁（集团）公司	3	0	0	673000	100000	14.86
中国葛洲坝集团公司	38	36	94.74	134400	25000	18.60
合　计	1742	1517	87.08	7084862	1956226	27.61

资料来源：国资委规划发展局。

中国第二重型机械集团公司恢复重建资金于2008年12月全部到位，使用资金19612.78万元，其中使用国有资本经营预算资金18218.77万元、自筹资金576.67万元、捐赠资金817.34万元。

中国建筑材料集团公司根据发展改革委、国资委有关要求，与成都市政府签署轻质住宅产业基地等项目建设合作协议。北川中联水泥有限公司日产4800吨熟料新型干法水泥项目被国务院列入恢复重建27个水泥项目之一，总投资7.60亿元。

中国东方电气集团公司东汽公司汉旺生产基地灾后异地重建项目于2008年8月开工建设，恢复重建固定资产总投资达45.59亿元（含外汇8320.60万美元），其中国有资本金15.50亿元，约占总投资的34%；银行贷款20亿元，约占总投资的44%；股市募集资金5亿元，约占总投资的11%；自筹资金5.09亿元，约占总投资的11%。东汽公司德阳新基地的建设投产对国家重大项目配套生产和建设具有极其深远的影响。

中国冶金科工集团公司在2008年11月和12月共得到财政部拨付用于恢复重建的国有资本经营预算资金5717万元，其中2999.74万元拨付给中冶集团成工建设有限公司，2717.26万元拨付给中冶集团实久建设有

2009年9月8日下午，中国红十字基金会、四川省红十字会、国资委等单位现场了解东汽公司基地抗震救灾援助项目资助情况及恢复重建进度

（东方电气集团 提供）

限公司。

中国葛洲坝集团公司 2009 年 12 月 3 日收到财政部下达的 2009 年中央国有资本经营预算资金拨付通知，同意支付 8 家中央企业地震恢复重建和加固提高支出 2.50 亿元。12 月 25 日，资金核拨到账。根据相关要求，应以注资方式将恢复重建国有资本经营预算资金核拨给恢复重建单位，但因受灾重建单位为集团公司上市公司本部及其所属子企业，注资事项需报经中国证券监督管理委员会批准后才能实施。为尽快落实预算资金使用计划，2010 年 1—2 月，经请示国资委收益管理局，采取委贷形式，快速将 2.50 亿元全数支付到 8 家恢复重建项目承担单位。

攀枝花钢铁（集团）公司攀长钢至 2010 年 9 月 30 日炼钢连铸工程、大型工模具钢锻钢生产线工程、电渣一期工程等 3 个恢复重建项目投资计划下达，形成在建工程。攀钢收到国有资本经营预算支出拨款后，均做增加实收资本处理。同时，根据国有资本经营预算拨款要求，恢复重建资金分别拨付攀成钢 5000 万元、攀长钢 8 亿元，并在攀钢财务有限公司开设项目专户，按规定用途安排资金使用。

2008年5月28日，攀长钢轧出恢复生产后的第一根钢材

（张连平　摄影）

第二章 恢复重建实施

灾区各中央企业抓住灾后恢复重建机遇，组织人员、落实资金、开拓市场，推进企业发展。东汽公司开展转移设备、建设新基地、建设新家园等生产恢复工作。中国化工集团公司开展恢复重建调研，对清平磷矿、蓝星机械等受灾严重企业，重点规划，尽快恢复生产。

中央企业开展灾区基础设施恢复重建，一批关系长远的重大项目相继开工建设，使基础设施得到改善。四川省电力公司电网提前恢复到震前水平，局部地区电网结构设施水平超过震前，为灾区群众生产生活提供保障。中央企业灾后恢复重建各项目承担单位与工程施工合同项目部克服震后余震不断、环境恶劣、灾后重建成本高、交通运输不便、资金短缺等困难，及时制定实施步骤与具体措施，利用灾后重建国家投入资金、企业自筹资金与捐助资金，加大企业在建筑施工等业务领域技术储备和研发工作力度，快速恢复停建、缓建基础设施重建工程项目，为灾区人民重建家园、灾区工业企业及时恢复生产提供有力保障。

第一节 重灾企业重建

一、东汽公司

签订恢复重建订单 在灾后生产恢复中，东汽公司面对各种困难，在抓恢复重建的同时，抓住市场订单。

2008年5月15日，国家电网公司龙源公司在北京召开项目招标会。主办方认为东汽公司受地震影响，不会来人参加投标，在投标方名单中删去了东汽公司。当东汽公司风电事业部销售经理黄铮按时赶到会议地点时，与会人员疑惑地询问："你们能按时交货吗？风电开工了没有？""大概什么时候可以开工？"黄铮回答："东汽公司汉旺基地受到重创，但是我们的德阳基地和风机生产线没有受灾，很快就能恢复生产。"在场的竞争对手对东汽公司表示钦佩。东汽公司如愿签订"灾后第一标"——价值3余亿元的33台风力发电机组订单。消息传到东汽公司厂区，职工们奔走相告，增强了灾后重建的信心和决心。

2008年5月19日，东汽公司签订价值12.44亿元的风力发电机组合同订单。7月7日，东汽公司签订出口印度6台66万千瓦超临界燃煤机组订货合同，创造中国燃煤机组出口最大一笔合同纪录。

地震发生后，东汽公司先后接到价值200余亿元的新增订货合同，其中10余亿元订单来自国外市场。

恢复生产 2008年5月24日，东汽公司在德阳基地举行"抗震救灾、恢复生产、重建家园"誓师动员大会。东汽公司生产恢复包括转移设备、建设新基地、建设新家园。生产恢复重建主要在位于德阳市、广汉市、什邡市等地的37家企业的租赁厂房中展开。东汽公司干部职工放弃双休日，加班加点投入抗震救灾、恢复生产、重建家园。没有会议室，干部们就围坐在草地上开会。行政人员办公挤在狭小的活动板房里，活动板房外面是公路，每天各种车辆来来往往，喇叭声此起彼伏，汽车卷起的灰尘漫天飞扬，从没人诉过苦。东汽公司各生产点分布在德阳市周边，每天清晨，8000余名东汽公司职工提前两小时就上路，赶到零件加工外扩点，保证生产顺利进行。有的职工每天要骑摩托车往返60余千米，但职工们很少迟到早退。

地震后余震、山洪、泥石流频发，为尽快异地开工生产，需要把东汽公司汉旺基地废墟中的设备、资料尽快抢运出来。东汽公司抗震救灾指挥部规定每个单位每天只能安排30名职工赴汉旺基地抢运设备和资料，可每天到场的人数总是翻番。职工们冲进已成危房的厂房、办公楼，在废墟中奋力拆电路线、搬文件、递图纸。东汽公司装备资源处副

2008年6月4日，东汽公司汉旺基地工人排除厂房建筑险情（杜洋 摄影）

处长王健负责每天约200车物资、设备拆运的调度工作，其中许多是世界一流的生产设备。一台价值几百万的焊接机器人，上面是摇摇欲坠的预制板，还有一块彩钢板被一台20吨吊车的滑线兜着，稍有不慎，机器人就会被预制板砸坏。王健借着挖掘机挖斗的遮挡，第一个站在下面的控制柜前，一点点拆除两三百根电线。王健组织职工把焊接机器人成功抢运出来。截至2008年5月底，东汽公司职工从汉旺基地抢救性搬迁关键设备800余台（套）、修复使用420余台（套），转移各类生产资料超过30亿元，为东汽公司异地恢复生产奠定了基础。

2008年5月17日，东汽公司德阳分部、风电事业部自控、表工、树脂等单位全面恢复生产。20日，东汽公司组织职工加班加点恢复生产，使灾后首批风力发电机组下线，发往大唐国际集团山西左云电厂和内蒙古赤峰电厂。29日，德阳基地全面恢复生产。6月6日，位于汉旺镇的东汽公司主机四分厂机器轰鸣，就地恢复生产，在废墟上创造出恢复生产的奇迹。6月20日，东汽公司灾后首批工业汽轮机和岭澳二期核电汽缸制造完成并发往电厂。

东汽公司汉旺镇重灾区有三个分厂坚持生产，干部职工表示"要在搬迁前多抢生产进度。"主机四分厂距地震震中汶川县直线距离29千米，被震松的地层让厂房立柱发生倾斜，职工们将其加固后继续生产。主机四分厂干部职工在危机四伏的办公室，搭上凳子，将没有损坏的灯泡和灯头卸下来，包装好后送到德阳市。东方电气集团领导问："这是公司要求的吗？"职工们回答说："不是，我们卸下来，以后还可以用。"主机四分厂周围被列为地震工业遗址，厂房后面的山坡上掩埋着遇难职工的遗体，干部职工忍住悲痛，坚守岗位，坚持恢复生产。余震每天两三次，甚至将大型工具也震得跳起来，干部职工没有畏惧，把原来的三班四运转，改为两班大倒班——每名职工要连续工作12小时才能休息。

东汽公司德阳重型二分厂34岁职工欧国坤，母亲不幸遇难，家里房子倒塌。欧国坤把伤痛埋在心里，只要走进车间，就全身心投入到装配工作中去。欧国坤所在的班组人手比地震前少了9个，而欧国坤带领班组每月生产10根转子，超过东汽公司历史生产最高水平。欧国坤班组职工表示，要将厂里的损失降到最低，要让遇难同事安心。

东汽公司叶片分厂80后工程师曾晋平，地震中被压埋在废墟里3天，被挖、刨出来后，叶片分厂领导同意曾晋平回老家探亲的要求。在回家途中，曾晋平得知自己所在办公室同事6人中有4人遇难。火车开出两站后，曾晋平毅然下车返回工厂，参加厂里恢复重建，把其他同事的任务承担下来。叶片分厂在地震发生后，成功试制出具有国际先进水平的170万千瓦核电叶片。

东汽公司灾后恢复重建173万平方米新基地，落户德阳市经济开发区八角井镇。2008年8月1日，东汽公司新基地第一个生产车间开工建设。12日，东汽公司震后第一座新厂房——叶片分厂投入使用。9月

2010年5月10日,东汽公司在四川省德阳市旌阳区八角井镇新基地召开竣工投产大会

(刘 岗 摄影)

2009年12月31日,东汽公司四川省德阳市旌阳区八角井镇新基地风电事业部厂房投入使用

(刘 岗 摄影)

22日,东汽公司召开"决战百天"劳动竞赛动员大会,提出"决战一百天,拿下一百亿",确保国家重点项目所需产品如期交货,兑现对用户的承诺,以优异成绩感谢党中央,回报全社会。

2009年春节后,东汽公司新基地隔板分厂第一个车间设备开始搬迁,标志着新基地投入使用。2009年底前,东汽公司主要生产厂房完成建设。2010年5月10日全面建成投产。

生活恢复 地震给东汽公司干部职工生产生活带来很大困难,使东汽公司又回到当年白手起家时。汉旺镇家属区5000余套住房全部损毁,1万余名职工及家属转移到德阳市,分散住在三处活动板房小区,一户只能分1间房;食堂、澡堂、厕所为公用;活动板房不隔音,生活存在很多不便。父母体谅孩子(职工)恢复生产辛苦劳累,打好洗脸水等孩子(职工)下班;睡觉打呼噜的人会小心翼翼地询问邻居:"昨晚我打呼噜又影响到你了吗?不好意思。""那有啥,都什么时候了,咱就别说这些了。"

中国航空工业第一集团公司和中国建筑工程总公司援建东汽公司的"爱心家园"小区1770套活动板房(绵竹市、德阳市等3处)于2008年6月5日竣工,5000余名东汽公司受灾职工及家属陆续入住。至6月底,其他中央企业搭建活动板房3000余套,建起一个个"爱心家园",使无家可归的东汽公司干部职工及家属有了过渡安置房。

二、中国化工集团公司

中国化工在抢险救援的基础上,迅速组织恢复重建,组织专业公司规划部门及有关专家深入受灾企业查看灾情,与企业调研论证灾后重建项目,制定项目建设规划。清平磷矿在抓紧抢修汉旺镇至清平磷矿道路的同时,制定建设新型矿区实施方案规划,恢复100万吨/年磷矿采矿、60万吨/年磷矿选矿、30万吨/年硫酸及12万吨/年磷酸工程,在矿区山下新建年产20万吨磷铵项目,并优先配套建设职工经济适用住房。

地震使蓝星机械厂房损毁严重,且余震不断,为稳定市场和客户,蓝星机械综合分析人员、技术、设备和客户等情况,决定进行生产转移——到客户现场组织生产制作,既保证了生产进度和交货期,维护了企业信誉,又疏散、分流安置大量职工。蓝星机械研究论证灾后重建规划,在四川省德阳市经济开发区选址进行新厂重建,组织恢复生产。2008年11月22日,清平磷矿恢复生产。

2009年4月18日,清平磷矿工人下井工作

(何俊昌 摄影)

第二节 基础设施重建

一、水电工程

四川地震灾区水利设施灾后恢复重建分为抢险抢修和灾后恢复重建两个阶段。灾后水利设施重建包括防洪减灾、供水保障、农村水利、

水土保持等水利基础设施的恢复重建，为灾区群众生产生活提供可靠保障。

中国葛洲坝集团公司恢复重建施工承包合同项目和工程监理咨询合同项目，由葛洲坝集团第一工程有限公司、第二工程有限公司等9个公司和四川深溪沟水电站厂坝枢纽工程施工项目部、四川毛尔盖水电站导流洞工程施工项目部等7个施工项目部完成实施。2008年8月，葛洲坝集团制定灾后重建项目施工现场管理、质量管理、安全管理、进度管理、资金管理等规章制度，加大对灾后重建工作的监管力度。包括建立灾后重建项目领导现场24小时值班制度，对灾后重建项目质量坚持班组自检、施工队复检、质保部终检的"三检制"和质检员、质检工程师与监理工程师共同对申请验收的部位进行联合检查的"联检制"，对项目安全执行安全防护设施、高空部位挂设安全网等具体要求，构建项目部经理为灾后重建资金管理第一责任人、项目部财务部为资金管理部门的管理体系等。各承建单位因地制宜地细化有关制度措施，四川省绵阳—德阳（谭家湾）500千伏线路工程施工项目部建立项目部、施工队、各生产施工班组三级质量管理网络，严格执行工作票制度，将质量责任落实到人。

葛洲坝集团重建单位与施工合同项目部在四川省康定—崇州500千伏线路工程项目施工中，研究发明"缆风绳调节器"，获得国家知识产权局授权和实用新型专利。葛洲坝集团电力公司组织有关人员，围绕四川省绵阳—德阳（谭家湾）500千伏线路工程施工项目的实施，开展密集带电跨越施工技术的研究与应用工作。电力公司依托金沙江溪洛渡水电站内昆线普洱渡铁路转运站工程施工项目，总结出的《螺旋卷边结构钢板仓安装工法》，被湖北省建设厅审批为湖北省省级工法；研究并取得深厚覆盖层边坡内自由式单孔多锚头防腐型无黏结预应力长锚索施工工艺、覆盖层堆积体高陡边坡开挖前预固结灌浆支护施工方法、6000千牛级大吨位无黏结预应力锚索施工工艺等10余项技术成果；通过自主创新成果推广和应用，促进灾后恢复重建施工项目的顺利履约和主体工程质量的提升。电力公司承建的四川省溪洛渡水电站工程施工项目,有3个在2009年上半年被住房和城乡建设部评为四川省溪洛渡水电站工程"优质样板工程"。2009年8月30日,葛洲坝集团承建的瀑布沟水电站大坝整体填筑至856米设计高程,完成填筑量2300万立方米,其中砾石土填筑283万立方米,成为国内最高砾石土心墙堆石坝,经受了洪水、冰雪灾害、地震、工程地质结构复杂等考验。

葛洲坝集团至2010年11月完成建设的灾区工程项目未出现严重质量缺陷和任何质量安全事故,合格率为100%,优良率为90%,为灾区创建了质量一流、安全可靠、防震抗灾能力强的精品工程和优质产品。葛洲坝集团完成灾后重建资金投入约13.29亿元(含财政部核拨的2.50亿元),占计划投资额的98.89%。葛洲坝集团灾后恢复重建项目投资完成统计见表5-2-1,重建项目实施情况见表5-2-2。

表5-2-1 葛洲坝集团灾后恢复重建项目投资完成统计表

单位名称	重建项目(个)	计划投资额(万元)	完成投资额(万元)	
			总金额	其中国有资本经营预算资金
一公司	5	10217.10	11066.42	1900
二公司	6	46395.72	43080.61	8628
五公司	1	316.18	320.89	200
六公司	3	5169.78	5481.00	961
机电公司	4	5161.85	4749.89	960
电力公司	4	21831.40	22667.87	4060
基础公司	6	3530	3530.00	659
三峡分公司	8	35582.60	35818.56	6376
西北分公司	1	6215.73	6215.73	1256
合计	38	134420.36	132930.97	25000

注:截止时间为2010年11月。

表 5-2-2 至 2010 年 11 月葛洲坝集团灾后恢复重建项目实施统计表

单位名称	重建项目名称	实物工作量（万元）	完工情况
一公司	大渡河大岗山水电站右岸坝顶以上开挖工程	3282.99	完成
	四川瀑布沟水电站溢洪道工程	48.30	完成
	四川深溪沟水电站厂坝枢纽工程	7402.97	完成
	四川锦屏一级项目部	197.14	完成
	四川瀑布沟水电站供水系统委托生产运行维护管理	135.02	完成
二公司	雅砻江锦屏一级水电站大坝工程施工	18806.17	未完工
	锦屏二级水电站厂区枢纽工程	15411.58	未完工
	雅砻江锦屏二级水电站进水口工程施工	5601.18	完成
	四川省甘孜藏族自治区州金元水电站绕坝及库区改线公路工程及砂石加工系统	545.82	完成
	四川瓦屋山大坝面板堆石坝	2320.31	完成
	成都住宅楼及办公楼	395.55	完成
五公司	瀑布沟卡尔沟砂石加工系统项目部	320.89	完成
六公司	瀑布沟水电站	1173.31	完成
	太阳河一级水电站	554.72	完成
	毛尔盖水电站	3752.97	完成
机电公司	四川狮子坪水电站机电设备安装工程	1661.85	完成
	四川大渡河瀑布沟水电站机电设备安装工程Ⅱ标	1589.64	完成
	四川大渡河深溪沟水电站机电设备安装工程	800.00	完成
	四川大渡河瀑布沟水电站机电设备安装工程Ⅰ标	698.40	完成
电力公司	绵阳—德阳（谭家湾）500 千伏线路工程	6893.97	完成
	金沙江溪洛渡水电站内昆线普洱渡铁路转运站工程Ⅱ标段	254.13	完成
	康定—崇州 500 千伏线路工程(V 标)	7267.31	完成
	银杏—水磨 220 千伏线路工程	8252.46	完成

续表

单位名称	重建项目名称	实物工作量（万元）	完工情况
基础公司	重庆塞家湾水电站主体工程	650.00	完成
	溪洛渡水电站基础处理工程	260.00	完成
	四川金川水电站省道S211改线公路工程Ⅱ标段	1000.00	完成
	向家坝水电站左岸主体及导流工程基础处理工程	200.00	完成
	双江口水电站场内交通工程（左岸高低连接线公路）Ⅰ标段	220.00	完成
	双江口水电站建设征地（S211线复建公路）Ⅰ标段	1200.00	完成
三峡分公司	田湾河仁宗海水电站导流洞等工程	654.96	完成
	泸定水电站2号、3号泄洪洞等工程	657.07	完成
	向家坝左岸主体及导流工程	6529.08	完成
	四川薛城水电站厂房工程	279.36	完成
	狮子坪地下厂房和引水隧洞等工程	9763.68	完成
	溪洛渡左岸地下电站、泄洪洞土建、金结安装工程及导流洞等工程	6651.81	完成
	四川双河水电站引水隧洞工程	4010.43	完成
	四川青龙水电站厂区枢纽工程	7272.17	完成
西北分公司	瀑布沟水电站大坝工程及汉源新县城援建项目	6215.73	完成
合　计（万元）		132930.97	

二、电力设施

国家电网公司根据中共中央、国务院关于灾后群众安置和恢复重建要求部署，结合电力设施灾情和灾区恢复重建对电力的迫切需求，确立"电网重建进度与当地灾后重建进度相匹配，供电能力恢复和重建与当地用电需求配套"的原则，制订电力设施恢复重建实施方案和具体措施，有序推进电力恢复重建，组织受灾的四川、甘肃、陕西、重庆等省（市）电力公司迅速展开重建；组织设计队伍、施工队伍，加紧实施电网和电厂（站）恢复重建、抢建工作；抓好质量监督、合同管理，严格招投标制度，并从工程安全、工程投资等方面加强控制。国家电网公司推进灾区电网恢复重建，快速恢复灾区电力供应，为灾区抢险救灾、生产生活用电提供保障。国家电网公司还加紧实施映秀湾电站、汶川县华能太平驿水电站、汶川县大唐桂冠天龙湖水电站、文县汉坪嘴电站等重建工程，为灾区提供电力供应。一些变电站、电网线路恢复、输电铁塔抢修工程也同步进行，加快灾区电力设施恢复重建速度，确保恢复重建目标如期实现，促进电网重建与地方经济恢复协调发展，发挥电力基础设施对经济社会发展的支撑作用。

灾区电力恢复 国家电网公司至2008年6月30日全部完成电网抢修恢复，为灾区生产生活用电及时提供电力保障。7月26日，位于震中的映秀镇春天坪35千伏变电站

国家电网公司广元电业局110千伏竹园变电站地震改造后全景

（国家电网 提供）

国家电网公司重庆市电力公司恢复220千伏安县变电站

（李 庆 摄影）

投产，保证震中地区恢复重建用电需求。8月27日，因地震灾害停运需原地重建的安县、大康220千伏，辕门坝、晓坝110千伏和苟家垭35千伏等5座变电站重建项目的抢建工作全部完成。为抢修恢复阿坝州南部电网，10月31日，四川省电力公司决定在阿坝州南部映秀镇原址重建220千伏二台山变电站。12月20日，二台山变电站主体施工开工。2009年5月11日11时工程完成，打通电网水电外送通道，确保岷江上游水电站107.5万千瓦电力顺利输送，为灾区经济发展和灾后恢复重建提供安全可靠的电力保障。原定2009年9月开工的阿坝铝厂第二条9万吨生产线提前至6月开工，其产能规模扩大至地震前的10倍。11月30日，完成220千伏源山南北线原地重建等工程，恢复阿坝铝厂供电。

国家电网公司及时抢通灾区水电外送输电线路，加快水电送出工程建设。2008年10月31日，500千伏茂—谭一、二线和500千伏茂县变电站恢复运行，保证岷江上游大中型梯级水电站的恢复送出。2009年5月11日，"空中都汶路"二台山输变电工程成功投运，为福堂、太平驿等电站的恢复重建及外送提供了有力保障。阿坝州220千伏红—薛—州—茂、竹—茂线路重建工程的投入运行，保证了阿坝州北部水电的顺利

国家电网公司在恢复重建项目中新建的
四川茂县变电站
（刘皖 摄影）

送出。国家电网公司完成220千伏福—回线重建、500千伏色尔古输变电工程、500千伏毛尔盖电站送出线路等项目,为阿坝灾区水电的送出提供保证。

国家电网公司坚持民生优先,加快推进灾区住房及公用事业单位配套供电设施建设,及时安排灾区公用事业单位(学校、医院)配套供电设施建设,实现"建成一户,通电一户"的目标。2008年12月12日15时46分,映秀湾电站第一台机组恢复发电,实现受灾当年恢复发电的目标,成为地震中心映秀镇第一家恢复生产的中央企业。陕西省、甘肃省电力公司分别对汉中市略阳县和天水市秦州区的重灾区乡镇实施临时用电及重建工程。

国家电力恢复重建 国家电网公司所属四川省、甘肃省、陕西省、重庆市等电力公司发电、供电设施不同程度被毁或受损,部分变电站母线倾倒、主变本体脱轨、喷油着火,支柱瓷瓶和套管断裂,互感器、避雷器炸裂,断路器倾覆,保护屏柜严重变形、移位,输电线路倒杆、倒塔、断线等都需要修复。地震发生后,国家电网公司迅速开展电网灾后隐患排查、改造等,实施一批灾后改造项目,排除震后电网设备隐患,

2009年2月7日,国家电网公司在灾后重建中,组织人员将映秀湾电站2号机转子成功回装到位

(王志奇 摄影)

有效避免电网安全事故发生。国家电网公司重点开展四川电网500千伏茂—谭一、二线和220千伏永兴站等灾后改造项目，甘肃电网220千伏早—成线以及220千伏早阳变电站、110千伏麦积变电站灾后重建等项目，有力地保证了灾区电网的安全稳定运行。

国家电网公司灾区省级电网10千伏及以上输电线路停运3322条，其中可恢复3160条；35千伏及以上变电站停运245座，其中可恢复229座，见表5-2-3和表5-2-4。

表5-2-3　地震灾区10千伏及以上输电线路停运与可恢复统计表

省(市)电力公司	500(330)千伏(条)		220千伏(条)		110千伏(条)		35千伏(条)		10千伏(条)		累计(条)	
	停运	可恢复	停运	可恢复	停运	可恢复	停运	可恢复	停运	可恢复	停运	可恢复
四川	4	2	46	27	118	117	106	106	2495	2355	2769	2607
重庆	—	—	1	1	1	1	21	21	23	23
陕西	1	1	2	2	4	4	3	3	99	99	109	109
甘肃	—	—	2	2	9	9	73	73	337	337	421	421
合计	5	3	50	31	132	131	183	183	2952	2812	3322	3160

注：可恢复指供电设施没有完全损毁，可以通过抢修恢复供电。

表5-2-4　地震灾区35千伏及以上变电站停运与可恢复统计表

省(市)电力公司	500千伏(座)		330千伏(座)		220千伏(座)		110千伏(座)		35千伏(座)		累计(座)	
	停运	可恢复	停运	可恢复	停运	可恢复	停运	可恢复	停运	可恢复	停运	可恢复
四川	1	—	—	—	13	10	66	61	91	84	171	155
重庆									1	1	1	1
陕西							3	3	1	1	4	4
甘肃	—	—	1	1	1	1	4	4	63	63	69	69
合计	1	—	1	1	14	11	73	68	156	149	245	229

国家电网公司至 2010 年 12 月完成恢复重建项目 394 个，投资 65.17 亿元，投入施工人员 462657 人，使用施工车辆 13686 台。国家电网公司灾后恢复重建项目实施统计见表 5-2-5。

表 5-2-5　国家电网公司灾后恢复重建项目实施统计表

项目名称	完成项目（个）	规划投资（万元）	完成投资（万元）	施工车辆（台）	施工人数（人）	施工单位（电力公司）
500 千伏电网	16	642580	203827.96	295	99410	四川省
330 千伏电网	8	6753.76	6770.16	22	496	陕西省
220 千伏电网	58	767478	167384.60	2504	180498	四川省、甘肃省
110 千伏电网	171	523507.48	148770.17	7412	140318	四川省、甘肃省、陕西省
35 千伏电网	86	68032	13862	529	18557	四川省、甘肃省、陕西省
10 千伏及以下电网	47	864402.21	110287.72	2742	21718	四川省、甘肃省、陕西省
其他规划 10 千伏配网	1	414543.66	—	—	—	四川省
其他电网	7	1390	819	182	1660	—
合　计	394	3288687.11	651721.61	13686	462657	—

省级电网恢复重建　四川省输配电设施在地震中几乎完全损毁。国家电网公司四川省电力公司安排恢复重建项目 410 个，计划总投资 300.24 亿元，全部纳入《国家电网公司灾后重建规划》，所有项目投资都是国有资本金占总投资的 1/4，其余 3/4 资金自筹；资金和项目主要用于恢复映秀镇、北川县、青川县及都江堰市、绵竹市和什邡市等地供电能力的恢复重建。2008 年 8 月 27 日，四川省电力公司完成受损电力设施原址重建。9 月 15 日，攀枝花电网恢复正常运行。12 月 12 日，映秀

湾电站首台机组正式恢复并网发电。2009年5月11日，二台山变电站投入运行。截至2010年10月，实施并完成阿坝州电网、绵阳市电网、广元市电网、成都市电网、德阳市电网等电网项目恢复重建工程，220千伏青山线抢建恢复工程（建成后更名为丹山线）、茂—谭500千伏输变电恢复重建工程等重要输电线路恢复重建工程。四川省电力公司、甘肃省电力公司电网灾后恢复重建主要项目实施进展基本顺利。统计到2010年10月31日项目完成情况见表5-2-6和表5-2-7。

表5-2-6　四川省电力公司灾后恢复重建主要项目实施统计表

重建项目名称	完成项目（个）	规划投资（万元）	完成投资（万元）		
			总　额	国有资本金	自筹资金
500千伏电网项目	16	642580	203827.96	50956.99	152870.97
220千伏电网项目	56	759685	159903.60	39975.90	119927.70
110千伏电网项目	140	482853	125467.69	31366.92	94100.77
35千伏电网项目	73	62164	9996.11	2499.03	7497.08
其他电网项目	7	1390	819.00	204.75	614.25
10千伏及以下电网项目	24	850000	106040.60	26510.15	79530.45
发电厂（不含生产建筑物）	1	135200	64145.00	16036.25	48108.75
合　计	317	2933872	670199.96	167549.99	502649.97

2010年7月13日，国家电网公司四川省电力公司德阳市第100座变电站（石亭江110千伏变电站）落成仪式

（国家电网　提供）

表 5-2-7　甘肃省电力公司灾后恢复重建主要投资项目实施统计表

重建项目名称	完成项目（个）	规划投资（万元）	完成投资（万元）		
			总额	国有资本金	自筹资金
220 千伏项目	1	7793	7481	1871	5610
110 千伏项目	12	35667	18579	4644	13935
35 千伏项目	12	5773	3771	943	2828
10 千伏及以下工程	3	3384	3229	807	2422
合计	28	52617	33060	8265	24795

国家电网公司陕西省电力公司电网灾后恢复重建主要是更换受损电力设备，改造受损线路，为群众安置点配套建设供电设施，实施陕西电网恢复重建项目201个，规划总投资2.27亿元，其中58项列入《国家电网公司灾后重建规划》，涉及资金1.29亿元（国有资本金占1/4，陕西省电力公司自筹占3/4）。至2010年10月31日，恢复重建完成49项，完成110千伏渔渡变电站灾后主控楼重建及增容改造工程、110千伏常兴变电站受损设备更换工程、35千伏秦源Ⅰ回线路改造工程等电网项目。陕西省电力公司恢复重建主要投资项目实施统计见表5-2-8。

表 5-2-8　陕西省电力公司恢复重建主要投资项目实施统计表

重建项目名称	项目数量（个）	规划投资（万元）	完成投资（万元）		
			总额	国有资本金	自筹资金
330/220 千伏电网项目	8	6753.76	6770.16	1692.54	5077.62
110 千伏电网项目	19	4987.48	4723.48	1180.87	3542.61
35 千伏电网项目	1	95.00	95.00	23.75	71.25
10 千伏及以下电网项目	21	1018.21	1018.21	254.55	763.66
合计	49	12854.45	12606.85	3151.71	9455.14

灾区电厂（站）恢复重建　国家电网公司直接管理的四川映秀湾水力发电总厂由于位于震中映秀镇，其所属的映秀湾、渔子溪、耿达3座电站11台机组等设施，因严重遭损全部停产，不具备简单恢复就投入生产的条件。地震发生后，国家电网公司投资141761万元（国有资本金35440万元，四川省电力公司自筹资金106321万元），其中映秀湾电站4.50亿元，渔子溪电站4.40亿元，耿达电站4.40亿元。由武警水电第三总队、四川万水工程建设有限公司、水电五局等单位，投入施工车辆146台，施工人员1620人，对水电厂进行恢复重建。工程于2008年7月1日开工。至2009年11月19日24时，映秀湾电站比原计划提前42天完成全年发电6亿千瓦·时的目标，发电量为6.012亿千瓦·时。截至2009年12月底，映秀湾水力发电总厂映秀湾电站3台机组、渔子溪电站2台机组经重建恢复发电。至2010年8月10日，映秀湾电站完成发电量10.70亿千瓦·时，最高负荷达11.10万千瓦；渔子溪电站完成发电量1.80亿千瓦·时，最高负荷达8.0万千瓦，提前完成灾后重建任务；耿达电站电气一次设备、电气二次设备基本拆除完毕，部分机组辅助设备拆除，3号机组定子、转子全部拆除。截至2010年9月底，四川映秀湾水力发电总厂重建工程（不含生产建筑物）完成投资6.51亿元（其中国有资本金16275万元，四川省电力公司自筹资金48825万元），其中映秀湾电站23744万元、渔子溪电站18857万元、耿达电站20452万元。

中国华能集团公司四川公司太平驿电站震后原址恢复重建，由太平驿电站原建设单位——水电七局实施重建，投资3.68亿元。2008年7月6日项目开工。2009年6月21日，太平驿电站送出线路平山线恢复完成，前两台机组（2号、3号机）成功并入四川主网发电，实现了商业运行；7月15日和9月26日分别完成其余1号、4号机组的恢复重建，并网发电。太平驿电站四台机组的总装机容量恢复至地震前的26万千瓦；12月，完成竣工验收。截至2010年11月30日，太平驿电站恢复重建工程重大项目基本结束。

三、通信设施

在灾后恢复重建中，工业和信息化部、地震灾区政府要求在城乡规划、土地征用、电力引入、资源共享方面对通信、邮政基础设施重建予以支持。四川省通信类重点重建项目中国西部信息中心、甘肃省陇南市武都区马街邮政所"三农"服务中心等恢复重建项目的完成，使地震灾区通信网的覆盖广度和深度得到全面提升。在灾后恢复重建中，完成灾区行政村村通工程，灾区乡镇宽带通达率达99.4%，较地震前提升5个百分点，无线网络的覆盖能力大幅提升。

中国电信集团公司利用国有资本资金加快通信网络重建步伐，保证建设质量，保障灾区重建需求，促进灾区人民生产、生活稳定，推动灾区社会经济快速恢复和发展。

中国电信集团公司四川公司结合中国电信C网总体部署，委托四川通信科研规划设计有限责任公司编制完成《中国电信移动网络建设（2008年灾后重建）四川省无线网工程可行性研究报告》，并部署2008年无线网络建设任务。无线网工程CDMA网络利用旧设备搬迁使用基站控制器（BSC）29个，无新增BSC。在受灾地区新建室外站点2332个、扩容基站201个，新增网络容量142236.19爱尔兰（Erl），满足683.91万语音用户的需求。室内分布新增远端射频拉远单元模块（RRU）783套，近端基带处理单元（BBU）140套，工程总投资14.89亿元。四川省绵阳市北川县、德阳市什邡市等移动无线网灾后恢复重建扩容工程于2008年7月开工，12月竣工。在北川县新建基站34个，新增载扇74个，新建塔桅33基，新建配套电源34处；在德阳市新建基站44个，新增载扇120个，新建塔桅43基，新建配套电源44处。

中国电信四川公司结合灾后人口分布变化大的情况，重新调整通信网点布局，进行业务用房恢复重建。都江堰市青城县重建效果达到预期目标，通信网络能力和信息服务水平超过地震前。四川省新建CDMA基站 6638 个，县城、市区实现全覆盖，乡镇与主要景点覆盖率超过 80%，3G 无线网络稳步推进，县城、市区和部分乡镇具备 3G 接入能力。移动核心网的处理能力较地震前提升 2.70 倍，具备突发性大话务处理能力。传输网安全性和容量得到较大提升，新建光缆 1.65 万皮长千米，县一级网络形成"双平面、多环路"结构，并具备 2 条以上不同路由出口，无线基站基本具备 155 兆以上多业务传送平台 MSTP 的接入能力。恢复重建各类业务用房 4.70 万平方米，灾区通信生产安全性提升，营业网络规模有所提高，基本满足人民群众对通信服务能力的需求。

中国电信甘肃公司对现有网络覆盖不足的郊区、乡镇等进行适当覆盖补盲，改善网络广度覆盖；通过新建和改造室内分布系统，加强网络深度覆盖。对重点乡镇以上区域进行 DO 网络建设，实现 DO 网络成片覆盖。对弱覆盖城区补盲，加强发达乡镇、交通干道和旅游区的覆盖。2008 年和 2009 年，甘肃省网络工程投资分别达 2.51 亿元和 7.35 亿元。甘肃公司陇南农话 CDMA 网基站工程通过 146 个基站的建设，完成受损基站的更换、重建，保障村民 C 网通信的需求，并于 2008 年 12 月通过验收。2008 年，在陇南市、甘南藏族自治州等地新建室外基站 129 个、室内基站 97 个，加强市区覆盖深度。2009 年又新建室外基站 1182 个、室内基站 455 个，市区覆盖深度进一步增强。两年工程投资 7.48 亿元。2008 年，甘肃省通信管理局根据实际情况，向省政府提出总投资 340 余万元的《关于建设全省卫星应急通信固定站点的方案》获得批准；8 月，甘肃省电信传输局组织参与工程施工的技术人员 50 余人，进行技能强化培训，完成全部库存 VSAT 设备室内主控单元的系统版本升级，天线面防锈、喷漆和喷字处理，按设计站点规划对 VSAT 主设备、辅材分地区进行打包分发、调运。经过近 4 个月的安装调测，全省应建站点 179 个，省通信管理局核准暂不安装兰州地区政府部门 VSAT 站点 8 个，实际建成站点 171 个，所建站点均通过甘肃省通信管理局、甘肃省政府应急办和中国电信甘肃公司联合组织的测试验收，全部完成项目建设任务，使通信畅通，通话质量和效果良好。应急通信卫星系统作为甘肃省、市、县三级政府应对自然灾害和公共突发事件应急通信指挥"专线系统"，可以提高甘肃省应对自然灾害和公共突发事件的应急通信能力和指挥能力。

中国电信陕西公司在宝鸡城区新建基站13个，在宝鸡东开发区新建基站8个，增强市区覆盖深度；结合道路沿线村镇分布情况，分别采用SII、QI宏基站结合射频拉远和直放站等不同方式对部分路段加强覆盖。在汉中市新建基站42个，其中25个用于高速、国道、省道公路、铁路干线补盲和覆盖。2008年10月，陕西公司宝鸡、汉中本地网无线网工程开工；12月，汉中本地网无线网工程完工。2009年3月，投入试运行，两地系统运行正常。陕西公司通过三次无线网建设，陕西市区、县城、大部分乡镇、风景区及重要交通干线CDMA无线网络实现基本覆盖，实现网络质量升级，提升网络传输质量，全省网络抗灾和防灾能力及业务服务能力提高。同时，对弱覆盖城区补盲，加强发达乡镇、交通干道和旅游区的覆盖。但在农村、山区的覆盖率较低，接通率指标仍较差。

中国航天科工集团公司利用自身优势，参与通信设施的灾后重建。

航天科工成都航天通信设备有限责任公司职工冒着余震，抓紧为重灾区生产恢复通信急需的程控交换机分板

（航天科工 提供）

航天科工第一研究院所属世纪卫星科技有限公司抗震救灾队在四川省汶川县银杏乡架设卫星基站

（航天科工　提供）

四、公路铁路

通过实施灾后交通恢复重建项目，四川灾区公路建成"一环、三纵、三横、七联"的"生命网"。四川省彭州市彭白公路小鱼洞大桥、都江堰市至汶川县映秀镇高速公路大桥、江油市中原江油连心桥等在公路恢复建设中起着重要的作用，使灾区群众生产生活更加方便、快捷。

中国华能集团公司克服泥石流和余震等困难，2008年8月率先在国道213线修复通车前，打通太平驿电站上坝和进发电厂道路，为恢复生产施工创造条件。在2008年12月和2009年7月，国道213线彻底关大桥两次坍塌事件中，中国华能再次克服大坝上过车严重影响电站恢复生产进度等困难，两次开辟太平驿大坝作为都汶公路的跨岷江"生命"通道，确保交通应急车辆及小型车辆从大坝通行。同时，组建道路清理施工队，实施道路清理。

中国铁道建筑总公司重建都汶高速公路从都江堰市至汶川县映秀

镇路段，全长25.90千米，为上下行分离式四车道高速公路。中铁十二局、中铁十三局和中铁二十一局负责都汶高速公路F、G、H合同段施工，工程位于地震震中都江堰市龙池镇至汶川县映秀镇间，3个标段长6.81千米，重点工程为龙洞子隧道、烧火坪隧道、龙溪隧道和新房子大桥、岷江大桥。其中中铁十三局和中铁二十一局负责施工的龙溪隧道，地处龙门山断裂带，地质复杂，石质破碎，瓦斯浓度高，施工难度大，成为全线重难点控制工程。地震发生前，完成总工程量的约80%。地震中，工程遭受严重损毁。国家拨付恢复重建补贴资金7379.23万元，帮助企业迅速恢复施工能力。2008年5月26日，开始工程恢复重建，3个参建公司调集施工人员2060人，投入机械设备259台（套），冒着余震、塌方不断的危险，日夜战斗在抢修现场。9月，完成工程修复任务，转入工程重建。工程重建中，中铁二十一局针对瓦斯隧道塌方特点总结出"帽式防护施工工法"，开发出《汶川特大地震龙溪特长瓦斯隧道恢复抢建技术研究》成果；投入资金恢复在地震中损坏的远程瓦斯监控系统和瓦电闭锁、风电闭锁系统，加大人工巡回检测瓦斯的频率，推行安全生产岗位责任制，确保隧道施工安全；组织开展劳动竞赛，完成套拱454米，喷射混凝土830米，铺设中央排水管、电缆沟、水沟及路面3257米，相当于正常情况下一年半时间完成的工程量。2009年5月12日，都汶高速公路竣工通车。都汶高速公路通车后，从都江堰市到地震中心汶川县映秀镇的时间由原来的1个多小时缩短为15分钟左右。中铁十七局承建的郑西铁路客运专线引入西安枢纽客运北环线及跨线联络线KHZQ11标段，位于陕西省西安市和咸阳市境内，线路全长50.245千米，工程投资277479万元。地震发生时，已完成工程投资255016万元，占工程总投资的91.9%。地震中，工程受到较大波及破坏，国家拨付灾后重建补贴资金477.81万元。2008年5月15日，开始工程修复。9月18日，灾后重建工程竣工。中国铁道建筑总公司参加24项在建铁路工程恢复重建。中铁十四局承建的达成铁路扩能改造工程ZQSG-2标段，位于四川省达州市营山县境内，标段长42.20千米，工程投资6.70亿元。地震发生时，完成工程投资5.91亿元，占工程总投资的88%。地震中，铁路路基坍塌，挡墙及倒虹吸开裂，涵洞开裂渗漏，施工便道中断，库存水泥、电缆、钢围堰模板被塌方掩埋。国家拨付灾后重建补贴资金274.28万元。12月31日，工程通过竣工验收。

第三节　支援社会重建

一、电力企业支援社会

任务部署　国家电网公司对口支援工作坚持统一指挥管理、统一资金运作、统一物资供应、统一规划制定、统一信息发布的"五统一"原则。对口支援确保地方电网抗震救灾、新建活动板房用电，党政机关、主要企事业单位和居民安置点的供电，结合地方电网实际情况，对受损电网进行抢修和恢复重建，结合当地政府提出的重建工作安排，将电网逐步恢复到灾前正常供电水平。2008年6月2日国家电网公司在四川省成都市召开会议，决定由四川省电力公司对口支援汶川县、湖北省电力公司对口支援理县、湖南省电力公司对口支援茂县、河南省电力公司对口支援北川县、江西省电力公司对口支援小金县、重庆市电力公司对口支援松潘县。国家电网支援四川地方电网恢复重建工作全面启动。3日，四川省电力公司派出先遣队深入对口支援灾区县，与县政府有关部门进行沟通联系，了解地方电网基本状况，详细记录灾情损失，为全面开展电网援建做好准备。5日，国家电网公司研究制定对口支援地方电网恢复重建工作指导意见，在四川抗震救灾指挥部增设地方电网援建协作组。10日，华中六省市电力公司援建队伍全部到达灾区。

工程及投资规模　地震造成四川省汶川县、北川县、松潘县、理县、小金县、茂县6个重灾县地方电网停运110千伏变电站2座，110

千伏线路1条；35千伏变电站19座，35千伏线路36条；10千伏线路1962.90千米，10千伏配电变压器1048台；低压线路6770.70千米；83个行政乡镇、629个行政村、88794个居民用户停电。需要抢修恢复的有110千伏变电站1座，110千伏线路1条；35千伏变电站16座，35千伏线路30条；10千伏线路1727.90千米，10千伏配电变压器997台；低压线路6660.10千米；涉及行政乡镇83个、行政村570个、供电户数87160户。需要重建的有110千伏变电站1座；35千伏变电站3座，35千伏线路6条；10千伏线路235千米，10千伏配电变压器51台；低压线路110.60千米；涉及行政村59个、供电户数1634户。

国家电网公司对口支援四川省6个重灾县电网抢修恢复和重建恢复的工程投资3.03亿元，其中重建工程估算投资1.39亿元。

实施对口援建 国家电网公司对口支援汶川县、北川县、松潘县、理县、小金县、茂县等6县地方电网抢修及恢复重建，至2008年6月22日，6县行政乡镇供电恢复率为100%，行政村供电恢复率为88.07%，用户供电恢复率为81.71%。其中，松潘电网6月19日全面恢复正常供电；茂县用户恢复率为94.6%，小金县用户恢复率为90.8%；至8月7日，6县地方电网完成所有需要抢修恢复的变电站、高低压线路、配电变压器，为行政乡镇、行政村87160户全部恢复供电，并按当地政府要求及时为活动板房和居民安置点供电。

汶川县电网抢修恢复和重建恢复。2008年6月3日，国家电网公司四川抗震救灾指挥部经对甘孜公司实地勘察，初步选定将马尔康卓克基镇作为地方电网恢复重建前线指挥部基地，并决定由四川省电力公司农电部和阿坝公司前往马尔康县卓克基镇组建前线指挥部基地。同日，自贡电业局和眉山公司先遣队成立。4日，先遣队向汶川县进发。至2008年6月30日，完成涉及汶川县8个行政乡镇、48个行政村、10795户供电户的地方电网1条110千伏线路，35千伏2座变电站、6条线路，10千伏199台配电变压器、152千米线路和781.40千米低压线路抢修恢复,实现恢复供电。8月7日,恢复供电户数达87160户。至2009年6月11日,四川省电力公司在汶川县恢复重建110千伏线路1.10千米、35千伏变电站1座、35千伏线路2.50千米、10千伏线路7千米、低压线路187千米,修复水电站1座。83个行政乡镇、629个行政村和88794户城乡居民正常用电得到恢复。

北川县电网抢修恢复和重建恢复。北川县12个乡镇的电网在地震中受损率达一半以上,当地电力企业超过五分之一的骨干员工在地震中伤亡,无力自救恢复供电。2008年6月9日,国家电网公司河南省电力公司在四川省绵阳市成立援建指挥部,并派出先遣队紧急赶往北川县。先遣队人员绕道600余千米,于10日赶赴北川县,对电网受损情况进行勘察。由于交通瘫痪,对口支援12个乡镇的先遣队只有坝底、禹里、墩上等5个能够到达。6月10—12日,河南省电力公司第二次赴四川援建先遣队完成5个乡镇现场电力设施受损情况勘察任务,为援建工作取得第一手资料。13日,援建队(71人)从河南出发赶赴四川省北川县,另外抽调郑州、新乡供电公司200余人进驻能够进入的10个乡镇加紧抢修。7月13日,北川灾区逾万群众恢复用电。至7月27日,累计抢修恢复35千伏变电站2座、35千伏线路13.50千米,10千伏开关站1座、10千伏线路68千米、配电台区23个、低压线路310.60千米,使18个行政村、2800户、1万余名灾区群众恢复生产生活用电。至8月7日,涉及北川县12个行政乡镇、127个行政村、1.88万户地方电网2座35千伏变电站、2条35千伏线路,586千米10千伏线路、283台10千伏配电变压器及1253千米低压线路全部恢复供电。河南省电力公司至2008年10月26日在北川抢修恢复35千伏变电站2座,35千伏线路2条、34.80千米,10千伏开关站1座,10千伏线路134.84千米,配电台区48个,低压线路383.30千米,恢复23个行政村3500户农户的供电任务。至2009年6月11日,河南省电力公司在北川新建35千伏变电站1座,扩建35千伏变电站出线间隔1个、35千伏线路16.73千米、10千伏线路 22.07 千米、配电台区 9 个，新建改造 400 伏线路约 4.70 千米。

松潘县电网抢修恢复和重建恢复。地震造成松潘县毛尔盖电网受损严重，当地上八寨乡、下八寨乡、草原乡的村民无法正常用电。2008 年 6 月，国家电网公司重庆市电力公司永川供电局援建队员 78 人，奔赴松潘灾区，承担毛尔盖电网灾后恢复重建任务。20 日，恢复重建开工，勘察、设计、建设 10 千伏线路 36.95 千米、低压线路 28.10 千米、配电变压器 20 台、下户线 29.52 千米，新装一户一表 816 户。援建工程于 7 月 27 日竣工投运，比计划提前 4 天完成，为当地群众输送安全、可靠、稳定、充足的电能。至 2008 年 6 月 23 日，涉及松潘县 7 个行政乡镇、24 个行政村、2495 户供电户的地方电网 89 千米 10 千伏线路、23 台 10 千伏配电变压器、121 千米低压线路全部抢修完成，恢复供电。至 2009 年 6 月 11 日，重庆市电力公司在松潘县抢修 10 千伏线路 46 千米、低压线路 90 千米，恢复配电变压器 3 台，恢复用电户 1679 户，比计划时间提前 6 天完成松潘电网抢修恢复任务。恢复重建工程提前竣工。

理县电网抢修恢复和重建恢复。2008 年 6 月 2 日，国家电网公司湖北省电力公司派出 200 余人组成的抢修队，日夜兼程奔赴灾区一线，承担四川省理县电网恢复重建任务。至 8 日，提前 2 天完成理县 13 个乡镇政府所在地通电任务。16 日，恢复理县电网 35 千伏线路、10 千伏主干线路，基本恢复 10 千伏支线，完成 26 个临时安置点 25 个配电变压器台区抢建工程。至 2008 年 6 月 29 日，湖北省电力公司恢复重建 35 千伏线路 15 条、10 千伏线路 27 条，新增配电变压器 55 台，抢修台区 27 个，新建安置点台区 28 个，整改台区 4 个，抢建涉及 100 个配电台区和 28 个安置点的低压线路 403 千米及相应配套设施，修复 110 千伏三圈变压器 1 台，13 个行政乡镇、79 个行政村、8312 个居民用户全部恢复供电。至 2009 年 6 月 11 日，理县地方电网新建 35 千伏线路 14 千米，重建、改造 6.10 千米；改道 10 千伏线路 14.70 千米，重建、改造 7.40 千米，修复更换配电台区变压器 4 台。

小金县电网抢修恢复和重建恢复。2008年6月5日,国家电网公司江西省电力公司组织228人的抗震救灾恢复重建援助四川突击队,对口支援小金县地方电网抢险抢修与恢复重建。突击队克服余震、泥石流、滑坡、飞石、高原缺氧等灾害与困难,至2008年6月29日,修复小金县35千伏损毁变电站3座、35千伏线路2条、10千伏线路485千米、配电变压器247台、低压线路1738千米,并在海拔3000余米的山区架设35千伏线路88千米,抢修恢复10千伏线路195千米、10千伏配电变压器138台、低压线路433千米,21个行政乡镇、143个行政村、22345户居民用户全部恢复供电。小金县用电提前恢复,超额完成国家电网公司下达的抗震救灾恢复重建援助四川省的任务。至2009年5月8日,江西省电力公司在小金县新建35千伏变电站1座、35千伏线路31千米、10千伏开关站1座、光纤通信线路4.95千米、10千伏电缆线路0.31千米。江西省电力公司在小金县的所有恢复重建工程均提前竣工。

茂县电网抢修恢复和重建恢复。2008年6月2日,国家电网公司湖南省电力公司抽调公司本部、湖南省超高压管理局、常德电业局和灰汤培训部共123人支援茂县电网恢复重建。4日,先遣队连夜赶赴四川省成都市。至6月19日,抢修恢复南新水电站110千伏升压站1座、容量16兆伏安、35千伏变电站9座、容量41.8兆伏安、35千伏线路19.40千米、10千伏线路241.90千米、低压线路2392千米,恢复22个行政乡镇、149个行政村、23098户居民用户的供电。至6月26日,湖南省电力公司抢修恢复220千伏升压站1座、110千伏升压站1座、35千伏变电站9座、35千伏线路17千米、10千伏线路182千米、配电变压器168台、低压线路380千米,恢复22个行政乡镇、149个行政村、2.31万户居民用户的供电。至2009年6月11日,湖南省电力公司完成茂县地方电网3台35千伏主变电站、10.60千米35千伏线路、变电站10千伏20.20千米配套出线、176.70千米220千伏低压线路等新建、改造任务，完成22个行政乡镇、9491户农村居民异地安置供电工程。

二、其他中央企业支援社会

中国航天科技集团公司针对地震灾区伤员数量多、需要大批医疗救护车和远程医疗手术车的情况，将研制的医疗救护车和远程医疗手术车开赴地震灾区，支援灾区医疗机构地震伤员转移救治或使用远程医疗手术车为地震伤员进行远程会诊。

中国石油天然气集团公司2008年8月29日向四川地震灾区学校定向捐款1.10亿元，用于学校重建和校舍维修加固，其中3000万元用于广元市、雅安市47所受灾学校、65个受损校舍项目、150万平方米加固维修。长庆油田公司支援陕西省汉中市南郑县新集镇鲁营村和白玉乡中营村各15万元，用于村民灾后房屋设施恢复重建，并向庆阳市提供300万元用于灾后恢复重建，向庆阳市捐助教育资金1500万元，将原长庆石油勘探局驿马技校校舍整体交给庆阳市。

中国海洋石油总公司2008年5月19日决定5年内每年筹措1亿元专项资金，帮助四川地震灾区开展灾后重建，重点援建学校、医院等民生设施及发展生产、解决部分群众就业等。6月25日，中国海油与四川省政府商定，将德阳市人民医院、德阳市罗江县人民医院、广元市第一人民医院作为中国海油第一批援建项目。9月10日，中国海油同四川省青少年发展基金会、四川省儿童少年基金会、四川省教育基金会签订《救助四川汶川大地震遇难、致残学生家庭捐赠协议书》，从先期节约下来的资金中拿出1亿元，救助地震中遇难、致残学生家庭。16日资金划拨到位。9月18日，中国海油四川震区援建项目组赴四川，援建项目前期筹备工作全面展开。2009年4月27日，第一批3个援建项目举行开工奠基仪式。至2010年1月11日，3个项目施工进展顺利，累计投入资金1亿元。

2009年4月28日,中国海油与四川省政府地震灾后重建项目合作协议签字仪式在成都市举行

(中国海油 提供)

中国海油员工在援助的四川地震灾区德阳项目工程现场施工

(中国海油 提供)

2008年9月23日上午,"一汽红旗博爱小学"和"一汽解放博爱中学"在都江堰市原水电十局学校旧址举行奠基仪式

(国资委 提供)

  2008年9月23日上午,由中国第一汽车集团公司捐赠、"5·12灾后重建中央企业援助基金"立项援建的"一汽红旗博爱小学"和"一汽解放博爱中学"在四川省都江堰市原水电十局学校旧址举行奠基仪式。2010年5月11日上午,"一汽红旗博爱小学"和"一汽解放博爱中学"落成并投入使用。国资委副主任黄丹华,中国红十字会秘书长、中国红十字基金会常务副理事长兼秘书长王汝鹏以及一汽集团、成都市、都江堰市政府有关领导等出席落成典礼,并为"一汽红旗博爱小学"揭牌。

  鞍山钢铁集团公司通过"5·12灾后重建中央企业援助基金"捐资900万元援建丹景山九年制博爱学校。2008年8月28日上午,中国红十字基金会援助四川省成都市灾后重建签约暨丹景山九年制学校奠基开工仪式,在彭州市丹景山九年制学校举行。丹景山镇九年制博爱学校竣工典礼于 2009 年 9 月 11 日上午举行。国资委、鞍钢、中国红十字基金会、四川省红十字会等单位领导为"丹景山镇九年制博爱学校"揭牌。

2009年9月11日上午,丹景山镇九年制博爱学校竣工典礼举行

(国资委 提供)

丹景山镇九年制博爱学校竣工典礼会场

(国资委 提供)

武汉钢铁（集团）公司在抓好自身生产的同时，想方设法支援东汽公司恢复生产。同时，选派一名全国建设能手、一名高级技师，随全国总工会劳模服务队赴东汽公司参与灾后重建。武钢还通过"5·12灾后重建中央企业援助基金"捐资1000万元援建汉旺镇中心小学武汉钢铁博爱教学楼。

2009年9月10日下午，武汉钢铁博爱教学楼竣工仪式在四川省绵竹市汉旺镇中心小学举行

（国资委　提供）

武汉钢铁（集团）公司支援东汽公司恢复生产。图为职工吊装机器部件进行组装

（马建平　摄影）

中国铁道建筑总公司中铁十一局 2008 年 12 月至 2009 年 8 月承建四川省彭州市、崇州市、大邑县 9 所中小学校舍工程，总建筑面积 50911 平方米。其中，大邑县实验中学 10144 平方米、银都中学 1748 平方米，崇州市白头中学 9357 平方米、三江中学 5349 平方米、彭州市升平中学 5333 平方米、楠杨中学 6104 平方米、竹瓦中学 6335 平方米、升平小学 3750 平方米、昌衡小学 2791 平方米。工程总投资 10366.53 万元。建筑二级防火等级，抗震设防烈度 7 度，钢筋混凝土框架结构、主体结构使用年限 50 年。中铁十一局建筑安装工程公司组织 979 人，投入机械设备 140 余台（套）。2009 年 8 月，9 所学校比计划工期提前 20 天竣工交付使用。中铁二十三局第八工程公司承担东汽公司部分工业厂房的援建任务。2008 年 10 月，工程开工，占地面积 27864 平方米，总建筑面积 29264 平方米。施工工程包括 2 个铸件热处理车间、1 个铸件打磨车间、1 个精磨焊补车间、2 个铸钢粗加工车间、1 个露天成品库、4 处辅助用房工程及厂房内设备基础和地面硬化。2009 年 11 月 6 日，工程完工。

2009年8月10日，中铁十一局建筑安装工程公司承建的四川省崇州市白头中学灾后重建工程竣工并交付使用

（中国铁建　提供）

第五篇 恢复重建

2009年11月6日，中铁二十三局承建的东汽公司粗加工车间建成并交付使用

(周安才 摄影)

中国农业发展集团总公司乾元浩生物股份有限公司于2008年6月27日9时30分举行"情系灾区，助学成才"计划资助仪式。乾元浩生物股份有限公司为中国农业大学10名地震受难学生、北京林业大学5名地震受难学生，提供每人每月300元生活费，直至本科或硕士研究生毕业。乾元浩生物股份有限公司还组织职工为每个受助大学生进行一对一帮扶，定期邀请被帮扶学生参加公司活动，提供实习机会。

第三章　精神家园恢复

　　灾区中央企业注重心理康复工程建设，边开展自救，恢复生产，做好受灾职工及家属安置；边及时开展受灾职工心理救助、疏导，消除地震带来的恐慌，缓解心理压力，稳定职工情绪，预防心理疾患。中央企业组织开展心理健康宣传教育，邀请国内心理学专家，对地震灾区职工进行心理干预培训和心灵抚慰，并组织专家编写灾后心理救助类书籍，使心理康复活动在灾区企业精神重建中发挥作用。

　　为重塑灾区职工及家属生活，中央企业开展精神激励和文化抚慰，组织讲座、谈心等活动，完善文化、体育等设施建设，开展文艺演出等，丰富职工及家属的文化生活。

第一节　心理干预

　　中国石油天然气集团公司西南油气田石油总医院于2008年6月3日派出15人组成的医疗队到重灾区川西北石油片区安置点，协同川西北石油医院开展医疗、心理健康服务，为受灾职工和家属518人提供生理、心理治疗。地震发生后，中国石油西南油气田公司各级工会女干部149人与灾区单亲困难女职工结对帮扶，并印发灾后心理应急资料，宣传心理知识，为受灾职工和家属提供心理援助。西南油气田公司还多次聘请专业心理咨询医生开展心理健康、心理知识讲座，对灾后容易出现的心理、生理问题进行剖析和解答，鼓励职工与专家进行现场交流讨论，发放《灾后心理自助手册》，引导职工减轻心理压力，克服心理障碍，增强战胜灾害和重建家园的信心。西南油气田公司和四川销售公司组织领导慰问、职工互访、外出疗养等，消除受灾职工的恐慌情绪，帮助职工和家属缓解心理压力。四川销售绵阳分公司在基层开展"送温暖工程",通过邀请专家进行心理辅导及"快乐一天游"、"走进重灾区"文艺演出和座谈会等形式,帮助心理受创职工尽快恢复。川庆钻探工程公司编印并发放《地震灾害预防知识》小册子两万份,引导职工家属不信谣、不传谣,消除恐慌心理,并聘请心理咨询师,举办震后重建心灵家园培训讲座等,帮助职工及家属减轻心理压力,增强重建信心。长庆油田公司针对震后部分员工心理恐慌、紧张、烦躁等现象,通过组织观看心理辅导录像、心理问卷、心理专题讲座等活动,帮助职工缓解紧张情绪,解决心理问题。对四川籍受灾员工家庭,采取经济补偿、爱心捐款和工会慰问等方式,做好员工心理引导工作。西南油气田公司川西北公共事务管理中心聘请绵阳市第三人民医院心理咨询专家到片区进行心理健康讲座,为150余人提供心理咨询服务。川西北石油医院在救护灾区

中国石油西南油气田石油总医院专家在川西北气矿为灾区职工进行灾后心理辅导

(陆 怡 摄影)

伤病员的过程中，在门诊及各病区开展生理、心理双重救护，对从四川省平武、北川灾区转来的17名重伤病人，给予无微不至的精神抚慰，使重伤员重新建立起生活信心。

国家电网公司医疗分队为电力职工家属提供医疗支持1213人（次），心理疏导327人（次），举办健康讲座3场，还向成都电业局都江堰供电局、彭州供电公司、崇州供电公司、大邑供电公司发放《阳光心态　健康生活》等心理疏导资料1600余册。四川电力医院2008年5月12日协助成都电业局都江堰供电局工程队将在废墟下救出的7名职工送往本医院治疗。医院安排心理医生、国家三级心理咨询师，对职工进行一对一的心理治疗，治疗70余人（次），直至康复出院。四川电力医院先后6次派出心理医生到映秀湾水力发电总厂、成都电业局、阿坝公司等重灾区电力系统单位，为管理人员、遇难职工家属和在岗职工讲授心理疏导知识，进行心理疾患治疗，培训心理疏导人员。映秀湾水力

2008年6月4日，国家电网公司成都电业局工会组织心理专家为受灾职工做心理疏导

（国家电网　提供）

发电总厂工会、绵阳电业局工会还开展灾后妇女心理健康讲座。映秀湾水力发电总厂地震发生后迅速成立职工安置安抚办公室和10个安抚工作小组,对遇难职工亲属101人、伤病职工93人进行安抚、安置,稳定职工情绪。阿坝公司以引导、倾诉(倾听)、安慰为谈心程序,建立公司领导同分管部门负责人谈心、部门负责人和职工谈心、职工间相互谈心的"三级"交心谈心活动机制,实施职工心理安抚和疏导。5月25日,绵阳电业局工会邀请江苏省徐州电力医院援助灾区的国家电网公司医疗分队,为救助站成年女性举办灾后女性个人护理知识讲座。

中国华电集团公司四川宝珠寺水力发电厂利用厂网主页宣传防火安全知识、避震自救知识和震后卫生防疫知识,开展职工灾后心理辅导,排除职工不安心理。

中国电信集团公司四川公司与华西医院心理卫生中心合作,开办儿童心理辅导业务。2008年5月19—26日,每天12时30分—13时、20时—20时30分两个时段灾区群众可免费收听心理辅导专家针对儿童的心理辅导。中国电信还在电话收音机业务中,开通心理专家与用户一对一心理辅导活动,为灾区提供更具针对性的帮助。陕西公司按照陕西省政府应急办、通信管理局的要求,每天向全省小灵通用户群发送免费公益短信,发布地震灾情,提醒大家不要恐慌,并对不真实信息进行辟谣。抗震救灾期间,陕西公司无偿为有关部门群发抗震救灾公益短信8102万条。

中国移动通信集团公司四川公司聘请国内知名灾后心理干预专家深入灾区,为职工提供团体辅导、心理咨询,印发《心理复健自助手册》,编发"心理援助"手机报,开通免费"心理关爱"热线,帮助、引导职工缓解和消除地震带来的心理影响,使职工实现心理复健,逐步恢复生活和工作秩序。四川公司北川分公司成立专项心理专家团队,为北川受灾严重职工进行稳定化干预的团体辅导。经专家多次心理辅导,职工情绪整体逐渐趋于稳定,心理与行为状态有较为明显的改善。四川公司广元分公司聘请心理危机干预专家，为职工进行灾后心理调适辅导讲座，讲授灾后心理与行为变化的有关知识，并培训其掌握情绪稳定化、放松训练等自我调适和心理复健的技巧。

中国第二重型机械集团公司团委举办第四届中国二重青年心理健康日主题报告会，从汶川地震周年反应、灾后生活改变、灾区压力、压力反应、管理压力等多角度，剖析心理压力产生的原因，指导消除和缓解心理压力。

中国航空集团公司职工代庆梅和心理专家一起为70余名灾区儿童进行心理辅导。

华润（集团）有限公司怡宝成都公司举办"勇于面对 积极生活——我们都是一家人"主题活动，发放赈灾手册5万册，并到灾区群众安置点进行心理疏导，帮助灾区群众尽快走出地震阴影，恢复生活信心。

中国化工集团公司四川蓝星机械有限公司针对职工失去亲人、一时难以走出灾难阴影等情况，聘请心理专家举办讲座，听众达300人（次）。蓝星机械邀请心理医生、专家对10余名有严重心灵创伤的职工和家属进行一对一心理辅导，对100余名留下"地震后遗症"的职工和家属进行特别心理辅导。

中国铁道建筑总公司在地震发生后及时组织看望、慰问受灾职工和住院治疗职工，鼓励伤员树立生活信心，并设立前线心理救助站，对受灾职工进行心理干预，采取一对一方式，与职工谈心交流，劝慰走出地震阴影，坚强面对今后生活。

新兴铸管集团有限公司际华三五三六职业装有限公司抗震救灾指挥部宣传报道组紧急购置安装7套广播装置，利用大广播统一宣讲、小喇叭巡回播讲，把绵阳市政府公告、上级领导慰问关怀、公司采取的措施及时向职工和家属宣传，还组织党、团、工会骨干分组到各露宿、住户区进行走访、宣传、安抚，鼓励受灾职工团结一致、共渡难关。

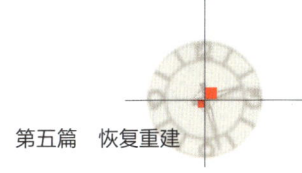

第五篇 恢复重建

第二节 心理重建

一、心理抚慰

中国石油天然气集团公司总部和所属灾区企事业单位各级领导多次到灾区看望受灾职工和家属，并要求相关企业成立心理干预、辅导组织，宣传党和国家抗震救灾方针政策，宣传企业恢复重建措施，对受灾职工及家属进行心理抚慰。四川销售公司采取领导慰问、员工互访、外出疗养等措施，消除受灾职工恐慌情绪，帮助职工和家属排解心理压力；所属绵阳分公司在基层开展"送温暖工程"，通过请专家辅导、文艺演出和召开座谈会等形式，进行员工心理抚慰，帮助心理受创的员工尽快恢复。

国家电网公司四川省电力公司及地震灾区电业局及时开展心理疏导，建立心理疏导组织机构和受灾困难职工档案，开展"情系职工传关

2008年10月14日，中国石油西南油气田川西北矿区职工在活动板房小区开展文体活动

（廖光明 摄影）

爱、心手相连建家园"、"一帮一"、"多帮一"、"物资帮扶、资金帮扶、技术帮扶、助学帮扶、生活帮扶、文化帮扶"等主题活动,举办交心会、谈心会、阳光心态心理健康讲座,设立心理咨询点,开设心理沙龙,邀请专家对职工和家属进行一对一心理辅导。从2008年5月25日至2010年5月11日,成都电业局、绵阳电业局、广元电业局、德阳电业局、映秀湾水力发电总厂及成都电业局都江堰供电局、彭州供电公司、崇州供电公司、大邑供电公司,广元电业局青川供电局,阿坝公司等单位先后聘请30余位心理学专家、心理医生到单位举办心理讲座30余场,开展心理咨询500余人(次),培训心理疏导人员30余人。四川省电力公司及所属各单位举办"阳光心态"心理健康教育辅导讲座69场,参加职工5万余人(次);组织召开交心会、谈心会1200余场(次),宣讲政策,讲解形势,参加人员达2.20万人(次);发放《阳光心态》等读物2.20万余册,灾区职工接受心理健康教育覆盖率在95%以上。绵阳电业局、德阳电业局、映秀湾水力发电总厂等单位适时开展震后职工心理调查。绵阳电业局撰写出《关于灾后职工安置情况及思想动态的调查报告》;德阳电业局编写了《员工心理健康辅导手册》,获四川省电力公司思想政治工作最佳实践成果奖;映秀湾水力发电总厂编写出《震后员工心理自助手册》,还针对遇难者家属个案,聘请四川省心理学会、华西医科大学附属医院心理专家,实施一对一心理辅导。2008年5月22日至7月9日,《西南电力报》开设"心大夫专栏",刊载地震后不同时段人们易出现的不同心理疾患预防知识文章,指导灾区职工消除心理障碍。11月,映秀湾水力发电总厂与成都阳光成长志愿者联盟培训中心联合建立映秀湾水力发电总厂"5·12"汶川特大地震灾害心理培训点,由培训中心组织心理咨询师定期到厂培训。2009年2月18日,映秀湾水力发电总厂组织"安置安抚工作组"成员10人,聆听北京师范大学于丹教授在都江堰市委所做的构建和谐心灵讲座,学习心理沟通技巧。

二、心理调适

建立读书角 国家电网公司四川省电力公司在受灾单位职工安置活动板房区建立"职工读书角"和"工会文化活动室",配备电视、书刊杂志、棋牌及简易体育器材,开展"传递亲情、文化帮扶"活动,帮助职工舒解精神压力,增强队伍凝聚力。2008年5月,绵阳电业局工会以"中华全国总工会'职工图书屋'"为依托,在救助站设立"员工图书角",开设"我们风雨同舟、我们携手并进"宣传栏,组织受灾职工开展文体活动,帮助职工尽快从悲伤和失望中解脱出来。2010年4月,映秀湾水力发电总厂工会与都江堰市"远景书屋",在职工中开展"爱读书、读好书"活动,向职工发放人均130元的购书卡,并征集书评及读书心得。

放映电影 国家电网公司绵阳电业局工会2008年6月5日在三里村电力小区篮球场设立"抗震救灾义务放映点",开展"送文化到震棚"活动,放映电影,让避险职工享受文化生活。2009年2月6日,映秀湾水力发电总厂工会组织19名地震中失去母亲的孩子到都江堰市希望电影院看电影。都江堰供电局先后组织10场"坝坝电影"。

中国铁道建筑总公司中铁二十三局第四工程公司于2008年6月1日组织一支电影放映队到重灾区都江堰市经济开发区滨河社区居委会放映电影《男儿本色》,丰富灾区群众文化生活。2日晚,放映队为抗震救灾某部官兵放映电影《铁冀豪情》。此后,放映队应灾区群众要求多次放映电影。

文艺演出 国家电网公司成都电业局工会2008年7月28日至8月2日在对口帮扶单位西昌电业局、攀枝花电业局帮助下,组织遇难职工子女开展"夏令营"活动。营员们在都江堰泓坊河畔电力村举办文艺晚会,千余名受灾职工家属观看了演出。都江堰供电局自办2009年春节联欢晚会。阿坝公司2009年春节举行"美好阿坝,美好明天"主题联欢晚会,

2010年春节，国家电网公司阿坝公司举办"板房春晚"，干部职工载歌载舞表演节目

（国家电网　提供）

职工和家属100余人观看表演。5月，德阳电业局工会相继举办"我的舞台，我做主"主持人选拔赛和"感恩党　感恩企业"职工诗歌朗诵会。9月26日，映秀湾水力发电总厂在都江堰市蒲阳电力村的活动板房搭起临时舞台，举办震后首场"庆国庆、颂党情、感党恩"大型歌咏比赛，700余名职工登台演唱。2010年春节，阿坝公司继2009年"春晚"再次上演

2008年6月7日，攀钢艺术团赴攀长钢灾区慰问演出

（钟钱彬　摄影）

"板房春晚",干部职工载歌载舞,表演节目20余个。阿坝公司还为3对经历地震磨难的职工举行集体婚礼。恢复重建两年内,广元电业局工会举办"阳光心态、健康生活"主题文艺晚会30余场。

攀枝花钢铁(集团)公司深入灾区一线慰问演出,在一定程度上缓解了灾区群众的恐慌情绪,丰富了灾区群众的文化生活。

体育活动 国家电网公司德阳电业局、都江堰供电局、绵阳电业局、广元电业局、映秀湾水力发电总厂等单位工会,2008年8月至2010年5月多次组织职工举办登山比赛等活动,舒缓职工精神压力。2008年8月21日,德阳电力局工会组织60名选手参加德阳广播电视台主办的"快乐冲冲冲"大型水上娱乐活动。都江堰供电局成立足球队、篮球队、羽毛球队、乒乓球队和骑游队并开展活动,分期分批组织骨干800人观看足球乙级赛。2009年5月23日,映秀湾水力发电总厂工会与四川嘉润电力有限公司联合举办"嘉润杯"登山比赛,总厂员工近300人参赛。2010年7月28日,德阳电业局广汉供电局"电力健康俱乐部"在广汉市成立,分别设立篮球、足球、羽毛球、乒乓球、网球、棋类、田径及户外活动等协会,配备运动器材,为职工搭建起业余文体活动平台,活跃职工业余文化生活。

2010年7月28日,国家电网公司广汉供电局"电力健康俱乐部"成立现场

(彭秀月 摄影)

其他活动

中国石油天然气集团公司灾区企业积极开展各种活动，稳定职工情绪。《四川石油报》开办专栏报道救援和灾后重建进展，使职工和家属及时了解救援和灾后重建进展情况。

从2008年5月14日起，《四川石油报》开办抗震救灾专栏
（中国石油　提供）

国家电网公司四川省电力公司组织各单位开展"我的快乐生活"征文活动，征集文稿324篇，《西南电力报》开辟专栏刊登15篇，编辑出版《铭记"5·12"——国家电网四川省电力公司职工抗震救灾文学作品集》。四川省电力公司从2009年3月至2010年7月开展"传递亲情、文化帮扶"活动，包括节庆关怀、专题联谊、读书励志等。2009年3月7日，绵阳电业局工会前往北川供电公司，与90余名受灾女工庆祝地震后首个"三八"国际劳动妇女节的到来。4月18日，绵阳电业局工会与绵阳师范学院、中国电信等6家单位工会在老龙山联合举办单身职工春季联谊会。5月9日，映秀湾水力发电总厂邀请3岁时被雷击失去双臂、就读于乐山师范学院的学生雷庆瑶，来厂为80名干部职工做题为"阳光心态　健康生活"的励志报告。5月26日，端午节前夕，北川供电公司组织地震发生后分散安置在绵阳市、安昌镇、花荄镇等地的老职工45人到"农家乐"聚会。7月2日，绵阳电业局女工委组织一线女工开展"银线连着你我她"主题团队活动，帮助职工释放压力。绵阳电业局女工委先后开展3次主题团队活动，近400名女工参加，其中地

2009年7月2日,国家电网公司绵阳电业局女工委组织一线女工开展"银线连着你我她"主题团队活动

(国家电网　提供)

震极重灾区北川供电局职工200余人参加。7月,德阳电业局工会开展"我的快乐生活"主题征文活动,收到基层单位推荐征文31篇。8月12日,广元电业局邀请2006年感动川电十大人物、"奥运"火炬手、入选全国优秀残疾人人才库的钟志,到广元市青川县为参加灾后重建的广元电业局青川职工作励志报告。广元电业局党委先后举办励志教育6场,向灾区职工发送健康知识、阳光心态、励志教育等相关读本600余册、音像制品13套。12月11日,德阳电业局和中国联通四川德阳分公司举办青年联谊会,青年职工160余人参加。2009年,映秀湾水力发电总厂工会决定每年寒暑假组织34名地震中母亲遇难的职工子女开展"大手牵小手"爱心活动,让孩子们得到企业关爱。绵阳电业局工会负责人带

领10名北川供电公司受灾职工子女代表，赴徐州进行感恩旅行。徐州供电公司向北川供电公司地震受灾职工子女赠送学习用品。广元电业局工会先后组织15批、360人（次）灾区职工进行疗养休养。2010年3月8日，绵阳电业局北川供电公司组织25名单亲女工聚在安昌北山公园，开展震后首次单亲女工"相约春天、携手前行"联欢活动。映秀湾水力发电总厂地震发生后迅速成立职工安置安抚办公室和10个安抚工作小组，对遇难职工亲属101人、伤病职工93人进行安抚、安置，稳定职工和家属情绪。绵阳电业局工会、广元电业局工会组织安排职工2246人分批外出疗养，以调适身心，缓减压力。

2009年12月11日，国家电网公司德阳电业局和中国联通四川德阳分公司举办青年联谊会

（周琳琳　摄影）

先进集体和先进个人

一、中共中央、国务院、中央军委表彰的全国抗震救灾英雄集体和英雄模范

(一)全国抗震救灾英雄集体

2008年5月12日14时28分,汶川发生8.0级特大地震。国资委按照中共中央、国务院的指示,组织中央企业全力投入抗震救灾工作,在抢救人民群众生命财产,抢修电力、通信、交通等基础设施,筹集、调运救灾物资中做出了重要贡献,涌现出一批先进集体,受到中共中央、国务院、中央军委的表彰。国资委业绩考核局和中国东方电气集团公司东方汽轮机有限公司叶片分厂等11个集体被授予"全国抗震救灾英雄集体"荣誉称号。

1. 国资委业绩考核局

国资委业绩考核局有24名干部,其中共产党员22人。2008年5月12日地震发生后,国资委立即启动应急程序,迅速成立国资委抗震救灾应急领导小组,对做好中央企业抗震救灾工作做出部署。业绩考核局作为国资委应急办的综合协调机构,紧急行动,全力以赴,迅速投入抗震救灾和灾后重建。

摸清灾情,及时掌握中央企业受灾和救灾工作情况。地震发生后,根据国资委领导的指示,业绩考核局从2008年5月12日16时起即转入应急工作状态,按职责分工,迅速启动和实施应急响应;建立24小时轮流值守制度,随时了解、掌握中央企业受灾和救灾动态。截至6月9日,业绩考核局领导带班,局内同志轮流值班,参加夜间值班和周末值班达120余人(次)。业绩考核局在中央企业报送信息和材料的基础

上，及时编辑《央企抗震救灾简报》。截至 7 月 20 日，编辑 114 期，向国务院应急办上报 11 份专题报告。

加强协调，及时解决灾区各项应急困难。地震发生当晚，业绩考核局按国资委领导要求，紧急协调中国铁路工程总公司、中国第二重型机械集团公司、中国航空工业第一集团公司、中国兵器工业集团公司等中央企业，派出救援人员和设备驰援东方电气集团东汽公司。中铁二局按国资委要求于 2008 年 5 月 12 日 22 时到达指定地点，成为支援东方电气集团抗震救灾的首批外部力量，为援救受伤人员赢得了宝贵时间。当得知中国华能集团公司、中国化工集团公司有关下属企业失去联系，职工生命安全随时可能受到威胁的信息后，业绩考核局紧急上报抗震救灾总指挥部和救援部队，呼吁救援中国化工清平磷矿矿工及华能太平驿电站员工，使 5000 余人及时得到救助。业绩考核局根据灾情，适时调整工作重点，先后协调落实了东汽公司、中冶集团、兵器装备集团、中国水电集团受灾职工临时安置房问题，督促解决渔滩水电站大坝漏水险情，协助住房和城乡建设部解决灾区安置房急需彩涂板、聚苯乙烯生产供应难题，协调解决中国地震救援队人员休整、灾区受损厂房鉴定等事宜。

精心组织，积极推动中央企业抗震救灾工作。业绩考核局 2008 年 5 月 13 日印发《关于中央企业做好抗震救灾工作的紧急通知》、5 月 20 日印发《关于进一步做好中央企业抗震救灾和灾后恢复重建工作的紧急通知》，要求中央企业高度重视，迅速启动应急预案；做好自救工作，尽全力减少损失；全力抢修重要基础设施，履行中央企业社会责任。按照中共中央、国务院的部署，业绩考核局积极督导和协调，使广大中央企业不怕牺牲、不惜代价，在抢交通、保电力、保电信、保物资供应等方面发挥重要作用。

认真调研，及时提出抗震救灾政策建议。业绩考核局在调查研究的基础上，全面梳理中央企业生产恢复过程中面临的困难和问题，就财政资金支持、国有资本预算安排、税收政策、信贷政策、基础设施重建、原材料供应、职工安置等问题向国务院提出了建议。

狠抓落实,努力完成抗震救灾各项任务。业绩考核局强化责任,严明纪律,建立统一领导、层层负责的工作责任机制。局领导及各处室明确分工、责任。建立中央企业抗震救灾信息统计制度,形成"信息准确、反馈迅速、传递快捷"的信息报送机制,逐日统计中央企业人员伤亡情况,随时掌握中央企业灾情损失、自救和施救进展,指导中央企业开展灾后恢复重建工作。加强与有关部委的协调,形成密切合作的协同机制,积极参加国务院抗震救灾总指挥部基础设施保障组和生产恢复组各项研究和协调工作,配合发展改革委、工业和信息化部、住房和城乡建设部组织做好全国抗震救灾有关工作。业绩考核局应各部门要求,先后动员20户中央企业下属单位,紧急调集936台(套)工程设备,听从国务院抗震救灾总指挥部调遣;组织轻工、建材、医药、食品等企业,加班加点做好物资保障;组织有关专家和技术队伍,为地方企业恢复重建提供技术支持。

2008年8月,业绩考核局党支部被中央国家机关工委授予"中央国家机关抗震救灾先进基层党组织"称号。10月,业绩考核局被中共中央、国务院、中央军委授予"全国抗震救灾英雄集体"荣誉称号。

2. 中国东方电气集团公司东方汽轮机有限公司叶片分厂

中国东方电气集团公司东方汽轮机有限公司叶片分厂共有员工580余人,厂长陈军。该厂是专业从事汽轮机叶片制造的骨干生产单位,也是东方电气集团核心制造基地之一。

地震发生后,叶片分厂办公楼和部分厂房随即倒塌,数十名员工被埋在废墟下,情况非常危急。刚从废墟中爬出的陈军,立刻组织200余人的抗震抢险队,开展叶片分厂的自救和抢险工作。地震发生后最初几天,是抢险自救最艰苦的时候。在缺少抢险工具设备和外界救援力量的情况下,叶片分厂靠自救小组奋力抢险,用非专业工具甚至双手刨挖救人。抢险人员在余震不断的情况下,在随时都有倒塌可能的危楼中坚持工作。截至2008年5月13日下午,叶片分厂自救小队共救出7名幸存者。同时,叶片分厂还组织被困职工家属亲情喊话,鼓励被困人员坚持等待救援,为专业队伍救援赢得了宝贵时间。5月15日夜,大楼废墟里传来微弱的呼救声,抢险队队员迅速钻进随时会垮塌的危楼废墟,凭借手电筒微弱的光线凿孔挖掘,历经4个多小时救出被困80余小时的硬件工程师。

在全力组织抢险救人的同时,叶片分厂成立临时办公室,启动抢救物资和恢复生产工作,把灾害损失减少到最低限度。从2008年5月20日起,叶片分厂每天组织百余名职工开展对技术资料、机器设备、在制品及叶片制造关键程序等的抢救工作。截至6月初,共抢救出成品叶片18万支左右,在制品14万支左右,价值5亿元;抢救出设备70余台,价值约2亿元;抢救出工装,价值约4000万元;近20台设备得到抢修,为尽快恢复生产创造了条件。

2008年10月,叶片分厂被中共中央、国务院、中央军委授予"全国抗震救灾英雄集体"荣誉称号。

3. 中国水利水电建设集团公司第十工程局医院

中国水利水电建设集团公司第十工程局医院位于四川省成都市都江堰市,共有员工350人,院长黄东成。

地震发生5分钟后,水电十局医院立即将268名病人从危楼中迅速转移出来,将42名无法行走的病人抬下楼或背到楼外。正在为癌症患者做手术缝合的医生冒着楼房随时垮塌的危险,坚持完成手术。震后15分钟,水电十局医院迅即启动应急发电机,在医院大院建起临时医疗救助点。2008年5月12日地震当天,收治伤员666人,其中重伤610人,经包扎处理后,及时转送成都市。5月12—16日,水电十局医院共救护都江堰市居民816人,转送伤员300余人。

2008年5月12日15时，水电十局医院成立18人医疗小组，赶赴四川省都江堰市新建小学开展营救工作，截至5月13日3时，共从废墟中营救并紧急救治小学生56人。13日10时，中共中央政治局常委、国务院总理、国务院抗震救灾总指挥部总指挥温家宝抵达救援现场，对水电十局医院医务人员不怕牺牲、勇于奉献的精神给予高度赞扬。5月13—14日，水电十局医院相继派出7支医疗小分队深入都江堰市虹口乡、水磨镇、漩口镇等重灾乡村，救治伤员700余人，其中危重伤员6人。15日，前往虹口乡的医疗小分队成功接生一名女婴。

水电十局医院还投入数百万元在都江堰市设立8个医疗点、1个街头巡回医疗队，免费为群众诊治疾病、发放药品等；组成1个疾病预防控制队，每天对群众生活点、人群居住点等进行消毒，宣传灾后疾病预防知识。截至2008年6月4日，医院免费收治门诊病人9792名，开展各类手术334台。坚持每日熬制中药大锅汤，发放25345人（次）。

2008年10月，水电十局医院被中共中央、国务院、中央军委授予"全国抗震救灾英雄集体"荣誉称号。

4. 中国化工集团公司德阳昊华清平磷矿有限公司

中国化工集团公司德阳昊华清平磷矿有限公司位于四川省德阳市绵竹市汉旺镇，是中国化工在四川最大的磷矿生产企业，共有员工3100人，总经理兼党委书记向平。

地震使清平磷矿遭受巨大损失，89人死亡，10人失踪，128人受伤；180栋厂房、住宅损毁，多个矿井井口被埋，900余名井下作业人员被困、3000余名职工及家属被困山中，十里矿区成为"孤岛"，直接财产损失4.10亿元。

地震发生5分钟后，向平带领清平磷矿领导班子和职工迅速开展抢险救援工作，先后抢救出182名职工及家属，并成功解救出分散在22个矿井中的903名被困职工。在随后到达的救援部队的帮助下，清平磷矿将 3000 余名被困职工、家属及清平乡附近村民全部安全转移到山下，途中无一伤亡。

清平磷矿在所在地汉旺镇建起救助站，在安置受灾职工及家属的同时，主动接收附近村民，并无偿提供食品和药品，村民最多时占到被安置人数的三分之一。清平磷矿在抢险救灾取得阶段性胜利后，又迅速组织恢复重建工作。

2008 年 10 月，清平磷矿被中共中央、国务院、中央军委授予"全国抗震救灾英雄集体"荣誉称号。

5. 中国铁道建筑总公司中铁第一勘察设计院集团有限公司宝成铁路 109 隧道抢险队

宝成铁路 109 隧道抢险队是中国铁道建筑总公司中铁第一勘察设计院集团有限公司（以下简称铁一院）组成的临时性组织，共有员工 51 人，由副院长刘培硕任总指挥兼临时党支部书记。

地震使宝成铁路 109 隧道附近山体坍塌，巨石砸垮隧道出口 20 余米棚洞，约 2 万立方米坍体掩埋洞口路基。正在隧道内行驶的 21043 次货物列车撞上巨石，致使机车和部分车辆脱轨，车上装载的 500 吨航空燃油在隧道内起火燃烧，连接中国西北与西南的铁路大动脉行车中断，入川的抢险救灾队伍和各种救灾物资受阻，情况万分危急。

2008 年 5 月 12 日 18 时 30 分，铁一院接到铁道部抗震抢险救灾命令，迅速组建由刘培硕任总指挥的宝成铁路 109 隧道抢险队。51 名抢险队员于 5 月 13 日 1 时 30 分抵达抢险现场，在余震不断、滑坡滚石、燃烧的油罐车随时可能爆炸的险恶环境中进行现场踏勘。查明隧道险情后，前方抢险队与后方总部机关整体联动，共同研究抢险方案，仅用两天时间就针对隧道恢复、边坡治理、河道疏通等提出 10 余项整治方案，3 天完成"一隧两桥双跨嘉陵江"的新线改建方案，为隧道抢险加固赢得了宝贵时间。

在隧道火灾抢险、清理受损车辆过程中，技术人员冒着生命危险，先后20余次进入隧道查看受损情况，获得宝贵的第一手资料，进一步优化完善隧道恢复加固方案，确保抢险工作万无一失。在隧道修复加固施工中，抢险队现场技术人员与施工单位密切配合、通力合作，仅用48小时就完成了隧道初期紧急修复加固任务，为宝成铁路这条抗震救灾生命线提前一天恢复通车做出了突出贡献。2008年5月24日9时50分，中断行车12天的宝成铁路恢复通车。

2008年10月，铁一院宝成铁路109隧道抢险队被中共中央、国务院、中央军委授予"全国抗震救灾英雄集体"荣誉称号。

6. 中国铁路工程总公司中铁二局集团有限公司

中国铁路工程总公司中铁二局集团有限公司是中国铁路工程总公司所属的大型建筑企业，地处四川省成都市，共有职工20679人，总经理唐志成。

在地震抢险救灾过程中，中铁二局先后组织5640余名职工组成26支抢险队，调动大型设备889台，奔赴四川省都江堰市、汶川县等8个重灾区、20多个受灾点和宝成铁路、广岳铁路等受到严重损毁的铁路线，全力以赴投入抢险救灾。

地震发生后仅两个小时，中铁二局接到国资委救援指令，立即组织所属的四川德阳四公司抢险人员50余人，设备12台，由公司副总经理龙援青带队，于2008年5月12日22时抵达绵竹市汉旺镇东汽厂。这是第一支到达受灾点的中央企业救灾队伍。经连续8个小时奋战，先后在东汽焊接分厂、一分厂、东汽中学、家属区等数十个抢险点搜救出被困人员225人，其中幸存者62人。

2008年5月12日下午，中铁二局自发组织抢险突击队，赶赴都江堰市参加抢险救灾。当日22时，首支130余人的抢险突击队抵达都江堰市，成为第一支抵达都江堰市的中央企业救灾队伍。13日6时40分，从废墟中救出了第一位幸存者。截至5月20日，中铁二局在都江堰市灾区共投入抢险人员360人,各类大型救援设备48台(套),先后从都江堰市中国银行办公楼、市中药公司、水生动物防疫站及部分营业场所废墟中搜救出被埋人员71人,其中幸存者11人。16日,应四川省政府要求,中铁二局组织280人的抢险队伍,历经48小时,于18日12时抵达汶川县,成为首批参与汶川抢险的企业救援队伍。期间,抢修队伍抢救当地群众财产并成功架设两条通信线路,保证汶川下庄电厂的电力正常调度。同时,中铁二局还派出抢险救灾队参与修复汶川水电站。中铁二局仅用46小时抢通彭白公路;48小时抢通广岳铁路穿心店大桥;提前完成宝成铁路涪江大桥加固任务;打通213国道等多条通往重灾区的"生命通道"50余千米,为抗震救灾争取了宝贵时间。

2008年10月,中铁二局被中共中央、国务院、中央军委授予"全国抗震救灾英雄集体"荣誉称号。

7. 中国石油天然气集团公司四川销售公司

中国石油天然气集团公司四川销售公司是四川省成品油主要供应单位,下属27个二级单位,员工17097人,总经理姚志强,党委书记胡兴东。

地震发生后,四川销售公司6个二级单位、18个片区(县域销售单位)和6000余名员工、近两万名家属遭受地震灾害影响,22座油库和751座加油站遭到不同程度损毁。地震造成宝成铁路中断,兰成渝成品油管道紧急停输,南充炼油化工总厂紧急停产,致使四川销售公司成品油库存供应量仅能维持5天。面对油品危机,四川销售公司立即成立抗震救灾总指挥部,姚志强任总指挥,胡兴东任副总指挥,迅速组织各单位紧急供油。于24小时内在非重灾区调运油品2万余吨,组织抢险队员200余人向重灾区集结。震后30分钟,重灾区绵竹迎宾、北川曲山、什邡土塘3座加油站在废墟中开始为东汽公司、北川中学和鎣华化工厂提供抢险用油。震后1小时,都江堰高科、聚源加油站恢复供应,为聚源中学抢险送油到现场。震后2小时,成都市区194座加油站全部恢复供油。震后3小时，22座受损油库全部恢复运行，重灾区351座加油站恢复供油。2008年5月13日，中国石油天然气集团公司全力调运油品入川，截至6月30日向四川调入成品油103.80万吨。

在通往重灾区汶川南、北、东的道路尚未打通的情况下，四川销售公司紧急抽调160名员工，集结50辆移动加油车和239辆油罐车，成立抗震救灾前线突击队。沿西线经四川省雅安市、小金县，翻越夹金山，绕道马尔康县，跋涉800千米到达汶川县，为沿途加油站和车辆补充油料900余吨；在北川县为空降兵和水电工程部队供油186吨；在青川县随济南军区"铁军"部队突进震中地带，成为首批到达的抢险队伍。在唐家山堰塞湖抢险过程中，四川销售公司每天调集30吨柴油，由直升机空投到抢险现场，并抽调50名员工组成送油突击队随时待命。截至2008年5月31日，四川销售公司共出动2000余车（次），行程数万千米，为救援部队现场供油2600余吨，为救灾车辆暂缓收费加油1.50万吨，做到救援力量在哪里，油品供应到哪里。

2008年10月，四川销售公司被中共中央、国务院、中央军委授予"全国抗震救灾英雄集体"荣誉称号。

8.中国移动通信集团公司四川有限公司

中国移动通信集团公司四川有限公司是四川省内主要的移动通信运营商，正式职工5053人，董事长、总经理李华。

地震致使四川移动通信基础设施损毁严重，公司3429个移动通信基站受损中断，8700余千米通信光缆受损，261处严重垮塌，661个营业厅无法正常营业，经济损失超过34.80亿元。

地震发生后两分钟，四川公司立即召开董事会成员和各部门紧急会议，成立抢险指挥部，部署多项应急措施，立即派出抢险队伍奔赴灾区，紧急调派全部15辆应急通信车力保要害部门通信。2008年5月12日20时，指挥部果断决定，连夜成立特别通信抢通突击队，通过空降方式挺进重灾区，确保重灾区通信尽快恢复。13日凌晨，首批8名突击队员携带卫星电话，搭乘军用飞机空降到与外界隔绝的平武县、青川县、汶川县映秀镇、卧龙镇等地，帮助当地政府及时打通对外联系。先后派出青年突击队28组182人，携带卫星电话、卫星基站、发电机等，分49架（次）机降到重灾县、重灾乡和唐家山堰塞湖抢险工地等地，共通过空降设备建成25个应急基站，以最快的速度解决重灾区通信问题，实现灾区较大范围通信。

2008年5月13日，因灾中断的3429个基站恢复1371个；14日，恢复1959个基站；15日，恢复1998个基站；16日，恢复2437个基站；16日晚，突击队深入重灾区70个偏远乡（镇）；17日，率先完成所有21个受灾县城移动通信网络覆盖；22日，全面抢通重灾区的8个县70个乡（镇），并率先完成工业和信息化部下达的抢通70个乡（镇）通信的艰巨任务，占总任务107个的近70%；22日晚，随军突击队随部队突进重灾区边远村寨；6月21日，最后6名空降突击队员返回成都，空降突击队在重灾区坚守40天，完成多项恢复抢修任务。

唐家山堰塞湖排险是这次抗震救灾的重点抢险任务。2008年5月26日至6月7日，四川公司先后派出突击队员31人（次），5次机降唐家山，在堰塞湖坝上开通2个卫星基站、3辆应急通信车，并长期驻守直到泄洪成功，保障堰塞湖泄洪抢险指挥通信畅通。

抗震救灾期间，四川公司在245个群众集中安置点设置服务点433个，为省（市）抗震救灾指挥部发布抗震救灾短信6.90亿条；开通免费寻亲和震后心理咨询热线，帮助受灾群众成功寻找到亲人32170人，提供心理咨询928人；开展就业援助，为灾区群众解决就业3500余人。

2008年10月，四川公司被中共中央、国务院、中央军委授予"全国抗震救灾英雄集体"荣誉称号。

9.中国航空集团公司中国国际航空股份有限公司西南分公司飞行部

中国国际航空股份有限公司西南分公司飞行部共有员工797人，总经理李云川。

地震发生后,成都双流国际机场空管雷达受损、机场关闭。国航西南飞行部启动应急响应程序,制订《飞行部"5·12"抗震救灾安全飞行措施》,领导和各应急岗位人员迅速到位,在通信中断的情况下,搭建临时调度平台,通过指挥运行中心和签派与正在飞行的机组取得联系,安排进港航班返航或备降,确保人机安全。为使机场尽早具备恢复通航条件,组织铺设电信线路和应急指挥电台,快速恢复应急指挥系统和通信联络,并加强营区、办公大楼和机组出勤楼的安全保卫力度,保障生产安全。

震后,双流机场承担大量救灾物资和人员进出四川灾区的任务,飞行频繁、飞机类型多,重要和临时性飞行任务增多,存在较大飞行安全隐患。国航西南飞行部坚持24小时值班,制订安全措施;根据抗震救灾工作特点,科学配备机组力量,选派经验丰富的机组、配备双机长飞行;制订"地面通信设备突然失效处置预案";航管部门加强签派放行航路走向的临时调整,严格进行交叉检查,确保特殊时期的飞行安全和抢险人员、赈灾物资的紧急运送。2008年5月12日至6月3日,国航西南飞行部共执行救灾飞行189班(次),运送救灾物资约1125.52吨;执行航班总量2278班(次),运送旅客出港114634人(次)。

2008年10月,国航西南飞行部被中共中央、国务院、中央军委授予"全国抗震救灾英雄集体"荣誉称号。

10. 中国南方航空集团公司南航股份珠海直升机分公司入川抗震救灾机队飞行班组

中国南方航空集团公司南航股份珠海直升机分公司入川抗震救灾机队飞行班组(以下简称抗震救灾飞行班组)共有7人,队长李富文、古田。

地震发生后第3天,珠海直升机分公司派7名飞行员组成入川抗震救灾飞行班组,驾驶3架S76型直升机飞抵四川广汉,于2008年5月16日投入抗震救灾工作。救灾任务在海拔2000~3000米的山区进行,灾区导航通信基础设施严重破坏，飞机在山沟里穿行，技术要求高，危险系数大，飞行员面临极大的心理考验。抗震救灾飞行班组发挥集体智慧，凭借十几年海上救援飞行技能和本领，对山区天气、地形线路、机型调配、发动机功率、载量控制、机组搭配、绞车运作等做好精心准备，开展了一系列救援工作。先后完成从广汉机场飞往什邡清平划木场、搭载解放军海军陆战队侦察小组完成空中勘察任务；在海拔2500余米的红白场山区悬索作业救出5名被困战士和1名志愿者；成功将1名受困196小时的伤员从绵竹抢运到成都；在绵竹天池乡南木沟和汉旺镇临时起降点间接力绞索作业，救出12名受灾群众；在天池南木沟深山悬索作业救出1名被困老人；运送水利专家视察堰塞湖，带工程技术人员在绵竹二坪和汉旺绞索作业运送人员，成功完成爆炸物处理、两机编队在灾区超低空飞行投放大量救灾物资等任务。抗震救灾飞行班组共飞行108小时16分钟，出动142架（次），运送各类灾区急需物资近6吨，运送救灾受灾人员338人，其中悬索作业救起25人。

2008年10月，抗震救灾飞行班组被中共中央、国务院、中央军委授予"全国抗震救灾英雄集体"荣誉称号。

11. 中国华电集团公司四川宝珠寺水力发电厂

中国华电集团公司四川宝珠寺水力发电厂位于四川省广元市利州区，总装机容量80.2万千瓦，员工人数495人，厂长龙太聪。

地震发生后，受损严重的宝珠寺水力发电厂迅速开展自救、救援、重建等工作。

迅速恢复发电机组。震后10分钟，宝珠寺水力发电厂即刻成立抗震救灾领导小组和指挥部，率先组织技术人员设法恢复机组运行。震后两小时，宝珠寺电站厂用电恢复；震后两个半小时，2号机并网调压带负荷，成为重灾区并网电厂中事故停机后第一台开启的机组，为川北电网支援抗震救灾赢得了宝贵时间，为保证电网安全和灾区用电做出了重要贡献。震后4小时，紫兰坝电站恢复厂用电；震后5小时，2号机空载运行;震后6个半小时,1号机空载运行。震后7小时,宝珠寺电站3号机组并网带负荷,恢复向电网送电。至此,两电站电力生产基本恢复。2008年5月15日,宝珠寺水力发电厂员工成功抢修出红叶二级电站3号机组,使该电站恢复厂用电,为恢复生产奠定了基础。

安全转移职工家属。地震发生后,宝珠寺水力发电厂厂长徐祝山迅速提出应对措施,及时了解人员情况,把在办公室、家属楼等场所的职工及家属全部转移到安全地带,保证全厂职工的人身安全。

及时排除险情。地震造成理县红叶二级电站大坝闸首厂用电源消失,宝珠寺水力发电厂杂谷脑项目部迅速启动闸首柴油发电机,提起冲沙闸门、泄洪闸门,避免水漫大坝淹没上游红叶一级电站的危险,保障了沿河居民生命财产安全。

积极参与社会救援。2008年5月14日,应位于都江堰的紫坪铺电厂求援,宝珠寺水力发电厂派出5人高压试验抢修小组前往抢修。应广元电业局请求,宝珠寺水力发电厂通过厂用电直接向电站所在地三堆变电站供电。随后,应三堆镇政府请求,通过厂用电向承担抢险重任的三堆镇医院和水厂送电。15日,在赴青川县陆路交通因地震中断的情况下,宝珠寺水力发电厂"宝电号"巡库船运送中央和地方有关人员前往青川县灾区,其后又4次派出"宝电号"工作船运送救灾队伍赶赴青川灾区。15日,为配合国家测绘科学研究院调研青川地震灾情,组织职工为其工作设备搭接通临时电源,为食物、饮用水极端匮乏的广元市宝轮镇、三堆镇等地的受灾群众提供遮雨篷布、饮用水和食品等。17日,应广元电业局请求,宝珠寺水力发电厂采用多开机、倒换厂用电的特殊运行方式,向三堆镇供电,保证该镇救灾用电。

有序开展抢修工作。2008年6月15日,完成紫兰坝3号机组检查性大修,并顺利完成重达560吨的发电机转子回装工作及开关站高空作业和运行机组维护等工作。7月7日2时,完成宝珠寺电站1号机扩大性大修。期间,宝珠寺水力发电厂先后4次组织抢修队,沿西线经四川省雅安、泸定、丹巴、金川、马尔康,奔赴重灾区四川华电杂谷脑水电开发有限责任公司红叶二级电站、薛城电站进行抢修。

积极开展灾后恢复重建工作。多次组织有关专家"会诊"鉴定大坝安全状况,修复加固被地震损坏的大坝边坡、生产设施及家属楼等。

2008年10月,宝珠寺水力发电厂被中共中央、国务院、中央军委授予"全国抗震救灾英雄集体"荣誉称号。

(二)全国抗震救灾模范

在抗震救灾中,中央企业广大职工听从指挥、忠于职守,展现出较高的政治觉悟和专业素质,涌现出一大批先进典型和动人事迹,受到中共中央、国务院、中央军委的表彰,陈学云等12名同志被授予"全国抗震救灾模范"荣誉称号。

1. 陈学云　国家电网公司四川省电力公司广元电业局青川供电局

陈学云,男,中共党员,1969年9月出生于四川省广元市青川县,四川省电力公司广元电业局青川供电局党支部副书记兼工会主席。

地震造成青川县受灾非常严重,与外界通信、道路交通完全中断,电力设施损毁,电力供应中断。陈学云作为青川供电局唯一在家的领导,在岳父、岳母和儿子被压埋的情况下,没有过多考虑亲人的安危,迅速组织职工家属相互帮助、有序撤离受灾现场,寻找安全地点安置。由于组织有序,青川供电局200余名员工中,只有两名员工受轻伤。而陈学云岳父、岳母、儿子的遗体在5月15日才被相继找到。陈学云没等亲人后事料理完,又投身电力设施抢修和供电恢复工作中。

为协助政府维护灾区社会稳定,急需恢复安置点供电。但青川供电

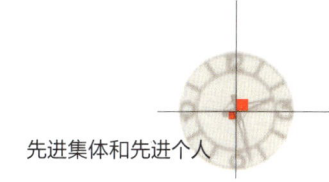

设施基本损毁,无法通过电网供电,陈学云决定通过发电机应急供电,一方面组织重新架设线路,一方面寻找应急发电设备器材。青川供电局存放发电机的仓库变形,大门无法打开。陈学云和几名职工冒着余震和房屋垮塌的危险,用斧头将卷帘门砍出一个窟窿,抬出发电机,争分夺秒地进行安装调试。2008年5月12日20时许,青川县临时医疗救助点——乔庄小学恢复照明,为医疗救援赢得了宝贵时间,安抚了群众惊恐的情绪。

2008年10月,陈学云被中共中央、国务院、中央军委授予"全国抗震救灾模范"荣誉称号。

2. 程洪 中国华能集团公司四川华能太平驿水电有限责任公司

程洪,男,中共党员,1958年10月出生于四川省崇州市,四川华能太平驿水电有限责任公司副总经理。

四川华能太平驿水电站距汶川特大地震震中映秀镇直线距离仅9千米,大坝、厂房严重损毁,电力、通信、道路全部中断,全厂200千伏、35千伏、10千伏输电线塔倒塌;电站尾水出口被滑坡山体封堵,岷江干流被截断50米;部分厂房被滑坡山体埋没;102名员工被困。程洪沉着应对,指挥搭建能容纳上百人的临时防震棚,统一分配食物、药品和饮水,并采取有效应急措施,保障被困员工生活,稳定员工情绪。程洪冒着余震带领干部在损毁严重的大坝上搜寻14名失踪员工,并指挥员工抢险突围。在与外界隔绝120小时后,太平驿水电站102名受困人员,除1人死亡,3人失踪外,98名员工成功脱险。

2008年10月,程洪被中共中央、国务院、中央军委授予"全国抗震救灾模范"荣誉称号。

3. 宋吉发　中国电信集团公司四川省长途通信传输局绵阳市平武分局

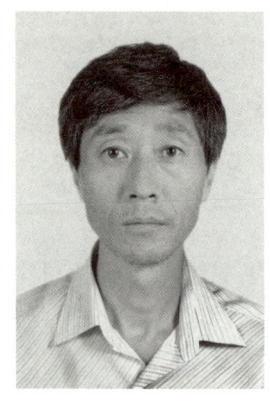

宋吉发，男，1964年5月18日出生于四川省江油市，四川省长途通信传输局绵阳市平武分局南坝中继站光缆维护线务员。

地震发生时，驻守南坝中继站的线务员宋吉发正巡线检查至牛角垭村。瞬间，民房倒塌，道路陷裂，附近山石不断滑落。宋吉发刚好看到山上的线路电杆不停地剧烈摇晃，职业敏感性让宋吉发意识到，地震毁坏了线路。宋吉发想"自己既然在现场，必须就地了解线路损毁情况，向分局及时汇报抢修"。宋吉发立即骑上摩托车在震颤的路上前行，不时停下来巡查和标记线路受损情况。行进几千米后，山体还在滑坡，道路严重受阻，宋吉发弃车徒步上山查看。虽然余震不断，不时有飞石崩落，但宋吉发仍冒着生命危险完成了4个多小时的巡查工作，对线路损毁情况进行详细了解并及时报告分局。宋吉发的临时排查为后续的通信抢修赢得了宝贵时间。

直至2008年5月13日早，宋吉发才返回南坝镇。此时宋吉发才知道女儿遇难、妻子下落不明。13日下午，宋吉发得知上级政府下令电信部门要紧急抢通已中断的通信线路。灾情就是命令，宋吉发隐藏起失去女儿的悲伤和对妻子安危的担心，与四川省长途通信传输局的抢险队员们跋山涉水奔赴障碍地点，担负起抢险队员兼向导的双重职责。16日，仍在救灾现场抢修光缆的宋吉发得到妻子已在地震中遇难的消息。当天，组织上安排宋吉发回家看望母亲和岳父母。途经北川境内时，宋吉发发现一处抢通的线路又被山上的飞石击倒在地。宋吉发立即下车，不顾飞石危险，徒手攀上电线杆，把光缆牢牢固定在电线杆上。到家看望了亲人，安排好家中事务后，宋吉发当天又迅速返回抗震救灾前线。看到身

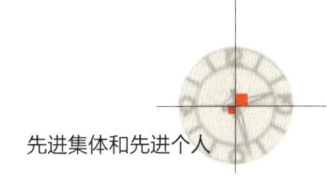

先进集体和先进个人

边的共产党员不顾疲劳和危险、冲锋在前的感人事迹，宋吉发提出加入中国共产党的请求。根据宋吉发在抗震救灾中的突出表现，党组织于5月22日在甘溪乡抢修光缆现场，批准宋吉发为中国共产党预备党员。

2008年10月，宋吉发被中共中央、国务院、中央军委授予"全国抗震救灾模范"荣誉称号。

4. 杨永钦　中国石油化工集团公司中原油田普光分公司应急救援中心

杨永钦，男，中共党员，1964年7月出生于河南省民权县，中原油田普光分公司应急救援中心副主任兼中原油田分公司消防支队党委委员、副支队长。

2008年5月13日晚，已在普光气田连续工作了4个多月，回到河南濮阳家里休假还不到10个小时的杨永钦，接到中国石化和四川省安全生产监督管理局发来的赶赴四川省德阳市绵竹市汉旺镇抗震救险的紧急命令后，立刻通过电话安排部署成立抗震抢险救援队事宜，随即连夜起程，与从四川普光赶往灾区的队伍会合。14日9时，到达汉旺镇。

杨永钦一到现场就奔向当地抗震救灾指挥部请战，主动承担汉旺镇中心幼儿园、中心医院、天池煤矿集团和煤矿家属院等人员密集区域的搜救任务。根据救援现场房屋倒塌情况和救援实际需要，杨永钦提出"一察、二听、三喊、四测、五挖、六救"的救援步骤，总结出上挖法、下挖法、平掏法、支撑法等实战性很强的救援方法。运用这些方法，杨永钦带领救援队，完成了艰巨而危险的搜救任务。2008年5月14日中午，救援队在废墟中探测出有生命迹象，挖掘出一个救援通道后，发现幸存男子被困在二楼楼梯口，两条腿被两块水泥板死死地夹在中

409

间,头顶被一块木板压住,楼道两边的墙体已经垮塌。杨永钦带领救援队齐心协力,经过20多个小时的连续奋战,成功救出这个被埋69小时的男子。15日下午,杨永钦带领队员经过几个小时的紧张救助,成功救出一对被困70多个小时的老夫妻。

在救援过程中,杨永钦一直承受着体力和心理上的巨大考验,冒着余震不断的危险,顶着令人窒息的腐烂气味,带领队员们日夜奋战。在10天时间里,共搜救24个工作面,探测223个场点,探出幸存者18人并成功营救出6人(其余12人交与兄弟队伍营救);共搜寻遇难者59人,清障41处,排除危楼9栋,防疫消毒492次,为群众拉送饮用水13台(次)、100余吨,为群众看病100余人(次)。

2008年10月,杨永钦被中共中央、国务院、中央军委授予"全国抗震救灾模范"荣誉称号。

5. **胡勇** 中国联合通信有限公司四川泸州分公司叙永县维护中心

胡勇,男,中共党员,1974年3月22日出生于四川省泸州市,中国联合通信有限公司四川泸州分公司叙永县网络维护中心主任。

地震发生后,四川省抗震救灾工作面临通信不畅、指挥不灵的困境,广大用户迫切希望与亲人取得联系,通信网络的负荷量也较平时剧增。中国联通四川公司立即启动重大灾情紧急预案,并在联通各地市分公司抽调网络业务骨干赴重灾区抗震抢险。因熟悉VSAT卫星通信设备、经验丰富、技术过硬,在外进行震后巡检的胡勇被紧急派往地震震中汶川县映秀镇参加抢险。

2008年5月14日,中国联通四川公司下达空降映秀务必抢通通信的命令。14日18时,胡勇抵达成都市,立刻投入设备准备和检验工作。15日3时,胡勇到达成都凤凰山机场待命。13时30分,乘直升机抵达映秀镇。VSAT卫星基站设备约有300千克重且系统安装需要平坦坚实的地面作基础，同时要求选在南偏东的位置。但灾后的映秀镇到处都是震后裂纹，找到一块符合基站安装条件的地面非常困难。因道路中断，胡勇和同事们只得抱着设备徒步前进，在随时可能发生塌方和余震的映秀灾区，用一个小时进行选址。在选定位置后，又立刻投入设备安装和调试工作中。经不懈努力，18时，强震后的映秀镇首次实现与外界的通信。一套VSAT卫星通信系统可同时接通两部电话。当电话开通后，胡勇与同事把其中一部电话移到抗震指挥部，方便救援调度；另一部电话则免费提供给受灾群众使用。这两部电话不仅恢复了映秀与外界的通信联系，同时也成为广大受灾群众向家人报平安的"爱心通道"。在映秀镇的几天时间，胡勇平均每天休息不到两个小时。由于胡勇与同事们的努力，使中国联通四川公司成为第一批空降地面开通震中重灾区通话的电信运营商。

2008年10月，胡勇被中共中央、国务院、中央军委授予"全国抗震救灾模范"荣誉称号。

6.陈跃　中国东方航空集团公司中国东方股份有限公司工程技术公司

陈跃，男，中共党员，1958年8月出生于上海市，中国东方股份有限公司工程技术公司党支部书记。

地震发生后，为快速安全地运送灾区伤员，急需组建一支保障抗震救灾航班的机务突击队。陈跃主动请缨，担任突击队"十人团"领队。2008年5月21日，突击队接到改装一架A300-600大型货机为"担架飞机"的紧急任务。时间紧、任务重，为尽量减少飞行中颠簸对伤员造成的二次伤害，陈跃带领突击队员仔细分析飞机的结构特点,反复试验担架固定方案。仅用十几个小时,拆除了固定座椅、安装好临时担架,将原有274个座椅的空客飞机机舱改装成为能容纳61副担架的中国民航最大的"空中病房"。25日11时45分,48名伤员陆续抵达成都双流国际机场,准备登机。就在此时,机务"十人团"发现原先安装的担架固定装置与现场担架不匹配。陈跃立即带领大家启动应急预案,用40分钟更换了所有的担架固定装置。13时,飞机顺利起飞。5月25—31日,陈跃带领机务"十人团"共飞行7天25段,运送伤员10班,空中飞行时间52.15小时,值勤时间102小时,飞行37698千米,运送伤员562人,圆满完成了运送伤员的紧急救援任务。

2008年10月,陈跃被中共中央、国务院、中央军委授予"全国抗震救灾模范"荣誉称号。

7. 蒲明忠　中国航空油料集团公司中国航油有限责任公司西南公司

蒲明忠,男,苗族,中共党员,1958年8月出生于重庆市黔江区,中国航油有限责任公司西南公司副总经理。

地震发生后,蒲明忠作为公司抗震救灾指挥部副指挥长、绵阳分指挥部指挥长,坚持在绵阳供应站靠前指挥,每天工作16小时以上,组织全站做好抢险救灾航空用油供应和唐家山堰塞湖疏导工程直升机用油供应,保障川北空中救援生命线畅通。

2008年5月21日,进驻绵阳机场的41架军用直升机集群正式开始对北川、平武和安县等重灾区执行抗震救灾任务。绵阳供应站4台加油车和8名加油员准时进入机群所在停机坪。蒲明忠坐镇指挥,坚守工作岗位。由于长时间紧张工作,蒲明忠曾一度晕倒在工作岗位上。同志们

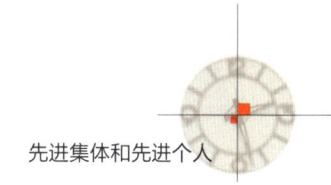

先进集体和先进个人

劝蒲明忠休息，他却说："我能挺得住，不要影响加油。"蒲明忠始终坚持在抗震救灾一线。23日，唐家山堰塞湖空中抢险迫在眉睫。蒲明忠组织抢险队自带食品、饮用水、药品、工具等前往地震重灾区北川县擂鼓镇，连续10天现场指挥抢险，累了就在车里打个盹儿，饿了就吃一根火腿肠。许多年轻同志都轮换回去休息，可蒲明忠依然坚守在岗位上。25日，青川县再次发生6.4级余震。当地震强烈的冲击袭来时，蒲明忠及时组织大家就地避险，自己却冒着强烈余震找回三根木桩，以方便溃坝后现场人员撤离。

2008年10月，蒲明忠被中共中央、国务院、中央军委授予"全国抗震救灾模范"荣誉称号。

8. 易逸 中国核工业集团公司中国核动力研究设计院一所

易逸，男，1970年9月出生于四川省乐山市，中国核动力研究设计院一所49-3室值班长。

易逸有14年的核反应堆运行经验，安全棒落棒时间要求不超过0.65秒，主泵失电后延时跳闸不能超过1秒。在遇到紧急情况时，延误一秒就意味着可能发生核工业领域的"地震"。在汶川特大地震发生刹那间，易逸第一反应是核反应堆的安全，而不是个人的安危。在万分紧急的情况下，易逸毫不犹豫地冲到控制台前，手动紧急停闭反应堆。随即，命令操纵员确认反应堆安全停闭，并广播启动应急待命。从宣布应急待命那一刻起，易逸就承担起了现场代总指挥的责任。

随后的震动越来越剧烈，易逸边安慰同事们保持冷静，边交代工作任务。在易逸镇定自若的神情感染下，所有在场的工作人员也都变得冷静下来，大家紧盯着各自监护的设备，认真履行各自的职责。同时，易逸立刻联系应急办公室，请求指示。就在等待应急总指挥赶赴现场的这段时间，易逸不停地巡视主控室，观察仪表参数，全然不顾个人安危，直至应急第一副总指挥赵光到达现场。易逸回忆说："我们能做的，就是让反应堆少几秒钟处于危险中。"正是易逸清晰的头脑、冷静的判断、迅速的处理，使得反应堆在最短的时间内得以停闭，保证了反应堆的安全，使发生事故的可能性降至最低。

2008年10月，易逸被中共中央、国务院、中央军委授予"全国抗震救灾模范"荣誉称号。

9. 杨川平　宝钢集团有限公司上海宝钢设备检修有限公司

杨川平，男，1967年4月出生于上海市，上海宝钢设备检修有限公司起重工技师。

2008年5月21日20时，杨川平正在年修现场施工作业。接到宝钢抗震救灾指挥部组织赶赴都江堰灾区援建彩板房的紧急指令后，杨川平立刻安排好手头工作，于22日6时，带上工器具赶赴四川灾区。杨川平一下车就投入工作，每天在现场工作15个小时。由于工地缺少机械设备，杨川平和同事们靠肩扛手抬，把一根根上百千克重的槽钢摆放就位。经过三天三夜连续奋战，完成了5000平方米大棚基础制作，使翔凤桥群众安置点初具规模。在奋力施工的同时，杨川平还自制了调运槽钢专用起重吊具，加快了施工进度。在完成都江堰临时住房的建设任务后，杨川平和同事们接受了劳动强度更大、工期要求更紧的制作防震彩板房基础及隆丰镇安置房底座制作、吊车配合大棚建设等任务。由于基础架有24米长，吊运难度大，杨川平协调队员，仅用半个月时间就出色地完成了3500平方米基础、107幢联体彩板房基础建设任务。

2008年10月，杨川平被中共中央、国务院、中央军委授予"全国抗震救灾模范"荣誉称号。

10. 刘贵平　中国建筑材料集团公司北新建材（集团）有限公司

刘贵平，男，中共党员，1965年10月出生于福建省南平市，北新建材（集团）有限公司副总经理，北新集成房屋（北京）有限公司总经理。

地震发生后，中国建筑材料集团公司随即决定向中国东方电气集团公司提供100套新型抗震房屋。刘贵平主动请缨，2008年5月15日带领救灾先遣组赴地震重灾区汉旺镇，考察当地受灾情况，为搭建快装房做准备。

2008年5月18日，汉旺镇100套活动板房开始安装。此时，国资委要求中国建材再为东方电气集团援建500套活动板房，以供安置员工及家属。刘贵平率领救灾先遣组由汉旺镇转至德阳市，进行房屋安装前的准备工作。21日，生产完成的房屋构件开始运往灾区。6月1日，援建东方电气集团（德阳）的500套房屋开始施工。期间，刘贵平隐瞒患有急性肠胃炎的病情，坚持工作，并对汉旺镇项目进行技术指导。在刘贵平的领导下，汉旺镇100套活动板房搭建任务比原计划提前5天完成，德阳市500套活动板房于6月12日顺利完工。24日，刘贵平再次率队前往四川省都江堰市，组织实施中国建材援建中国水利水电建设集团公司第十工程局建筑面积达1万平方米的职工医院项目。此时，都江堰正值雨季，余震不断，选建地点土地平整难度很大，施工条件十分恶劣。经刘贵平和同事们的努力，11月12日，水电十局医院正式竣工并投入运营，成为四川省地震援建中第一个竣工并恢复营运的医疗卫生服务项目。

2008年10月，刘贵平被中共中央、国务院、中央军委授予"全国抗震救灾模范"荣誉称号。

11. 郑声安　中国水电工程顾问集团公司成都勘测设计研究院

郑声安，男，中共党员，1962年12月出生于安徽省安庆市，成都勘测设计研究院院长。

岷江流域和涪江流域的大中型水电工程基本上都由成都勘测设计研究院设计。汶川特大地震发生后，面对水电工程的安危和随时可能发生的次生灾害，郑声安及时组织开展岷江上游电站工程排险。2008年5月12日晚至13日，郑声安先后组织成都勘测设计研究院专家和技术人员前往紫坪铺水库等现场，调查震损情况，及时提交紫坪铺大坝位移检测分析报告，为抗震救灾指挥部决策提供科学依据。在得到有关部门提供的震后航拍图片后，郑声安立即组织人员进行分析，在一周时间内完成了流域水电工程短期内是否存在溃坝危险的风险评估。随后，组建3个专家组对受损电站接受雨季考验及开展灾后恢复生产和修复工作进行调研，于6月15日提出恢复生产、修复工程的具体安排。为保证唐家山堰塞湖下游数百万人的安全，郑声安主动承担唐家山堰塞湖排险工作，3次登顶唐家山堰塞体，主持研究并提出可行性排险方案，为确保下游人民生命财产安全贡献力量。郑声安还组织全院技术专家承担唐家湾、一把刀、小岗剑、老鹰岩、罐子铺、肖家桥、孙家院子、老屋基等12个堰塞湖处理方案的研究和设计工作，并对每个堰塞湖都提出2～3个处理方案，成为灾区技术抗震的重要生力军。

2008年10月，郑声安被中共中央、国务院、中央军委授予"全国抗震救灾模范"荣誉称号。

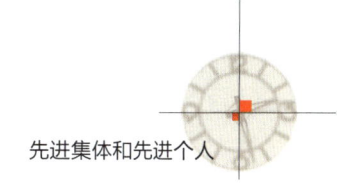

先进集体和先进个人

12. 齐焕清　中国航空工业第二集团公司哈尔滨飞机工业集团有限责任公司飞龙专业航空公司飞行大队

齐焕清，男，中共党员，1967年9月出生于吉林省四平市梨树县，哈尔滨飞机工业集团有限责任公司（以下简称哈飞集团）飞龙专业航空公司飞行大队副大队长。在抗震救灾中，任米-26机组中方机长。

米-26是哈飞集团飞龙专业航空公司从俄罗斯租用的直升机，也是国内唯一一架超载量直升机。机组共13人，其中俄方4人，中方9人。2008年5月15日，接到哈飞集团紧急救援通知后，齐焕清驾驶米-26直升机起飞，经4000余千米飞行后，于17日16时抵达四川救灾基地广汉飞行学院待命。20日，震区可能出现强降雨，很多受灾群众和救助人员需要马上撤离到德阳市广汉市。14时45分，米-26机组接到起飞命令，去清平乡运送物资并营救群众。由于地形复杂，局部气候多变，地面密布高压线，空域内还有其他直升机。齐焕清驾驶着米-26在山沟中穿行，但降落条件非常差，右侧是高压线、左侧是深沟，周围全是高大的树木。齐焕清努力寻找着陆点。经约40分钟艰难飞行，终于成功降落。卸下救灾物资后，米-26又搭载100余名群众于16时15分返回广汉机场，使受灾群众在被困近200小时后成功脱险。17时30分，米-26机组接到命令，冒雨再飞清平乡，为堰塞湖附近的救援部队官兵运送两吨重的救生衣和救生圈。齐焕清和机组人员在雾气重、能见度低的情况下，于18时55分返回广汉机场，又将100余名群众运出震中地区。

唐家山堰塞湖是灾区最大的隐患，大坝一旦溃堤，绵阳、江油一带150万名群众及沿途公路、桥梁将瞬间被淹没。2008年5月23日，米-26机组接到绵阳指挥部命令，前往唐家山吊运大型挖掘机。受浓雾影响，直至26日9时，米-26才起飞飞往唐家山堰塞湖大坝熟悉飞行线

417

路。沿途米-26几乎一直在群山与高压线间穿行,庞大的机身需要不断转弯。9时50分,米-26降落至抢险设备集结地——北川县擂鼓镇。由于两条跨江电线分别横在坝顶的两侧,给作业增加了极大困难。可要切断这两组高压线,从准备到实施至少又需要4小时。齐焕清与当地政府协商,在组织人员切断高压线的同时,机组马上起飞。11时04分,米-26成功吊运起第一台挖掘机,送到唐家山坝顶。截至26日17时40分返回擂鼓镇,米-26共运送8台挖掘机、7台推土机至唐家山堰塞湖大坝,设备总重量达210吨。5月27日至6月10日,米-26承担运送抢险设备物资的重任,吊运燃油、给养等物资成为米-26的日常任务。齐焕清和米-26往返于擂鼓镇和唐家山,相继运送第二批15台大型推土机、挖掘机,8个大型集装箱、5个油罐,为解除堰塞湖危险起到了重要作用。部队保障的油料无法满足坝上机械需求,坝顶燃油一度告急。指挥部应急运来一个圆柱形油罐,但油罐没有底座,重心可变,又没有足够强度的防滑挂点。齐焕清立即和机组的俄方人员协商起吊方案,对各种可能出现的特殊情况制订预案,圆满完成了油罐吊运任务。6月10日,大坝开始出现多处裂缝,随时会出现险情。已完成任务的400余名武警官兵在等待返回。齐焕清主动请战接运武警官兵。只用1小时、4个架(次),齐焕清机组将武警官兵安全撤离坝顶。

在抗震救灾的30余天中,齐焕清与机组人员安全飞行32小时,59架(次),运送人员635人、设备物资547吨。

2008年10月,齐焕清被中共中央、国务院、中央军委授予"全国抗震救灾模范"荣誉称号。

二、人力资源和社会保障部、国资委表彰的中央企业抗震救灾英雄集体和抗震救灾英雄

5月12日14时28分,四川省汶川县发生8.0级地震。面对这场突如

其来的特大自然灾害，在党中央、国务院的坚强领导下，全国各族人民全力投入抗震救灾工作，抗震救灾斗争取得了重大阶段性胜利。国资委及中央企业坚决贯彻落实党中央、国务院的各项部署和要求，以灾情为命令，视时间如生命，全力抢救被困群众，全力抢修电力、通信、道路等基础设施，全力筹集和调运灾区急需的救灾物资，为夺取抗震救灾的阶段性胜利做出了重大贡献，涌现出一大批可歌可泣的英雄集体和个人。

为表彰先进，弘扬正气，进一步激励中央企业广大干部职工全力投入抗震救灾和恢复重建工作，2008年6月20日，人力资源和社会保障部、国资委决定授予国家电网公司四川省电力公司映秀湾水力发电总厂等4个单位"中央企业抗震救灾英雄集体"荣誉称号；追授刘建秋、黄军科同志"中央企业抗震救灾英雄"荣誉称号；授予程洪等4名同志"中央企业抗震救灾英雄"荣誉称号，享受省部级劳动模范和先进工作者待遇。

（一）中央企业抗震救灾英雄集体

国家电网公司四川省电力公司映秀湾水力发电总厂
中国东方电气集团公司汽轮机有限公司叶片分厂
中国化工集团公司德阳昊华清平磷矿有限公司
中国水利水电建设集团公司第十工程局医院

（二）中央企业抗震救灾英雄

刘建秋	中国移动通信集团公司成都通信建设工程局一处抗震抢险工程队队长
黄军科	中国中铁电气化局集团西铁建设公司劳务工
程　洪	中国华能集团公司太平驿水电站副总经理
宋吉发	中国电信集团公司四川绵阳长途通信传输局平武分局南坝中继站光缆维护线务员
谢　平	中国东方电气集团公司东方汽轮机有限公司战略办副主任

马振辉　中国铁建股份有限公司中铁十三局集团有限公司三公司都汶高速公路项目部工程部长

三、国资委表彰的抗震救灾先进集体和先进个人

面对汶川特大地震灾害，中央企业各级领导班子和领导干部身先士卒、靠前指挥，充分发挥了表率作用；各基层党组织紧急动员、有力组织，充分发挥了战斗堡垒作用；广大党员舍生忘死、无私奉献，充分发挥了先锋模范作用；广大职工听从指挥、忠于职守，充分展示了中央企业优秀职工队伍的政治觉悟和专业素质。在汶川特大地震抗震救灾的伟大斗争中，中央企业各级党组织、广大干部职工和共产党员不辱使命，用汗水、鲜血乃至生命谱写了撼人心魄、催人奋进的时代颂歌，涌现了一大批可歌可泣的动人事迹和先进典型。

为表彰先进，大力弘扬"万众一心、众志成城，不畏艰险、百折不挠，以人为本、尊重科学"的伟大抗震救灾精神，2008年7月18日，国资委在北京召开中央企业抗震救灾表彰大会，授予国家电网公司四川省电力公司等199个单位"2008年抗震救灾先进集体"荣誉称号，授予中国东方电气集团公司东方汽轮机有限公司主机一分厂厂长喻刚等271名同志"2008年抗震救灾先进个人"荣誉称号，授予中国水利水电建设集团公司水电十局医院党委等136个基层党组织"2008年抗震救灾先进基层党组织"荣誉称号，授予中国化工集团公司德阳昊华清平磷矿有限公司党委书记、董事长、总经理向平等178名同志"2008年抗震救灾优秀共产党员"荣誉称号。

（一）抗震救灾先进集体

1. 国家电网公司四川省电力公司
2. 国家电网公司四川省电力公司成都电业局
3. 国家电网公司四川省电力公司德阳电业局

4. 国家电网公司四川省电力公司乐山电业局
5. 国家电网公司四川省电力公司绵阳电业局
6. 国家电网公司四川电力物流集团公司
7. 国家电网公司甘肃省电力公司兰州超高压输变电公司
8. 国家电网公司河南省电力公司
9. 国家电网公司湖北省电力公司荆州供电公司
10. 国家电网公司湖南省电力公司超高压管理局
11. 国家电网公司江西省水电工程局
12. 国家电网公司陕西省电力公司
13. 国家电网公司陕西省电力公司汉中供电局
14. 国家电网公司应急指挥中心
15. 国家电网公司重庆市电力公司
16. 中国东方电气集团公司东方汽轮机有限公司职工医院
17. 中国东方电气集团公司东方电机有限公司抗震救灾指挥部
18. 中国东方电气集团公司东方汽轮机有限公司
19. 中国东方电气集团公司东方汽轮机有限公司保卫处
20. 中国东方电气集团公司东方汽轮机有限公司（动力分厂）能源处
21. 中国东方电气集团公司东方汽轮机有限公司机修分厂
22. 中国东方电气集团公司东方汽轮机有限公司主机二分厂
23. 中国东方电气集团公司东方汽轮机有限公司主机三分厂
24. 中国东方电气集团公司东方汽轮机有限公司主机四分厂
25. 中国东方电气集团公司四川东风电机厂有限公司赴东汽、安县救援队
26. 中国水利水电建设集团公司夹江水机械厂总装车间紫坪铺设备抢险突击队
27. 中国水利水电建设集团公司第七工程局三分局汶马公路项目部

突击队

28. 中国水利水电建设集团公司第三工程局四川分局双江口项目部抢险突击队
29. 中国水利水电建设集团公司第十二工程局巴山施工局紫坪铺水库大坝抢险队
30. 中国水利水电建设集团公司第十工程局
31. 中国水利水电建设集团公司第五工程局五分局双江口项目部抢险救灾突击队
32. 中国水利水电建设集团公司四川电力开发有限公司毛尔盖水电有限公司
33. 中国化工集团公司昊华化工（集团）总公司德阳昊华清平磷矿有限公司机运车间
34. 中国化工集团公司昊华化工（集团）总公司抗震救灾民兵应急分队
35. 中国化工集团公司昊华西南公司自贡鸿鹤制药有限责任公司
36. 中国化工集团公司四川蓝星机械有限公司
37. 中国铁路工程总公司中国中铁股份有限公司抗震救灾指挥部
38. 中国铁路工程总公司中铁八局集团有限公司铁路抢险突击队
39. 中国铁路工程总公司中铁电气化局集团西铁工程公司宝成铁路109隧道抢险突击队
40. 中国铁路工程总公司中铁二局集团有限公司第五工程公司绵竹东方电汽抢险突击队
41. 中国铁路工程总公司中铁九局集团有限公司抗震救灾援川队
42. 中国铁路工程总公司中铁一局集团有限公司
43. 中国铁道建筑总公司中铁二十三局集团有限公司第二抢险队
44. 中国铁道建筑总公司中铁二十五局集团有限公司柳州公司达成

项目部

45. 中国铁道建筑总公司中铁二十一局集团有限公司第三工程公司都汶公路一期工程项目部
46. 中国铁道建筑总公司中铁十六局集团有限公司四川工程指挥部
47. 中国铁道建筑总公司中铁十三局集团有限公司第三工程公司二分公司都汶公路项目部
48. 中国铁道建筑总公司中铁十四局集团有限公司
49. 中国石油天然气集团公司甘肃销售公司陇南分公司徽县滨河路加油站
50. 中国石油天然气集团公司兰州石化公司消防支队
51. 中国石油天然气集团公司管道公司兰成渝输油分公司
52. 中国石油天然气集团公司四川销售公司
53. 中国石油天然气集团公司四川销售公司德阳分公司红白加油站
54. 中国石油天然气集团公司运输公司四川分公司
55. 中国石油化工集团公司川气东送建设工程指挥部机关
56. 中国石油化工集团公司石油工程西南公司井下作业分公司酸化压裂队
57. 中国石油化工集团公司四川维尼纶厂环境保护与安全监督处
58. 中国石油化工集团公司西安石化分公司宝成铁路109隧道抢险小分队
59. 中国石油化工集团公司销售川渝分公司绵巴区域公司南坝加油站
60. 中国石油化工集团公司中国石化报社赴抗震救灾一线新闻报道采访组
61. 中国移动通信集团公司甘肃有限公司陇南分公司文县公司
62. 中国移动通信集团公司贵州有限公司抗震救灾抢险队

63. 中国移动通信集团公司陕西有限公司汉中分公司
64. 中国移动通信集团公司四川有限公司
65. 中国移动通信集团公司四川有限公司绵阳北川县分公司
66. 中国移动通信集团公司重庆有限公司抗震救灾抢险队
67. 中国电信集团公司中国电信股份有限公司甘肃分公司传输局
68. 中国电信集团公司中国电信股份有限公司陕西分公司西安机动通信局
69. 中国电信集团公司四川省电信有限公司
70. 中国电信集团公司四川省电信有限公司汶川县分公司
71. 中国电信集团公司中国通信服务四川省通信产业服务有限公司
72. 中国电信集团公司中国电信股份有限公司重庆分公司传输局
73. 中国联合通信有限公司甘肃陇南分公司
74. 中国联合通信有限公司陕西汉中分公司
75. 中国网络通信集团公司中国网络通信（集团）有限公司北京市分公司机动通信局
76. 中国网络通信集团公司四川省分公司
77. 中国卫星通信集团公司中国直播卫星有限公司
78. 中国卫星通信集团公司中卫普信宽带通信有限公司
79. 中国铁通集团有限公司陕西分公司
80. 中国铁通集团有限公司四川分公司
81. 中国航空集团公司国航股份工程技术分公司成都维修基地飞机大修部
82. 中国航空集团公司国航股份西南分公司飞行部
83. 中国航空集团公司国航股份国际货运西南区域营销中心
84. 中国航空集团公司国航股份中航有限成都空港货运站服务有限公司

85．中国南方航空集团公司南航股份成都营业部货运部
86．中国南方航空集团公司南航股份飞行部
87．中国南方航空集团公司南航股份货运部
88．中国南方航空集团公司南航股份珠海直升机分公司入川抗震救灾机队飞行班组
89．中国东方航空集团公司东方通用航空公司 7858 机组
90．中国东方航空集团公司东航股份工程技术公司浦东航线维修部
91．中国东方航空集团公司东航股份客运营销委成都营业部
92．中国东方航空集团公司东航股份抗震救灾应急反应中心
93．中国航空油料有限责任公司西南成都航空加油站
94．中国核工业集团公司八二一厂
95．中国核工业集团公司核工业四一六医院
96．中国核工业集团公司核工业四一七医院医疗小分队
97．中国核工业集团公司中国核动力研究设计院一所高通量堆运行五班
98．中国兵器装备集团公司保定天威保变电气股份有限公司
99．中国兵器装备集团公司成都光明光电股份有限公司
100．中国兵器装备集团公司西南地区部吊车组
101．中国兵器工业集团公司第二〇九研究所
102．中国电子科技集团公司第二十九研究所
103．中国电子科技集团公司第三十八研究所
104．中国电子科技集团公司第五十四研究所卫星通信与广播电视专业部工程部
105．中国核工业建设集团公司第二四建设公司二公司抗震救灾突击队
106．中国核工业建设集团公司第二四建设公司五公司

107. 中国航天科技集团公司第六研究院一六五所一室（中国直播卫星有限公司）
108. 中国航天科技集团公司第七研究院成都航天医院（中卫普信宽带通信有限公司）
109. 中国航天科工集团公司061基地苏州江南航天机电工业公司特种车辆制造部
110. 中国航天科工集团公司第二研究院长峰科技工业集团公司北京航天长峰股份有限公司医疗器械分公司
111. 中国航空工业第一集团公司成都飞机工业（集团）有限责任公司
112. 中国航空工业第一集团公司成都飞机设计研究所抗震救灾联合队
113. 中国航空工业第一集团公司凯天电子股份有限公司民兵预备役应急分队
114. 中国航空工业第二集团公司成都三六三医院
115. 中国航空工业第二集团公司规划设计研究院
116. 中国航空工业第二集团公司哈尔滨飞机工业集团有限责任公司
117. 中国第二重型机械集团公司（德阳）重型装备股份有限公司重容分厂起重班
118. 中国第二重型机械集团公司德阳锻造厂有限公司炼钢车间
119. 中国第二重型机械集团公司抗震救灾指挥部
120. 中国第二重型机械集团公司装备部
121. 攀枝花钢铁（集团）公司成都钢铁有限责任公司电炉炼钢厂浇铸车间
122. 攀枝花钢铁（集团）公司汽车运输分公司抗震救灾运输队
123. 攀枝花钢铁（集团）公司四川长城特殊钢有限责任公司特冶

中心

124. 中国华电集团公司四川宝珠寺水力发电厂
125. 中国华电集团公司四川公司
126. 中国华电集团公司四川广安发电有限公司发电部三期二值
127. 中国华电集团公司四川杂谷脑水电开发有限责任公司
128. 中国华电集团公司四川杂谷脑水电开发有限责任公司红叶二级电厂
129. 中国华能集团公司四川华能涪江水电有限责任公司
130. 中国华能集团公司四川华能太平驿水电有限责任公司
131. 中国华能集团公司四川水电有限公司生产技术部
132. 中国大唐集团公司碧口水力发电厂
133. 中国大唐集团公司略阳发电有限责任公司
134. 新兴铸管集团有限公司南京际华三五二一特种装备有限公司
135. 新兴铸管集团有限公司四川省川建管道公司
136. 宝钢集团有限公司宝钢金属有限公司
137. 武汉钢铁（集团）公司抗震救灾恢复重建工作指挥部
138. 中国建筑工程总公司第五工程局隧道公司
139. 中国建筑工程总公司第四工程局科研设计院抗震救灾危房鉴定工作队
140. 中国建筑工程总公司一局集团公司第二建筑有限公司
141. 中国葛洲坝集团公司电力有限责任公司
142. 中国葛洲坝集团公司葛洲坝股份有限公司瀑布沟水电站施工项目部
143. 中国建筑材料集团公司都江堰瑞泰科技有限公司
144. 中国交通建设集团有限公司第三公路工程局有限公司都江堰岷江四桥项目经理部

145. 中国交通建设集团有限公司第二航务工程局第二工程有限公司抗震救灾突击队
146. 中国交通建设集团有限公司第三航务工程局有限公司抗震救灾指挥部
147. 中国建筑设计研究院城镇规划设计研究院
148. 中国建筑科学研究院抗震救灾技术专家组
149. 中国煤炭地质总局航测遥感局
150. 中国生物技术集团公司成都生物制品研究所
151. 中国医药集团总公司规划发展部
152. 中国冶金科工集团公司第五冶金建设公司医院
153. 中国冶金科工集团公司中冶建工有限公司
154. 中国储备粮管理总公司成都分公司
155. 中国储备粮管理总公司西安分公司
156. 中国储备粮管理总公司中央储备粮陇南直属库
157. 招商局集团有限公司雅致集成房屋股份有限公司
158. 中国中煤能源集团公司平朔公司赴川救援队
159. 中国中煤能源集团公司中煤建筑安装工程公司赴川援建青年突击队
160. 西安电力机械制造公司西安西电高压开关有限责任公司服务处
161. 中国国电集团公司大渡河流域水电开发有限公司
162. 中国铁路通信信号集团公司沈阳铁路信号厂
163. 电信科学技术研究院北京信威通信技术股份有限公司
164. 中国铝业公司大冶铜板带有限公司
165. 中国铝业公司西南铝（集团）有限责任公司
166. 中国节能投资公司重庆乌江电力有限公司
167. 中粮集团有限公司西南区域抗震救灾指挥部

168．中国海运（集团）总公司集装箱运输青岛有限公司成都分公司
169．上海贝尔阿尔卡特股份有限公司甘肃分公司
170．上海贝尔阿尔卡特股份有限公司四川分公司
171．中国水电工程顾问集团公司成都勘测设计研究院工程分院
172．中国第一汽车集团公司成都一汽有限责任公司生产管理部机电维修班
173．华润（集团）有限公司雅安三九小分队
174．华润（集团）有限公司电力控股有限公司抗震救灾医疗队
175．中国长江航运（集团）总公司武汉南油船舶有限公司新平江1017轮
176．中国盐业总公司甘肃省盐业（集团）股份有限公司天水盐业分公司
177．中国华孚贸易发展集团公司中国糖业酒类集团成都有限责任公司
178．中国普天信息产业集团公司卫星直播车项目组
179．中国船舶重工集团公司第七一〇研究所救援队
180．中国海洋石油总公司渤海石油职工医院医疗队
181．中国南方电网有限责任公司贵州电网公司物资供应分公司
182．中国电子信息产业集团公司信息产业电子第十一设计研究院有限公司
183．中国电子信息产业集团公司中国电子产业开发公司成都中泽置业有限公司
184．中国电子信息产业集团公司中国电子系统工程第二建设有限公司四川虹欧项目部
185．中国中化集团公司中国种子集团绵阳水稻种业有限公司
186．中国通用技术（集团）控股有限责任公司中国医药保健品股份有限公司

187．中商企业集团公司商业发展规划院
188．机械科学研究总院机械工业第一设计研究院
189．中国中钢集团公司四川有限公司
190．中国化学工程第七建设公司泸州分公司民兵应急小分队
191．中国中材集团公司天津矿山工程有限公司都江堰拉法基项目部
192．中国电子工程设计院结构评估与加固所
193．中国广东核电集团有限公司中广核工程有限公司设备成套部设备监造处四川片区
194．中国南方机车车辆工业集团公司眉山车辆有限公司铸造公司
195．中国电力工程顾问集团公司西南电力设计院
196．中国黄金集团公司四川平武矿业有限公司
197．中国铁路物资总公司油品部
198．中国电力投资集团公司青海黄河发电运营有限公司薛城项目部
199．中国远洋运输（集团）总公司北京中远物流赈灾物资运送车队

（二）抗震救灾先进个人

1．喻　刚　　中国东方电气集团公司东方汽轮机有限公司主机一分厂厂长
2．杨文光　　中国东方电气集团公司东方职业技能培训学院院长
3．孙希广　　中国东方电气集团公司东方汽轮机有限公司能源处（动力分厂）副总工程师、处长
4．秦　强　　中国东方电气集团公司东方汽轮机有限公司主机三分厂副厂长
5．王世涌　　中国东方电气集团公司东方汽轮机有限公司工业透平事业部党总支书记、副总经理
6．李　勇　　中国东方电气集团公司东方汽轮机有限公司工具分厂副厂长

7．	梁小林	中国东方电气集团公司东方汽轮机有限公司锻热分厂副厂长
8．	尹守军	中国东方电气集团公司东方汽轮机有限公司人力资源处处长
9．	郝宪勇	中国东方电气集团公司东方汽轮机有限公司德阳分部办主任、党支部书记
10．	谭　宏	中国东方电气集团公司东方汽轮机有限公司装备资源处副主任科员
11．	宛　宏	中国东方电气集团公司东方汽轮机有限公司建设置业公司总经理助理
12．	王铁兵	中国东方电气集团公司东方汽轮机有限公司主机二分厂副段长
13．	郑　皓	中国东方电气集团公司东方锅炉（集团）有限公司保卫处经警、团支部书记
14．	韩玉泉	国家电网公司四川省电力公司映秀湾水力发电总厂机电检修厂党支部书记兼副经理
15．	蓝　海	国家电网公司四川省电力公司基建部主任
16．	刘道福	国家电网公司四川电力医院外科主任
17．	刘家万	国家电网公司四川都江堰供电有限责任公司通济供电所技安员
18．	龙志明	国家电网公司四川省电力公司新闻中心副主任
19．	马建国	国家电网公司四川省电力公司德阳电业局绵竹供电局配网专责
20．	唐代清	国家电网公司四川电力送变电建设公司员工
21．	汪志刚	国家电网公司四川省电力公司绵阳电业局北川供电有限责任公司供电所所长

22.	吴志勇	国家电网公司四川省电力公司广元电业局变电工区主任
23.	张仁福	国家电网公司四川省电力公司映秀湾水力发电总厂生产副厂长
24.	刘少英	国家电网公司陕西省电力公司铜川供电局安全监察部车辆管理专责
25.	卢宏达	国家电网公司甘肃省电力公司天水超高压公司运检中心副主任
26.	卜玉强	国家电网公司甘肃省电力公司兰州供电公司安宁分公司营销办主任
27.	张春城	国家电网公司重庆市电力公司总经理、党组副书记
28.	孙佩京	国家电网公司西北电网有限公司总经理、党组副书记
29.	姜　锋	国家电网公司华中电网有限公司基建部副主任
30.	潘玉明	国家电网公司河南省电力公司副总经理
31.	刘长根	国家电网公司湖南省送变电建设公司副总经理、总工程师
32.	周世平	国家电网公司湖北省电力公司总工程师
33.	魏焕章	国家电网公司江西省电力公司副总工程师
34.	彭开富	中国水利水电建设集团公司第十工程局二分局党委副书记、纪委书记
35.	史胜军	中国水利水电建设集团公司阿坝水电开发有限公司总经理
36.	任　铭	中国水利水电建设集团公司毛尔盖水电有限公司总经理
37.	杨　勇	中国水利水电建设集团公司水电七局三分局技师
38.	简　崧	中国水利水电建设集团公司夹江水工机械厂总装车

间紫坪铺设备抢险突击队队长

39. 张惠庆　中国水利水电建设集团公司水电五局七分局毛尔盖项目部炮工

40. 朱德明　中国水利水电建设集团公司水电八局三分局武都施工局技师

41. 程　亮　中国水利水电建设集团公司路桥四川成名高速公路发展有限公司助理工程师

42. 罗　鸿　中国化工集团公司德阳昊华清平磷矿有限公司党委委员、总工程师

43. 张　柳　中国化工集团公司德阳昊华清平磷矿有限公司物资供应处处长

44. 司文芳　中国化工集团公司蓝星（北京）化工机械有限公司钳工班班长

45. 陈清贵　中国化工集团公司四川蓝星机械有限公司金工车间副主任

46. 刘宝宏　中国化工集团公司中车汽修集团焦作7447厂生产经营处应急抢修小分队队长

47. 柏晓云　中国化工集团公司昊华西南公司自贡鸿鹤制药有限责任公司总经理

48. 谢昭萍　中国化工集团公司西南化工研究设计院工会副主席、党政办公室主任

49. 梁千里　中国化工集团公司蓝星天水6913厂副总会计师

50. 刘志远　中国铁路工程总公司中国中铁电气化局集团总经理、中国中铁电气化局宝成铁路109隧道抢险总指挥

51. 郑建中　中国铁路工程总公司中铁二局集团有限公司党委书记、副董事长

52. 杨　峰　　中国铁路工程总公司中铁八局集团有限公司总经理、党委副书记

53. 徐　刚　　中国铁路工程总公司中铁一局集团有限公司第五工程公司109隧道改线抢险救灾工程项目部三工区区长

54. 马朴亭　　中国铁路工程总公司中铁二局集团有限公司建筑工程公司农民工队长、都江堰抢险突击队队员

55. 张兴国　　中国铁路工程总公司中铁八局集团有限公司桥梁工程有限公司工班长

56. 邓元栋　　中国铁路工程总公司中铁八局集团有限公司电务工程有限公司党委书记、理县抗震救灾突击队队长

57. 严虎勤　　中国铁路工程总公司中国中铁电气化局集团西铁工程公司劳务工、抢险突击队队员

58. 程继云　　中国铁路工程总公司中铁隧道集团广深港铁路客运专线狮子洋隧道项目部、四川平武县平通镇抢险突击队分队长

59. 刘名君　　中国铁路工程总公司中铁二院工程集团有限责任公司土建二院副院长、广岳铁路抢险技术专家

60. 陈　勇　　中国铁路工程总公司中铁一局集团有限公司第五工程公司宝成铁路109隧道项目经理部工班长

61. 张静波　　中国铁道建筑总公司中铁十一局集团有限公司电务公司恒通项目部党支部书记

62. 张宗言　　中国铁道建筑总公司中铁十二局集团有限公司董事长、党委书记

63. 周长斌　　中国铁道建筑总公司中铁十三局集团有限公司第三工程公司董事长、总经理

64. 武金刚　　中国铁道建筑总公司中铁十五局集团有限公司达成

铁路工程指挥部党委书记、副指挥长

65. 杨　军　　中国铁道建筑总公司中铁十九局集团有限公司第五工程公司隧道一公司汽车司机

66. 马　炜　　中国铁道建筑总公司中铁二十局集团有限公司第四工程公司衡炎项目部项目经理

67. 赵春锋　　中国铁道建筑总公司中铁二十一局集团有限公司第三工程公司总经理

68. 王长留　　中国铁道建筑总公司中铁二十三局集团有限公司董事长、党委书记

69. 崔纯纯　　中国铁道建筑总公司中铁二十四局集团有限公司上海铁建工程公司副总经理

70. 王小青　　中国铁道建筑总公司中铁二十五局集团有限公司总工程师

71. 马行空　　中国铁道建筑总公司中铁建设集团山西分公司副经理

72. 郭　宏　　中国铁道建筑总公司中铁十八局集团有限公司安全质量管理部副部长

73. 张祥仁　　中国石油天然气集团公司西南油气田公司川西北公共事务管理中心主任、党委副书记

74. 李朝仪　　中国石油天然气集团公司川庆钻探公司四川油建公司党委副书记、纪委书记、工会主席

75. 曹国征　　中国石油天然气集团公司兰州石化公司安全副总监

76. 付　滨　　中国石油天然气集团公司管道局维抢修分公司应急抢修处副处长、维抢修兰成渝管线抢险领导小组副组长

77. 李　明　　中国石油天然气集团公司四川广元销售分公司青川片区副经理

78. 席成燕　中国石油天然气集团公司四川绵阳销售分公司安北片区茅坝加油站综合管理员
79. 李　勇　中国石油天然气集团公司甘肃陇南销售分公司文县销售片区经理、党支部书记
80. 李　勇　中国石油天然气集团公司陕西销售公司汉中分公司经理、党委副书记
81. 罗志鹏　中国石油天然气集团公司西北销售西安分公司副经理、助理政工师
82. 陈　涛　中国石油天然气集团公司运输公司四川分公司经理
83. 申　洪　中国石油化工集团公司西南油气分公司川西采气厂副厂长
84. 王　宁　中国石油化工集团公司四川维尼纶厂环安处消防大队大队长
85. 吴　勤　中国石油化工集团公司石油工程西南有限公司重庆钻井分公司汽车队电工
86. 王小蓉　中国石油化工集团公司销售川渝分公司绵巴区域公司花荄加油站站长
87. 闵小平　中国石油化工集团公司第五建设公司机械化施工公司HSE监督员
88. 程广存　中国石油化工集团公司川气东送建设工程指挥部安全环保部综合处处长
89. 张成康　中国石油化工集团公司云南云川石油分公司雅安昭远加油站站长
90. 李新华　中国石油化工集团公司销售西北陕西分公司经理
91. 孙勤凤　中国石油化工集团公司油品销售事业部运行处副处长
92. 于永生　中国石油化工集团公司中国石化报社记者部主任

93.	李　华	中国移动通信集团公司四川有限公司董事长、总经理
94.	彭海丰	中国移动通信集团公司四川有限公司遂宁分公司网络部网络工程建设管理
95.	张　敏	中国移动通信集团公司四川有限公司成都彭州分公司龙门山营销中心营业厅经理
96.	代　波	中国移动通信集团公司四川有限公司德阳绵竹分公司市场部支撑组组长
97.	程　波	中国移动通信集团公司四川有限公司网络部副总经理
98.	刘青松	中国移动通信集团公司陕西有限公司汉中略阳分公司经理
99.	贺东生	中国移动通信集团公司甘肃有限公司陇南分公司文县公司经理
100.	陈作刚	中国移动通信集团公司四川有限公司成都通信建设工程局成都维护分中心主任
101.	王　刚	中国移动通信集团公司四川有限公司乐山分公司网络部设备维护工程师
102.	陈新才	中国电信集团公司四川省电信有限公司长途通信传输局局长、党委书记
103.	白晓岚	中国电信集团公司中国电信股份有限公司陕西分公司汉中市分公司业务经理
104.	张　斌	中国电信集团公司中国电信股份有限公司上海分公司机动通信局助理工程师
105.	金长风	中国电信集团公司中国电信股份有限公司江苏分公司无锡市分公司副总经理
106.	晏国庆	中国电信集团公司湖北省电信有限公司长途电信传输局机动通信部专业主管

107.	赵关顺	中国电信集团公司中国电信股份有限公司湖南分公司中国通信服务湖南天辰公司工程师
108.	董晓庄	中国电信集团公司网络运行维护部总监
109.	梁　锋	中国电信集团公司中国电信股份有限公司广东分公司电信公司副总经理
110.	杨路洋	中国联合通信有限公司四川分公司运行维护部工程师
111.	欧阳恩山	中国联合通信有限公司陕西分公司副总经理
112.	胡　选	中国联合通信有限公司重庆分公司运行维护部工程师
113.	王立东	中国联合通信有限公司新疆分公司网络建设部工程师
114.	崔荣春	中国联合通信有限公司运行维护部副总经理
115.	文本富	中国网络通信集团公司四川省分公司阿坝藏族羌族自治州分公司总经理
116.	李全福	中国网络通信集团公司四川省分公司都江堰市分公司建设维护部主任
117.	李　岩	中国网络通信集团公司河北省通信公司保定市分公司网络运营部主管
118.	裴显明	中国网络通信集团公司黑龙江省分公司维护中心副总经理
119.	张国鹏	中国网络通信集团公司山东省淄博市张店区分公司副总经理
120.	张振华	中国卫星通信集团公司四川省分公司员工
121.	任超英	中国卫星通信集团公司四川省分公司市场部总经理
122.	秦文刚	中国卫星通信集团公司中国直播卫星有限公司技术

人员

123. 龙再贵　中国卫星通信集团公司中卫普信宽带通信有限公司安装工程师
124. 袁定宾　中国铁通集团有限公司四川德阳分公司总经理
125. 邓　均　中国铁通集团有限公司四川乐山分公司运维部主管
126. 铺　满　中国铁通集团有限公司陕西分公司西安通信段车间主任
127. 季　橙　中国航空集团公司国航股份重庆分公司生产指挥中心指挥长
128. 石明胜　中国航空集团公司国航股份天津分公司生产指挥中心高级副经理
129. 邸　伟　中国航空集团公司国航股份飞行总队七大队副大队长
130. 姚京丽　中国航空集团公司国航股份地面服务部旅客服务中心票务经理
131. 徐承岳　中国航空集团公司国航股份工程技术分公司成都维修基地副总经理
132. 樊瑞星　中国航空集团公司国航股份北京飞机维修工程有限公司OMC值班经理
133. 贾兴彦　中国航空集团公司民航快递有限责任公司西南公司绵阳营业部收派员
134. 樊　斌　中国航空集团公司中航旅业酒店管理公司泰丰源温泉度假村副总经理
135. 宋乐平　中国南方航空集团公司南航股份珠海直升机分公司飞机维修厂厂长、党支部书记
136. 石　坚　中国南方航空集团公司南航股份成都营业部总经理

137.	李志学	中国南方航空集团公司南航股份黑龙江分公司飞行部副驾驶
138.	何晓晶	中国南方航空集团公司南航股份成都营业部党支部书记、副总经理
139.	袁学彬	中国南方航空集团公司南航股份运行控制中心航务管理部经理
140.	刘锦昌	中国南方航空集团公司南航股份货运部生产协调处经理、党支部书记
141.	王　旭	中国南方航空集团公司南航股份有限公司深圳分公司地面服务保障部装卸处副主任
142.	邓　晨	中国南方航空集团公司南航股份有限公司北京分公司运行指挥部飞行签派室副主任
143.	杨雄南	中国东方航空集团公司东航股份有限公司上海飞行部飞行一部经理助理
144.	曹宽亮	中国东方航空集团公司东方通用航空公司飞行部调研员
145.	冯建宏	中国东方航空集团公司东方通用航空公司飞机维修部机械师
146.	李　娴	中国东方航空集团公司东航股份客舱服务部客舱经理
147.	刘　灏	中国东方航空集团公司东航股份客运营销委成都营业部总经理
148.	肖克松	中国东方航空集团公司东航股份中国货运航空有限公司运行控制部总经理
149.	柴寅毅	中国东方航空集团公司东航股份上海东方远航物流公司运行控制部副经理

150．顾正富　中国东方航空集团公司东航股份江苏有限公司运行控制中心经理

151．宋继革　中国东方航空集团公司东航股份武汉有限责任公司运行控制部总经理

152．李建华　中国航空油料集团公司中国航空油料有限责任公司西南公司总经理、党委副书记

153．易　逸　中国核工业集团公司中国核动力研究设计院一所49-3室值班长

154．田宝柱　中国核工业集团公司中国核电工程有限公司化工所所长

155．段发昌　中国核工业集团公司甘肃矿冶局党组书记、局长

156．严　军　中国核工业集团公司核工业总医院骨科副主任医师、副教授

157．史庆丰　中国核工业集团公司中核陕西铀浓缩有限公司总经理

158．王孝强　中国核工业集团公司八二一厂副厂长

159．杜伟华　中国核工业集团公司四川红华实业有限公司总经理

160．唐光红　中国兵器装备集团公司成都华川电装有限责任公司交流发电机分厂机电员

161．易中路　中国兵器装备集团公司南方工业汽车股份有限公司四川建安车桥分公司技术中心高级工程师

162．曾　斌　中国兵器装备集团公司南方工业汽车股份有限公司成都宁江减震器分公司都江堰山川公司销售员

163．粟　斌　中国兵器装备集团公司四川华庆机械有限责任公司机加分厂钳工班班长

164．朱晋宏　中国兵器装备集团公司西南地区部计划运营处副

处长

165. 马公仆　中国兵器装备集团公司成都晋林工业制造有限责任公司退休办

166. 李泽民　中国兵器工业集团公司第二二一研究所副总工程师

167. 裴可琦　中国兵器工业集团公司江苏北方湖光光电有限公司科技管理部副总工程师

168. 欧玉彬　中国电子科技集团公司第十研究所天奥信息科技公司通信研究室经理

169. 别力辉　中国电子科技集团公司第十五研究所加固计算机产品事业部助理工程师

170. 牛俊琦　中国核工业建设集团公司第二四建设公司五公司经理

171. 王文均　中国核工业建设集团公司第二三建设公司绵阳基地管理处综合事务主管

172. 李　波　中国航天科技集团公司第七研究院7105厂7车间单板组主管

173. 张选来　中国航天科技集团公司第四研究院院长助理

174. 李　陶　中国航天科工集团公司第四研究院南京晨光集团公司重庆航天新世纪卫星应用技术有限责任公司助理工程师

175. 邓本立　中国航天科工集团公司第三研究院七三一医院主治医师

176. 卢永革　中国航天科工集团公司第二研究院二〇七所工程师

177. 郭　昕　中国航空工业第一集团公司中国燃气涡轮研究院院长

178.	王广亚	中国航空工业第一集团公司成都飞机工业（集团）有限责任公司董事长、总经理
179.	齐焕清	中国航空工业第二集团公司哈尔滨飞机工业集团有限责任公司飞龙公司飞行大队副大队长
180.	颜　军	中国航空工业第二集团公司四川泛华航空仪表电器厂工会（武装部）室主任、武装干事
181.	张　博	中国航空工业第二集团公司四川航空液压机械厂保卫处处长
182.	经大富	中国第二重型机械集团公司锻造厂有限公司炼钢车间工人
183.	杜国旗	中国第二重型机械集团公司铸造厂有限公司铸钢车间工人
184.	唐　红	中国第二重型机械集团公司（德阳）重型装备股份有限公司动能分公司供电车间工人
185.	陈　凯	中国第二重型机械集团公司德阳新业建筑工程有限责任公司部门经理
186.	胡加尔	中国第二重型机械集团公司铸造厂有限公司厂长
187.	杨晓宏	攀枝花钢铁（集团）公司四川长城特殊钢有限责任公司长钢总医院院长
188.	韩祥飞	攀枝花钢铁（集团）公司四川长城特殊钢有限责任公司轧钢厂中小型材车间横班作业长、党支部书记
189.	吴建华	攀枝花钢铁（集团）公司四川长城特殊钢有限责任公司房地产公司厚坝物管所所长
190.	程昌燕	攀枝花钢铁（集团）公司成都钢铁有限责任公司炼铁厂四高炉主任、党支部书记
191.	杨清廷	中国华电集团公司四川公司党组书记、总经理

192. 杨　毅	中国华电集团公司四川公司杂谷脑水电开发有限责任公司党委委员、副总经理
193. 常思武	中国华电集团公司四川公司安全生产部副主任
194. 蔺志平	中国华电集团公司陕西华电蒲城发电有限责任公司发电部一单元五班单元长
195. 刘　力	中国华电集团公司华电煤业集团有限公司四川分公司燃料管理部主任
196. 张　伟	中国华能集团公司华能四川水电有限公司董事长、党委书记
197. 贺瑜章	中国华能集团公司四川水电公司涪江水电有限责任公司总经理
198. 彭　睿	中国华能集团公司四川华能太平驿水电有限责任公司安生部机械班班长
199. 段忠民	中国大唐集团公司四川分公司党组书记、总经理
200. 戴　波	中国大唐集团公司广西分公司党组书记、总经理
201. 郑兴富	新兴铸管集团有限公司四川省川建管道有限公司医务室医生
202. 肖兴兵	新兴铸管集团有限公司际华三五三六职业装有限公司退休职工
203. 郑　勇	新兴铸管集团有限公司际华三五三九制鞋有限公司四车间胶鞋成型一班工人
204. 戴国强	宝钢集团有限公司宝钢发展置业公司总裁助理、源康物业经理
205. 梅雪飙	宝钢集团有限公司成都宝钢西部贸易有限公司总经理，宝钢抗震救灾前线总指挥
206. 杨川平	宝钢集团有限公司上海宝钢设备检修有限公司起重

工技师

207. 姚　蕾　武汉钢铁（集团）公司第二职工医院妇产科支部书记、副主任

208. 容爱明　武汉钢铁（集团）公司建工集团建设分公司彩钢工程处总工、经理

209. 孙科伟　鞍山钢铁集团公司总医院感染管理科主任

210. 蒋贵宝　鞍山钢铁集团公司铁路运输公司运输总站综合管理部信访干事

211. 宋文华　中国建筑工程总公司第八工程局有限公司天津公司副经理

212. 陈　麟　中国建筑工程总公司西南勘察设计研究院有限公司技术中心主任

213. 王顺安　中国建筑工程总公司第二工程局中建保华有限责任公司工程部经理

214. 刘建江　中国葛洲坝集团公司中心医院

215. 谢月明　中国建筑材料集团公司中国复合材料集团常州中复丽宝第复合材料有限公司营销中心副经理

216. 刘　创　中国交通建设集团有限公司二航局重庆朝天门大桥项目部办公室主任

217. 张　翼　中国交通建设集团有限公司第三公路工程局桥梁特种工程有限公司都江堰岷江四桥项目部总工程师

218. 顾　巍　中国交通建设集团有限公司第三航务工程局有限公司副总经理

219. 赵　辉　中国建筑设计研究院城镇规划设计研究院规划所副总规划师

220. 申　林　中国建筑设计研究院中国建筑标准设计研究院工程

设计事业部副部长

221. 薛彦涛　中国建筑科学研究院建研科技股份有限公司研究员
222. 孙仁范　中国建筑科学研究院中国建筑技术集团有限公司教授级高工
223. 唐景忠　中国煤炭地质总局广西煤炭地质局中煤桂能工程勘察分公司经理
224. 丁少刚　中国生物技术集团公司成都生物制品研究所副所长
225. 王云德　中国生物技术集团公司成都生物制品研究所储运部成品库组长
226. 陆　怡　中国医药集团总公司西南医药有限公司总经理
227. 顾明伟　中国冶金科工集团公司中冶成工建设有限公司一分公司安装分公司项目工长
228. 相军恒　中国冶金科工集团公司华冶资源开发有限责任公司装修公司经理
229. 马洪林　中国储备粮管理总公司成都分公司中央储备粮绵阳直属粮库党总支书记、主任
230. 兰成奇　中国储备粮管理总公司中央储备粮河南公司南阳直属库经营科班长
231. 戴志刚　中国中煤能源集团公司中煤建筑安装工程公司副总经理
232. 张永生　中国中煤能源集团公司中煤第一建设公司企业发展部部长
233. 王建西　西安电力机械制造公司西开高压电气股份有限公司副总工程师
234. 李善平　中国国电集团公司大渡河流域水电开发有限公司总经理、党委副书记

235．	杨　军	中国铁路通信信号集团公司北京铁路信号工厂用户服务部部长
236．	翟　磊	中国铝业公司中铝股份兰州分公司运输公司司机
237．	袁世全	中国铝业公司西南铝业（集团）有限责任公司重庆西南铝医院外二科
238．	肖清明	中国节能投资公司乌江实业集团重庆乌江电力渔滩水电站站长
239．	马振琼	中粮集团有限公司上海粮油进出口有限公司离休干部
240．	张　伟	上海贝尔阿尔卡特股份有限公司四川分公司工程师
241．	雷　珲	上海贝尔阿尔卡特股份有限公司甘肃分公司项目经理
242．	郑声安	中国水电工程顾问集团公司成都勘测设计研究院院长
243．	施裕兵	中国水电工程顾问集团公司成都勘测设计研究院工程分院副总工程师
244．	孙晓娟	中国第一汽车集团公司一汽总医院门诊部护士长
245．	袁房均	东风汽车公司总医院副院长
246．	严传国	华润（集团）有限公司雪花啤酒（绵竹）有限公司包装车间主任
247．	胡书华	中国长江航运（集团）总公司长航凤凰股份有限公司武汉船务分公司长江22032轮船长
248．	乔　旭	中国长江航运（集团）总公司武汉南油船舶管理有限公司调度室主任
249．	张志华	中国盐业总公司甘肃省盐业（集团）股份有限公司集团文县盐业有限责任公司股长

250.	高玉宝	中国盐业总公司甘肃省盐业（集团）股份有限公司董事长、党委书记
251.	曾　林	中国华孚贸易发展集团公司中国糖业酒类集团公司成都有限责任公司总经理
252.	马　玲	中国诚通控股集团有限公司中国物流公司成都分公司总经办副经理
253.	杨州元	中国普天信息产业集团公司股份有限公司通信产业事业本部宽带网络产品部
254.	吕朝忠	中国南方电网有限责任公司贵州电网公司物资供应分公司副经理
255.	何正华	中国电子信息产业集团公司武汉中原电子集团有限公司工程师
256.	武　威	中国电子信息产业集团公司建设综合勘察研究设计院总工程师
257.	黄一虎	中国电子信息产业集团公司中国电子系统工程总公司第二建设有限公司工程师
258.	李春平	中国五矿集团公司二十三冶建设集团四川灾区援建过渡安置房工程项目经理部一分部党支部书记
259.	谢　可	中国五矿集团公司二十三冶建设集团有限公司安全环保部安全主管
260.	刘继南	中商企业集团公司策划部副总经理
261.	孙志理	机械科学研究总院机械工业第一设计研究院副总工程师
262.	邱　红	中国港中旅集团公司国际成都旅行社有限公司入境旅游中心副总经理
263.	姜伯涛	中国中钢集团公司四川炭素有限公司总经理

264.	陈利科	中国化学工程集团公司第七建设公司泸州分公司工会干事
265.	黄培林	中国中材集团公司中国建材地勘中心四川总队
266.	张百灵	中国北方机车车辆工业集团公司唐山轨道客车有限公司内饰件厂工人
267.	王建明	中国南方机车车辆工业集团公司资阳机车有限公司工会副主席
268.	魏　军	中国新兴（集团）总公司中国新兴建设开发总公司副总经理
269.	唐晓辉	中国电力工程顾问集团公司西南电力设计院电网工程分公司技术管理部副主任
270.	韦学科	华侨城集团公司康佳集团股份有限公司多媒体营销事业部南方区域成都分公司样机管理分部经理
271.	王　猛	武汉邮电科学研究院虹信通信有限责任公司客服工程师、工程项目主管

（三）抗震救灾先进基层党组织

1．中国水利水电建设集团公司水电十局医院党委

2．中国水利水电建设集团公司四川电力开发公司临时党委

3．中国水利水电建设集团公司路桥四川成名高速公路发展有限公司党支部

4．中国水利水电建设集团公司水电七局机电安装分局太平驿抢险突击队临时党支部

5．中国水利水电建设集团公司水电五局三分局红岩项目部抢险突击队党支部

6．国家电网公司四川省电力公司成都电业局"水上生命线"临时党支部

7. 国家电网公司四川电力医院党委
8. 国家电网公司四川省电力公司广元电业局党委
9. 国家电网公司陕西省电力公司宝鸡供电局党委
10. 国家电网公司甘肃省电力公司陇南供电公司党委
11. 国家电网公司重庆市电力公司永川供电局党委
12. 国家电网公司抗震救灾医疗队临时党总支
13. 国家电网公司安全监察部党支部
14. 中国东方电气集团公司东汽主机一分厂党支部
15. 中国东方电气集团公司东汽铸造事业部党总支
16. 中国东方电气集团公司东汽培训学院党总支
17. 中国东方电气集团公司东汽工具分厂党支部
18. 中国东方电气集团公司东汽人力资源处党支部
19. 中国东方电气集团公司东汽运输处党支部
20. 中国东方电气集团公司东汽制造技术处党支部
21. 中国化工集团公司德阳昊华清平磷矿有限公司党委
22. 中国化工集团公司四川蓝星机械有限公司实业公司党支部
23. 中国化工集团公司蓝星成都6914电子设备厂机关党支部
24. 中国铁路工程总公司中铁二局集团有限公司党委
25. 中国铁路工程总公司中铁一局集团有限公司第五工程公司109隧道抢险突击队临时党支部
26. 中国铁路工程总公司中铁电化局集团有限公司宝成铁路109隧道抢险临时党总支
27. 中国铁路工程总公司中铁二院工程集团有限责任公司广岳铁路抢险指挥部临时党支部
28. 中国铁道建筑总公司中铁十三局集团有限公司党委
29. 中国铁道建筑总公司中铁十二局集团有限公司包西铁路工程指

挥部党支部

30. 中国铁道建筑总公司中铁十八局集团有限公司达成铁路工程指挥部党支部
31. 中国铁道建筑总公司中铁二十三局集团有限公司党委
32. 中国石油天然气集团公司西南油气田公司川西北气矿党委
33. 中国石油天然气集团公司四川绵阳销售分公司党委
34. 中国石油天然气集团公司管道公司兰成渝输油分公司广元输油站党支部
35. 中国石油天然气集团公司川庆钻探公司川东钻探公司50506钻井队党支部
36. 中国石油化工集团公司西南油气分公司元坝应急救援中心党支部
37. 中国石油化工集团公司齐鲁分公司消防支队党委
38. 中国石油化工集团公司中原油田普光分公司应急救援中心党支部
39. 中国石油化工集团公司胜利西南石油工程管理中心99101队党支部
40. 中国移动通信集团公司四川有限公司成都分公司党委
41. 中国移动通信集团公司四川有限公司绵阳分公司党委
42. 中国移动通信集团公司成都通信建设工程局党委
43. 中国电信集团公司四川阿坝长途通信传输局党支部
44. 中国电信集团公司贵州黔南州分公司干线党支部
45. 中国电信集团公司云南昆明市分公司赴汶川地震灾区通信抢修队临时党支部
46. 中国联合通信有限公司四川分公司党委
47. 中国联合通信有限公司运行维护部党支部
48. 中国网络通信集团公司沈阳机动通信局党总支
49. 中国网络通信集团公司河北机动通信局党支部
50. 中国卫星通信集团公司通管技术部党支部

51. 中国铁通集团有限公司四川分公司成都通信段党委
52. 中国航空集团公司中国国际航空股份有限公司重庆分公司生产指挥中心党总支
53. 中国航空集团公司中国国际航空股份有限公司商务委员会西南营销中心党委
54. 中国南方航空集团公司南航股份有限公司市场营销管理委员会成都营业部党支部
55. 中国南方航空集团公司中国南方航空股份有限公司珠海直升机分公司党委
56. 中国东方航空集团公司东方通用航空公司广汉抗震救灾基地党支部
57. 中国东方航空集团公司中国东方航空股份有限公司上海飞行部飞行三部党总支
58. 中国航空油料集团公司中国航空油料有限责任公司西南公司党委
59. 中国核工业集团公司四川红华实业有限公司供电车间党总支
60. 中国核工业集团公司核工业四一六医院后勤党支部
61. 中国核工业集团公司中核陕西铀浓缩有限公司汉中运业有限公司党支部
62. 中国兵器装备集团公司自动化研究所党委
63. 中国兵器工业集团公司陕西北方动力有限责任公司党委
64. 中国兵器工业集团公司泸州北方化学工业有限公司党委
65. 中国电子科技集团公司第二十八研究所南京莱斯大型电子系统工程有限公司党总支
66. 中国电子科技集团公司第九研究所机动技安部党支部
67. 中国电子科技集团公司第十四研究所第十六党总支1602党支部

68．中国核工业建设集团公司第二四建设公司二公司党委
69．中国航天科技集团公司第七研究院党委（中国卫星通信集团公司通管技术部党支部）
70．中国航天科工集团公司第一研究院北京航天科工世纪卫星科技有限公司党支部
71．中国航空工业第一集团公司中国燃气涡轮研究院党委
72．中国航空工业第二集团公司汉中航空工业（集团）有限公司党委
73．中国第二重型机械集团公司德阳锻造厂有限责任公司党委
74．中国第二重型机械集团公司德阳铸造厂有限责任公司党委
75．中国第二重型机械集团公司重机分厂党总支
76．中国第二重型机械集团公司德阳万路运业有限公司党委
77．攀枝花钢铁（集团）公司成都钢铁有限责任公司青白江医院党支部
78．攀枝花钢铁（集团）公司四川长城特殊钢有限责任公司轧钢厂扁平材车间党总支
79．攀枝花钢铁（集团）公司攀枝花钢铁有限责任公司职工总医院抗震救灾医疗队临时党支部
80．中国华能集团公司华能四川水电有限公司党委
81．中国华能集团公司华能明台电力有限责任公司党委
82．中国华能集团公司四川宝兴河电力股份有限公司党委
83．中国大唐集团公司四川茂县天龙湖电力有限公司党支部
84．新兴铸管集团有限公司际华三五三六职业装有限公司党委
85．新兴铸管集团有限公司际华三五零二职业装有限公司八分厂党支部
86．宝钢集团有限公司抗震救灾前线指挥部临时党总支

87. 武汉钢铁（集团）公司武汉钢铁股份有限公司冷轧薄板总厂党委
88. 鞍山股份有限公司冷轧厂彩涂生产作业区党支部
89. 中国建筑工程总公司第八工程局党委
90. 中国建筑工程总公司第三工程局三公司西南分公司成都华润项目党支部
91. 中国葛洲坝集团公司机电建设有限公司四川狮子坪机电安装项目部党支部
92. 中国建筑材料集团公司北新建材集团有限公司党委
93. 中国交通建设集团有限公司中交三公局桥梁特种工程有限公司党支部
94. 中国交通建设集团有限公司中交二航局第二工程有限公司党委
95. 中国建筑设计研究院中国建筑标准设计研究院党总支
96. 中国建筑科学研究院建研科技与建研抗震联合党支部
97. 中国煤炭地质总局江苏煤炭地质局党委
98. 中国生物技术集团公司成都生物制品研究所第三党支部
99. 中国医药集团总公司中国医疗器械工业公司党委
100. 中国冶金科工集团公司中冶成工建设有限公司党委
101. 中国冶金科工集团公司中冶实久都江堰疗养院党总支
102. 中国储备粮管理总公司兰州分公司机关党委
103. 中国储备粮管理总公司绵阳直属库党总支
104. 中国华电集团公司四川宝珠寺水力发电厂党委
105. 中国华电集团公司四川内江发电总厂抗震救灾临时党支部
106. 中国华电集团公司四川华电杂谷脑水电开发有限责任公司党委
107. 中国华电集团公司四川宝珠寺水力发电厂宝珠寺电站发电部党支部
108. 中国华电集团公司四川华电杂谷脑水电开发有限责任公司狮子

坪电站建设指挥部党支部
109．招商局物流集团有限公司党委
110．中国中煤能源集团公司中煤第一建设公司赴川援建前线临时党委
111．中国国电集团公司成都金堂发电有限公司党委
112．中国铝业公司中铝贵州铝厂服务中心客运党支部
113．中国节能投资公司中国环境保护公司党委
114．上海贝尔阿尔卡特股份有限公司国内营销服务党总支
115．中国水电工程顾问集团公司成都勘测设计研究院党委
116．中国第一汽车集团公司四川一汽丰田汽车有限公司党委
117．东风汽车公司东风汽车有限公司东风商用车公司党委
118．中国对外贸易运输（集团）总公司中国外运四川公司党委
119．中国盐业总公司中盐甘肃省盐业集团康县盐业有限责任公司党支部
120．中国普天信息产业集团公司南京普天长乐通信设备有限公司党支部
121．中国电子信息产业集团公司熊猫电子集团有限公司军用通信产业集团党委
122．中国五矿集团公司二十三冶建设集团四川地震灾区援建过渡安置房工程项目经理部二分部临时党支部
123．中国港中旅集团公司成都花水湾中旅樱花宾馆有限责任公司党支部
124．中国包装总公司重庆华江印务有限责任公司党委
125．中国中钢集团公司武汉院赴川房屋检测排查救援专家组临时党支部
126．中国化学工程第七建设公司党委

127. 中国中材集团公司中材汉江水泥股份有限公司维修公司党支部
128. 中国有色矿业集团有限公司中国十五冶金建设有限公司第一工程公司宝鸡电厂经理部党支部
129. 中国房地产开发集团公司中国市政工程西南设计研究院党委
130. 中国北方机车车辆工业集团公司唐山轨道客车有限责任公司内饰件厂党支部
131. 中国南方机车车辆工业集团公司资阳机车有限公司党委
132. 中国新兴（集团）总公司抗震救灾工程指挥部第三项目经理部党支部
133. 中国电力工程顾问集团公司发电工程分公司党总支
134. 中国乐凯胶片集团公司黑白感光材料厂党总支
135. 华侨城集团公司成都天府华侨城实业有限公司党支部
136. 中国铁路物资总公司武汉木材防腐厂党委

（四）抗震救灾优秀共产党员

1. 向　平　　中国化工集团公司德阳昊华清平磷矿有限公司党委书记、董事长、总经理
2. 陈映贵　　中国化工集团公司德阳昊华清平磷矿有限公司机修车间副主任
3. 张泽顺　　中国化工集团公司四川蓝星机械有限公司总经理、党委书记
4. 徐　兵　　中国化工集团公司昊华西南化工有限责任公司武装部干事
5. 蔡士良　　中国化工集团公司蓝星成都6914电子设备厂厂长
6. 傅向升　　中国化工集团公司党委副书记、纪委书记
7. 胡瑞林　　国家电网公司四川省电力公司映秀湾水力发电总厂厂长

8．李丽华　　　国家电网公司四川北川供电有限责任公司工会主席
9．王金全　　　国家电网公司四川省电力公司阿坝公司副总经理
10．朱长林　　　国家电网公司四川省电力公司总经理
11．张玉宏　　　国家电网公司甘肃省电力公司天水供电公司总经理
12．史建庄　　　国家电网公司河南省电力公司副总工程师
13．刘文春　　　国家电网公司湖南省电力公司常德电业局副局长
14．周　杰　　　国家电网公司湖北省电力公司宜昌供电公司电网建设部工程部主任
15．万晴嵩　　　国家电网公司江西省电力公司副总工程师
16．秦红三　　　国家电网公司农电工作部主任
17．陈进行　　　国家电网公司副总经理、党组成员
18．曹志安　　　国家电网公司副总经理、党组成员
19．肖　珉　　　中国东方电气集团公司东方汽轮机有限公司副总经理
20．温枢刚　　　中国东方电气集团公司党组成员、东方电气股份有限公司总裁
21．陈　军　　　中国东方电气集团公司东方汽轮机有限公司叶片分厂厂长
22．李传军　　　中国东方电气集团公司东方汽轮机有限公司主机四分厂厂长
23．魏　涛　　　中国东方电气集团公司东方汽轮机有限公司党政办主任
24．陈　辉　　　中国东方电气集团公司东方汽轮机有限公司生产处党支部书记、副处长
25．熊建民　　　中国东方电气集团公司东方汽轮机有限公司党委组织部部长
26．李剑虹　　　中国东方电气集团公司东方汽轮机有限公司机修分

		厂工长
27.	张竹建	中国东方电气集团公司东方汽轮机有限公司保卫处处长
28.	关绍友	中国东方电气集团公司东方汽轮机有限公司纪委办主任
29.	刘明江	中国水利水电建设集团公司西南办事处主任、四川电力开发公司董事长、党委书记
30.	杜学泽	中国水利水电建设集团公司水电十局局长、党委副书记
31.	黄东成	中国水利水电建设集团公司水电十局医院院长
32.	曾海燕	中国水利水电建设集团公司路桥四川成名高速公路发展有限公司总经理、党支部书记
33.	武　超	中国水利水电建设集团公司夹江水工机械厂党委工作部副主任、赴安县抢险救灾突击队队长
34.	吴开灿	中国水利水电建设集团公司四川阿坝水电开发有限公司生技部主任
35.	张　军	中国水利水电建设集团公司水电十四局路桥公司成名高速公路项目部工程管理部主任
36.	范集湘	中国水利水电建设集团公司总经理、党委副书记
37.	刘　辉	中国铁路工程总公司党委常委，中铁股份有限公司副总裁、党委常委，中国中铁宝成铁路109隧道现场抢险总指挥
38.	和民锁	中国铁路工程总公司中铁一局集团有限公司总经理，中国中铁一局宝成铁路109隧道现场抢险总指挥
39.	南梦延	中国铁路工程总公司中铁一局集团有限公司第四工程公司咸阳上林大桥项目部工程部长、中国中铁一

　　　　　　　局第四工程公司宝成铁路 109 隧道抢险突击队队员

40．张　峰　　中国铁路工程总公司中铁八局集团有限公司建筑公司总经理

41．张虎斌　　中国铁路工程总公司中铁电气化局西铁工程公司电焊工，中国中铁电气化局西铁工程公司宝成铁路 109 隧道抢险突击队队员

42．何　勇　　中国铁路工程总公司中铁二局集团有限公司第二工程公司装载机司机

43．赵广发　　中国铁道建筑总公司中国铁建股份公司副总裁、党委常委

44．赖立新　　中国铁道建筑总公司中铁十二局集团有限公司第七工程公司副总经理

45．雷升祥　　中国铁道建筑总公司中铁十三局集团有限公司总经理

46．陈保京　　中国铁道建筑总公司中铁十四局集团有限公司党委副书记

47．宿树波　　中国铁道建筑总公司中铁十九局集团有限公司第五工程公司隧道一公司党委书记

48．刘培硕　　中国铁道建筑总公司中铁第一勘察设计院集团有限公司副院长

49．杨跃明　　中国石油天然气集团公司西南油气田公司川西北气矿矿长

50．杜景水　　中国石油天然气集团公司管道公司兰成渝输油分公司经理、党委书记

51．余永明　　中国石油天然气集团公司四川绵阳销售分公司安北片区曲山加油站经理

52．关金慧　　中国石油天然气集团公司甘肃销售陇南销售分公司

　　　　　　徽县滨河路加油站经理

53. 邓　智　　中国石油天然气集团公司运输公司四川分公司岷江车队安全员

54. 杨永钦　　中国石油化工集团公司中原油田普光分公司应急救援中心副主任

55. 于春明　　中国石油化工集团公司齐鲁分公司消防支队副支队长

56. 熊殿成　　中国石油化工集团公司西南石油局川渝石油基地服务中心主任、党委书记

57. 韩清国　　中国石油化工集团公司胜利石油管理局胜利油建公司副总工程师

58. 王　强　　中国石油化工集团公司销售川渝绵巴公司皂角铺油库主任

59. 陈炳澜　　中国移动通信集团公司四川有限公司副总经理

60. 吴　军　　中国移动通信集团公司四川有限公司阿坝分公司总经理、党委书记

61. 张　海　　中国移动通信集团公司四川有限公司网管中心优化中心经理

62. 陈　琳　　中国移动通信集团公司四川有限公司综合部安保部主管

63. 王建宙　　中国移动通信集团公司总经理、党组副书记

64. 刘道彬　　中国电信集团公司四川汶川县分公司网络支撑中心工程师

65. 李忠平　　中国电信集团公司甘肃文县分公司经理

66. 张玉忠　　中国电信集团公司新疆公司无线通信局技术主管

67. 王朝胜　　中国电信集团公司中国通信服务陕西通信建设有限

公司第二分公司副经理
68. 王晓初　中国电信集团公司总经理、党组副书记
69. 常小兵　中国联合通信有限公司党组书记、董事长
70. 胡　勇　中国联合通信有限公司四川泸州分公司叙永县维护中心主任
71. 尚晞宏　中国联合通信有限公司甘肃陇南分公司副总经理
72. 牟　俊　中国网络通信集团公司四川省分公司总经理、党组书记
73. 李光德　中国卫星通信集团公司四川省分公司员工
74. 陈　硕　中国卫星通信集团公司中宇卫星移动通信有限责任公司员工
75. 光明辉　中国铁通集团有限公司四川分公司成都通信段什邡通信工区工长、宝成党支部书记
76. 孙杨星　中国航空集团公司中国国际航空股份有限公司浙江分公司飞行部二中队责任机长
77. 刘建光　中国航空集团公司中国国际航空股份有限公司飞行总队第三飞行大队三中队副中队长
78. 王亚生　中国航空集团公司中国国际航空股份有限公司工程技术分公司成都维修基地生产计划与控制部维修控制中心 MCC 主任
79. 马洪民　中国航空集团公司国际货运航空有限公司飞行部机长
80. 孔　栋　中国航空集团公司总经理、党组副书记
81. 刘绍勇　中国南方航空集团公司总经理、党组副书记，中国南方航空股份有限公司董事长
82. 李富文　中国南方航空集团公司中国南方航空股份有限公司珠海直升机分公司副总经理

83. 吴劲魁　　中国南方航空集团公司中国南方航空股份有限公司广州飞行部 B747 机队飞行员
84. 曹建雄　　中国东方航空集团公司副总经理、中国东方航空股份有限公司总经理
85. 陈　跃　　中国东方航空集团公司中国东方航空股份有限公司工程技术公司上海定检一车间党支部书记
86. 康　谦　　中国东方航空集团公司东方通用航空公司飞行部机长
87. 薛桢刚　　中国东方航空集团公司中国东方航空股份有限公司上海保障部地面服务部经理助理
88. 蒲明忠　　中国航空油料集团公司中国航油有限责任公司西南公司副总经理
89. 杨长利　　中国核工业集团公司党组成员、副总经理
90. 郭志敏　　中国核工业集团公司八二一厂党委书记、厂长
91. 饶立勇　　中国核工业集团公司核工业四一六医院党委书记
92. 王渝江　　中国兵器装备集团公司西南地区部党委书记、主任
93. 刘　勇　　中国兵器装备集团公司自动化研究所党委书记
94. 孙福泉　　中国兵器装备集团公司保定天威集团特变电气有限公司党委书记、总经理
95. 李乃建　　中国兵器装备集团公司成都陵川特种工业有限责任公司总经理
96. 李保平　　中国兵器工业集团公司北京华北光学仪器有限公司总经理
97. 刘　强　　中国电子科技集团公司第二十九研究所副所长
98. 鲁加国　　中国电子科技集团公司第三十八研究所副总工程师、公司经理
99. 陈良柱　　中国核工业建设集团公司第二四建设公司党委书记、

		总经理
100.	吴慧兰	中国核工业建设集团公司第二三建设公司广元基地管理处主任、党总支书记
101.	周　平	中国航天科技集团公司第七研究院7111厂民品产业化工程部班长
102.	李垂青	中国航天科工集团公司第二研究院航天中心医院泌尿外科副主任医师
103.	李援农	中国航空工业第一集团公司中国一航成都飞机设计研究所文体宣传策划干事
104.	杨和清	中国航空工业第二集团公司三六三医院院长
105.	田　颉	中国第二重型机械集团公司德阳锻造厂有限公司炼钢车间副主任
106.	肖　勇	中国第二重型机械集团公司德阳万路运业有限公司机动车驾驶员
107.	邱志军	中国第二重型机械集团公司武装保卫部保卫干事
108.	孙德润	中国第二重型机械集团公司党委副书记
109.	李文东	攀枝花钢铁（集团）公司四川长城特殊钢有限责任公司机电建设公司变压器车间电缆外线工
110.	何　勇	攀枝花钢铁（集团）公司成都钢铁有限责任公司炼铁厂生产技术科助理政工师
111.	程　洪	中国华能集团公司四川华能太平驿水电有限责任公司总经理、党委书记
112.	张小鸣	中国华能集团公司华能四川水电有限公司总经理、党委副书记
113.	黄永达	中国华能集团公司党组书记、副总经理
114.	黄　金	中国华能集团公司四川华能太平驿水电有限责任公

司总工程师、党委委员

115. 李　军　中国大唐集团公司四川茂县天龙湖电力有限公司工会副主席、党群部主任

116. 徐庆仁　新兴铸管集团有限公司南京际华三五二一特种装备有限公司裁包车间包装组组长

117. 杨志刚　新兴铸管集团有限公司际华三五三六职业装有限公司总经理

118. 傅新宇　宝钢集团有限公司公共关系部部长

119. 邓崎琳　武汉钢铁（集团）公司总经理

120. 申宏伟　鞍山钢铁集团公司矿业公司组织人事部主任科员

121. 贺文旭　中国建筑工程总公司第七工程局三公司第一分公司项目经理

122. 冯国强　中国建筑工程总公司第六工程局二公司副总经理

123. 马　斌　中国葛洲坝集团公司电力有限责任公司四川220千伏银水线项目经理、总工程师

124. 刘贵平　中国建筑材料集团公司北新集团商用房屋事业部总经理

125. 王　蔚　中国交通建设集团有限公司武汉二航路桥特种工程有限责任公司党支部书记、副总经理

126. 罗晓娟　中国交通建设集团有限公司中交三公局桥梁特种工程有限公司技术员

127. 陈同滨　中国建筑设计研究院建筑历史研究所所长、党支部书记

128. 黄世敏　中国建筑科学研究院工程抗震研究所所长、建研科技股份有限公司副总裁

129. 葛学礼　中国建筑科学研究院建研科技股份有限公司研究员

130．熊家勤	中国煤炭地质总局湖北煤炭地质局副局长	
131．黎云东	中国生物技术集团公司成都生物制品研究所细菌性疫苗二室工序长	
132．徐　光	中国生物技术集团公司成都生物制品研究所储运部驾驶员	
133．张京平	中国医药集团总公司国药物流有限责任公司副总经理	
134．董庆鹏	中国医药集团总公司中国医疗器械工业公司技术部副经理	
135．杨红明	中国冶金科工集团公司成都五冶钢瓶有限公司什邡分厂副厂长	
136．雍建成	中国冶金科工集团公司中冶实久都江堰疗养院工会主席	
137．马　俊	中国冶金科工集团公司中冶建工有限公司交通公司经理助理	
138．丁铁清	中国储备粮管理总公司临澧直属库澧县分库米厂厂长	
139．代先荣	中国华电集团公司四川公司党组成员、副总经理、工会主席	
140．夏一勇	中国华电集团公司四川公司党组成员、副总经理、总工程师	
141．陈清文	中国华电集团公司四川华电杂谷脑水电开发有限责任公司党委委员、副总经理	
142．余跃辉	中国华电集团公司四川宝珠寺水力发电厂党委书记	
143．何　波	中国华电集团公司四川华电杂谷脑水电开发有限责任公司红叶二级电厂厂长	

144. 任书辉　　中国华电集团公司副总经理、党组成员
145. 李双柱　　中国中煤能源集团公司平朔公司赴川救援队高级工程师
146. 侯沛红　　西安电力机械制造公司西电集团医院党委副书记、副院长
147. 王　安　　中国国电集团公司大渡河深溪沟水电有限公司党委书记、副总经理
148. 王　军　　中国铁路通信信号集团公司上海工程有限公司第五分公司经理、党支部书记
149. 范照全　　电信科学技术研究院第五研究所党委副书记、副所长
150. 王　东　　中国铝业公司华西铝业有限责任公司生产技术部总调度长
151. 张　明　　中国节能投资公司中国环境保护公司副总经理
152. 陈　刚　　中粮集团有限公司中粮食品营销有限公司总经理
153. 蒋新明　　上海贝尔阿尔卡特股份有限公司执行副总裁
154. 晏志勇　　中国水电工程顾问集团公司党组书记、总经理
155. 赵世胜　　中国第一汽车集团公司成都一汽汽车有限公司总经理
156. 徐　平　　东风汽车公司总经理、党委书记
157. 张　淼　　中国对外贸易运输（集团）总公司中国外运四川公司党委书记、总经理
158. 祝永明　　中国盐业总公司中盐甘肃省盐业集团文县盐业有限责任公司经理
159. 李向阳　　中国诚通控股集团有限公司中国物流公司成都分公司党委书记、总经理

160．	姚仲博	中国普天信息产业集团公司中国普天信息产业股份有限公司通信事业本部宽带网络产品部系统方案部经理
161．	方　明	中国电子信息产业集团公司赴四川苍溪县扶贫干部
162．	周载阳	中国电子信息产业集团公司建设综合勘察研究设计院副总工程师
163．	郑学荣	中国中化集团公司中种绵阳水稻种业有限公司总经理
164．	周云祥	中国五矿集团公司二十三冶建设集团四川地震灾区援建过渡安置房工程项目经理部项目经理
165．	余世田	中国包装总公司重庆华江印务有限责任公司绵竹加工点主任
166．	王英舟	中国中钢集团公司四川炭素有限公司办公室主任
167．	吴开才	中国化学工程第七建设公司工会主席
168．	王开明	中国中材集团公司成都建筑材料工业设计研究院有限公司党委副书记、纪委书记、工会主席
169．	马　晓	中国有色矿业集团有限公司中国有色金属建设股份有限公司四川叙永黄浦煤业有限公司洗煤厂工段长
170．	罗万申	中国房地产开发集团公司中国市政工程西南设计研究院总工程师
171．	徐文凯	中国北方机车车辆工业集团公司济南机车车辆厂华腾公司调度员
172．	罗庭坤	中国南方机车车辆工业集团公司南车资阳机车有限公司机车事业本部办公室副主任
173．	刘　彪	中国新兴（集团）总公司中国新兴建设开发总公司工会主席、党务工作部部长

174. 陈天镭　中国新时代控股（集团）公司兰州有色冶金设计研究院有限公司副总工程师
175. 汪训流　中国电子工程设计院结构评估与加固所工程师
176. 杨好学　中国冶金地质总局中冶勘建筑安装工程有限公司成都分公司经理
177. 宋培庆　中国电力工程顾问集团公司西南电力设计院党委书记
178. 胡小龙　中国黄金集团公司四川通用投资有限公司副总经理

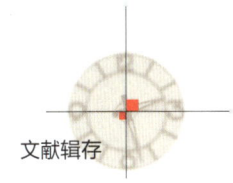

国资委办公厅

关于进一步做好中央企业抗震救灾和灾后恢复重建工作的紧急通知

(国资厅发考核〔2008〕61号)

各中央企业:

四川汶川地震灾情发生后,中央企业坚决贯彻党中央、国务院的部署,积极组织抗震救灾和自救互救工作,认真履行社会责任,为取得抗震救灾胜利发挥了重要作用。为进一步落实党中央、国务院抗震救灾的总体部署,组织好中央企业下一阶段的抗震救灾和灾后恢复重建工作,现将有关事项通知如下:

一、继续全力组织好受灾人员的救助。各有关中央企业要不惜代价,继续全力组织和协调好寻找与搜救工作,对于企业每一名受灾员工及家属,只要有一线希望,决不放弃救援的努力;对救出人员要及时全力救助,最大限度减少伤员致死、致残。同时,中央企业在川、赴川单位要继续积极配合当地政府,全力做好灾区救援工作。

二、认真做好受灾职工及家属的安置、安抚工作。受灾中央企业的各级领导、各级党团组织及工会组织的干部职工,要克服地震灾害所带来的影响,坚持以人为本,妥善组织好遇难职工、遇难家属的善后处理工作;妥善组织好伤残职工、伤残家属的医疗救治及生活安置;以党支部或临时党组织为单位,组织力量,做好临时居住区人员的吃饭、饮水、穿衣、被褥、卫生等后勤补给。企业领导干部和党员要吃苦在前，深入职工队伍及家庭，抚慰受灾职工及家属，关爱孤儿、孤老、孤残，帮助他们解决灾后医疗、生活等困难，保持企业职工队伍及家属的稳定，积极组织自救工作，树立灾后恢复重建的信心和决心。

三、加强卫生防疫，切实做好震后各种次生灾害的防范工作。各中央企业尤其是中央企业在川企业，要积极组织力量，及时与有关卫生防疫部门沟通情况，做好防疫宣传工作，配合当地政府做好生活区、厂区、办公区的防疫处理，有效防止突发疫情发生。与药品生产相关的企业，要主动与卫生防疫等部门联系沟通，加强疫情跟踪分析，提前判断地震之后可能出现的灾害疫情，全力组织当前急需相关药品、疫苗的生产，及时制订和完善应对重大疫情的工作预案，努力协助政府化解灾后可能出现的重大疫情。

中央企业在川、赴川单位，要提高风险意识，努力做好震后其他各种次生灾害的防范工作，重点关注余震、周围山体滑坡、上游及周边破损水利设施对本单位职工及家属可能造成的安全隐患，制订和完善相关预警预案，一旦发现问题，及时处置或组织人员有序转移。灾区企业恢复生产前要做好安全评估，确保人员安全。电力和水电施工企业要加强对四川境内的水电站等基础设施的隐患排查，注意水库水位变化、库区周围滑坡等情况及影响，要根据预案及时处置，防止人员伤亡。危险化学品生产储备、输油气管道、军工科研生产企业要切实做好重要设备和重点设施的安全隐患排查，及时采取安全防范措施。

四、努力保障灾区物资运输及供应。当前，不少中央企业承担了大量救灾物资的生产供应，凡承担相关物资供应任务的企业，要保质保量、尽一切努力保障供应。电力、电信企业要进一步加强毁损线路的修复，全力保障和恢复灾区的用电及通讯。石油化工企业要加强对受灾地区的油气供应，积极配合灾区地方政府尽快恢复毁损的民用天然气管线。航空运输及内河航运企业要进一步全力支持灾区人员及物资运输，并按要求逐步恢复正常的航空及水路运输，努力提高服务质量。建筑施工企业，要大力配合有关部门及地方政府，支援阻塞及毁损的铁路、道路和桥梁的修复，缓解运输矛盾。与灾区群众生活密切相关的企业，要开足马力，加班生产，千方百计做好帐篷、活动板房、消毒液、粮食、食用油、肉类等灾区急需物资的生产供应。

五、切实做好信息报送工作。各中央企业要继续做好值班值勤工作，确保信息畅通。电力、电信、石油石化企业要每天汇总灾情统计和设施恢复情况。承担抗震救灾物资生产、运输、调配的企业要做好工作进展情况的汇总工作，包括动用的设备、人员，救灾物资生产、调动数量等，相关信息要于每天下午5点前报国资委业绩考核局。受灾企业要加强对受灾情况的评估，尽早规划灾后恢复重建工作，为恢复生产做好前期准备。企业不能自行解决、需有关部门抓紧协调的重大事项，要随时报告。对交办事项，已完成的要立即报告；未完成的，要及时报告工作进展情况。

二〇〇八年五月二十日

国资委办公厅

国资委关于抗震救灾和生产恢复有关情况的报告

(国资发考核〔2008〕108号)

国务院:

四川汶川地区发生8.0级强烈地震以来,国资委和中央企业认真贯彻落实党中央、国务院的部署和要求,紧急动员,积极组织,全力投入抗震救灾和灾后重建工作。现将有关情况和政策建议报告如下:

一、抗震救灾及生产恢复简要情况

中央企业总部在四川省境内的有3家,分别是中国东方电气集团公司、中国第二重型机械集团公司和攀枝花钢铁(集团)公司,其中中国东方电气集团公司受损情况最为严重;另有80余家中央企业在四川、甘肃、陕西灾区拥有分支机构或单位的房屋建筑、机器设备、生产用物资和职工生活设施等遭受了不同程度毁坏。截至6月4日9时,中央企业因地震灾害造成职工及家属700余人遇难,2045人受伤,451人失踪或失去联系。中央企业受灾损失情况大致分为四类:一是基础设施企业,如电网、通信等。灾区变电站、输电线路、通信光缆、通信机站损毁十分严重。二是生产类企业,如机械、钢铁、发电、化工、矿山等。中国东方电气集团公司、攀枝花钢铁(集团)公司、中国化工集团公司等企业的房屋及建筑物倒塌或严重受损,设备、产成品、半成品、原材料损毁严重。三是施工企业。中国水利水电建设集团公司、中国铁道建筑总公司等建筑施工企业的工程项目遍布四川、甘肃、陕西等受灾地区,地震造成工程项目不同程度损毁,企业基地办公用房和民用住宅等建筑物大批倒塌或毁坏严重。四是军工企业。中国核工业集团公司、中国电子科技集团公司、中国兵器装备集团公司等所属子企业、研究机构的房屋及建筑物和生产科研设备遭到较大损坏。

面对地震灾情,国资委和中央企业迅速行动,积极部署抢救被困职工和被埋人员,迅速组织通电通信通路等基础设施抢修工作,千方百计落实救灾物资保障措施,全力投入抗震救灾。一是企业负责人高度重视,反应迅速。受灾中央企业立即启动了一级应急预案,主要领导都在一线组织、指挥救灾工作,行动迅速,措施得当,救援及时,尽可能减少了灾害损失。二是竭尽全力抢救每一个受困职工和群众的生命。据不完全统计,中央企业开展自救、互救以及支援地方救援,累计从废墟中抢救出4000余人。三是组织力量,全力抢修电网、通讯、铁路和公路设施。国家电网公司、中国电信集团公司、中国移动通信集团公司、中国联合通信有限公司等企业调集大量设备和物资,派出抢修专业队伍近万人,投入电网、通讯抢修。中央建筑企业派出上万人,调动2000多台各类机械设备,经过连续奋战,打通了茂黑和九黄公路、宝成铁路109隧道等"生命通道"。四是千方百计,抢运人员和调配物资。中国航空集团公司、中国东方航空集团公司、中国南方航空集团公司执行飞行任务达到1400多架次,运送了大批救灾人员和救灾急需物资。中国石油天然气集团公司、中国石油化工集团公司分别向四川调入成品油50.3万吨和10.54万吨。中央食品企业加工调运大米、稻谷、小麦、食盐、储备肉、糖和食用油支援灾区。中央医药企业提供呼吸机、心电监护仪、手术器械、输液器、碘酒等急需医疗器械和药品。五是加班加点,组织灾区帐篷、过渡安置房等生产。钢铁、化工、建材企业按照总指挥部要求,扩大能力,不惜成本,昼夜生产灾区急需帐篷等物资和过渡安置房所需聚苯乙烯、彩涂板、钢带等配套产品,并严格按照震前价格供货。六是心系灾区,踊跃捐款、捐物。截至目前,共有150家中央企业捐款捐物,超过了32亿元,其中捐款23.5亿元。此外,国资委以部分中央企业委托捐款 3.5 亿元，与中国红十字基金会共同建立"5.12 灾后重建中央企业援助基金"。

目前，抗震救灾工作已取得了阶段性胜利。中央企业按照一手抓抗震救灾、一手抓改革发展的要求，除中国核工业集团公司八二一厂、部分施工项目等仍存在安全隐患的企业外，大部分受灾企业已开始进行生产恢复工作。中国航空工业第一集团公司所属成飞公司于 5 月 14 日就全面恢复"歼十"等生产。地震中受灾较重的中国东方电气集团公司所属东方电机有限公司 5 月 17 日恢复三峡右岸 4 号机转轮和岭澳核电等重点产品的正常生产，集团公司其他单位也已全面恢复生产。攀枝花钢铁（集团）公司所属成都钢铁公司高炉、电炉和转炉等系统已全面恢复生产。受灾中央企业均表示，虽然地震带来重大损失，但一定要克服困难，千方百计想办法完成 2008 年各项生产任务和考核指标。

二、灾害损失及面临的主要困难

据初步统计，地震灾害造成中央企业直接财产损失达到 371 亿元，因灾造成成本费用支出增加、销售收入减少等间接经济损失 229 亿元。其中，基础设施企业，国家电网公司和四家电信企业的直接财产损失接近 200 亿元；生产类企业，中国东方电气集团公司、攀枝花钢铁（集团）公司、中国化工集团公司等企业的直接财产损失近百亿元；施工企业，中国水利水电建设集团公司、中国铁道建筑总公司等企业的直接财产损失超过 40 亿元；军工企业，直接财产损失超过 20 亿元。

不少中央企业由于地震灾害损失巨大，生产恢复任务很重，目前工作中仍面临一些困难和问题：

（一）灾后重建所需资金巨大。初步统计，受灾的 84 家中央企业按固定资产重置所需资金测算，达到 685 亿元。其中，国家电网公司需要 340 亿元；中国电信集团公司、中国移动通信集团公司、中国联合通信有限公司、中国网络通信集团公司、中国铁通集团有限公司等 5 家电信企业需要 130 亿元。生产企业由于大量生产设施损毁，工厂需要重建，资金需求也很大。仅中国东方电气集团公司就需要重建资金超过40亿元。如果考虑设施加固、技术升级、提高安全性能等因素，中央企业灾后重建所需资金约1000亿元。

（二）受灾企业流动资金紧张。地震中，不少受灾企业的产成品、半成品、原材料损毁严重，短期内难以恢复全面生产，大量合同无法兑现，收入锐减。初步估算，84家中央企业因灾减少的销售收入达到150亿元，加上维修厂房、设备和启动生产的需要，一些企业流动资金严重短缺。

（三）灾区基础设施难以满足企业生产需要。受地震灾害影响，灾区的道路、水、电、气管网等设施损毁严重，短期内难以修复，一些企业恢复生产尚需要条件。

（四）灾区的铁路、公路运输比较紧张。目前灾区的抗灾抢险工作仍在进行，运力相对比较紧张，企业所需的能源、原材料、产成品无法保障正常运输，企业恢复正常生产经营还存在较大难度。

（五）企业职工和家属的安置纳入地方统筹尚不明确。由于历史的原因，不少企业职工和家属的生活区建在厂区或紧邻厂区，地震中职工和家属的住房等生活设施被毁。职工的住宅和安置是纳入企业重建，还是纳入地方统筹急需明确和落实。

面对艰巨的抗震救灾、生产恢复和灾后重建任务，国资委要求中央企业积极应对新形势、新情况下的挑战，努力克服困难，认真做好下一步工作。国资委提出的工作思路是：在摸清灾害损失、科学评估、完善方案的基础上，按照"立足自救、先后有序、优化结构、统筹安排"的要求，分类指导中央企业做好下一步生产恢复和灾后重建工作：一是对电网、通信等关系国计民生的重点企业，要求将基础设施的前期简单恢复与灾后加固、技术升级结合起来，提高电网和通信设施的抗灾能力；二是对生产性企业，要求根据外部生产条件和市场变化，完善企业发展规划，与调整结构、优化布局结合起来，该异地重建的就应异地重建；

三是对建筑施工企业基地设施重建,争取纳入当地政府的灾后重建规划,统筹考虑,统一安排;四是对中国核工业集团公司八二一厂等承担国家重点工程项目的军工企业,要求加强隐患排查,研究制定综合治理规划方案并尽早实施,确保设施的安全。

三、有关政策建议

为帮助中央企业克服和解决面临的困难和问题,切实做好生产恢复和灾后重建工作,特提出以下政策建议:

(一)由于受灾企业、特别是因灾损失严重的大型骨干企业、行业龙头企业和承担国家重点工程项目的企业重建所需资金巨大,企业自身难以筹集,建议中央财政安排专项资金采取信贷贴息等方式予以支持。按每年安排贴息25亿元计算(信贷额度500亿元),建议贴息5年。

(二)今年初发生雨雪冰冻灾害以后,国务院出台了《低温雨雪冰冻灾害后恢复重建规划指导方案》(以下简称《指导方案》),提出按照重建所需资金的一定比例,用国有资本预算对有关电网、电信企业,注入资本金。建议此次仍然参照《指导方案》,按重建所需资金25%～30%的比例,用国有资本预算对受灾严重的中央企业注入资本金;因灾特别困难的企业,注入资本金的比例可以提高到40%。2008年资金安排需85亿元。

(三)对受灾企业采取优惠的税收政策,是缓解企业资金紧张状况的一种重要手段。建议根据企业受损情况,实施分类减免企业所得税政策;对受灾特别严重的企业,实行返还增值税政策3年;建议对中国东方电气集团公司等中央企业,参照2007年以前的三线企业退税政策,延长退税政策5年。

(四)建议金融机构进一步扩大灾后重建信贷规模,简化贷款审批程序,对因灾损失严重的大型骨干企业提高授信额度,并给予低于市场贷款利率的优惠贷款,缓解企业资金紧张状况。

(五)建议保险机构尽快做好受灾企业的保险理赔工作,简化理赔程序，尽快到位理赔资金，促进企业尽快恢复生产。

（六）为帮助企业尽快恢复生产，建议进一步抓紧修复电力、公路、铁路、通信等基础设施，优先安排供电、供气、供水、交通等基础设施的重建工作。

（七）为缓解企业原材料、产品运输不畅的问题，建议有关部门加强铁路、公路运输协调，合理调配运力，努力做到抗震救灾和恢复生产两不误。

（八）建议将灾区中央企业的职工和家属安置、住宅重建纳入当地政府的重建规划，统筹安排，并给予中央企业生产恢复相应的指导、支持和帮助。

专此报告。

二〇〇八年六月四日

附件

中央企业地震灾害及灾后重建统计表　　　　（单位：万元）

序号	企业简称	直接财产损失	间接经济损失	灾后重建所需资金
	总计	3712150	2293677	6850524
1	国家电网	1125040	74774	3400000
2	中国电信	408500	400000	946250
3	东方电气集团	500000	100000	400000
4	中国石油	271904	47085	184304
5	中国水电集团	198280	202630	237346
6	中国移动	155880	129638	149255
7	攀钢	124642	99850	186065
8	中国联通	96469	10136	131456
9	航天科技	79736	78973	70579

续表

序号	企业简称	直接财产损失	间接经济损失	灾后重建所需资金
10	中电科技集团	76567	70270	172208
11	中国化工	74865	60203	159529
12	中国华能	70614	11009	129321
13	中核集团	70000		38391
14	中国铁建	60223	35428	73035
15	中国石化	41812	27855	60966
16	兵器装备集团	37692		39963
17	中国中铁	31293	163500	43024
18	中航二集团	31023		36851
19	中核建设集团	28704	6733	43180
20	中国网通	27438	73769	53862
21	中国大唐	25145	45119	35104
22	中国二重	23250	55000	49700
23	中国华电	15748	50026	13789
24	中冶集团	14428	74316	17243
25	中国铁通	13177	5679	13892
26	华润集团	12928	18769	28344
27	诚通集团	9588	2376	11219
28	水电顾问	7351	5687	12612
29	兵器工业集团	7246	4569	11160
30	中国南车	6961	8135	16126
31	葛洲坝集团	6110	27460	6100
32	新兴铸管集团	6000	5030	9020
33	中船重工	5993	90500	10764
34	医药集团	5388	19465	6747
35	中国普天	4150	4725	4800

续表

序号	企业简称	直接财产损失	间接经济损失	灾后重建所需资金
36	中国建材	4100	2600	476
37	国机集团	3232	815	2230
38	中材集团	2944	5215	3149
39	西电集团	2520	4139	779
40	中国生物	2243	4988	1337
41	中国国电	2191	3655	2420
42	航天科工	2110		2424
43	中国电子	1900	3250	2300
44	中交集团	1776	1596	7000
45	中航集团	1183	19025	2175
46	中盐公司	1165	632	1316
47	中房集团	1008	2000	1461
48	中钢集团	1000	7500	1700
49	中国卫通	880	4120	9310
50	华诚投资	856	4198	1655
51	中国化学工程	828	85	1161
52	中铁物资	666	1032	788
53	中国航油	665	11828	517
54	中铝公司	655	13154	
55	中国通号	593	1043	632
56	华孚集团	520	300	520
57	一汽集团	453	27145	72
58	中国外运	440	4880	477
59	东风公司	426	1500	
60	中储粮总公司	420	707	483
61	中国黄金	393	1111	792

续表

序号	企业简称	直接财产损失	间接经济损失	灾后重建所需资金
62	冶金地质总局	316	778	293
63	武汉邮科院	304	2100	10
64	中国三峡总公司	300	623	287
65	中远集团	235	1770	810
66	中化集团	200	80	200
67	南方电网	190		
68	中粮集团	168	7847	255
69	国家核电	168		
70	华侨城集团	153	28817	167
71	国水投集团	150	30	
72	中国长航	142	1843	136
73	邮电器材集团	121	15729	100
74	电信科研院	90	1933	91
75	中国五矿	88	9009	487
76	中电工程	73	2465	81
77	新时代集团	32	35	35
78	中国海诚	25		30
79	中储棉总公司	24	84	108
80	国投	23	576	23
81	煤炭地质总局	16	2659	
82	中国有色集团	16	1110	15
83	中国航材	5	15	20
84	乐凯集团	1	239	

国资委业绩考核局

关于中央企业做好抗震救灾工作的紧急通知

(国资考核〔2008〕443号)

各中央企业:

5月12日14时28分,四川汶川县发生7.8级强烈地震。这次地震灾害波及面广,造成巨大的经济损失和重大的人员伤亡。面对突如其来的严重灾害,党中央、国务院高度重视,中央政治局迅速召开专题会议,研究部署抗震救灾工作,国务院成立抗震救灾指挥部,组织领导全国抗震救灾工作。胡锦涛总书记、温家宝总理等中央领导同志立即作出一系列重要指示和批示,温家宝总理第一时间赶赴四川地震灾区指挥抗震救灾工作。

为全面落实党中央、国务院部署,全力做好抗震救灾工作,各中央企业要迅速行动起来,切实做好以下工作:

一、高度重视,迅速启动应急预案。抗震救灾是当前各项工作的重中之重,中央企业要以对党、对国家、对人民高度负责的态度,积极投身抗震抢险工作中。驻灾区中央企业和在灾区有所属企业的中央企业,要立即启动Ⅰ级应急响应,切实按照预案要求,做到组织落实,人员到位,措施有力,处置及时,全力做好受伤人员救治,尽可能减少人员伤亡和财产损失。

二、尽快了解灾区情况,及时报告受灾信息。信息渠道不畅通是当前抗震救灾工作中的突出矛盾。各中央企业要利用一切可能的途径和手段,尽最大的努力,尽快掌握所属企业在此次地震中的人员伤亡和财产损失情况,并及时将受灾情况向当地政府、有关部门和国资委报告,以便各级政府正确判断灾情,有效组织抗震救灾工作。

三、积极做好自救工作,尽全力减少损失。有人员伤亡和经济损失的中央企业,要统筹使用企业资源,首先做好自救工作,领导干部要深入一线,靠前指挥,带领广大干部职工,积极做好失踪人员的搜救工作、受伤人员的救治工作和遇难人员家属的安抚工作。同时,要加强对可能造成更大影响和危害的重点部位、关键场所,特别是核设施、水库、危险化学品等的监测和控制,预防山体滑坡、泥石流等地质灾害发生,研究并采取有力的应对措施,努力避免次生灾害造成更大的损失。要加强中央企业之间的协同配合,相互救助,形成整体优势,共同做好抗震救灾工作。

四、全力抢修重要基础设施,认真履行中央企业社会责任。电网、电力企业要千方百计抢修受损设备和线路,密切监测设施运行状况,确保受灾严重地区的电网安全和有序供电。电信企业要尽最大能力迅速抢修受损线路,尽快恢复地震灾区的通讯畅通,为救灾创造条件。煤炭、石油、运输和涉及救灾急需物资的中央企业,要认真做好生产调度,保障灾区需要,对灾区急需的粮油食品和其他救灾物资及生活必需品,有关企业要千方百计安排生产,满足市场供应和救灾需要。要模范遵守法律法规、社会公德、商业道德和行业规则,做到依法经营、诚实守信,维护灾区正常的生产生活秩序。具备条件的中央企业要积极参与灾区救助和灾区重建等公益工作,主动提供灾区急需物资和生活必需品的支持和援助,帮助灾区人民群众夺取抗震救灾的胜利。其他中央企业也要响应党中央、国务院号召,迅速行动起来,发挥一方有难、八方支援的优良传统,在抗震救灾工作中发挥骨干带头作用,为全社会抗震救灾工作作出表率。

五、加强党的领导,切实发挥党组织的作用。在抗震救灾工作中,各中央企业要充分发挥党组织的政治核心、党支部的战斗堡垒和共产党员的先锋模范作用,大力加强党的建设和思想政治工作,为抗震救灾提供坚强的思想政治保证和组织保证。要充分发挥党的思想政治工作的政治优势，把加强改进党的思想政治工作与抗震救灾紧密结合起来，保证抗震救灾各项任务的顺利完成。要加强正面宣传报道工作，充分利用报刊、广播电视、网站宣传报道广大干部职工抗震救灾的先进事迹，及时发现、总结、宣传、表彰先进典型。

六、严格领导值班制度，自觉接受地方政府领导。有关中央企业要高度重视值班工作，严格执行领导值班和带班制度，要做到24小时有人值班。灾区所有中央企业要自觉接受所在地区党委和政府的领导，积极汇报情况，支持和配合当地有关部门做好抗震救灾和灾后恢复重建工作。

二〇〇八年五月十三日

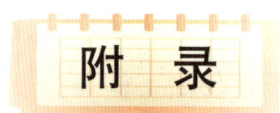

中央企业名录及规范简称

序号	企业（集团）名称	规范简称
1	中国核工业集团公司	中核集团
2	中国核工业建设集团公司	中核建设集团
3	中国航天科技集团公司	航天科技
4	中国航天科工集团公司	航天科工
5	中国航空工业第一集团公司	中航一集团
6	中国航空工业第二集团公司	中航二集团
7	中国船舶工业集团公司	中船集团
8	中国船舶重工集团公司	中船重工
9	中国兵器工业集团公司	兵器工业集团
10	中国兵器装备集团公司	兵器装备集团
11	中国电子科技集团公司	中电科技集团
12	中国石油天然气集团公司	中国石油
13	中国石油化工集团公司	中国石化
14	中国海洋石油总公司	中国海油
15	国家电网公司	国家电网
16	中国南方电网有限责任公司	南方电网
17	中国华能集团公司	中国华能
18	中国大唐集团公司	中国大唐
19	中国华电集团公司	中国华电
20	中国国电集团公司	中国国电
21	中国电力投资集团公司	中电投集团
22	中国长江三峡工程开发总公司	中国三峡总公司
23	神华集团有限责任公司	神华集团
24	中国电信集团公司	中国电信
25	中国网络通信集团公司	中国网通
26	中国联合通信有限公司	中国联通
27	中国移动通信集团公司	中国移动
28	中国电子信息产业集团公司	中国电子

续表

序号	企业（集团）名称	规范简称
29	中国第一汽车集团公司	一汽集团
30	东风汽车公司	东风公司
31	中国第一重型机械集团公司	中国一重
32	中国第二重型机械集团公司	中国二重
33	哈尔滨电站设备集团公司	哈电集团
34	中国东方电气集团公司	东方电气集团
35	鞍山钢铁集团公司	鞍钢
36	宝钢集团有限公司	宝钢
37	武汉钢铁（集团）公司	武钢
38	中国铝业公司	中铝公司
39	中国远洋运输（集团）总公司	中远集团
40	中国海运（集团）总公司	中国海运
41	中国航空集团公司	中航集团
42	中国东方航空集团公司	东航集团
43	中国南方航空集团公司	南航集团
44	中国中化集团公司	中化集团
45	中粮集团有限公司	中粮集团
46	中国五矿集团公司	中国五矿
47	中国通用技术（集团）控股有限责任公司	通用技术集团
48	中国建筑工程总公司	中国建筑
49	中国储备粮管理总公司	中储粮总公司
50	国家开发投资公司	国投
51	招商局集团有限公司	招商局集团
52	华润（集团）有限公司	华润集团
53	中国港中旅（集团）公司[香港中旅（集团）有限公司]	港中旅集团
54	国家核电技术有限公司	国家核电
55	中国节能投资公司	中国节能
56	中国高新投资集团公司	高新集团
57	中国国际工程咨询公司	中咨公司
58	中国包装总公司	中包公司
59	中商企业集团公司	中商集团
60	中国华孚贸易发展集团公司	华孚集团

续表

序号	企业（集团）名称	规范简称
61	中国诚通控股集团有限公司	诚通集团
62	中国华星集团公司	华星集团
63	中国中煤能源集团公司	中煤集团
64	中国煤炭科工集团有限公司	中国煤炭科工
65	中国机械工业集团公司	国机集团
66	机械科学研究总院	机械科研总院
67	中国农业机械化科学研究院	中国农机院
68	中国中钢集团公司	中钢集团
69	中国冶金科工集团公司	中冶集团
70	中国钢研科技集团公司	中国钢研
71	中国化工集团公司	中国化工
72	中国化学工程集团公司	中国化学工程
73	中国轻工集团公司	中轻集团
74	中国轻工业对外经济技术合作公司	中轻对外公司
75	中国工艺（集团）公司	中国工艺集团
76	中国盐业总公司	中盐公司
77	华诚投资管理有限公司	华诚投资
78	中国恒天集团公司	恒天集团
79	中国纺织科学研究院	中纺院
80	中国中材集团公司	中材集团
81	中国建筑材料集团公司	中国建材
82	中国有色矿业集团有限公司	中国有色集团
83	北京有色金属研究总院	有研总院
84	北京矿冶研究总院	矿冶总院
85	中国国际技术智力合作公司	中智公司
86	中国远东国际贸易总公司	远东贸易
87	中国国际企业合作公司	中企国际
88	中国房地产开发集团公司	中房集团
89	中国建筑科学研究院	建研院
90	中国北方机车车辆工业集团公司	中国北车
91	中国南方机车车辆工业集团公司	中国南车
92	中国铁路通信信号集团公司	中国通号
93	中国铁路工程总公司	中国中铁

续表

序号	企业（集团）名称	规范简称
94	中国铁道建筑总公司	中国铁建
95	中国交通建设集团有限公司	中交集团
96	中国普天信息产业集团公司	中国普天
97	中国邮电器材集团公司	邮电器材集团
98	中国卫星通信集团公司	中国卫通
99	电信科学技术研究院	电信科研院
100	中国水利投资集团公司	国水投集团
101	中国农业发展集团总公司	农发集团
102	中国农垦（集团）总公司	农垦公司
103	中国中纺集团公司	中国中纺集团
104	中国对外贸易运输（集团）总公司	中国外运
105	中国丝绸进出口总公司	丝绸进出口
106	中国轻工业品进出口总公司	中轻总公司
107	中国成套设备进出口（集团）总公司	中成集团
108	中国出国人员服务总公司	中出服公司
109	中国生物技术集团公司	中国生物
110	中国林业集团公司	中林集团
111	中国医药集团总公司	国药集团
112	中国国旅集团有限公司	国旅集团
113	中国新兴（集团）总公司	中国新兴集团
114	中国保利集团公司	保利集团
115	中国新时代控股（集团）公司	新时代集团
116	珠海振戎公司	振戎公司
117	中国建筑设计研究院	建筑设计集团
118	中国电子工程设计院	电子工程院
119	中国海诚国际工程投资总院	中国海诚
120	中国冶金地质总局	冶金地质总局
121	中国煤炭地质总局	中煤地质总局
122	新兴铸管集团有限公司	新兴铸管集团
123	中国民航信息集团公司	中国航信
124	中国航空油料集团公司	中国航油
125	中国航空器材进出口集团公司	中国航材
126	中国电力工程顾问集团公司	中电工程

续表

序号	企业（集团）名称	规范简称
127	中国水电工程顾问集团公司	水电顾问
128	中国水利水电建设集团公司	中国水电集团
129	中国黄金集团公司	中国黄金
130	中国储备棉管理总公司	中储棉总公司
131	中国印刷集团公司	中国印刷集团
132	攀枝花钢铁（集团）公司	攀钢
133	鲁中冶金矿业集团公司	鲁矿集团
134	长沙矿冶研究院	长沙矿冶院
135	中国乐凯胶片集团公司	乐凯集团
136	中国广东核电集团有限公司	中广核集团
137	中国长江航运（集团）总公司	中国长航
138	上海船舶运输科学研究所	上海船研所
139	中国华录集团有限公司	华录集团
140	上海贝尔阿尔卡特股份有限公司	上海贝尔
141	彩虹集团公司	彩虹集团
142	武汉邮电科学研究院	武汉邮科院
143	上海医药工业研究院	上海医工院
144	华侨城集团公司	华侨城集团
145	南光（集团）有限公司	南光集团
146	西安电力机械制造公司	西电集团
147	中国葛洲坝集团公司	葛洲坝集团
148	中国铁通集团有限公司	中国铁通
149	中国铁路物资总公司	中铁物资
150	中国汽车技术研究中心	汽研中心
151	中国商用飞机有限责任公司	中国商飞公司

注：国资委改革局提供，时间截至 2008 年 5 月。

后 记

根据国务院关于编纂《汶川特大地震抗震救灾志》的部署和有关牵头编纂部委的要求，国务院国有资产监督管理委员会综合局承担该志的资料收集、整理和编纂任务。2009年6月12日，国资委组织召开了《汶川特大地震抗震救灾志》有关分卷编纂工作视频会议，副主任黄淑和做了动员，史志专家赵庚奇做了专题讲座。为完成编纂工作，综合局聘用和借调得力人员，于2009年6月成立《汶川特大地震抗震救灾志》编辑办公室（以下简称编辑办公室）。2009年10月，160余家中央企业将1000多万字抗震救灾资料陆续报到编辑办公室。编辑办公室针对资料撰写要求不同、资料分类、事件记述的详略、计量单位不一致等问题，参照《汶川特大地震抗震救灾志》篇目体例，结合资料的具体情况，对中央企业的资料进行了梳理、归类、汇总及整合。2010年8月，完成了《汶川特大地震抗震救灾志》的资料长编的编纂任务，并按时报送有关牵头单位。

2010年9月，国资委在完成编纂《汶川特大地震抗震救灾志》资料长编的基础上，启动了《汶川特大地震中央企业抗震救灾志》的编纂工作，要求该志从内容到形式更翔实、更具体、更严谨。编辑办公室先后召开了3次座谈会，经广泛征求意见，设计了该志的篇目方案，并在已经整理的资料长编的基础上进行筛选、删改、汇总、综合。同时与中央企业进行沟通，对资料进行了补充、修正和核实，并收集和吸收了大量有关报道材料，三易其稿，于2011年8月完成约70万字的初稿。为使该志的体例、结构、文字风格等更符合志书要求，国资委综合局于2011年9月委托中国石油天然气集团公司办公厅负责该志稿的修改完善和出版工作。中国石油办公厅高度重视，由史志办牵头，组织有关专家、编纂及出版人员对志稿篇目进行调整，对资料进行整理，对文字进行梳理，对图片进行筛选，按志书的要求进行了10余稿修改，于2012年3月完成征求意见稿，并发到相关中央企业征求意见。在此基础上，综合局具体负责该志编纂的组织协调工作，编辑办公室组织专家及出版人员对该志稿又进行了4次调整和修改，于2012年年底完成终审稿。经国资委领导审定后由石油工业出版社有限公司出版发行。

《汶川特大地震中央企业抗震救灾志》从资料收集到出版，历时三年多时间。国资委高度重视，原国资委主任、党委书记李荣融为本书作序，综合局具体负责本书的编纂组织和协调工作，规划局编纂了"第五篇 恢复重建"，办公厅、改革局、宣传局等部门给予了大力支持。本书的编纂工作也得到中央企业的全力配合和帮助。特别是中国石油天然气集团公司组织力量参与编纂工作，国家电网公司为编纂本书提供了办公条件。在本书的编纂和出版过程中，李群、李晓杰、叶建华、王国清、胡贵荣、杜永昌、武志、陈海兵、王智锋、谷晓林、洪和勇等付出很多心血，中国石油安全环保技术研究院、西南油气田公司、四川销售公司、石油工业出版社有限公司等单位的相关人员也付出辛勤劳动。在本书编写过程中，我们还参考和引用了有关文献资料。在此一并表示谢意。

由于编纂人员水平有限，书中难免存在疏漏和不足之处，敬请读者批评指正。